Roland und Miriam Garve

Unter Papuas und Melanesiern

Von kunstsinnigen Kannibalen, Kopfjägern, Baumhausmenschen, Sumpfnomaden,
Turmspringern und anderen Südsee-Eingeborenen

mit einem Beitrag von

Manfred Kayser

Verlag Neue Literatur

Jena · Quedlinburg · Plauen

2010

Unser Dank

Wir danken allen, die uns bei der Vorbereitung dieses Buches unterstützt haben. Wir bedanken uns insbesondere bei

Dr. Sieghard und Waltraud Jagdmann, Heuchelheim

Dr. Klaus-Peter Kästner, Staatl. Museum für Völkerkunde, Dresden

Dipl.-Ethn. Rolf Krusche, Staatl. Museum für Völkerkunde, Leipzig

Dr. Claus Deimel, Direktor Staatl. Völkerkundemuseen Sachsen

Prof. Dr. Manfred Kayser, Erasmus Universität Rotterdam

Prof. Dr. Johannes W. Grüntzig, Universität Düsseldorf

Wolfgang Moritz, Marquartstein, Oberbayern

Irene Godenschweg, Staatl. Museum für Völkerkunde, Dresden

Eva Winkler, Staatl. Museum für Völkerkunde, Dresden

Dr. Marion Melk-Koch, Staatl. Museum für Völkerkunde, Leipzig

Dr. Antje Kelm, Museum für Völkerkunde, Hamburg

M.A. Heide Lienert-Emmerich, Norderstedt

Joseph Köpf, Fa. Jobek, Füssen, Fortaleza, Brasilien

Frank Nordhausen, Journalist, Berlin

Kristian Cabanis, Lufthansa, Hamburg

Dr.es Guna und Uwe Noldt, Institut für Holzbiologie, Hamburg-Bergedorf

Dr. Ralf Laschimke, Burg Strassberg, Bodensee

Dr. Franz Schmöllerl, Pilot und Arzt, Vanuatu

Dave Clapper, Pilot, West-Papua

Dipl.-Ing. Hans Hutticher, Seekirchen, Salzburg

Prof. Dr. Fritz Trupp, Attnach-Puchheim, Österreich

Dr. Bernhard Maidusch, Schacht Audorf

Heike Lessner, Universalreisen, Lüneburg

Henning-Hubertus von Steuben, Journalist, Natendorf

Dietmar Heger, Bildpool TV, Erfurt

Valeria Schäfer, Bildpool TV, Erfurt

Andreas Kuno Richter, Regisseur und Diplom-Journalist, Berlin

Hauke Hilmer, Filmjurist, appartment nine TV, Berlin

Christian Büttner, appartment nine TV, Berlin

Dipl.-Psych. Thomas Böing, Voxtours, Köln

Wolf Lengwenus, Länder – Menschen – Abenteuer NDR/ARD, Hamburg

Michael Krey, Länder – Menschen – Abenteuer NDR/ARD, Hamburg

Dr. Oliver Zompro, Journalist, Kiel

Antje Beer, Bad König, Frankfurt

Prof. Dr. Dr. Georg Meyer, Universitätsklinikum Greifswald

Prof. Dr. Jochen Fanghänel, Universitätsklinikum Greifswald

Prof. Dr. Thomas Koppe, Institut für Anatomie und Zellbiologie, Universität Greifswald

Prof. Dr. Jens C. Türp, Universitätskliniken für Zahnmedizin, Basel

Dr. Marlies Kühn, Gesundheitsamt Greifswald

Eckhardt Labs, Bildhauer, Greifswald

Dr. Axel Precker, Geologe, Hamburg

Dr. Markus Fritzsche, Arzt, Adliswil, Zürich

Dr. Rainer Garve, Orthopäde, Handchirurg, Lüneburg

Jana Lemme, ZDF, Wiesbaden

Steffi Moritz, ZDF, Dresden

Else Maria Schmidt-Dibke, Rosengarten bei Hamburg

Mathias Reuter, Eschborn

Lotte Ahrens und Doreen Wrawzyn, Geesthacht

Harry Wenda und Jalli Dani, Wamena, Papua

Isaak Wandikbo, Sentani, Papua

Chief Warri Sul, Pentecost, Vanuatu

Joseph Bongmeme, Ambrym, Vanuatu

Bibliografische Information der Deutschen Nationalbibliothek
Die Deutsche Nationalbibliothek verzeichnet diese Publikation in der Deutschen Nationalbibliografie; detaillierte bibliografische Daten sind im Internet über http://dnb.d-nb.de abrufbar.

ISBN 978-3-940085-37-5

www.verlag-neue-literatur.com
Gesamtherstellung: Satzart Plauen

Vorwort

Mitte der 6oer Jahre, als ich etwa zehn Jahre alt war, fand ich auf dem Dachboden in einer Kiste ein altes völlig verstaubtes Buch in altdeutscher Schrift über Neuguinea mit vielen bereits vergilbten Papuabildern. Offenbar hatten die Vorbesitzer die Kiste auf der Flucht vor der Roten Armee dort stehenlassen müssen. Als ich weiter darin herumblätterte, entdeckte ich einen spannenden Bericht über Menschen, die noch keine Metallwerkzeuge besaßen, in hohen Baumhäusern mitten im Urwald lebten und mit Pfeil und Bogen auf Jagd gingen. Das fand ich faszinierend und ich fragte mich, ob es so etwas auch heute noch gäbe. Das Buch stammte aus der Kaiserzeit, ein halbes Jahrhundert mit zwei Weltkriegen, vielen Millionen Toten, Weltwirtschaftskrisen, etlichen Revolutionen und gigantischen gesellschaftlichen Veränderungen war seitdem vergangen.

Ich hatte schon sehr viel über die Indianer Nord- und Südamerikas gelesen und mir bis zur Federhaube alles, was möglich war, nachgebastelt, bis ich mich selbst fast wie ein Indianer fühlte. Und nun las ich etwas über Papuas, die Ureinwohner von Neuguinea, die zwar auf der anderen Seite der Welt, aber unter ähnlichen Verhältnissen wie die Indianer am Amazonas lebten und doch ganz anders aussahen. Und manche unter ihnen sollen sogar Kopfjäger oder »Menschenfresser« gewesen sein. Unser fortschrittlicher Pionierleiter erklärte mir damals vor versammelter Klasse energisch, dass sei alles Quatsch und nur eine Erfindung der Kapitalisten, um die armen wehrlosen Steinzeitmenschen zu versklaven und auszubeuten. Kannibalismus hätte es in der Geschichte der Menschheit nie gegeben. Und außerdem seien diese alten Kolonialbücher in der DDR doch verboten. Ich solle es wegwerfen, wir lebten nun in einer neuen besseren Welt, und auch die Papuas würden das bald begreifen und nicht mehr dem weltweiten Siegeszug des Sozialismus im Wege stehen. In der Sowjetunion wäre das mit den vielen sibirischen Urvölkern ja auch gelungen. Immerhin hätten auch sie mit Hilfe der Weltrevolution die Chance genutzt, gleich zwei Gesellschaftsordnungen, den Feudalismus und den Kapitalismus zu überspringen.

Aber ich hing an dem Buch und hab es einfach nie wieder mit in die Schule genommen. Zum ersten Mal erfuhr ich, dass Deutschland in der Zeit, als mein Großvater so alt war wie ich, dort in Neuguinea und auf den Nachbarinseln sogar eine Kolonie besaß. Meine Phantasie kannte während dieser Zeit keine Grenzen und ich versuchte mich gedanklich in die Vergangenheit zurückzuversetzen. Leider war die normal erhältliche Literatur über Neuguinea in der damaligen DDR sehr begrenzt. Sie ging über die im Nachhinein ideologisch eingefärbten Er-

lebnisberichte des russischen Forschers Nikolaj Nikolajewitsch Miklucho-Maklaj aus der Astrolabe-Bucht in Neuguinea kaum hinaus. Auch die wenige Jahre später erschienenen und immer wieder neu aufgelegten Geschichten eines privilegierten tschechischen Staatsforschers konnten nicht mehr als mein Interesse verstärken. Fortan stand es für mich fest, trotz DDR-Mauern irgendwann selbst einmal dort hinzukommen, um als Beobachter noch etwas von den bis dahin verbliebenen Resten dieser hochinteressanten Kulturenvielfalt mitzuerleben und zu dokumentieren.

Melanesien sollte für mich aber noch bis Mitte der achziger Jahre ein Buch mit sieben Siegeln bleiben. Zuerst besuchte ich einige Völker im Hochland und die ehemaligen Kopfjägerstämme der Asmat im Süden von West-Papua. Im Laufe eines Vierteljahrhunderts folgten viele Reisen und Expeditionen in die unterschiedlichsten Regionen Melanesiens und wir wurden Zeugen einer von Jahr zu Jahr durch Missionierung und Konsum forcierten rasanten Kulturveränderung. Bloß gut – musste ich oft denken –, dass den Papuas zumindestens das Aufzwingen einer kommunistischen Gesellschafsform erspart blieb. Und trotzdem, immer wieder trafen wir auf wunderbare Menschen mit ihren überlieferten kulturellen Eigenheiten, die sie zu bewahren und mit ihren archaischen Mitteln gegen die voranschreitende Amerikanisierung oder Islamisierung und Umweltzerstörung zu verteidigen versuchten. Und es gab sie tatsächlich noch, die Baumhausmenschen mit den Steinbeilen aus meinen Jugendträumen. Und ich konnte mich vor Ort selbst davon überzeugen, dass Kannibalismus und Kopfjagd keine Schauermärchen waren, auch wenn manchmal sogar Völkerkundler heute noch die Ansicht meines einstigen Pionierleiters teilen.

Bei der Literaturrecherche insbesondere über Neuguinea fiel mir auf, dass es hinsichtlich der ersten völkerkundlich orientierten Wissenschaftler wiederum Parallelen zu Amazonien gibt. Sehr viele deutsche Neuguineaforscher vor hundert Jahren waren keine Ethnologen, sondern Mediziner.

Einige meiner langjährigen Freunde und Gewährsleute sind inzwischen leider an den Folgen von Malaria oder eingeschleppten Krankheiten wie Tuberkulose verstorben oder wurden umgebracht. Ihnen und ihren Familien ist dieses Buch gewidmet.

Roland Garve
Lüneburg im Herbst 2010

Wer ist eigentlich ein Papua oder Melanesier?

»Melanesien, das Land der dunklen Inseln, ist mehr ein geographischer als ein völkerkundlicher Begriff. Er umfaßt die lange Reihe der Inseln von Neuguinea über den Bismarck-Archipel und die Salomo-Inseln bis nach den Neuen Hebriden und Neukaledonien. Sie alle sind im Gegensatz zu den polynesischen und mikronesischen Inseln – wenigstens den meisten von ihnen – bergig und mit hohem Urwald bedeckt, dessen dunkle Farbe der weiten Inselflur zu ihrem Namen verhalf.

Auch auf die Bewohner passt der Name, da sie dunkelhäutiger sind als die anderen Völker des Stillen Ozeans und in dieser Hinsicht auf den ersten Blick eine Einheit zu bilden scheinen...«

(Aus Hans Nevermann, Masken und Geheimbünde in Melanesien, Berlin 1933, S.7)

Im melanesischen Archipel existierten einst mehr als tausend Stammeskulturen mit den unterschiedlichsten und für unser westliches Kulturempfinden bizarrsten und merkwürdigsten Phänomenen menschlicher Daseinsgestaltung.

Angefangen beim rituellen Kannibalismus, der Kopfjagd über die verschiedenen Formen des Ahnenkultes, Geheimbünde, martialische Initiationsriten, Totemismus, Polygamie und andere Formen menschlichen Zusammenlebens, eine kultische Geisterfurcht, die Cargo-Kulte und rituelle Deformierungen bis hin zu den strengsten Tabus. Außer Neuguinea gehören zur melanesischen Inselwelt die Admiralitätsinseln im Nordwesten und weiter westlich davon die St.-Matthias-Inseln, Neu-Hannover oder Lavongai, Neubritannien, Neuirland, die Trobriand-Inseln, die Louisiaden, die d'Entrecasteaux-Inseln, die Banks- und Torresinseln, Salomonen, die Santa-Cruz-Inseln, Neukaledonien und Vanuatu.

Keine andere Region der Erde hatte noch Mitte des vergangenen Jahrhunderts eine vergleichbare archaische und kaum überschaubare Kulturenvielfalt zu bieten. Nahezu jeder Stamm oder jede indigene Gruppe bot in ihrer eigenen Religion und der Fülle ihrer kulturellen Eigenheiten oder Kunst etwas Außergewöhnliches, das sie von anderen unterschied. Den Naturwissenschaftlern vor einem Jahrhundert muss Melanesien wie ein völkerkundliches und linguistisches Eldorado vorgekommen sein.

Allein in Neuguinea werden 850 Sprachen und ebenso viele Dialekte gesprochen. Und das im Vergleich zum großflächigen Amazonien auf eng begrenztem Territorium. Oftmals unterscheiden sich die Sprachen der Völker trotz direkter Nachbarschaft so stark wie zum Beispiel Niederländisch von Japanisch.

In Vanuatu werden auf den relativ kleinen Inseln etwa 105 verschiedene Sprachen gesprochen. Das bedeutet, dass etwa je 1.200 Einwohner ihre eigene Sprache haben. In Neuguinea

Kimyal-Jäger zerlegen ein Wildschwein. Die kleinwüchsigen Kimyal sind die Nachfahren der ältesten Einwanderer im Hochland von Neuguinea

Etwa 5.000 Jahre alte »Matutuo« (Felszeichnung) mit der Darstellung von Seekühen in den Halbgrotten des Sariga-Archipels

fällt die Hälfte der Sprachen auf Völker, die weniger als 1.000 Mitglieder aufweisen. Analog zu den Sprachen verhält es sich mit anderen kulturellen Eigenheiten des jeweiligen Stammes. Mittlerweile hat die massive Konfrontation mit der westlichen Zivilisation zum Wandel und auch zur völligen Zerstörung der meisten indigenen Kulturen in Melanesien innerhalb weniger Jahre geführt. Damit einher geht ein großer Verlust menschlichen Kulturerbes. Will man sich dem Thema der Geschichte der Besiedlung und der Entwicklung der menschlichen Kultur Melanesiens zuwenden, ist man – wie schon Waldemar Stöhr (1972) treffend feststellte – auch heute noch nicht sehr weit über das Stadium von Hypothesen hinaus gekommen. Bekannt ist, dass wenigstens drei Kulturen aus Asien nach Neuguinea und auf die anderen Inseln eingewandert sind.

Die erste Besiedlungswelle fand vermutlich bereits vor etwa 50.000 Jahren statt. In dieser Zeit bestanden zwischen Asien und dem sogenannten Sahul-Kontinent, aus dem später Australien und Neuguinea hervorgehen sollten, zwar keine Landbrücken, jedoch boten eine Vielzahl von zwischengelagerten Inseln die Möglichkeit zum »Inselhopping«.

Anhand von Ausgrabungsfunden auf der Huon-Halbinsel und auf den Bismarckinseln Neuguineas geht man heute davon aus, dass die erste gesicherte Besiedlung vor etwa 35–40.000 Jahren stattfand. Bei diesen altsteinzeitlichen Einwanderern, den sogenannten Alt-Papua handelte es sich möglicherweise um kleinwüchsige Jäger und Sammler. Von ihrer Existenz zeu-

gen einfache geometrische Felsritzungen auf Felsvorsprüngen, auf die uns die Kimyal, die heutigen Bewohner einer Gegend im Hochland von West-Papua bei einer unserer Expeditionen aufmerksam machten.

Es wird vermutet, dass viele der heutigen Papua-Sprachen in Neuguinea von der damaligen Alt-Papuasprache abstammen. Als mit dem Ende der Eiszeit vor etwa 10.000 Jahren der Meeresspiegel anstieg und weite Tieflandflächen Neuguineas überschwemmt wurden, setzte die Besiedlung der Hochlandgebiete und zurückgebliebenen Inseln ein. Es begann die Zeit der Bodennutzung mit ersten Ackerbaukulturen mit Knollenfrüchten wie Yams und Taro als Hauptnahrungspflanzen. Die Süßkartoffel dagegen soll erst vor etwa 400 Jahren nach Melanesien gelangt sein.

Die ersten Seefahrer erreichten Melanesien vor etwa 5.000 Jahren. Vermutlich sind sie die Schöpfer der kilometerlangen Felsgalerien in den Brandungshohlkehlen und Halbgrotten entlang der Küste im Sariga-Archipel an der Fak-Fak-Halbinsel von Nordwest-Neuguinea mit Abertausenden von Malereien. Dabei sind zwei Stilgruppen auffällig (J. Röder 1938). Bei der vermutlich sehr alten rotfigurigen Malerei dominieren Handsilhouetten und Ahnenfiguren, sogenannte *Matutuo*. Offenbar dienten die zahlreichen Handdarstellungen nicht nur als Zeichen der Inbesitznahme des Landes, also einer Art von Eigentumsmarkierung, sondern auch zum Fernhalten von Unheil und Naturkatastrophen. Fast identische Handmotive gibt es

Etwa 5.000 Jahre alte »Matutuo« (Felszeichnung) mit der Darstellung eines Kampfes zwischen Krokodil und Waran in den Halbgrotten des Sariga-Archipels

auch bei den 10.000 Jahre alten Felsmalereien im Canyon Rio Pinturas von Patagonien in Südamerika, die von der UNESCO zum Weltkulturerbe erklärt wurden. Bei diesen Orten könnte es sich auch um frühere Geheimbundkultplätze gehandelt haben. Die schwarzfigurige Malerei mit ihren auffälligen Boots- und Totenschiffmotiven gehört dagegen zu einer jüngeren Einwanderungswelle prähistorischer Seefahrer. Neben zahlreichen Tier- und Fruchtbarkeitsmotiven gibt es auch Darstellungen von Bumerang werfenden Jägern, die an Felsmalereien der australischen Aborigines erinnern. Damit wird belegt, dass diese Jagdwaffe nicht erst in Australien erfunden wurde, sondern bereits auf der Wanderung dorthin bei den einstigen Ureinwohnern Verwendung fand.

Sie besiedelten vornehmlich die Küstengebiete Neuguineas und der anderen Inseln. Ihre unverkennbaren Markenzeichen waren steinerne Mörser, Stößel (M. Schindlbeck 2007) und walzenförmige Steinbeilklingen, die sie aus Südostasien mitbrachten. Über ihr Aussehen ist wenig bekannt. Es wird vermutet, dass sie zwar genauso dunkelhäutig und kraushaarig wie die Papua, allerdings größer waren und sich sowohl anatomisch als auch von der Kopfform her von ihnen unterschieden. Diese sogenannten Melanesier brachten mit ihrer Walzenbeil-Kultur die Jungsteinzeit samt ihrer Techniken bei Steinschliff, Bootsbau, Ackerbau und Tierhaltung mit auf die Inseln. Vermutlich führten sie das domestizierte Wildschwein und den Hund als Jagdbegleiter aus Südostasien mit nach Neuguinea ein. Ob es sich hierbei um eine unabhängige Besiedlungswelle handelte, ist bis heute umstritten.

Bei Ausgrabungen im Hochland von Neuguinea wurden Schweineknochen gefunden, die man auf 3.000 v. Chr. datieren konnte (C. B. Wilpert 1987). Sie können belegen, dass schon zu dieser Zeit das vermutlich wieder verwilderte Schwein ins Hochland gelangt war und dort von den Papuas gejagt wurde. Im Gegensatz zu den nomadisch im Inland lebenden Alt-Papua waren sie sesshaft, bewohnten dauerhafte Siedlungen, gingen

Vermutlich 3.000 Jahre alte Grabkammer auf der Fak-Fak-Halbinsel

eher dem Fischfang als der Jagd nach und betrieben bereits Handel untereinander.

Nach diesen beiden präaustronesischen Besiedlungsschüben erreichte vor etwa 3.500 Jahren die letzte große Einwanderungswelle die melanesische Inselwelt. Hier sind sich die Wissenschaftler sicher, dass es sich bei ihnen um sogenannte Austronesier handelte. Sie benutzten Steinklingen mit vierkantigem Querschnitt. Als ursprüngliche Heimat der Austronesier wird eine Region zwischen Südchina und Taiwan vermutet. Von Linguisten wurde eine Protosprache (Ursprache) aus den austronesischen Sprachen rekonstruiert (C. B. Wilpert 1987)

Ihre neusteinzeitliche Kultur war weiter entwickelt, sozial und religiös von ihrer ursprünglichen Heimat in Südostasien geprägt. Sie pflegten enge Beziehungen zu den ortsansässigen Vorbewohnern vorrangig im Küstenbereich und wurden schließlich von ihnen assimiliert. Trotzdem setzte sich bei den Nachkommen die austronesische Sprache durch. Die Kultur, welche nach ihren charakteristischen Töpfereien und ihrem Erstfundort auf Neukaledonien Lapita benannt wurde und die sich einst von den Bismarckinseln nordöstlich Neuguineas bis ins westliche Polynesien ausbreitete, wird heutzutage mit den austronesischen Einwanderern aus Ostasien in Verbindung gebracht.

Vermutlich ist die Töpferkunst im Sepik-Gebiet ein Relikt aus dieser Zeit. Später kam die Bronzeverarbeitung hinzu, insbesondere auf Neuguinea. Das betrifft aber nur das Gebiet Vogelkopf, Waigeo, die Region um den Sentani-See und die Nordwestküste Neuguineas. Hier wurde begrenzt zeitweilig sogar Eisen verarbeitet. Und außerdem gab es dort im Mittelalter bereits kleine malayische Handelsniederlassungen.

Durch die permanente Mischung unterschiedlicher Kulturen entstand womöglich eine Vielzahl neuer Stämme mit wiederum völlig neuen Sprachen und kulturellen Besonderheiten, die nicht nur Handel untereinander trieben, sondern sich auch voneinander abgrenzten und gegenseitig bekriegten. Dadurch wurden Völker verdrängt und zur Flucht in entlegene

Krokodilhäute waren bei europäischen und chinesischen Händlern begehrt, um 1900

Hochlandgebiete gezwungen. Hier angekommen trafen sie auf die kleinwüchsigen Nachkommen der Alt-Papua, die ihren Gebietsanspruch heftig verteidigten oder selbst in noch höhere und abgelegenere Gebirgszonen flohen.

Das Resultat war eine noch größere Zersplitterung in einzelne ethnische Gruppen, die im Regelfall permanent untereinander verfeindet waren. Nur so lässt sich die enorme Sprachen- und Kulturenvielfalt Melanesiens erklären. Linguisten unterteilen die Sprachen dieser Inselwelt in zwei große Gruppen: die Papua-Sprachen, auch nichtaustronesische Sprachen genannt, und die austronesischen Sprachen. »Papua« oder »Papuwah« ist ein Begriff aus der Molukken-Sprache und bedeutet »Kraushaarige«. Mit ihm werden die Einwohner Neuguineas – eines Teils von Melanesien – bezeichnet. Wenn im vorliegenden Buch von Papuas die Rede ist, dann bezieht sich das nicht auf die linguistische Einteilung, sondern auf die allgemein übliche Bezeichnung für die Ureinwohner der Insel Neuguinea. Ansonsten wird auch der Begriff Melanesier verwendet. Austronesische Sprachen findet man in Neuguinea nur an der Südost- und Nordostküste sowie im Nordwesten der Insel.

Als Zweig der austronesischen Sprachgruppe, zu denen auch Sprachen in Polynesien, Mikronesien und Indonesien zählen, werden sie vor allen Dingen auf den Salomonen, im Bismarck-Archipel, auf Neukaledonien bis hin nach Vanuatu gesprochen. Im Innern von Neubritannien spricht man beispielsweise genau wie in Neuguinea vorrangig Papua-Sprachen, die allerdings kaum einer größeren Sprachgruppe zuzuordnen sind. Bekannt ist nur, dass sie keine austronesischen Sprachen sind.

Bereits im frühen Mittelalter, als in China und Indonesien die Nachfrage nach Gewürzen, Sandelholz, Perlen, Schildpatt, Perlmutt und Paradiesvogelfedern immer größer wurde, weiteten malayo-indonesische Seefahrer ihre Handelsbeziehungen weit über die Molukken östlich bis nach Biak und die Nordwestküste Neuguineas aus. Es entstanden dort zeitweilig fest

Töpferei wurde nur bei wenigen Stämmen praktiziert, Insel Tamara um 1900

Festlich geschmückter Angehöriger des Baudestammes vom Mamberano

gegen die Melanesier vor, wenn sie die Fracht nicht erhielten oder von den Eingeborenen behindert wurden. Ähnlich wie in Brasilien verteilten auch auf den Neuen Hebriden (Vanuatu) weiße Siedler unter den Einheimischen masernverseuchte Kleidung, um ganze Dörfer auszurotten und die Überlebenden zur Arbeit zu zwingen. Auch durch andere eingeschleppte Zivilisationskrankheiten wie Grippe, Tuberkulose, Syphilis, Pocken und selbst Malaria setzte in Melanesien ein Massensterben und ein damit einhergehender rapider Bevölkerungsschwund ein. In Neukaledonien diente die Insel Nou von 1864 bis 1896 als französische Strafkolonie. Durch die rücksichtslose Vorgehensweise der Strafgefangenen gegen die Ureinwohner wurde die Bevölkerung in wenigen Jahren um mehr als die Hälfte reduziert, so dass es kaum noch genügend Tagelöhner für Kolonialplantagen gab.

Man bediente sich in dieser Zeit sogar einer eigenen, neu geschaffenen Verkehrssprache mit den Melanesiern, dem sogenannten »Sandalwood English«, das auch »Beach-la-mar« oder »Béche-de-mer« also »Seegurke« genannt wurde (W. Stöhr 1972).

ausgebaute Ortschaften und Handelsstützpunke, die allerdings oft nach wenigen Jahrzehnten infolge grassierender tropischer Krankheiten oder kriegerischer Auseinandersetzungen mit den Ureinwohnern wieder aufgegeben wurden.

Die Europäer entdeckten Melanesien als billigen aber profitablen Rohstofflieferanten erst einige Jahrhunderte später. Vermutlich waren es Walfängerschiffe, die die Inseln anliefen, um Nahrungsvorräte aufzunehmen. Dabei stießen sie auf wertvolle Handelsgüter für Europa und Asien. Zum Beispiel im Süden von Vanuatu auf Sandelholz. Der Handel damit löste einen wahren Boom aus, so dass die vorhandenen Sandelholzbestände dort in wenigen Jahrzehnten völlig abgeholzt und schließlich ausgerottet wurden. Heute gibt es dort keine Sandelholzbäume mehr.

Andere teure Handelsgüter waren getrocknete Seegurken, sogenannte Trepang, die von den Chinesen als Delikatesse gut bezahlt wurden, und später dann Kopra, das Mark der Kokosnuss. An den Insel-Atollen der Torres-Straße wurde nach schwarzen und weißen Perlen getaucht. Und auch mit dem zerriebenen Staub dieser Perlmuscheln, der für die Stuckherstellung Verwendung fand, wurde in Europa schwunghafter Handel betrieben. Die Seefahrer und Händler gingen oft brutal

Angehöriger des Bausistammes vom Mamberano

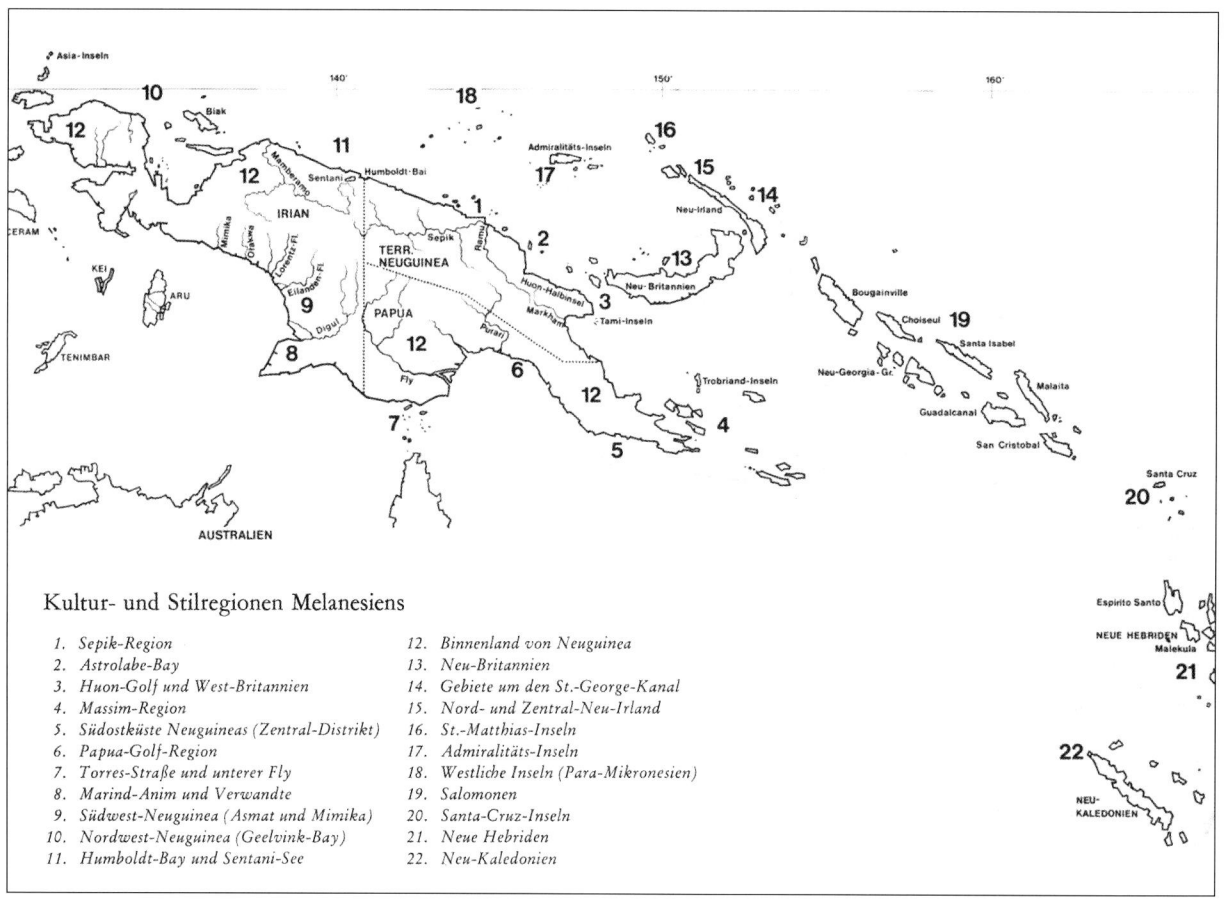

Kultur- und Stilregionen Melanesiens

1. *Sepik-Region*
2. *Astrolabe-Bay*
3. *Huon-Golf und West-Britannien*
4. *Massim-Region*
5. *Südostküste Neuguineas (Zentral-Distrikt)*
6. *Papua-Golf-Region*
7. *Torres-Straße und unterer Fly*
8. *Marind-Anim und Verwandte*
9. *Südwest-Neuguinea (Asmat und Mimika)*
10. *Nordwest-Neuguinea (Geelvink-Bay)*
11. *Humboldt-Bay und Sentani-See*

12. *Binnenland von Neuguinea*
13. *Neu-Britannien*
14. *Gebiete um den St.-George-Kanal*
15. *Nord- und Zentral-Neu-Irland*
16. *St.-Matthias-Inseln*
17. *Admiralitäts-Inseln*
18. *Westliche Inseln (Para-Mikronesien)*
19. *Salomonen*
20. *Santa-Cruz-Inseln*
21. *Neue Hebriden*
22. *Neu-Kaledonien*

Melanesische Kulturareale nach W. Stöhr, 1972

Die nächsten Schritte waren Menschenraub, Deportation und Sklaverei. Australische und französische Farmer benötigten für ihre Kokosplantagen in Queensland und in Neukaledonien dringend billige Arbeitskräfte. Sie schickten Frachtschiffe mit »Arbeitsanwerbern« auf die melanesischen Nachbarinseln. Diese sogenannten Blackbirder nutzten oft die Neugier der Küstenbewohner der Neuen Hebriden aus und luden sie auf ihr Schiff ein. Dann ließen sie diese nicht mehr von Bord, lichteten die Anker und verkauften sie nach der Überfahrt in Australien als Arbeitssklaven an Farmer.

Erst nach der kolonialen Inbesitznahme der Inseln in den achtziger Jahren des vorletzten Jahrhunderts wurde dieser »Labortrade« von den Kolonialmächten gestoppt und verboten. Aus dem Sandalwood-English entstanden schließlich neue Formen des Pidjin-English – das Bislama in Vanuatu und das Tokboi in Neuguinea. Interessanterweise wurde das Tokboi (auch Tokpisin oder Tok-Tok genannt) besonders in der deutschen Kolonie Kaiser-Wilhelms-Land gefördert und sogar als Gerichts- und Missionssprache verwendet.

Die Wörter entstammten hauptsächlich der englischen Sprache. Nur wenige Worte wie zum Beispiel die Aufforderung »Raus!« (W. Stöhr 1972) sind deutschen Ursprungs. Durch die zahlreichen Mischlinge von Kolonialbeamten und Farmern mit Papua-Frauen, die oft von den Eltern nicht akzeptiert wurden und in Missionswaisenhäusern aufwuchsen, bildete sich im damaligen Neu-Pommern zeitweilig sogar eine eigenständige deutsche Kreolsprache heraus. Dieses »Unserdeutsch« wurde

bis 1960 noch von etwa 1.500 Menschen gesprochen (G. Graichen, H. Gründer 2007).

Die Struktur der Grammatik soll eher dem Melanesischen entsprechen. Es ist heute neben Englisch die gängige Umgangs- und Verkehrssprache auf den Salomonen und im Ostteil Neuguineas. Im Westteil wird dagegen die Kolonialsprache Indonesisch gesprochen und auf Neukaledonien Französisch.

Vom äußerlich sichtbaren Phänotyp her unterscheiden sich die Melanesier oder Papuas doch sehr von den benachbarten Polynesiern oder auch Indonesiern. Sie erinnern mit ihrer teils kräftigen, muskulösen Körperform, ihrer dunklen Hautfarbe in einem Spektrum von hellbraun bis tiefschwarz, den krausen Kopfhaaren, der Bartwuchsform der Männer und ihren spezifischen Gesichtsmerkmalen eher an Angehörige verschiedener Völker Afrikas.

Aber es besteht genetisch gesehen keine nähere Verwandtschaft zu den Afrikanern. Ähnlich verhält es sich mit den ebenfalls dunkelhäutigen Ureinwohnern Südostasiens, den »Negritos«, die den von einigen Autoren früher irrtümlicherweise genannten Inland- beziehungsweise Bergpygmäen aus Neuguinea tatsächlich sehr ähneln. Völkerkundler stellten in der Vergangenheit fest, dass die Melanesier – einschließlich der Inland-Papuas von Neuguinea – einer eigenständigen, von den Afrikanern unabhängigen sogenannten »Melanesiden Rasse« (W. Stöhr 1972) angehören.

Das bedeutet aber nicht, dass sie sich vom Erscheinungsbild her alle ähnlich sind.

Bedrohung für den Lebensraum und die Kultur der Hochlandpapuas – indonesischer Straßenbau im Siedlungssgebiet der Dani

Stellt man beispielsweise die teils zwergwüchsigen und relativ hellhäutigen Eipo-Mek mit ihren vergleichsweise groben Gesichtzügen den großgewachsenen und sehr dunkelhäutigen Küsten-Melanesiern von Vanuatu oder den Salomonen gegenüber, bestehen schon äußerlich deutlich erkennbare Unterschiede.

Ob das mit einer möglichen Abstammung von Angehörigen einer der genannten Besiedlungswellen zu tun hat, lässt sich heute nicht mehr sagen. Der Arzt und Professor für Anthropologie Richard Neuhauß (1911) erklärt die Vielfältigkeit typischer Merkmale in Physiognomie und Anatomie der von ihm besuchten Stämme folgendermaßen: »Der Papua, wie er uns in den Büchern über Länder- und Völkerkunde entgegentritt, ist ein wild dreinschauender Geselle mit ungeheurer Haarperücke, dem der Zeichner die Gier nach Menschenfleisch möglichst augenfällig ins Gesicht malte [...] In Wirklichkeit gibt es unter den Papua genau so viele individuelle Verschiedenheiten wie unter den Europäern und die äußere Wildheit ist den Gesichtern anfrisiert und angemalt. Unter den 764 Papua-Aufnahmen, die ich im zweiten Bande meines Neuguinea-Werkes veröffentlichte, befinden sich zahlreiche Leute, die, wenn sie nicht ihre schokoladenbraune Haut verriete, in Europa niemandem auffallen würden, außer vielleicht durch ihre hohe Stirn und den intelligenten Gesichtsausdruck.«

Heutzutage weiß man, dass es eigentlich keine biologischen Grundlagen für eine Unterteilung der Menschheit in sogenannte Rassen gibt und dass äußerlich sichtbare Unterschiede nur einen sehr geringen Teil ausmachen, wogegen die biologischen inklusive genetischen Ähnlichkeiten zwischen Menschen weltweit weitaus überwiegen.

Trotz der für das relativ kleine Gebiet ungeheuer großen Kulturenvielfalt, die mindestens mit einem riesigen Kontinent wie Afrika vergleichbar ist, gibt es bestimmte regionale Übereinstimmungen im künstlerischen Schaffen als Ausdruck von geistiger und materieller Kultur. Diese machen es möglich, Melanesien zumindest grob in 22 unterschiedliche Kultur- oder Stilregionen einzuteilen (Siehe die Karte von Waldemar Stöhr 1972).

In den vergangenen Jahrzehnten ist in fast allen melanesischen Staaten ein starker Geburtenzuwachs und eine sinkende Sterbeziffer zu verzeichnen. Besonders in Papua-Neuguinea und Vanuatu. Es ist also nicht richtig, von den »Letzten Papuas« zu sprechen, wie es manche Autoren gegenwärtig gerne machen. Die Bevölkerung auf den Salomonen hat sich sogar innerhalb von 25 Jahren verdoppelt (C. B. Wilpert 1987).

Die seit etwa vierzig Jahren unrechtmäßig von Indonesien forcierte Kolonialpolitik und massenhafte Umsiedlung von Bewohnern besonders aus Java nach West-Papua, die sogenannte Transmigrasi, hat vielerorts zur Überfremdung, zum Kulturverlust und zu heftigen militärischen Auseinandersetzungen mit den Ureinwohnern geführt. Besonders bei den Hochlandvölkern gab es in den Siebziger und Achtziger Jahren des vergangenen Jahrhunderts Tausende Papuas, die indonesischen Militäraktionen zum Opfer fielen.

Kaiser-Wilhelms-Land, Neumecklenburg, Neupommern und die Rolle der deutschen Forscher und Siedler in Melanesien

Als der Engländer James Cook 1774 seine zweite Schiffsreise in die Südsee unternahm, begleiteten ihn die beiden Naturforscher Johann Reinhold Forster und dessen Sohn Georg. Sie waren vermutlich die ersten Deutschen, die jemals zuvor in dieser Gegend der Welt waren. Neben ihren umfangreichen Aufzeichnungen über die auf den verschiedenen Inseln angetroffenen Eingeborenen und deren Sitten brachten sie von ihrer Reise zahlreiche naturkundliche Präparate und erste ethnographische Objekte mit nach Europa.

Im Gegensatz zur relativ frühen natur- und völkerkundlichen Erforschung Amazoniens durch Wissenschaftler wie Humboldt oder Spix und Martius zu Beginn des 19. Jahrhunderts sollte das Interesse deutscher Naturwissenschaftler an der Erforschung Neuguineas und der benachbarten Inselregionen erst gegen Ende des 19. Jahrhunderts seinen Aufschwung erleben. Ganz sicher trug auch der Kolonialgedanke des frisch gegründeten deutschen Kaiserreiches und wachsendes wirtschaftliches Interesse an den zu erwartenden Bodenschätzen, anderen natürlichen Rohstoffen und Handelsvorteilen dazu bei, naturwissenschaftliche Erkundungen in dieser weitgehend noch unbekannten Inselwelt finanziell zu fördern. Das Deutsche Reich hatte von den anderen Kolonialmächten gelernt. Um Bodenschätze abzubauen, Plantagen anzulegen und eine funktionierende Infrastuktur zu entwickeln, musste man vor Ort unter den Einheimischen geeignete Arbeitskräfte finden. Für die Schaffung friedlicher Erstkontakte mit den Ureinwoh-

nern oder auch »Befriedung« wurden sowohl Völkerkundler als auch Missionare benötigt. Sie sollten unter anderem auch herausfinden, ob und welche Gebiete für die Besiedlung mit deutschen Auswanderern geeignet waren. Wegen des damit verbundenen unvermeintlich einsetzenden Kulturverfalls bei den kontaktierten Völkern sollten die deutschen Forscher soviel wie möglich an materiellen Kulturgütern, Kunstgegenständen und Informationen über möglichst alle Völker für die deutschen Museen sammeln, um sie für die Nachwelt zu erhalten. Während sich deutsche Großbankiers wie Adolph von Hansemann und Gerson von Bleichröder mit ihrer neugegründeten »Neuguinea Compagnie« um den kaiserlichen Schutzbrief für die offizielle Kolonisierung Nordost-Neuguineas bemühten, bereiste im Jahre 1884 der Reiseschriftsteller und Forschungsagent Otto Finsch aus Braunschweig per Schiff das Küstengebiet der zukünftigen Kolonie Deutsch-Neuguinea.

Der Legende nach entdeckte er dabei das später nach ihm benannte Küstengebiet Finschhafen und Friedrich-Wilhelms-Hafen und hisste dort die deutsche Reichsflagge. Nach Verhandlungen mit den anderen Kolonialmächten und dem Abschließen von sogenannten Landerwerbsverträgen wurden daraufhin das Nordostgebiet und die angrenzenden Inseln zum deutschen Kolonialgebiet »Kaiser-Wilhelms-Land« erklärt. In der Folge erhielten fast sämtliche Buchten, Hafeneinfahrten und Gebirgszüge deutsche Namen. Aus Neubritannien wurde Neupommern, aus Neuirland Neumecklenburg, aus den Duke-

Kaiser-Wilhelms-Land und Bismarck-Archipel

14

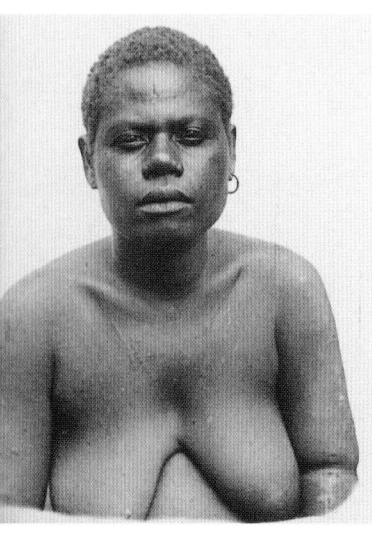

Frau aus Neu-Lauenburg

Vokau bei Berlinhafen mit Lepra

of-York-Inseln Neulauenburg und Lavongai hieß jetzt Neuhannover, auch wenn sich namhafte deutsche Anthroplogen wie Felix von Luschan (1900) gegen diese Umbenennungen aussprachen: »Die Insel heißt nun mal Neuirland, und sie heißt so seit 1767 und sie wird immer so heißen, so lange es eine wissenschaftliche Geographie gibt, wenn auch augenblicklich die Behörden noch dem unglücklichen Vorschlage eines Hrn. V. Oertzen folgen und dessen törichte Umtaufungen angenommen haben.« (Zschr. f. Ethn. 1907, S. 1004). Die Geschichte sollte ihm später recht geben.

Keine der beiden anderen Kolonialmächte in Neuguinea, weder die Niederlande noch Großbritannien, bemühte sich in ihrem Teil derart intensiv um die Entwicklung einer funktionierenden Infrastruktur wie Deutschland. Möglicherweise lag es aber auch an der immensen Größe der weltweiten holländischen und britischen Kolonialreiche, bei denen Neuguinea damals eher nur eine marginale Rolle gespielt haben dürfte. So fallen die wenigen wissenschaftlichen Forschungsexpeditionen der Niederländer und Briten in Vergleich zu denen der Deutschen während dieser Zeit kaum ins Gewicht. Auch hier ergibt sich eine ähnliche Situation wie in Amazonien.

Bei der Erstbesteigung des Finisterre-Gebirges im Oktober 1888 entdeckte der Kölner Zeitungsredakteur Hugo Zöller mehrere hohe Berge im Bismarck-Gebirge, denen er die Vornamen der Kanzlerkinder Wilhelm, Otto, Maria und Herbert gab. In den Jahren 1890 bis 1896 erkundete der Botaniker Carl Lauterbach die Zuflussgebiete des Gogol, Markham und den Oberlauf des Ramu. Bei einer Inlandexpedition westlich des Huongolfes 1895 wurden der Journalist Otto von Ehlers und ein Polizeioffizier von den eigenen Trägern ermordet. Noch bevor die ersten Anthropologen und Völkerkundler in Melanesien im großen Stil mit ihren ethnologischen Beobachtungen bei den unterschiedlichen Völkern und dem Anlegen von wissenschaftlichen Sammlungen für die deutschen Völkerkundemuseen begannen, gelangten bereits viele Ethnographica durch Spenden und Ankäufe von Handelsfirmen, Missionaren oder Privatpersonen, die in Melanesien tätig waren, in die Archive der Museen. Das betraf zunächst Kuriositäten wie Kopfjagdtrophäen, Waffen, Schmuck oder Tanzmasken, deren ursprüngliche Bedeutung und Zuordnung zu bestimmten Völkern den Ethnologen späterer Generationen oftmals Kopfzerbrechen bereiteten. Die Ursache dafür waren meist fehlende oder unzureichende Beschriftungen über den genauen Ort, die Ethnie, die Funktion und den Zeitpunkt der Erwerbung. Oftmals waren es auch Ärzte, die im Auftrag des Kaiserlichen Gesundheitsamtes nach tropischen Krankheitserregern forschten. Ein Beispiel ist der Entdecker des Tuberkulose-Erregers Robert Koch und seine Malariaexpedition 1899–1901 in Neuguinea. Er führte bei den Melanesiern im Raum Bogadjim, Friedrich-Wilhelms-Hafen aber auch in der Astrolabe-Bucht, in Neu-Hannover und im Norden von Neupommern Reihenuntersuchungen durch. Die Tropicanavariante der Malaria galt als die Haupttodesursache der deutschen Siedler und Kolonistenfamilien in Neuguinea, wie es dem damaligen Bericht eines Arztes (R. Neuhauß 1913) zu entnehmen ist: »Wie schon angedeutet, wird in Neu-Guinea hauptsächlich durch Malaria dem Weißen das Leben erschwert, und nicht nur dem Weißen; denn auch der Eingeborene hat darunter zu leiden, besonders schwer in seinen ersten Lebensjahren, wo er sich durch die Krankheit hindurchseuchen muß. Das schützt ihn jedoch nicht vor gelegentlichen schweren Anfällen in höherem Alter. Ich sah Säuglinge, wo durch die geschwollene Milz die ganze Bauchgegend wie eine Tonne vorgewölbt war, und beobachtete bei erwachsenen Schwarzen Fieberanfälle mit Temperaturen von 40° und darüber [...]. Die Berichte von Weißen aus früheren Jahrzehnten lauten geradezu trostlos. Vier Tage in der Woche waren sie krank und die

Die Malariaexpedition von Robert Koch, 1899–1901

drei übrigen nicht gesund. Bald stellte sich dann die sogenannte Malariakachexie ein, d.h. ein Hinsiechen des Körpers unter der dauernden Einwirkung des Malariagiftes. Wer nicht in der Lage war, bald das Land zu verlassen, fand dort ein frühes Grab, und nicht wenige endeten auf der Heimreise oder bald nach der Rückkehr. Gelegentlich trat die Malaria mit besonderer Hef-

pischen Infektionskrankheiten zu ergreifen schickte das Reichskolonialamt 1913 den afrikaerfahrenen Tropenmediziner Otto Ludwig Külz und den Augenarzt Alfred Leber nach Kaiser-Wilhelms-Land. Dieses Unternehmen trug den offiziellen Namen »Medizinisch-Demographische Deutsch-Neuguinea-Expedition des Reichs-Kolonialamtes« und wurde teilweise gesponsort von dem bekannten Bankier und Mäzen Eduard Arnhold. Als Gegenleistung durfte seine Nichte Gertrut Arnthal an der Expedition als Krankenschwester teilnehmen. Sie starb allerdings ein paar Monate später, im April 1914, vermutlich an den Folgen von Thyphus, einer Infektionskrankheit, die in dieser Zeit gerade auf den Salomonen grassierte. Außerdem wurden die Wissenschaftler auf der Reise von dem Kunstmaler Emil Nolde, der dort an einer Amöbenruhr erkrankte, und dessen Ehefrau Ada begleitet.

Gemeinsam mit dem örtlichen Stationsleiter Georg Zwanzger und einer Polizeieskorte gelang Alfred Leber im Mai 1914 als erstem Europäer eine Durchquerung von Manus, der größten der Admiralitätsinseln, deren Bewohner als ausgesprochen kriegerisch galten. Die neu erworbenen ethnographischen und geographischen Erkennnisse über das Innere der Insel und seiner scheuen Bewohner sollten allerdings später für Deutschland wegen des Verlusts der Kolonien wertlos sein. Zuvor gab es

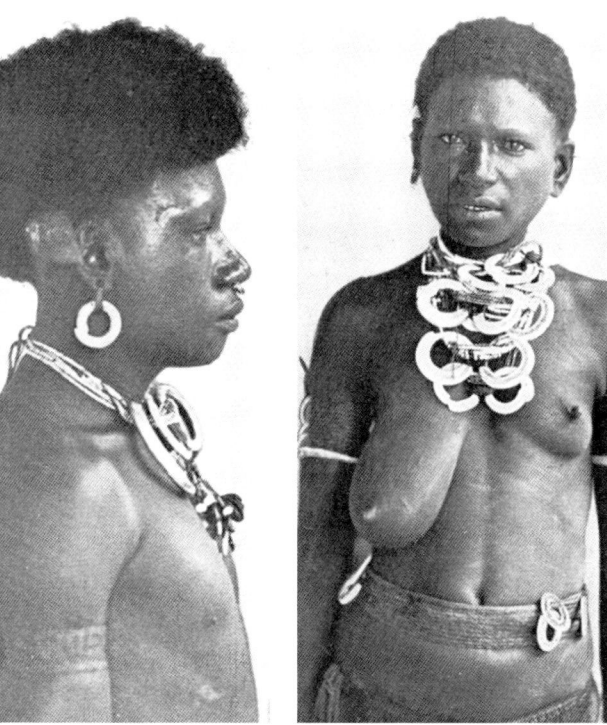

Ruomann und Biliaofrau bei Friedrich-Wilhelms-Hafen

tigkeit auf und mähte die Weißen förmlich hinweg. So ging es Anfang 1891 in Finschhafen, wo vom 1. Januar bis zum 31. März von 30 Weißen 13 starben. Im Januar schlossen dort die Augen der kaiserliche Richter, der Gerichtsschreiber, der Bediente des kaiserlichen Kommissars und die Frau des Generaldirektors. Ähnlich ging es weiter, bis zum 13. März, als als letzter der Arzt starb. Mit einer Ausnahme nahm die Krankheit einen fürchterlich schnellen Verlauf. Die Temperatur steigt langsam; bei 39° sterben schon einige, andere erst bei 42° und sind in 24 Stunden tot und begraben.«

Allerdings wurde die Tatsache, dass bereits ein Drittel der etwa tausend damals in Deutsch-Neuguinea lebenden Europäer an Malaria verstorben waren, in vielen offiziellen Berichten daheim in Deutschland verschwiegen, um die weitere Zuwanderung deutscher Siedlerfamilien nicht zu gefährden.

Um den mysteriösen Bevölkerungsrückgang unter den Eingeborenen in Deutsch-Neuguinea zu untersuchen und Maßnahmen gegen eine Zunahme von tro-

Georg Zwanzger und Alfred Leber mit Polizeieskorte während der Manusexpedition, 1914

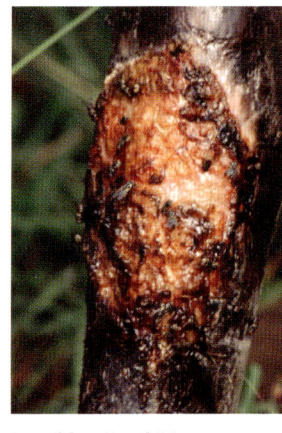

Bereits 1887 erschien sein erstes Buch über Neuguinea »Im Bismarckarchipel«. Es folgte 1894 und 1900 ein zweibändiges Foto-Album über Papua-Typen, das er gemeinsam mit dem Dresdener Arzt und Anthropologen Adolf Bernhard Meyer veröffentlichte. Parkinsons bedeutendstes Werk sollte »Dreißig Jahre in der Südsee« werden. Er starb 1909 an einer in Neuguinea recht häufigen, durch Spirochäten ausgelösten Krankheit, der Frambösie, die erst Jahrzehnte später durch die Erdeckung von Antibiotika heilbar wurde.

Ausgedehnte Frambösie

Einer seiner Söhne, John Parkinson, der wegen seiner Körpergröße auch John Gulliver genannt wurde, verschwand in den dreißiger Jahren auf mysteriöse Weise am Oberlauf des Tauri-Flusses im Gebiet der gefürchteten Kukukuku, die ihn wahrscheinlich für einen Geist hielten und deshalb nicht töteten. Im Gegenteil, er verblieb nicht nur bis zu seinem Ende bei den Pa-

Richard Parkinson mit seiner Familie, um 1898

nur Informationen über Eingeborene aus dem Küstenbereich von Manus, beispielsweise von Ludwig Cohn, der 1912 für das Bremer Städtische Museum die Nordküste bereiste, um eine Sammlung anzulegen.

Eine schillernde Persönlichkeit unter den ersten deutschstämmigen Forschern und Siedlern in Neuguinea war der aus Alsen stammende Farmer Richard Parkinson, vermutlich ein Stiefbruder von Herzog Friedrich, dem Vater der Gattin des deutschen Kaisers Wilhelm Auguste. Offiziell galt er allerdings nur als Sohn eines englischen Pferdetrainers namens Richard Robert Parkinson, der wiederum für den leiblichen Vater Herzog Christian August von Augustenburg in Schleswig-Holstein arbeitete und mit Geld dazu genötigt wurde, die Mutter Louise Brüning zu heiraten.

Nach etlichen Jahren der Arbeit für ein Hamburger Handelshaus und Plantagenwirtschaft für die Neu Guinea Compagnie widmete sich Parkinson ab 1890 fast nur noch der Völkerkunde. Zuvor hatte er die jüngere Schwester von Queen Emma, einer illustren Halbsamoanerin, der damals schon die größten Ländereien auf der Gazellehalbinsel in Neupommern gehörten und die dort ein ausschweifendes Leben führte, geheiratet.

Gibt es Nachfahren der kaiserlichen Familie unter den Kukukuku?

puas , sondern soll angeblich mit fünfzehn Frauen verheiratet gewesen sein und etliche Kinder gezeugt haben. Insofern besteht genetisch gesehen wahrscheinlich auch heute noch eine entfernte Verwandtschaft einiger Stammesmitglieder der einst als gefürchtete Kannibalen geltenden Kukukuku mit den Nachkommen des deutsch-skandinavischen Königsgeschlechts.

Am regen Handel mit Ethnographica beteiligten sich mitunter auch Militärangehörige und Staatsbedienstete. Zu ihnen gehörte der Kaiserliche Bezirksamtmann Franz Boluminski aus

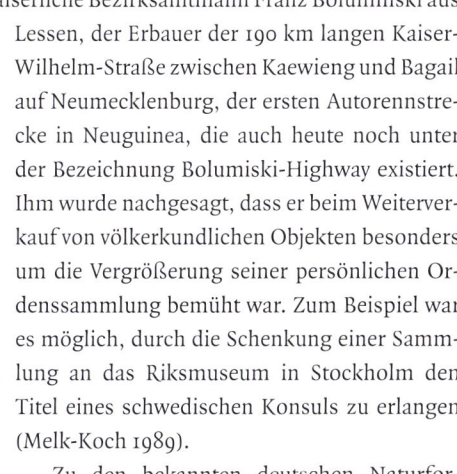

Lessen, der Erbauer der 190 km langen Kaiser-Wilhelm-Straße zwischen Kaewieng und Bagail auf Neumecklenburg, der ersten Autorennstrecke in Neuguinea, die auch heute noch unter der Bezeichnung Bolumiski-Highway existiert. Ihm wurde nachgesagt, dass er beim Weiterverkauf von völkerkundlichen Objekten besonders um die Vergrößerung seiner persönlichen Ordenssammlung bemüht war. Zum Beispiel war es möglich, durch die Schenkung einer Sammlung an das Riksmuseum in Stockholm den Titel eines schwedischen Konsuls zu erlangen (Melk-Koch 1989).

Zu den bekannten deutschen Naturforschern, die schon recht frühzeitig – noch vor Ende des 19. Jahrhunderts – auch im südöstlichen britischen Teil Neuguineas ethnologische Erkundungen unternahmen, gehörte

ranz Boluminski

der Vogelfänger Emil Weiske aus Dolsenhain in Sachsen. Seine Sammlung ist gegenwärtig im Museum von Saalfeld zu besichtigen.

Ein gutes Beispiel für die Zusammenarbeit mit einem großen, besonders in Übersee wirkenden Handelshaus, ist das Engagement der Hamburger Kaufmannsfamilie Godeffroy, Nachfahren französischer Hugenotten. Sie hatte bereits 1872 auf Matupi im Norden der Gazelle-Halbinsel eine Handelsniederlassung gegründet. Das Firmenoberhaupt Johann Cesar VI. Go-

deffroy unterhielt sogar ein Privat-Museum mit einer umfangreichen Sammlung von völkerkundlichen und zoologischen Objekten. Die Kapitäne und Reeder seiner aus 36 Schiffen und 40 Filialen bestehenden Handelskette (J. Kokott 2003), die hauptsächlich mit Kopra, Trepang und Kokosöl handelten, waren sogar angehalten Ethnographica aus Melanesien mitzubringen. Große Teile dieser Sammlung wurden im Jahre 1885 an das Völkerkundemuseen Leipzig verkauft. Den Rest erwarben schließlich ein Jahr später das Hamburger und das Münchner Völkerkundemuseum. Ein anderer erfolgreicher Ethnographica-Händler aus der Gründungszeit der deutschen Völkerkundemuseen war Johann Friedrich Gustav Umlauff, ein Schwager des bekannten Tierhändlers Carl Hagenbeck. Seine Firma »Umlauffs Weltmuseum« hatte sich zunächst darauf spezialisiert, den Seefahrern im Hamburger Hafen mitgebrachte Utensilien aus der

Schädelkorwar

Südsee abzukaufen und damit zu handeln. Schließlich wurden von Umlauff auch Ankäufer für völkerkundliche Objekte direkt nach Melanesien geschickt, um dort gezielt zu sammeln. Auch gelangten viele Ethnographica, die während der deutschen Kolonialzeit auf den Salomonen, den Admiralitätsinseln und Nord-Ost-Neuguinea von Beamten und Diplomaten gesammelt wurden, in die heimischen Museen. Zu ihnen gehörten der Konsul Max Thiel und die Südseehändler Franz und Eduard Hernsheim. Hauptsächlich handelte es sich um Gegenstände, die oft im Küstenbereich in der Nähe von deutschen Handelsstützpunkten erworben wurden. Aber auch Objekte, wie zum Beispiel Korware – geschnitzte Ahnenfiguren teils mit einem

Duk-Duk-Fest auf Matupi

Monumbo bei Potsdamshafen

eingearbeiteten menschlichen Schädel – die im Nordwesten von Niederländisch- Neuguinea hergestellt wurden, gelangten durch Schenkungen in die Hamburger Sammlung. Neben den bereits genannten Handelshäusern unterhielten die deutschen Völkerkundemuseen in dieser Zeit auch besonders zur Deutschen Handels- und Plantagen-Gesellschaft der Südsee-Inseln (DHPG), der Jaluit-Gesellschaft, der Neuguinea Compagnie, der Hamburger Südsee-Aktien-Gesellschaft und zu diversen christlichen Missionen engen Kontakt. Die meisten ethnographischen Objekte aus Deutsch-Neuguinea erwarb das Hamburger Völkerkundemuseum von dem ehemaligen Stationschef der Neuguinea Compagnie Arnold Fabricius, der auch als Farmer in der Nähe von Potsdamshafen gearbeitet hatte. Aufgrund der umfangreichen Hamburger Sammlung, auch besonders aus den deutschen »Schutzgebieten« Kaiser-Wilhelms-Land und Bismarck-Archipel, wurde in Hamburg ein neues großes Völkerkundemuseum errichtet, das 1912 bezugsfertig war. Als erster Direktor wurde der Arzt Prof. Dr. Georg Thilenius eingesetzt.

Sein Schwerpunkt war unter anderem Melanesien. In den Jahren 1897 bis 1899 weilte er persönlich auf den Neuen Hebriden, Salomonen, Santa-Cruz-Inseln, auf Neuguinea und auf den Admiralitätsinseln. Die beiden Berichte seiner Forschungsreisen »Ethnographische Ergebnisse aus Melanesien« (Halle, 1902; 1903) gelten bis heute als Standardwerke. Insofern war es verständlich, dass Thilenius sich sehr für die Organisation der Hamburger-Expedition in den Jahren 1908–1910 einsetzte. Dieses Projekt wurde von der Hamburgischen Wissenschaftlichen Stiftung genehmigt und finanziert. Zuvor war die auf drei Jahre veranschlagte »Erste deutsche Südsee-Expedition« unter Leitung des Hannoveraner Industriellensohnes Bruno Mencke schon nach wenigen Monaten im April 1901 gescheitert. Eingeborene der St.-Matthias-Inseln hatten Mencke und seinen Assistenten umgebracht und den Ornithologen und Schiffsarzt Oskar Heinroth leicht verletzt. Auch der Tierpräparator Paul Kothe überlebte den Überfall der Eingeborenen und konnte entkommen. Zur Vergeltung unternahm

Eingeborener der St.-Matthias-Inseln mit typischer Penisschnecke

die Besatzung eines deutschen Kriegsschiffes eine Strafexpedition auf der Insel, bei der 80 Eingeborene getötet worden sein sollen. Fast zeitgleich führte der Ethnograph Georg Friederici zusammen mit Karl Sapper eine völkerkundliche Expedition in Neumecklenburg, Neuhannover und Neuguinea durch, von denen etliche Exponate später im Hamburger Völkerkundemuseum landeten. Ziele dieser ethnographischen Expeditionen waren, das Siedlungsgebiet der Melanesier genau von dem der Mikronesier abzugrenzen und durch das Sammeln von Artefakten der jeweiligen möglichst vollständigen materiellen Kultur und Erforschung der physischen Anthropologie Unterschiede zu belegen.

Paul Kothe überlebte den Überfall der Eingeboren

Die Expedition fand unter der Leitung des Tropenmediziners Friedrich Fülleborn statt, den Thilenius persönlich dafür ausgesucht hatte. Mit der Logistik und den Verwaltungsangelegenheiten der Reise wurde der Ethnographica-Sammler und Kaufmann Franz Emil Hellwig aus Halle betraut. Als Zoologe fungierte der tropenerfahrene Biologe Georg Duncker aus Hamburg. Für die physische Anthropologie, der zu dieser Zeit noch eine wichtige Bedeutung zugemessen wurde, waren Otto Reche und Wilhelm Müller aus Wismar zuständig. Letzterer hatte seine Doktorarbeit über die Kraniologie der Neubritannier verfasst und sich aber dann als Angestellter des Völkerkundemuseums Berlin auf Linguistik spezialisiert. Als Dokumentarist fuhr der reiche Hamburger Kaufmannssohn und Künstler Hans Vogel mit. Während dieser Südsee-Expedition wurden etwa 15.000 Objekte erworben, die anschließend nach Hamburg kamen (A. Kelm 2003).

In der ersten Hälfte des letzten Jahrhunderts wurden die Forschungsergebnisse dieser Reise einschließlich der Abbildungen über die materielle Kultur der verschiedenen Völker von Mikronesien und Melanesien in fast dreißig Bänden publiziert. Bei den gesammelten Objekten handelt es sich um überaus seltene und wertvolle Schnitzereien und andere Kunstwerke, die schon wenige Jahre später nach Mis-

Mitglieder der Hamburger Südsee-Expedition Friedrich Fülleborn, Franz Emil Hellwig, Wilhelm Müller-Wismar, Hans Vogel und Otto Reche

sionierung und rasantem Einsetzen eines Kulturverfalls nicht mehr hergestellt oder sogar zerstört wurden. Insofern ist es den Mitgliedern dieser Expedition zu danken, dass diese Zeugnisse einer einst mannigfaltigen und inzwischen untergegangenen Kultur für die Nachwelt erhalten geblieben sind. Allerdings sollen nicht alle Tauschgeschäfte mit den Eingeborenen friedlich verlaufen sein. Es kam auch zu blutigen Auseinandersetzungen, die in den Berichten an die Hamburgische Stiftung dann eher beschönigt wurden: »Vogel war, wie er selbst berichtet, von einer Lanze getroffen worden, während einige Tench-Insulaner zwei bewaffneten, die Expedition als Schutztruppe begleitenden Melanesiern die Gewehre weggerissen hatten. Vogel wehrt sich mit Pistolenschüssen. Aber er trifft anscheinend nicht, ›denn niemand fällt und flieht‹. Eines der erbeuteten Gewehre

wurde auf Verlangen sofort zurückgegeben. Da jedoch das zweite, ausgerechnet das Jagdgewehr des Expeditionsmitglieds Hellwig, erst einmal verschwunden blieb, nahm die Expedition einen der bikman, d.h. einen Chef des besuchten Dorfes, als Geisel mit an Bord und gab ihn erst am nächsten Tag wieder frei, als schließlich nach langen Verhandlungen das Hellwig-sche Gewehr wieder auftauchte« (Zitiert nach A. Kelm, in: »Expedition ins Paradies«, Hamburg 2003, S. 110).

Besonders makaber war der praktizierte »anonyme Ankauf«, bei dem man einfach interessante Ethnographica im Dorf entwendete und dafür Tauschgüter hinterließ. Keine Frage, dass die zurückgekehrten Melanesier für diese Form von Diebstahl nur wenig Verständnis aufbrachten und sich gelegentlich mit einem Pfeilhagel bei den Europäern bedank-

Angehörige der »Schutztruppe« in Neupommern

ten. Wahrscheinlich war Fülleborns Umgang mit den Einheimischen eher mit dem eines eingefleischten Kolonialbeamten vergleichbar, wenn er »es sich nicht nehmen ließ, diesen lieben Reisegefährten – gemeint ist ein einheimischer Führer – der eine Gruppe Expeditionsteilnehmer anscheinend des öfteren in die Irre geführt hat, eigenhändig mittels einer kräftigen Ohrfeige abzulohnen.« (Zitiert nach A. Kelm, in: »Expedition ins Paradies«, Hamburg 2003, S. 123).

Besonders Vogel gelang es möglichst ungestellte Alltagssituationen der Bewohner auf den besuchten Inseln fotografisch festzuhalten. So zum Beispiel die in Melanesien außerordentlich seltene Weberei aus Bastfasern auf den St.-Matthias-Inseln oder die Töpferei auf Manus.

Schon im November 1907 hatte im Auftrag des Berliner Völkerkundemuseums die »Deutsche Marine Expedition« in

Weberin auf den St.-Matthias-Inseln

Unternehmens wurden in Neumecklenburg, Neuhannover und den angrenzenden Inseln über 2.500 völkerkundliche Objekte gesammelt und gemeinsam mit etwa 800 Fotografien anschließend dem Berliner Völkerkundemuseum übergeben. Während Elisabeth Krämer-Bannow bereits im Jahre 1916 ihre Erlebnisse in ihren Büchern »Wanderungen in Neumecklenburg« und »Bei kunstsinnigen Kannibalen der Südsee« veröffentlichte, ließen sich sowohl ihr Mann als auch Otto Schlaginhaufen mit den Publikationen ihrer Forschungsergebnisse noch etliche Jahre Zeit.

1910 nahm der gebürtige Jenenser Leonhard Schultze-Jena, Professor in Kiel, an einer deutsch-niederländischen Expedition teil. Zweck der Expedition war die Grenze zwischen Kaiser-Wilhelms-Land und dem niederländischen West-Papua zu kartieren.

Etwa zur gleichen Zeit in den Jahren 1908 bis 1910 führte der Berliner Arzt und Anthropologieprofessor Richard Neuhauß eine anthropologisch orientierte Expedition bei verschiedenen Stämmen in Deutsch-Neuguinea durch. Er war unter anderem

Bogenschütze in Kaiser-Wilhelms-Land

Neumecklenburg ihre Feldforschungsarbeit aufgenommen. Diesmal sollten regional nicht nur Ethnogaphica gesammelt, sondern auch die geistige Kultur des jeweiligen Volkes sowohl in soziologischer als auch in religiöser Hinsicht untersucht werden. Desweiteren wurden Angaben über die Siedlungsweise, Nahrungszubereitung und Methoden der Landwirtschaft erhoben. Um Sprachen und Gesänge aufzunehmen, wurden erstmalig sogar sogenannte Phonographen mitgeführt. Als Expeditionsleiter fungierten der südseeerfahrene Marinestabsarzt Emil Stephan, der allerdings kurze Zeit später an Malaria verstarb, und sein Berufskollege Augustin Krämer, der dessen Arbeit fortsetzte. Neben Krämers Ehefrau Elisabeth Krämer-Bannow gehörten der Schweizer Anthropologe Otto Schlaginhaufen vom Völkerkundemuseum Dresden, der ehemalige Geographiestudent Edgar Walden aus Berlin und der Fotograf Richard Schilling zum Expeditionsteam. Während dieses aufwendigen

Frauen des Kai-Hupe-Stammes am Sattelberg

bei den Kai und Hupe am Sattelberg, den Sissanu bei Berlinhafen, den Warapu, bei den Lae an der Markham-Mündung, den Bilao bei Wilhelmshafen, den Monúmbo bei Potsdamshafen und auch bei den Buka auf den Salomonen. Einige dieser Stämme existieren heute nicht mehr. Auch der Wiener Mediziner Rudolf Pöch führte zu der Zeit in Deutsch-Neuguinea anthropologische Untersuchungen bei verschiedenen Stämmen durch.

Er war unter anderem bei den Watám, Manám, und ebenfalls bei den Monúmbo und Kai-Zwergpapuas. Seine Forschungsreise führte ihn auch nach Neumecklenburg, auf die Salomonen und nach Britisch-Neuguinea.

Rudolf Pöch

Den Anthropologen der damaligen Zeit ging es besonders darum, anhand von Kopf- und Körpervermessungen und Fotos mit bestimmten dominierenden »Rassemerkmalen« von Vertretern des jeweiligen Volkes Rückschlüsse auf mögliche Verwandtschaften zu prähistorischen Einwanderern und die Besiedlungsgeschichte zu ziehen. In einer Zeit, in der es noch keine DNA-Tests oder ein Human Genome Project zum Nachweis gab, versuchten Forscher mittels visuell anthropologischer Vergleiche durch Auswertung von sogenannten Typenfotos und durch Vermessungen von Schädeln und Körperproportionen (Anthropometrie) Informationen über Herkunft, Stammesverwandtschaft und Besiedlung zu gewinnen.

Im zweiten Band seines dreiteiligen Werkes »Deutsch-Neu-Guinea« (Berlin 1911) sind über siebenhundert Typenfotos, die Neuhauß auf seiner Expedition

Ka Iwa in Witwertracht

gemacht hat, veröffentlicht. Auch wenn die Völkerkunde in den letzten Jahrzehnten von diesen Vergleichsmethoden völlig abgekommen ist, so vermitteln diese historischen Fotos doch hochinteressante Eindrücke zum Beispiel über den damaligen Körperschmuck, über rituelle Deformierungen und Stammesfrisuren.

Auch im Mündungsbereich des Kaiserin-Augusta-Flusses (Sepik) hatte sich zu Beginn des 20. Jahrhunderts ein florierender Handel mit Ethnographica entwickelt. Obwohl dieses gewaltige Flussgebiet sowohl ethnographisch als auch geographisch noch weitgehend als unerforscht galt, erreichten mit den Anwerbedampfern für Arbeitskräfte immer wieder ganze Schiffsladungen von Schnitzereien, Schilden und Waffen die Küste und wurden in den Handelsstützpunkten der Neu Guinea Compagnie zum Verkauf angeboten. Der damalige Leiter

der Südsee-Abteilung im Berliner Völkerkundemuseum, Felix von Luschan, veranlasste ein umfangreiches interdisziplinäres Erkundungsunternehmen, das in die Geschichte als die »Kaiserin-Augusta-Fluß-Expedition« eingehen sollte und von der Deutschen Kolonialgesellschaft und der Königlich-Preußischen Unterrichtsverwaltung durch die Spende eines reichen Verlegers finanziert wurde.

Er setzte den Geologen Artur Stolle aus Mühlheim an der Ruhr als Chef der Expedition ein. Zu den weiteren Teilnehmern zählten der Berliner Chemiker und Ethnologe Adolf Roesicke und der Oldenburger Geograph Walter Behrmann. Letzterer verfasste im Anschluss daran das bekannte Buch »Im Stromgebiet des Sepik«. Behrmann entdeckte und vermaß etliche Flussverläufe und Berge. Zu seinen Verdiensten zählte unter anderem die Errichtung einer Wetterstation. Als Expeditionsarzt fungierte Joseph Bürgers aus Bonn, der gleichzeitig als Zoologe und Tierpräparator arbeitete. Von ihm erhielt das Berliner Zoologische Institut später etwa 3.000 Vogelbälge. Für die Botanik war Carl Ledermann aus Heidelberg zuständig. Die Augusta-Fluss-Expedition verlief mit Unterbrechungen vom 28. Februar 1912 bis zum 20. September 1913. Ab Januar 1913 nahm auch Dr. jur. Richard Thurnwald an der Expedition teil. Er hatte bereits in den Jahren 1906–1908 ausgiebige Expeditionserfahrungen in Melanesien gemacht. Genannt sei hier sein Aufenthalt bei den Buin auf den Salomonen. Thurnwald widmete sich besonders der Erforschung des Sepik-Unterlaufes, führte zahlreiche Urwalddurchquerungen und Vorstöße ins unbekannte Landesinnere durch und kontaktierte als erster Europäer etliche

Mitglieder der »Kaiserin-Augusta-Fluß-Expedition«

Schiffsmaschinist Fiebig mit Eingeborenen aus Tjamangoi, »Kaiserin-Augusta-Fluß-Expedition«

Fische und Insekten und fast sechstausend völkerkundliche Artefakte, inklusive Phonographenwalzen, Sprachstudien und fotographische Glasplatten mit nach Deutschland gebracht. Neben größeren geographischen Gebietserkundungen ins Inland hinein wurden die Zuflüsse des Sepik bis zur Grenze der Beschiffbarkeit erforscht und erstmalig genau kartographiert. Schon bei seinem ersten dreijährigen Forschungsaufenthalt reagierte Thurnwald mit Kritik und Abscheu auf den verkommenen Lebenswandel vieler ansässiger deutscher Händler und Kolonialbeamter, die oft seine Arbeit behinderten und für die er sich offenbar schämte.

»Die ›Gesellschaft‹ hier in Hbh. [Herbertshöhe, der Verf.] nun! Bier, Whiskey, Sekt, Portwein, Jungen prügeln, Poker spielen, schwarze Weiber – bilden die Quelle, aus der das Leben fließt. Abends gibt es großen Radau mit Schreien, Fluchen, Zanken und stimmungs- u. gefühlvollen alten Kneipenliedern, besoffene Reden steigen und abgrundtiefer Blödsinn blüht. Am

unbekannte Völker wie zum Beispiel die Telefomin und Bánaro. Unterwegs kam es dabei zu gelegentlichen Überfällen und blutigen Auseinandersetzungen mit Einheimischen, die immer wieder Todesopfer forderten. Thurnwald besuchte unter anderem die Abelam und Arapesh zwischen Mittellauf und Mündung des Sepik und erhielt währenddessen keine rechtzeitige Nachricht vom Ausbruch des Ersten Weltkrieges. Auf abenteuerlichem Wege gelang ihm schließlich die Ausreise über Amerika nach Deutschland.

Unter Völkerkundlern wurde Thurnwald einige Jahre später durch sein Buch »Die Gemeinde der Bánaro« über deren merkwürdige Sozialstruktur und ihre sogenannten Geistkinder international bekannt.

Die »Kaiserin-Augusta-Fluß-Expedition« galt insgesamt als ein großer Erfolg für verschiedene Naturwissenschaften. Neben Tausenden von gepressten Pflanzen und anderen botanischen Proben wurden etliche präparierte Säugetiere, Reptilien, Vögel,

Richard Thurnwald mit Schutztruppe, »Kaiserin-Augusta-Fluß-Expedition«

nächsten Morgen Kater, der in Schnaps ersäuft wird, dann wird ein Junge mal wieder halb zu Tode geprügelt – man schämt sich oft, daß man ein Weißer ist. Und auf den Außenstationen! Dort sitzt ein Kerl mit tertiärer Syphilis, der eine ganze Insel verseucht, hier ein Trunkenbold, der aus seinem Wiskey Rausch nicht herauskommt, solange er was zu saufen hat. Schmutz, Unreinlichkeit, Verwahrlosung, Halbblutkinder...« (aus einem Brief an Alfred Ploetz vom 10. Juli 1907, in M. Melk-Koch: »Auf der Suche nach der menschlichen Gesellschaft«, 1989, S.79) Obwohl es ein offizielles Alkoholhandelsverbot in Kaiser-Wilhelms-Land gab, hielt sich kaum jemand daran.

Neben den wissenschaflich ausgerichteten Expeditionen gab es auch Erkundungen über wirtschaftliche Nutzbarkeit der Wälder und ihrer Edelhölzer. Bei solch einer Unternehmung im Dezember 1913 wurde auf Neumecklenburg die Truppe eines Oberförsters namens Deininger von Eingeborenen, die sich offenbar bedroht fühlten, niedergemetzelt.

Die Dampfbarkasse »Kolonialgesellschaft«, »Kaiserin-Augusta-Fluß-Expedition«

Auch im niederländischen Teil von Neuguinea unternahmen deutsche Forscher bereits 1910 erste Vorstöße ins Inland. Für die Geographen unter Führung von Max Moszkowski ging es um die Erkundung des verzweigten Zuflussgebietes des Mamberano und um die Anlage einer ethnographisch-naturkundlichen Sammlung. Leider ging ein großer Teil dieser Sammlung in Neuguinea verloren.

Bis zum Kriegsausbruch 1914 existierten in Deutsch-Neuguinea insgesamt zwölf deutsche Handelsfirmen mit eigenen Ländereien und eigenen Schiffslinien. Weiterhin gab es eine für damalige Verhätnisse relativ gut funktionierende begrenzte Infrastruktur mit Telefonleitungen, Straßen, Polizeistationen, Schulen, Krankenhäusern und sogar einer eigenen Kolonialwährung.

Unter den sechs wichtigsten Handelshäusern hatte nur die Neuguinea Compagnie ihren Muttersitz in Berlin, die anderen fünf kamen aus Hamburg. Insofern konnte sich das Hamburger Völkerkundemuseum weiterer Förderung und Stiftungen zukünftiger Projekte durch finanzkräftige Einwohner sicher sein. Als vergleichsweise moderat zu den Amtsinhabern der afrikanischen Kolonien galt der letzte Gouverneur von Deutsch-Neuguinea, der aus Niederbayern stammende Anwalt Albert Hahl, der sein Amt von 1902 an inne hatte. Er lebte in aller Öffentlichkeit zusammen mit einer Papua-Frau vom Stamm der Tolai und hatte ein Kind mit ihr. Hahl trat für die Einhaltung indigener Landrechte ein und führte in allen erreichbaren Dörfern ein System kolonialer Selbstverwaltung und Gerichtsbarkeit durch Ernennung von einheimischen Dorfvorstehern, den sogenann-

ten Luluais, ein. Meist handelte es sich dabei um angesehene Männer mit Führungsfunktion oder ehemalige Polizeigehilfen der deutschen Schutztruppe, die nach Ableistung ihrer Verpflichtungszeit in ihr Dorf zurückgekehrt waren und nun für »Recht und Ordnung« sorgten. Ihre Assistenten waren die sogenannten Tultuls. Für die medizinische Grundversorgung in den Dörfern setzte Hahl eingeborene Krankenpfleger, die Heiltultuls, die von deutschen Krankenschwestern oder Ärzten ausgebildet wurden, ein. Unabhängig von der Missionarstätigkeit engagierte er sich für die Entwicklung eines funktionierenden Schulsystems.

Allerdings brach mit dem Ersten Weltkrieg durch den kompletten Verlust der Kolonialgebiete, durch Enteignung und Ausweisung sämtlicher deutscher Firmen das ganze Verwaltungssystem und der Handel besonders auch mit Ethnographica aus Melanesien zunächst völlig zusammen. Für etliche Jahre gab es keine direkten Bezugsquellen mehr aus diesem Gebiet. Nur einige deutsche Missionsgesellschaften wurden nicht von den Australiern ausgewiesen. Ihnen wurde lediglich ein Neutralitätseid abverlangt.

Eine andere kuriose Ausnahme, von der ganz offensichtlich keine kriegerische Handlung zu erwarten war, bildete eine Sonnenanbetersekte auf der kleinen Insel Kakabon in Neulauenburg. Ihr Anführer, der 1870 in Nürnberg geborene August Engelhardt proklamierte dort ein archaisches Leben ähnlich wie das der Eingeborenen, völlig ohne Kleidung, mit freier Liebe, und mit dem ausschließlichen Genuss von Kokosnüssen. Da die vorherige Naturheilanstalt »Jungborn« des Apothekers in

Schutztruppe der Polizeistation in Adolfshafen

Das Kokosevangelium.

Der Mensch ist das tierische Ebenbild Gottes.

Die Kokospalme ist das pflanzliche Ebenbild Gottes.

Die Kokosnuß ist Gott in nuce.

Der Kokosesser ist Gottesser, ist Theophag.

Der Mensch ist, was er ißt.

Der Gottesser, d. i. Kokosesser, muß göttlich, muß gleich Gott werden.

Der Mensch als Ebenbild Gottes ist Gottesser.

Der Mensch ist absoluter Kokovore.

Der Kokovorismus, die Theophagie, ist der Weg zur vollen Erlösung von Schmerz, Leid und Tod.

Der Kokovorismus ist seinem Wesen nach praktisches Christentum:

Die Versöhnung des Menschenkindes mit seinem göttlichen Vater.

Engelhardt,
der 1. Kokosapostel.

Engelhardts Kokosevangelium

Eckertal (Harz) wegen Sittenwidrigkeit von den Behörden geschlossen wurde, blieb Engelhardt nichts anderes übrig, als seine Aktivitäten in die Südsee zu verlagern.

Allerdings erreichten die wenigen Mitglieder dieses merkwürdigen Sonnenordens auf Grund ihrer einseitigen Mangelernährung kein allzu hohes Alter. Das erste Opfer war ein vierundzwanzigjähriger Mann aus Helgoland. Er verstarb bereits sechs Wochen nach seiner Ankunft. Auch Engelhardt erlag ein Jahr nach Kriegsende den Folgen seiner jahrelangen Dauerkokosdiät.

Missionare konnten wegen ihrer langjährigen Tätigkeit vor Ort oftmals die besten Informationen über die Kultur der Völker, die sie zu christianisieren versuchten, liefern. Somit waren sie nach dem Ersten Weltkrieg meist die einzigen Bezugsquellen für Ethnographica und Hintergrundwissen für die deutschen Völkerkundemuseen.

Nennenswerte Beispiele sind hierbei die evangelische Neuendettelsauer Mission mit ihrem ersten Pater Johann Flierl aus Buchhof bei Sulzbach. Er wirkte von 1886 bis 1930 in Neuguinea bei den Stämmen am Sattelberg und auf den Tami-Inseln. Die katholische Herz-Jesu-Mission arbeitete bereits seit 1882 bei den Baining in Neubritannien. Aber auch bei den Missionaren verlief der Umgang mit den Eingeborenen nicht immer friedlich. Die Baining versuchten sich gegen die zunehmende Überfremdung zu wehren und töteten am 13. August 1904 etliche Herz-Jesu-Missionare, unter ihnen fünf Nonnen.

Pater Carl Laufers verfasste später einige Abhandlungen über Masken und Rituale der Baining. Bis in die dreißiger Jahre hinein musste sich die deutsche Melanesienforschung mit dem gelegentlichen Ankauf von Ethnographica von heimgekehrten Missionaren oder Schweizer Feldforschern und dem Auswerten ihrer einstigen großen Südsee-Expeditionen begnügen. Mit der Auswertung der Ergebnisse von den Admiralitäts-Inseln und den St.-Matthias-Inseln befasste sich der Mediziner Hans Nevermann. Er schrieb unter anderem ein Buch über Masken und Geheimbünde in Melanesien und verbrachte selbst längere Zeit zu Feldforschungszwecken bei den Marind-Anim im Südosten von Niederländisch-Neuguinea.

August Engelhardt (links) mit Angehörigen seines Sonnenordens

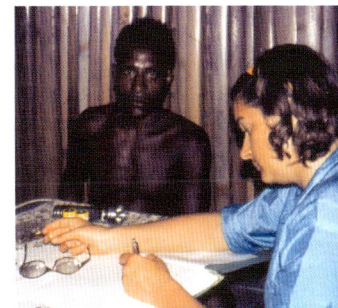

Mindestens 5.000 Jahre alte »Matutuo« (Felszeichnung) mit Handmotiv und der Darstellung kämpfender Krebse in den Halbgrotten des Sariga-Archipels

In den Jahren 1932 und 1933 hielt sich der Ethnologe Hugo Bernatzik einige Monate auf den Salomonen auf der Insel Owa Raha und in Britisch-Neuguinea auf. Auch Richard Thurnwald konnte, unterstützt von seiner Frau, seine Forschungsarbeit auf Buin fortsetzen. Dabei stellte er fest, dass inzwischen bei den Insulanern ein gewaltiger Kulturwandel mit dem Zusammenbruch der traditionellen Clan-Ordnung und der Aufgabe des Muschelgeld-Zahlungssystems eingesetzt hatte. Im Jahre 1937 untersuchte eine vom Leo-Frobenius-Institut aus Frankfurt am Main finanzierte Expedition unter Leitung von Hermann Niggemeyer und Josef Röder die umfangreichen Fels- und Höhlenmalereien, die zuvor an der Nordküste der Fak-fak-Onin-Halbinsel (Kapaur) am Mac-Cluer-Golf entdeckt worden waren.

Über die mannigfaltige Mi-Kultur der Hagenberg-Völker im östlichen Zentralhochland von Neuguinea verfasste der Neudettelsauer Missionar Hermann Strauss zusammen mit dem Hamburger Ethnologen Herbert Tischner 1962 eine umfangreiche Monographie. In den sechziger Jahren arbeitete der Schweizer Arzt Werner Stöcklin als Medical Officer beim Gesundheitsdienst im Ostteil von Neuguinea. Er war unter anderem bei den Kukukuku, den Fore und einigen Sepik-Völkern. Die Hamburger Völkerkundlerin Antje Kelm unternahm etliche Feldforschungsrei-

Antje Kelm bei ihrer Feldforschung

sen in Papua-Neuguinea. Es ging unter anderem darum, Informationen über die Bedeutung alter Sammlungsgegenstände des Museums zu erhalten, um sie wissenschaftlich auswerten zu können. Das dreibändige Werk »Kunst vom Sepik« von ihrem Ehemann Heinz Kelm gilt bis heute als eine der umfangreichsten Standardpublikationen über die Sepik-Kultur.

Einmalig in der Geschichte der ethnologischen Forschung Melanesiens durch deutsche Wissenschaftler war das von der Deutschen Forschungsgemeinschaft geförderte, umfangreiche

Raucherpause, Heinz Kelm mit einheimischen Frauen am Sepik

Projekt »Interdisziplinäre Erforschung von Mensch, Kultur und Umwelt im zentralen Hochland von West-Irian (Neuguinea)« bei den noch völlig isoliert lebenden Eipomek. Das Berliner Völkerkundemuseum entsandte 1974 ein Expeditionsteam mit Wissenschaftlern der unterschiedlichsten Naturwissenschaften unter Leitung des erfahrenen Ozeanien-Feldforschers Prof. Gerd Koch in die ethnographisch noch völlig unbekannte Gebirgsregion von West-Papua, um die materielle und geistige Kultur der Ureinwohner noch vor dem Einsetzen des Kulturverfalls durch Missionierung und Zivilisation zu erfassen. Dabei waren erstmalig eine Reihe von modernen Spezialdisziplinen mit integriert: »... physische Anthropologie, Zahnmedizin, Allgemeinmedizin, Tropenmedizin, Ethnopsychologie, Humanethologie, Anthropogeographie, Linguistik, Ethnologie, Witschaftsethnologie, Ethnosoziologie, Ethnomedizin, Musikethnologie, Archäologie, Geologie, Photogeologie, Paläontologie, Geomorphologie, Seismologie, Hydrologie, Bodenkunde, Klimatologie, Botanik, Kulturpflanzenkunde, Zoologie

Professor Gerd Koch, einer der bedeutendsten Ozeanien-Experten der Welt

in die Besiedlungsgeschichte und die Verwandtschaftsbeziehungen der verschiedenen Stämme Melanesiens und Polynesiens zu bringen. Besonders die Arbeitsgruppe von Prof. Max Stoneking am Max-Planck-Institut für Evolutionäre Anthropologie in Leipzig ist mit diesem Projekt befasst. Auf die Erfassung und wissenschaftliche Auswertung von humangenetischen Daten aus den unterschiedlichsten Regionen Neuguineas, den Melanesischen sowie Polynesischen Inseln hat sich besonders Prof. Manfred Kayser, der vor einigen Jahren vom Leipziger Max-Planck-Institut an die Erasmus Universität Rotterdam wechselte, spezialisiert.

Miriam Garve, Wolfgang Moritz und Professor Manfred Kayser auf dem Becking

und Haustierkunde.« (Gerd Koch in »Mensch-Kultur-Umwelt«, Berlin 1987, Vorwort). Zu diesem Team zählten bedeutende Wissenschaftler wie die Professoren Irenäus Eibl-Eibesfeldt, Volker Heeschen, Wulf Schiefenhöfel, Horst Jüptner und Paul Hiepko. Eine der weltweit umfangreichsten ethnographischen Sammlungen über die Kunst und Kultur der einst gefürchteten Kopfjägerstämme des Asmatgebietes stellte das Medizinerehepaar Ursula und Gunter Konrad zusammen. Lange bevor Ethnologen ins Gebiet vordringen konnten, erforschten sie bereits im Jahre 1971 das in dieser Zeit noch völlig unbekannte nordöstliche Bras-Gebiet im Asmat. Gemeinsam mit dem interdisziplinären Forschungsprogramm vom Berliner Völkerkundemuseum unternahmen sie 1982 eine Expedition, um die nördlichste Grenze der Asmatkultur und den Handelsweg mit Steinklingen aus dem Hochland zu erkunden (K. Helfrich 1995).

Durch den Einsatz modernster molekulargenetischer Methoden ist es der Forschung heutzutage möglich, mehr Licht

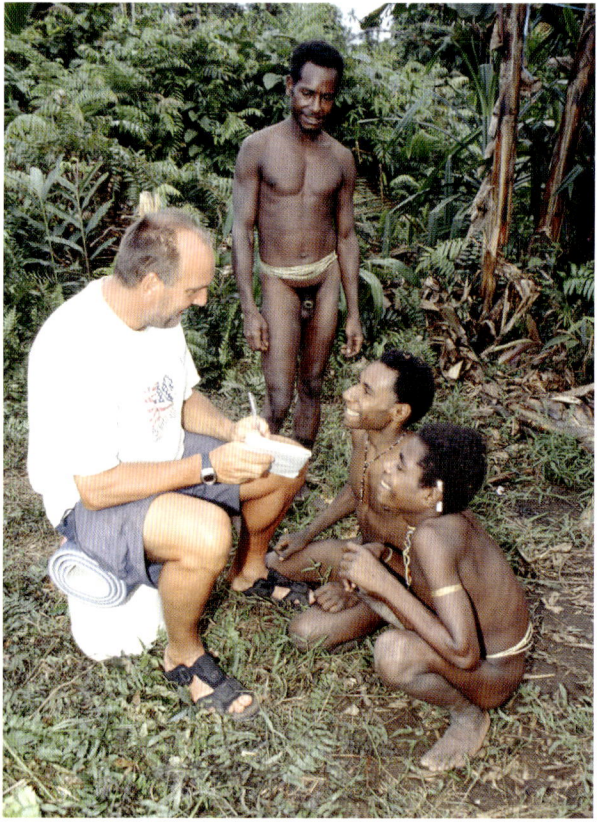

Sepp Köpf beim Gespräch mit Angehörigen des bisher unbekannten Din-Stammes

Expedition zu den letzten Baumhausmenschen auf Neuguinea

»Obwohl Ela keine Miene verzieht, bereitet ihm die bereits infizierte Wunde unterhalb der rechten Schulter erhebliche Schmerzen. Es gelingt mir zwar die abgebrochene Pfeilspitze wenige Zentimeter unter der Haut mit der Pinzette zu ertasten. Aber sie läßt sich wegen der zahlreichen knöchernen Widerhaken, die sich tief im Muskelgewebe festgekrallt haben, nicht mehr lösen. Jedenfalls jetzt und hier nicht mitten im dichten Urwald. Ein Durchschuss mit einer glatten Bambuspfeilspitze, wie sie für die Wildschweinjagd verwendet wird, wäre vermutlich einfacher zu behandeln gewesen. Ela will aber nicht mitkommen zu den Khakhua-Geistern da draußen, um sich operieren zu lassen [...] es ist nur eine Frage der Zeit. Er wird daran sterben. Und ich glaube, Ela weiß das auch...«

(Aus den Aufzeichnungen R. Garves von 1999)

Das größtenteils mit Primärwald bewachsene Schwemmland nördlich der Asmat-Region wird von vielen miteinander verbundenen Flüssen durchzogen, die im Zentralgebirge entspringen und in der Regel große Wassermassen mit sich führen. Da der Urwald mit seinen über vierzig Meter hohen Bäumen, Schlingpflanzen und mehrschichtigem Unterholz hier streckenweise nahezu undurchdringlich ist, spielt sich das Leben weitgehend in Flussnähe ab.

Ausnahmen bilden kleine Gruppen von teils sesshaften Jägern und Sammlern im Übergangsbereich zum Gebirge, die sogenannten Baummenschen.

Noch in den achtziger Jahren traf ich während einer Nord-Südexpedition vom Zentralen Hochland bis hin zum Asmat-Flachland am oberen Brazza auf vereinzelte Baum- oder Stelzenhäuser, die etwa acht bis zwölf Meter hoch waren, die allerdings bereits ein Jahr später durch den Einfluss von Missionaren und indonesischen Holzfällern verfallen und nicht mehr bewohnt waren.

Vor hundert Jahren lebten auch im Ostteil Neuguineas noch einige Baumhausvölker, deren Kultur aber bereits während der Kolonialzeit ausgestorben ist.

Baumhaus im Dorfe Koiari, 1899

Der nordöstlich angrenzende, zur Provinz Merauke gehörende Teildistrikt Kecamatan Kouh, das Gebiet zwischen den Flüssen Eilanden, oberem Becking und Dairam Kabur galt bis vor 25 Jahren wegen nicht vorhandener Bodenschätze und seiner kriegerischen Bewohner auch bei Völkerkundlern noch als Terra incognita. Von Missionaren wusste man nur, dass es sich um die Heimat der Korowai und kulturverwandten Kombai handelte, die insgesamt auf etwa 4.000 Stammesmitglieder geschätzt wurden. Diese organisierten sich wiederum in mehrere Dutzend meist untereinander

Stelzenhaus am oberen Brazza

arg verfeindete Familienclans. Deshalb ist nicht der Stamm einschließlich gleicher Sprache und Kultur, sondern die Clanzugehörigkeit als allseitig bestimmende Einheit für den einzelnen wichtig. Sie gelten als die letzten Baumhausmenschen in Neuguinea.

Jemand, der die Sprache der Korowai spricht, ein sogenannter Kolufo-yanop, ist damit aber nicht automatisch Freund und willkommen. Einige Korowai gelten bis zum heutigen Zeitpunkt aufgrund des sehr schwer zugänglichen Lebensraumes und dem bislang wirtschaftlichen Desinteresses Indonesiens offiziell als noch nicht kontaktiert. Außerdem lehnen viele Clans den Kontakt mit anderen Menschen, sowohl Weißen, Indonesiern, als auch Nachbarstämmen und anderen Clans strikt ab und verteidigen beherzt mit Pfeil und Bogen ihr Gebiet gegen Eindringlinge und ungebetene Gäste. Vielleicht liegt es am

Ela mit seiner Pfeilschußverletzung unter der rechten Schulter, an der er später verstarb

Marsch durch den Mangrovensumpf

rauen, feuchtheißen Sumpfgebiet und den nicht befahrbaren, reißenden Flüssen, dass die hier im dichten Regenwald lebenden, sich lediglich zu Fuß fortbewegenden Menschen einen grazileren Körperbau haben als ihre meist Kanu paddelnden kräftigen Nachbarn aus dem Süden. Die Korowai erscheinen von der Körpergröße her viel kleiner und schlanker als die Baumhausbewohner vom Brazza und stellen somit vermutlich eine Art Übergangsethnie zwischen den unterschiedlichen Anpassungen sowohl an das südliche Flachland als auch an das zentrale Gebirgsmassiv dar. Die Männer wiegen maximal 60 Kilogramm, sind kaum größer als 1,60 Meter und die Frauen entsprechend etwa zehn Zentimeter kleiner und höchstens 45 bis 50 Kilogramm schwer. Aufgrund des geringen Proteinangebotes in diesem Regenwald leben hier also weder große noch dicke Menschen. Optimale Voraussetzungen für das sichere Klettern und Leben in den Baumwipfeln.

Trotz auffallender physischer und physiognomischer Unterschiede zu den nördlichen Nachbarn, den im Gebirge ebenerdig in kleinen Rundhütten lebenden Zwergpapuas (Kimyal, Eipomek) gibt es auch einige kulturelle Übereinstimmungen mit ihnen wie zum Beispiel Rotangschlaufen um den Bauch, bei den Kombai sogar Kürbisse oder Vogelschnäbel als Penisröhren, Stirn- und Armbänder, Kaurischnecken und Tierzähne als Halsketten, Bambusohrpflöcke, Grasschurze oder Tabakpfeifen. Das lässt auf sehr alte Handelsbeziehungen und einen dadurch bedingten Kulturaustausch untereinander schließen. Im spärlichen Inland, am Rande der ersten Gebirgsausläufer, betreiben die Korowai in beschränkten Umfang Gartenanbau (Sago, Tabak, Bananen) und auch gelegentlich Schweinehaltung. Unsere Ausführungen stützen sich im Wesentlichen auf Beobachtungen u. Aufzeichnungen, die ich Ende der achtziger und neunziger Jahre vor Ort machen konnte. Des weiteren auf unsere gemeinsamen Erlebnisse auf mehrwöchigen Filmexpeditionen in den Jahren 2001, 2002 und 2003 im Korowai-Gebiet und besonders auf anthropologische Forschungsergebnisse holländischer Missionare (Van Enk u. de Vries 1997).

Unser Ausgangspunkt war das kleine, nach typischem indonesischem Dorfmuster in Wellblech-Formation (Kampong) errichtete, von den holländischen Geistlichen 1980 gegründeten Missionsdorf Yaniruma, an der gleichnamigen Flussmündung in den Becking-Fluss. Zeitweilig leben hier etwa 300 Leute. Die meisten Einwohner gehören

Rotanggurt und Krokodilzahn als Nasensc

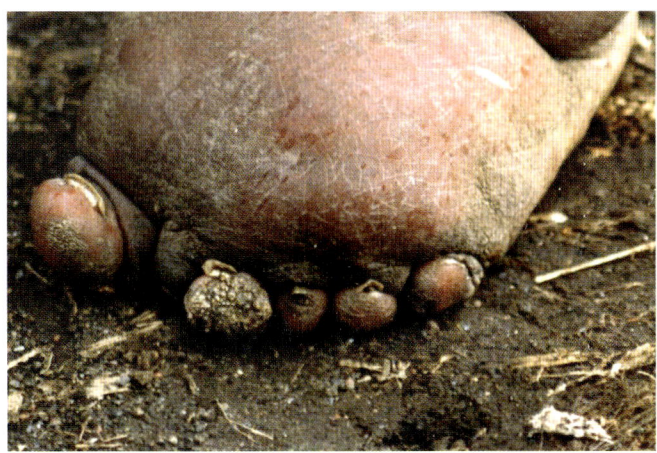
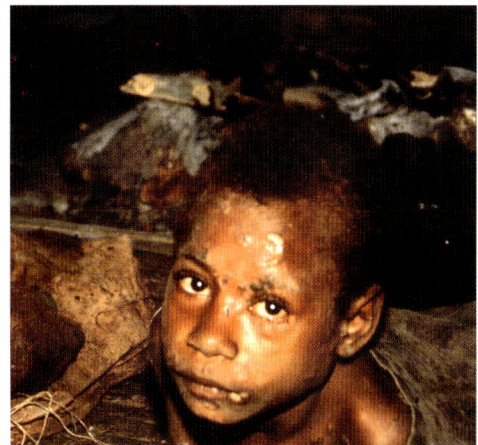
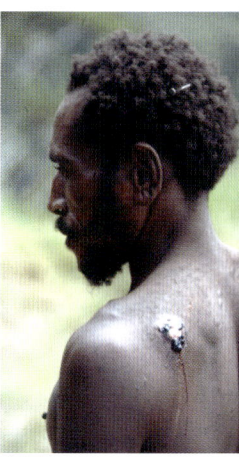

Elephantiasis, Frambösie und Pfeilschussverletzungen gehören zu den häufigen Leiden der Baumhausmenschen

allerdings den weiter südlich lebenden Kombai an. Trotz Errichtung einer Kirche und Einführung von Schulunterricht und mehrjährigem Einsatz ist es den Missionaren kaum gelungen, das Clansystem der Korowai/Kombai aufzulösen beziehungsweise sie zum christlichen Glauben zu bekehren. Die Missionare mussten ihre Arbeit 1990 einstellen und das Gebiet verlassen. Inzwischen sind wieder neue niederländische Missionare mit ihren Familien nach Yaniruma gezogen.

Mittlerweile gilt das Gebiet entlang des Becking zwischen Yaniruma und Yafufla als »befriedet«. Viele Zivilisationsgüter und das Geldsystem haben inzwischen Einzug gehalten. Seit einigen Jahren führen sogar internationale Reiseunternehmen zahlungskräftige Abenteuertouristen in dieses Gebiet; für sie wurden zum Teil extra neue Baumhäuser errichtet. Für klingende Münze wird ein »ursprüngliches Leben« der Baummenschen vorgegaukelt. Aber trotz aller Bemühungen, die Korowai dauerhaft aus ihren Baumhäusern zu locken, in Yaniruma oder anderen Kampongs anzusiedeln, scheiterten bislang die Integrationsversuche seitens der indonesischen Regierung.

Das Gebiet der Korowai ist sehr spärlich und verstreut besiedelt. Meist leben kleinere Familienverbände in acht bis zwölf Meter hohen Stelzen- oder Baumhäusern auf kleinen kahlgeschlagenen Flächen, umgeben von ihren Gärten und Schweineställen. In der Regel handelt es sich immer um zwei bis drei Häuser, manchmal auch ebenerdige Palmblatthütten. Eine Ursache für die streng isolierte Lebensweise ist die tiefsitzende Angst vor anderen, feindlichen Clans und den dauernden Auseinandersetzungen wegen der sogenannte Khakhua-Hexerei, einer generellen Schuldzuweisung für den Tod selbst jedes an Altersschwäche oder Krankheit gestorbenen Clanmitgliedes und der damit verbundenen oft kannibalistischen Bestrafung des vermeintlichen

Frisch geerntete Kochbananen

Verursachers. Bedingt durch die extremen natürlichen Lebensumstände sterben die Korowai sehr häufig frühzeitig. Eine Lebenserwartung über 45 Jahre wird kaum erreicht. Die Kindersterblichkeit ist aufgrund von Infektionskrankheiten extrem hoch. Neben massiven Hautpilzerkrankungen leiden sie häufig an Malaria, Tuberkulose, Parasiten, vielen Infektionskrankheiten und den Folgen von Verbrennungen und Pfeilschuss-

Skepsis bei der ersten Begegnung mit uns Europäern

verletzungen. Besonders auffällig waren für mich die häufigen Hautgeschwüre mit himbeerartiger Oberfläche an den Beinen und Füßen von Kindern. Diese in der Medizin als Frambösie bekannte, meist langwierige Krankheit wird durch sogenannte Spirochäten, die mit den Erregern der Syphilis eng verwandt sind, übertragen und lässt sich heutzutage mit Antibiotika leicht behandeln. In den besuchten Dörfern gab es medizinisch für uns immer reichlich zu tun. Oftmals bewirkte schon eine geringe Dosis Penicillin ein wahres Wunder. Seit langem bestehende Geschwüre heilten nun spontan in wenigen Tagen ab.

Die bewohnten Gebiete befinden sich meist auf trockenem, höherem sandigen Untergrund zwischen den großflächigen Sümpfen, in denen die Korowai ihre Sagopalmen anbauen. Gelegentlich werden auch höhere Flussbänke bewohnt.

Während unserer Expedition 1999 sind wir nach dreitägigem Fußmarsch im Clangebiet der Lemakha tatsächlich auf ein Baumhaus mit einer Höhe von über 35 Metern gestoßen. Schon vom Flugzeug aus hatten wir zuvor dieses riesige Bauwerk auf einer Lichtung mitten im dichten Urwald entdeckt.

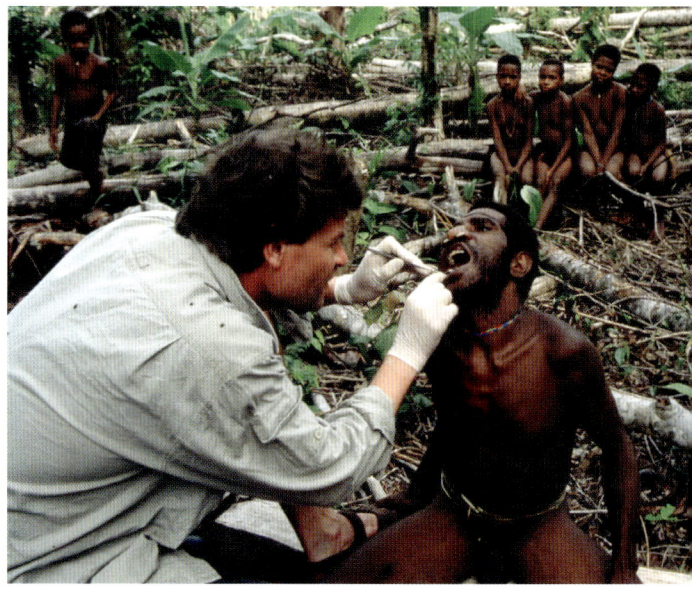

Zahnnotbehandlung im Urwald

Man versicherte uns, dass gelegentlich in Abhängigkeit von der Höhe des Baumes und der Angst vor Feinden noch höhere gebaut werden (bis zu 50 Meter). Allerdings war es zu dem Zeitpunkt gerade nicht bewohnt. Das Klettergerüst zum Aufstieg fehlte und der Baumstamm war verkohlt. Ela, der kleinwüchsige, etwa fünfundvierzigjährige Clanchef bewohnte mit seiner Familie lediglich eine etwa acht Meter hohe Baumhütte in unmittelbarer Nähe. Nach scheuer Begrüßung teilte er uns per Dotmetscher mit, was geschehen war. Mitglieder eines verfeindeten Nachbarclans hatten vor kurzem als Vergeltung für den vorausgegangenen Raub von zwei jungen Frauen sein Dorf überfallen und während sich Elas Familie nach oben flüchtete, das Baumhaus unten angezündet. Allerdings verhinderte plötzlich stark einsetzender Regen und ein noch rechtzeitiger Gegenangriff seiner am Boden verbliebenen Verwandten, die gerade von der Jagd zurückkehrten, eine familiäre Katastrophe. Inzwischen hatte sich die Lage wieder beruhigt. Ela und sein Sohn hatten Schweine als Ausgleichszahlung für die geraubten Frauen an die Feinde zahlen müssen. Dennoch verblieben die Frauen beim Lemakha-Clan. Da das große Baumhaus noch keine fünf Jahre alt war, wollte Ela das Klettergerüst wieder aufbauen lassen, um die Hütte inmitten der Baumwipfel wieder zu bewohnen. Eine großartige Gelegenheit für uns, dieses grandiose archaische Bauwerk filmisch festzuhalten. Allerdings konnte Ela beim Aufbau kaum helfen, weil er seinen rechten Arm kaum bewegen konnte. Unter dem rechten Schultergelenk steckte als Resultat des feindlichen Überfalls noch eine abgebrochene Pfeilspitze, die sich durch die zahlreichen Widerhaken nicht entfernen ließ und eine tiefe dauerhaft eiternde Wunde hinterließ. Auch Elas erste Ehefrau Hauwan klagte über eine dicke Schwellung als Resultat einer ähnlichen infizierten Stichverletzung im rechten Achselbereich. Leider waren unsere medizinischen Hilfsmöglichkeiten sehr begrenzt. Die Pfeilspitze war zwar von einer Seite mit einer Pinzette greifbar, ließ sich aber nicht lösen. Das wäre nur unter Narkose in einem Krankenhaus möglich. Bei Hauwan konnte ich den Abszess öffnen

Beim Bau eines »Cheim«

Bauarbeiten in schwindelerregender Höhe von etwa 35 Metern

belüfteter befeuchteter Wurzel ohne großen Sekundärbewuchs am Boden und in den Astgabeln. Hat man den passenden Baum gefunden und geprüft, dass der Standort weder im Feindesland liegt, noch irgendwelchen territorialen Taburegeln unterliegt, beginnen die Männer mit dem Bau eines seitwärts am Stamm angelehnten Leitergerüstes.

Auf etwa sechs Meter lange, fünf Zentimeter breite, meist astlose und gerade gewachsene junge Baumstämme werden mittels bleistiftdicker, grüner sehr elastischer Lianen und Rotangschlaufen einen Meter breite Querverstrebungen festgeschnürt. Beim anschließenden Austrocknen der Lianen verringert sich die Reißfestigkeit nicht. Im Gegenteil, durch die Schrumpfung der Fasern in den Lianen lagert sich die Bindung noch enger und fester am Holz an. Ein Verrutschen der Trittleiste wäre jetzt selbst bei doppeltem Körpergewicht nicht mehr möglich. Meist fertigen die Korowai in halber Höhe des Baumhauses in den Astgabeln eine horizontale Plattform, die mehrere Quadratmeter breit ist. Diese nutzen sie während des Baus als Zwischenablagerungsstätte für Baumaterial und zum Ausruhen während der Mittagshitze. Außerdem kann man von hier aus später sehr gut Jagd auf Vögel machen. Beim Bau gibt es eine feste Arbeitsaufteilung. Während die älteren kletter-

und sie zumindest für eine Zeit antibiotisch abschirmen. Mehr war unter den Extrembedingungen leider nicht möglich.

Die Korowai nennen das Baumhaus Cheim beziehungsweise Kchaim. Ebenerdige, zeltförmige Langhäuser, die der Unterkunft von Besuchern dienen oder für Feste genutzt werden aber seltener vorkommen, heißen dagegen Cha-ie beziehungsweise Khaü. Obwohl ich das Gebiet früher oft überflogen hatte, waren mir nie zuvor derart hohe Baumhäuser aufgefallen. Hier oben weht nicht nur frische Luft, sind weniger Mücken, keine Bodeninsekten, giftige Spinnen oder Schlangen, sondern hier wähnte man sich auch relativ sicher vor realen Angriffen von Feinden und böser Hexerei. Für die Korowai ist es quasi der Mikrokosmos, ihr kleiner enger Familienlebensraum, in dem man nach außen geschützt lebt, isst und schläft. Von hier kann man die Umgebung gut beobachten. Vermutungen, dass sie sich dort oben vielleicht ihrem Schöpfergeist Ginol näher fühlen, haben sich nicht bestätigt.

Die größeren Baumhäuser verfügen über für uns kaum erkennbare separate Sektionen, Eingänge und Leitern streng getrennt nach Männern und Frauen. Der bis zu einem Meter dicke zentrale Mast besteht immer aus einem relativ geraden und stabilen Stamm eines noch lebenden Urwaldriesen, meist eines Wambon oder Banyan-Baumes mit großer breitflächiger, gut

Zusammenbinden der Querverbindungen mit Lianen

Kleineres Baumhaus in Flussnähe

Hausbewohnern festgestellt werden. Die Yafin haben somit Schutz- und Warnfunktion. Man kann diesen Kerbenmast nur im Seitwärtsgang und möglichst ohne Schuhwerk erklimmen, ansonsten rutscht man ab. Obwohl die Frauen und Mädchen Sagoblätter, Lehm und anderes Baumaterial mit heranschaffen, ist für sie die direkte Mithilfe am Bau tabu und verboten.

Die Korowai fetten nach altem Brauch sowohl die Leiter als auch die Eingangsschwelle mit Schweine- oder Sagolarvenfett ein, um dadurch dauerhaftes Wohlergehen zu sichern. Ein zentraler Platz des Baumhauses ist die über einem Loch im Hüttenboden mit Rotang festgebundene Feuerstelle. Sie besteht aus schmalen Ästen, die mit Blättern und Lehm ausgefüllt sind und ein Quadrat bilden. Bei Brandgefahr können die meist vier Fixierschnüre aus gehärtetem Rotang einfach und blitzschnell gekappt werden und die Feuerstelle stürzt komplett auf die Erde.

In der Regel besteht das Innere eines Familienbaumhauses aus drei Räumen, die geschlechtsspezifisch bewohnt und bewirtschaftet werden. Frauen und Kinder haben somit ihren

und bauerfahrenen Männer weiter oben die Fundamentplatte zwischen den Wipfelästen zusammenbinden und dort fixieren, transportieren die Jüngeren in Kettenformation sämtliche Materialien zu den jeweiligen Plattformen. Auf der oberen werden die seitlichen etwa 150 Zentimeter hohen Wände aus Blattstielen der Sagopalme geflochten und mit Baumrinde ausgekleidet. Bevor unten zusätzliche Stützpfeiler in die Erde gesteckt werden, kleidet man die Löcher in der Erde mit bestimmten Blättern einer Grasart aus, zum Schutz vor Dämonen oder bösen Geistern, die das Haus über diese Pfeiler erklimmen könnten. Der Raum oben besteht aus Grundbalken und Sparrenhölzern, die alle nur durch Lianen miteinander verknotet und mit breitflächiger Baumborke bedeckt sind. Die Grundfläche ist kaum größer als fünf mal acht Meter. Eine gigantische steinzeitliche Konstruktion ohne irgendeinen Bauplan, die auch Stürmen und heftigem Gewitter standhält, ohne einen einzigen Nagel, nur mit Steinwerkzeugen und teils noch lebenden Baumaterialien aus dem Urwald. Phantastisch! Das Blätterdach des Baumes kann weiter wachsen, Schatten, Kühlung und auch Nahrung (Früchte) spenden. Als europäisches Schwergewicht empfiehlt es sich, um dieses herrliche Bauwerk nicht zu beschädigen oder durch den Hüttenboden abzustürzen, sich zwecks Gewichtsverteilung auf allen vieren zu bewegen. Das Dach ist etwa drei Meter hoch und ausschließlich mit Sagoblättern gedeckt. Seine beiden Flügel bilden einen Winkel zum Hüttenboden von etwa 60 bis 70 Grad. Während die unteren Treppen der höheren Häuser leiterartig, als sogenannte Gawil, gefertigt werden, bestehen die Zugänge niedriger Häuser aus einzelnen einziehbaren Stämmen mit seitlichen Kerben, in die jeweils genau ein Fuß hinein passt. Das Gleiche gilt für die letzte Stufe eines Riesenbaumhauses. Diese sogenannten Yafin sind an der Raumplattform mittels Rotang und verdrilltem Baumbast befestigt und können zur Sicherheit eingezogen werden. Das untere Ende hängt meist lose herunter Richtung Waldboden. Wenn jemand heraufklettert, kann diese Bewegung von den

Der separate Eingang für Männer

Knochentrophäen unter dem Hüttendach

eigenen Wohnraum nebst eigener Feuerstelle. Das Betreten der Schlaf- und gleichzeitigen Versammlungsstätte oder auch die Benutzung der Männerfeuerstelle ist während der abendlichen Anwesenheit der Männer für die Frauen streng tabu. Interessant ist, dass auch die Haustiere, zum Beispiel Hunde, Schweine oder Kakadus mit in diese gewaltige Höhe hinaufgeschleppt werden und hier leben.

An den Feuerstellen wird die Nahrung zubereitet und gerecht verteilt; die Leute schlafen und wärmen sich bei Regen und kälterem Wetter. Bei Männerüberschuss leben die größeren Jungen und unverheirateten Männer in einem separaten Baumhaus, in dem es keine Raumunterteilung gibt.

Mit Einbruch der Dunkelheit bricht unter den Baumhausbewohnern eine heitere Betriebsamkeit aus. Die Männer sitzen palavernd um ihre Feuerstelle herum. Dampfende Rauchrohre machen die Runde. In der heißen Asche garen zwischen erhitzten Steinen in Bananenblätter eingewickeltes Sago, Schlangenfleisch und Insektenlarven. Der rußgeschwärzte Dachboden ist behängt mit einer Unzahl von Schweinekiefern, Känguru-Schädeln, Netzen, Wirbelsäulen von Schlangen und leeren Kasuareiern. Die Korowai fürchten sich vor der Nacht und verlassen dann nur

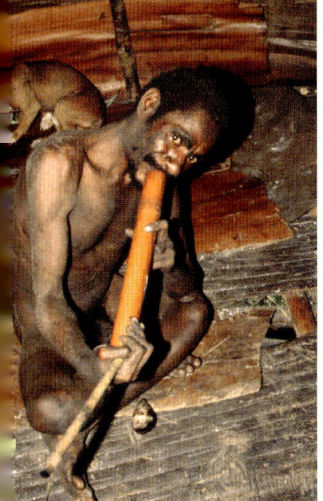

Das typische Rauchrohr

selten ihr Baumhaus. Selbst die Notdurft wird von oben aus verrichtet. Für uns Besucher war es deshalb ratsam, unser Zelt nicht direkt unter dem Baumhaus aufzustellen, zumal hier unten ein riesiges Heer an Fliegen, Kakerlaken und Grillen täglich darauf wartete, diese Hinterlassenschaften zu entsorgen und dann auch vor dem Zelt keinen Halt macht.

Territorial gibt es die Unterscheidung zwischen Landbesitz und Landnutzung. Die einzelnen Clans haben genaue Gebietsdefinitionen. Diese sogenannten Bolüp entsprechen seit Generationen den schon von den Vorvätern erworbenen Gebietsrechten. Für uns unsichtbare Wegmarkierungen, Blätterbüschel, geknickte Zweige, umgekippte Bäume und Flussverläufe stellen Gebietsbegrenzungen dar. Um sich zum Beispiel beim Betreten eines anderen Clangebietes anzukündigen, sangen unsere Träger jedes Mal lautstark. Wer singt,

Gebackene Sagolarven

hat friedliche Absichten. Nur die »Laleo-Bolüp«, die Geisterorte werden nicht unmittelbar von einzelnen Clans beansprucht. Hier, wo Verbindungen zu den Geistern der Ahnen bestehen, zelebrieren die Korowai ihre Schweineopfer und Sagolarvenfeste. Die Korowai sind traditionell so mit ihrem Clan-Territorium verwachsen, dass sie, wenn zum Beispiel unangemeldete Gäste es betreten, dies sofort als Angriff ansehen und im Glauben, sich verteidigen zu müssen, die Eindringlinge sofort töten. Vielleicht ein weiterer logischer Grund dafür, dass viele dieser

Baumhausmenschen offiziell bis jetzt noch nicht »befriedet« worden sind.

Allein schon die Ankunft der ersten Missionare beziehungsweise Abenteuertouristen mit Kleidung empfanden die alten traditionsverbundenen Korowai als den nun einsetzenden Weltuntergang. Alles was neu für sie war, wurde skeptisch betrachtet, war Laleo, dämonenhaft, Teufelszeug. Kleidung nannte man Laleo- Khal (Teufelshaut). Die Korowai stellen sich ihr Universum als vier konzentrische Kreise vor, in deren Mitte sich die Welt des claneingeteilten Lebens, einschließlich der Tiere und Pflanzen und allseits gegenwärtigen Geister, befindet. Sie wird umgeben von der Welt des Todes, dem großen Wasser und dem Himmel. Beim Weltuntergang stürzen die Welt des Lebens und des Todes ins große Wasser. Dort lebt ein mächtiger mystischer Fisch, er verschlingt alle Menschen und Tiere. Deshalb warnen die Alten stets ihre jungen Stammesmitglieder vor der fremden Welt außerhalb ihres Territoriums, besonders vor Zivilisationseinflüssen.

Mir ist die Scheu eines älteren Lemakha-Clanmitglieds vor uns weißen Geistern besonders aufgefallen. Er vermied jeden Blick- und Körperkontakt mit uns. In ihrem Glauben ist fest verankert, dass man allein schon durch bloßes Anstarren jemanden so verhexen kann, dass er anschließend erkrankt und stirbt.

Um Unheil von der Welt abzuhalten, werden den Ahnen zu Ehren in bestimmten Zeiten Schweine geopfert. Die Korowai glauben, dass Erde und Himmel eng verwandt sind. Beides wurde vom großen Schöpfer Ginol aus Knochen eines geschlachteten großen mystischen Schweines geformt. Aus dem Brustbein entstand die Erde und aus dem Rückgrat der Himmel. Übrigens sind Seelen und Geister Verstorbener in der Glaubenswelt der Korowai nicht identisch. Der Sitz der Seele befindet sich hinter dem Brustbein eines Menschen. Stirbt jemand, wandert seine Seele entlang einer Art Straße ins Reich der Toten. Dort wird er von seinen bereits früher verstorbenen Clanmitgliedern abgeholt und zum neuen Clanterritorium gebracht. Auch hier lebt er im Baumhaus, erhält zu essen, kann sogar neu heiraten, aber keine Kinder mehr zeugen.

Verlust eines Auges durch giftigen Baumstachel

Es ist für die Seele nach unbestimmter Zeit möglich, wieder ins Reich der Lebenden zu gelangen, indem sie beispielsweise in den Körper eines neugeborenen Kindes kriecht. Aber zuvor muss sich die Seele ihres Totenreichkörpers entledigen und erneut beerdigen lassen. Trauergesänge während dieser Beerdigung hört man im Land des Lebens als längeren Pfeifton. Ist dies direkt vor der Geburt eines Kindes der Fall, wissen die Korowai, dass einer ihrer Ahnen wieder auferstanden ist – im Sinne einer Reinkarnation. Seelenwanderung kann auch zu Tieren erfolgen. Deshalb dürfen bestimmte Tiere nicht getötet oder gegessen werden.

Die Korowai glauben zudem, dass ihr Familienclan von einem bestimmten Totemtier abstammt. Dieses Tier im eigenen Clangebiet zu töten, könnte böse Folgen, Krankheiten etc. nach sich ziehen. Andere Weltuntergangsauslöser können lange Dürre- und Regenperioden oder auch Sonnenfinsternisse sein. V. Enk erwähnt die Sonnenfinsternis vom 11. Juni 1983. Die Korowai bewaffneten sich mit bestimmten Pfeilen und Bögen, um die Gefahr des Weltuntergangs abzuwehren.

Der Geist des Menschen und seine Emotionen sitzen in seinen Därmen. Er geht nach dem Tod des Menschen zunächst in einen bestimmten Vogel (Torrent lark) über. In der Nähe des Grabes nistet er einige Zeit. Da die Korowai der festen Überzeugung sind, dass ein Mensch nur durch Khakhua-Hexerei, stirbt, muss dieser Hexer ausfindig gemacht werden. Man glaubt, dass ein Khakhua-Hexer die noch lebenden Organe seiner Opfer von innen heraus auffisst. Deshalb stirbt derjenige. Der Sterbende sagt entweder selbst, wer ihn verhext hat oder die Familienmitglieder ermitteln es mit bestimmten Zaubermethoden und mit Hilfe dieser Vögel. So werden Fingernägel des Verstorbenen in ein Stück Borke des neben dem Grab stehenden Baumes gesteckt und mit Blättern bedeckt.

Die Korowai glauben, dass die Hexer immer zum Grab ihres Opfer zurückkehren werden. Fingernägel und Haare und auch Fußabdrücke gelten als böse Zauberüberträger. Wird ein vermeintliches Opfer nur von den Khakhua gestreift, kann er durch Auspeitschen mit Nesseln gerettet werden. Ist der Hexer überführt und nicht in der Lage entsprechende Ausgleichszahlungen für den Verlust des Menschen an seine Angehörigen zu zahlen, zum Beispiel in Form von Schweinen, wird über ihn eine Art Gerichtsverhandlung abgehalten. Nach etlichen Torturen tötet man schließlich den vermeintlichen Bösewicht. Das Fleisch des Getöteten wird mit scharfen Bambusmessern und Steinbeilen zerteilt, mit erhitzten Steinen und Bananenblätter zu einem Paket verschnürt und im Baumhaus in der Asche der Feuerstellen gegart und anschließend von allen Familienmitgliedern verspeist. Dass dieses urzeitliche »Rechtssystem« noch vor wenigen Jahren praktiziert wurde, bestätigten mir nicht nur ältere Befragte. Bei den isolierten Gruppen kannten nahezu alle älteren Erwachsenen den Geschmack von Menschenfleisch. Übereinstimmend und ohne Unrechtsbewusstsein wurde mir gegenüber besonders das Fleisch der Handteller und der Oberschenkel als wohlschmeckend gepriesen.

Übrigens praktizierten die Korowai im Gegensatz zu ihren Nachbarn keine Kopfjagd. Noch in den achtziger Jahren fielen mir beim Besuch der Baumhausleute vom Brazza menschliche, teilweise sogar verzierte Schädeltrophäen auf, die in Netzen an den Hüttenwänden hingen. Ältere Männer benutzten im Baumhaus sogar den Schädel eines verstorbenen Verwandten nachts als Kopfstütze, um auch im Traum mit dem Ahnen in Kontakt zu sein. Die Citak unternahmen früher regelrechte Kopfjagdfeldzüge gegen die Korowai. Ein Grund mehr, dass diese sehr tief im Urwald zurückgezogen leben und kaum Kontakt nach außen wünschen. Zum anderen wird oder wurde bei den Koro-

Einbäume der Korowai und Kombai am Becking River

wai niemals Menschenfleisch ohne einen Khakhua-Zusammenhang verzehrt. Vergehen wie Diebstahl oder Ehebruch werden nicht so hart bestraft. Selbst bei Überfällen, Frauenraub oder Rachefeldzügen werden Getötete anschließend nicht verspeist, sofern sie keine Zauberei betrieben haben. Wenn der ermittelte Hexer Mitglied des eigenen Clans war, schickte man ihn im Austausch in ein anderes Dorf, wo er dann getötet und verspeist wurde. Die Seele des verzehrten Hexers gelangt allerdings auch in das Reich der Toten zu seinen Clanmitgliedern und gilt dort wieder als gleichberechtigt. Eine Art Hölle für Bösewichte wie im Christentum gibt es in der Glaubenswelt der Korowai nicht.

Wie gesagt, existiert im Bewusstsein der Korowai, ähnlich im angrenzenden Asmatgebiet, die Vorstellung, dass die Lebenden quasi zeitgleich zusammen mit den nicht sichtbaren Ahnen leben. Der Ausdruck dieses kollektiven Zusammenlebens heißt Mbolombolop. Die toten Mbolombolop entsprechen den bereits erwähnten heiligen Stätten meist in Nähe der Baumhäuser. Sie stellen die absolute Autorität der Gemeinschaft dar. Ihnen zu Ehren werden Schweine geopfert; als Gegenleistung haben sie das Wohlergehen des lebenden Clanparts zu sichern.

Wie überall in Neuguinea so gilt auch bei den Korowai das Prinzip des materiellen Ausgleichs, zum Beispiel muss der nächste Verwandte bei Tod eines Clanmitgliedes entfernteren Verwandten ein Ausgleichsgeschenk dafür zahlen, weil jene den Verstorbenen nicht so oft sehen konnten, weil sie womöglich weit weg wohnten. Demzufolge sei, für uns kaum nachvollziehbar, ihre Trauer auch größer als die Näherstehender (Ehefrau). Diese Todeskompensationsgeschenke dienen dem Erhalt der Bindungen der Hinterbliebenen untereinander. Ähnlich ist es bei Brautgeschenken. Die brautgebende Familie muss von der brautempfangenden Familie für den Verlust der Frau und ihrer eventuellen Nachkommen Brautpreise, z B. Schweine, Hundezahnketten, Äxte entschädigt werden. Hochzeiten sind exogam und oft polygyn, d.h. ein Mann kann mehrere Ehefrauen haben. Wird bei Schadenszuführung oder auch nach dem Raub einer Frau Schadenersatz abgelehnt, eskaliert der meist schon seit längerem bestehende Konflikt zwischen den Clans. Bestes Beispiel dafür war die erwähnte Geschichte mit Ela.

Riesenbaumhäuser sind immer Kennzeichen von gegenseitiger Angst.

Zwei Formen sozialen, patrilokal ausgerichteten Zusammenlebens sind kennzeichnend für die Korowai. Erstens das sogenannte Avunculatprinzip. Der Onkel von Kindern (seiner Schwester) hat ein engeres Verhältnis zu seinen Nichten und Neffen als der leibliche Vater (und übernimmt die Hauptschutzfunktion). Später kann einem Neffen die Tochter des Onkels zur Kreuzcousinen-Hochzeit vermittelt werden. Zweitens das Levirat. Stirbt der Ehemann, haben seine Brüder Anrecht auf die Frau und ihre Kinder. Sie können sie dann selbst zur Frau nehmen oder mit jemand anderem verheiraten.

Bei der Krokodiljagd

ge bestens und ist ein wichtiges Handelsgut für die südlichen Asmatstämme.

Die Frauen und Kinder sammeln täglich verschiedene wilde Blattgemüse im Urwald und Rohrgewächse an den Flussufern. Beides wird im Kochpaket gegart. Die Männer ernten mit langen Holzstangen rote Pandanusfrüchte und die Früchte des Brotfruchtbaumes. Als Haustiere dienen nur die Papua-Hunde, deren Zähne zum Brautschmuck gebraucht werden, und Wildschweine, deren eingefangene Ferkel man wie eigene Babys aufzieht und in Rückentragenetzen mit sich herumschleppt.

Die Jagd ist Männersache. Neben Wildschweinen werden insbesondere Kasuare und Baumbeutler (Kuskus), Krokodile und Warane gejagt. Neben Lanzen, Pfeil und Bogen werden verschiedene Fallen angewandt. Uns selbst fielen im Urwald gelegentlich riesige tiefe Fallgruben und wallartige Absperrungen auf, um den Lauf des Wildes genau in diese Löcher zu lenken. Krokodilfleisch essen übrigens nur die Männer. Die Knochen davon spielen eine Rolle in der Magie, um den Wasserstand der Flüsse bei drohender Austrocknung zu beeinflussen. Sie werden ins Flussbett gelegt und am selben Abend soll es noch kräftig regnen. Die Jungen fangen die kleineren Tiere wie Eidechsen, Sumpfschildkröten, fliegende Hunde und Vögel.

Sowohl Männer als auch Frauen beteiligen sich am Fischfang. Es gibt vier Methoden, mittels Gifteinlage ins aufgestaute Wasser, durch Dammbildung und Abschöpfung des Wassers,

Es gibt bestimmte Verhaltenstabus in der Familiengemeinschaft. Hierzu einige Beispiele: Ehemann und Schwiegermutter dürfen im Baumhaus nicht am selben Feuerplatz gleichzeitig essen. Das Blut von Schwangeren und Menstruierenden dürfen Männer nicht berühren. Es könnte tödlich enden. Blut gilt als Transportmittel für böse Zauberkräfte. Auch deshalb sind die getrennten Aufgänge zum Baumhaus wichtig, um Körperkontakte zwischen Männern und Frauen zu vermeiden. Husten und Schwindsucht bei Männern erklärt man sich so, dass sie als Neugeborenes mit dem Blut der Mutter in Kontakt gekommen seien. Die schwangere oder menstruierende Frau eines Jägers darf nichts vom Fleisch eines Tieres essen, das mit Hilfe eines Jagdzaubers erlegt wurde. Der Jagdzauber würde weitergeleitet und anschließend sie mitsamt ihrer Kinder töten. Tabakrauchen wird dagegen als heilsam empfunden.

Nach v. Enk (1997) glauben die Korowai, dass sie alle von zwei Brüdern abstammen. Der ältere schnitt dem jüngeren Penis und Hoden ab zwecks Befruchtung, so entstand die erste Frau. Diese wurde schließlich schwanger. Und so entstand das Volk der Korowai. Die Frauen tragen übrigens nur kurze Palmblattröcke und die Männer eine Penisbinde aus einem Blatt.

Die Korowai-Sprache gehört zu einer der über 60 verschiedenen Sprachgruppen von auf Neuguinea gesprochenen Papua-Sprachen. Zu einer davon, dem Awyu-Ndumut, gehört das Korowai. Die der kulturell verwandten Nachbarn, das Kombai stimmt etwa zu einem Viertel im Wortschatz mit dem Korowai überein. Wie eingangs bereits erwähnt, betreiben die Korowai Wanderfeldbau mit Sago. Etwa zehn verschiedene Sagopalmen sind kultiviert. Desweiteren bauen sie Bananen, gelegentlich auch Süßkartoffeln und Yams an. Tabak wächst hier im Übergang zum Fußgebir-

Erfolgreiche Fischjagd

Zubereitung einer Pandanusmahlzeit

durch Reusen und mittels Pfeil und Bogen, wobei als Köder Termitennester eingelegt werden. Heutzutage fischen sie auch mittels Netzen oder Angelhaken und Sehne. Sago (kho) kommt in der Ernährung der Korowai die größte Bedeutung zu. Eine Sagopalme braucht etwa zwölf Jahre, bis sie blüht und erntereif ist. Wenn eine Palme gefällt wird, werden automatisch neue Sagosprösslinge nachgepflanzt. Trotz eigentlich genügend vorhandener Palmen entspricht das der Verantwortung gegenüber der nächsten Generation, dass dann auch noch genügend Nahrung vorhanden ist.

Die Männer fällen die Sagopalme mit Metalläxten beziehungsweise früher mit Steinäxten. Sie benötigen etwa eine Stunde, bis der Stamm nachgibt und umfällt. Alles von der Sagopalme findet Verwendung. Das geöffnete Mark des Stammes zerklopfen die Frauen unter Gesang mit speziellen Holzhämmern, die sie Yafikh nennen.

Diese Klopfmasse wird in aus den riesigen Blattstrünken der Palmenkrone gefertigten Spülanlagen mit Sumpfwasser versetzt, durchgeknetet und mittels feinem Baumbast gefiltert. Der rötliche Rückstandsbrei ist das eigentliche Sagomehl, das im Feuer kugelförmig geröstet und anschließend verzehrt wird. Das im Kronenbereich liegende Palmenherz ist eine der wenigen Delikatessen der Korowai und wird gleich an Ort und Stelle verzehrt. Mir schmeckte es wie Kohlrabi. Rinde, Baumfasern und Blätter finden beim Hausbau Verwendung. Beim späteren

Jäger beim Zerlegen eines Krokodils

Essen am Hüttenfeuer wird immer streng darauf geachtet, dass selbst das kleinste Bisschen mit den anderen geteilt wird. Nicht zu teilen oder jemanden auszulassen, gilt als feindliche Handlung.

Ein sehr wichtiges Ritual für die Fortführung des Lebens und den Fortbestand der Clangemeinschaft stellt das Sagolarvenfest dar. Dabei handelt es sich um den gemeinschaftlichen Genuss der lebenden und gebackenen Larven des Capricorn-Rüsselkäfers (Scarabaeidae).

Nur für diesen Zweck ausgesuchte reife Sagopalmen werden zu ganz bestimmten Zeiten gefällt, in große Stücke zerteilt und in Blätter eingewickelt. Durch den beginnenden Fäulnisprozess des Stammes angeregt, setzen sich geschlechtsreife Käfer darauf und legen ihre Eier ab. Innerhalb von sechs Wochen bis zu drei Monaten sind die Larven zu riesigen, daumendicken Engerlingen herangewachsen. Sie haben das komplette Sagomark der Palme zersetzt und aufgefressen. Kurz vor dem Verpuppungsprozess sammeln die Korowai die Larven ein und wickeln sie in Blätter.

Andere Clanmitglieder haben in der Zwischenzeit ein ebenerdiges Zeremonialhaus gebaut. In der Mitte wird ein heiliger, von einem kleinen Zaun umgebener, Pfahl errichtet. Dieser Pfahl fiel uns bei der Sagolarvenzeremonie der Lemakha nicht auf. Direkt daneben brennt das heilige Feuer, das von einem Feuerwächter gehütet wird. Er unterliegt während der Zeremonie etlichen Tabus. Neben Sexualverbot darf er, wenn er in den Wald geht, auf dem Rückweg nur in seine eigenen Fußstapfen treten. Nach v. Enk (1997) wird er Milon genannt. Milon ist eine bestimmte Sagoart, die die Korowai in Verbindung mit Fortpflanzung, Sexualität und Fruchtbarkeit erwähnen. Die besonders fetten Larven aus der Milon-Palme werden angeblich zum Einsalben der Geschlechtsorgane vor dem Verkehr benutzt, um den sexuellen Genuss und die Fruchtbarkeit zu steigern. Sagolarvenfeste finden niemals in Baumhäusern statt, nur auf dem Erdboden. Es ist wichtig, dass bestimmte Mondphasen entsprechend einer Art Kalender bei der Vorbereitung und Ausrichtung eingehalten werden. Die termingerechte Einladung

Jäger mit erlegtem Kuskus

Elas Frau Hauwan mit ihrem Kind im Tragenetz beim Sagowaschen

Zwei Jahre später erfuhren wir von Mitgliedern eines Nachbarclans, dass Ela wenige Wochen nach unserem Besuch an den Folgen seiner Pfeilschussverletzung gestorben ist. Auch Hauwan, seine erste Ehefrau, war nicht mehr am Leben. Sie hatte Ela nur um wenige Tage überlebt. Wir können nur hoffen, dass für ihr Ableben nicht wieder vermeintliche Hexer verantwortlich gemacht worden sind und damit der traditionelle Kreislauf des Tötens und rituellen Verspeisens erneut in Gang gebracht wurde.

Aber auch ein deutscher Abenteuertourist hatte seinen Versuch, in diesem Gebiet auf ein sehr hohes Baumhaus zu klettern, obwohl es ihm eigentlich nicht gestattet war, mit dem Leben bezahlt. Er war vermutlich aufgrund seines Gewichtes, des feuchten Holzes und einer negativen Kletterstufe direkt vor der Baumhütte abgerutscht und aus fast vierzig Metern Höhe abgestürzt. Er hatte keine Überlebenschance. Diese tragische Geschichte erzählte mir der Tourveranstalter bei einem zufälligen Treffen auf dem Flughafen von Sentani.

Ela, der Dorfälteste des Lemakha-Clans

anderer Gäste zum Fest erfolgt durch Vergabe eines Sagorippenstückchens mit kleinen Stöckchen darin. Diese werden täglich einzeln herausgezogen, so dass man weiß, dass beim letzten das Fest stattfindet.

Die Larven werden bergeweise im Feuer geröstet und zusammen mit gebackenen Kochbananen und Sagofladen nach Ankunft der Gäste verzehrt. Kurz vor Beginn des Festmahls vollführen die Männer direkt unter dem Hauptbaumhaus singend einen kurzen Eröffnungstanz. Dabei stampfen sie mit den Füßen rhythmisch auf den Boden, brüllen ein lautes, langgezogenes Yooh! und klappern mit ihren Bögen und Pfeilen (Khasan-Tanz). Während beziehungsweise nach dem ersten Festmahl setzen sich Gesang und Kurztänze fort. Am nächsten Tag verschwinden die Gäste wieder. Jetzt finden sehr clanintime Rituale statt, denen kein Außenstehender beiwohnen darf. Die engsten Clanmitglieder brennen den heiligen Zaun nieder und singen das Gom-Lied. Darin werden alle Jungen des Clans aufgerufen zu wachsen und alsbald zu zeugen. Auch die Sagopalmen sollen gedeihen und sich vermehren.

Die Entdeckung der Din –
einer bisher unbekannten Gruppe von Waldpapuas

»Das Rufen der Träger verstummt. Erstaunt blicke ich auf.

Seit einigen Tagen durchqueren wir nun den Regenwald Neuguineas, zuerst mit dem Boot, dann zu Fuß. Hitze und Feuchtigkeit machen jedem aus der Expeditionsgruppe zu schaffen. Um uns herum nur das unendliche Grün des Waldes. Die Träger singen und rufen in regelmäßigen Abständen, damit sich unsere Gruppe nicht verliert.

Plötzlich ist Stille eingekehrt. Nur der einsame Ruf eines Paradiesvogels ist entfernt zu hören. Nach wenigen Schritten erreiche ich die nächste Biegung des schmalen Trampelpfades und bleibe wie versteinert stehen. Zwei völlig unbekleidete Männer mit Pfeil und Bogen in der Hand stehen dort. Scheu und ängstlich blicken sie uns an. Werden sie uns angreifen? Zögernd streckt einer aus unserer Expeditionsgruppe seine Hand aus: ›Manop, Manop!‹ Das ist eines der wenigen Worte, die wir in der Sprache der Korowai kennen – und es wirkt Wunder. Die angespannte Haltung lockert sich

Halmo bei der Jagd auf Flughunde

ein wenig, sie lassen Pfeil und Bogen sinken. Zögernd nehmen die beiden Männer den von uns angebotenen Tabak an und wir rauchen gemeinsam ›Selbstgedrehte‹. Einer unserer Träger aus einem entfernten Dorf kann sich etwas mit ihnen verständigen: sie sind auf der Jagd, suchen Kasuare. Und solche wie uns haben sie offenbar noch nie gesehen. Erst hatten sie Angst, aber das Singen der Träger hat ihnen gesagt, daß wir in freundlicher Absicht kommen.

Einige Stunden begleiten uns die beiden Männer auf unserem Weg, dann verschwinden sie lautlos und ohne Abschied wieder im dichten Blätterwerk.« (Aus dem Tagebuch von M. Garve)

Noch im Jahr 2002 galt die nordöstliche leicht hügelige Region des von den Korowai und Kombai bewohnten Gebietes bis hin zu den ersten Ausläufern des Hochgebirges ethnologisch gesehen als weitgehend unbekannt. Während indonesische Behörden von einem völlig unbewohnten Gebiet sprachen, waren Missionare allerdings besser informiert. Sie erwähnten sogar eine unsichtbare sogenannte »Pacifikation line« im Norden,

Die Autorin nach dem Erstkontakt mit den Din

hinter der kleine Gruppen unbekannter, bisher »befriedungs-unwilliger« Papuas lebten. Kontaktierungsversuche hätte es bereits einige gegeben, die allerdings alle gescheitert waren. Entweder endeten sie in einem Pfeilhagel oder die scheuen Papuas flüchteten vor der Begegnung in den Urwald, um sich solange zu verstecken, bis die Fremden wieder verschwunden waren. Vom Hörensagen und Befragungen der Korowai wusste man nur so viel, dass diese gelegentlich sogar in ihr Gebiet eindringen, um Frauen zu rauben, manchmal recht kriegerisch seien und ansonsten jeglichen Kontakt mit der Außenwelt ablehnten. Von den Korowai wurden diese auch als »Steinaxtmenschen« bezeichnet, weil sie angeblich noch keine Metallwerkzeuge kannten oder benutzten. Während eines Besuches der Korowai im Juli 2002 wurden wir von ihnen darum gebeten, auch bei ihren weiter im Norden am Becking lebenden Verwandten medizinische Hilfe zu leisten. Zunächst kamen wir mit dem Motorboot ganz gut voran, allerdings war nach drei Tagen das Wasser derart gefallen und die Gegenströmung in

Auch die Nebenarme des Becking Rivers sind sehr fischreich.

kanonartigen hochkehligen Gesang an, der am vorderen Ende des Trupps lautstark begann und am hinteren sogleich »beantwortet« wurde. Dieses Jodeln hatte vor allem die Aufgabe den eventuell hier lebenden Menschen zu signalisieren, dass wir gerade ihr Gebiet durchqueren und in friedlicher Absicht kommen. Nach einigen Rauchpausen, die wir zum Abstreifen der zahlreichen Blutegel nutzten, erreichten wir schließlich einen hügeligen Primärregenwald mit sehr hohen Urwaldriesen und oben geschlossenem Blätterdach, der uns etwas Abkühlung und Erholung fürs Augenlicht verschaffte. Der Boden war nun übersät mit mannigfaltigen fleischfressenden Kannenpflanzen und Schattengewächsen wie Farnen oder Moosen. Auch akustisch bot sich in diesem großen Labyrinth für uns eine unerwartete Abwechslung. In den Wipfeln veranstalteten Vögel und tausende Zikaden ihre traumhaften Balzkonzerte. Wir sahen zwar so gut wie keines der Tiere, aber für unsere Begleiter war es kein Problem in dieser Symphonie einzelne Paradiesvogel-

Fleischfressende Kannenpflanzen bedecken den Urwaldboden.

dem zunehmend geröllhaltigen Flussmäander so ungünstig, dass wir das Boot zurücklassen mussten. Wir wateten durch das Flussbett und setzten unsere Tour zu Fuß am Ufer entlang fort. Nachts empfahl es sich aufgrund der angenehmen Kühle und relativ weniger Bodeninsekten besser im Zelt auf den Sanddünen in Flussnähe zu schlafen. Durch den schlangenförmigen Verlauf des Flusses schien der Marsch kein Ende zu nehmen. Um auf dem Weg zu dem besagten Dorf einige Riesenkurven abzukürzen, beschlossen wir unseren Weg quer durch den Wald fortzusetzen. Allerdings waren nicht alle der uns begleitenden Korowai sofort davon begeistert. Als ein ortsansässiger Papua, der uns am Abend zuvor mit Fischen versorgt hatte, sich als Führer anbot, und vorweg ging und mit einem Buschmesser den Weg freischlug, setzte sich die Marschkolonne in Bewegung. Um uns in diesem dichten sumpfigen Gestrüpp unterwegs nicht zu verlieren, stimmten die Träger einen

Ständiger Wechsel von dichtem Primärwald und kleinen Flüssen

Abendlicher Gebrauch der Rauchrohre im Junggesellenhaus

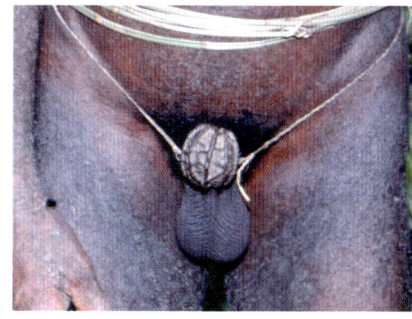

Hohle Baumfrucht als Penisschutz

Handgruß. Gegenseitig musterten wir uns nun wie Wesen aus einer anderen Welt. Ähnliche Begegnungen mit isolierten Indianern kannte ich schon aus Brasilien und wusste auch, dass so etwas aufgrund von Missverständlichkeiten auch böse enden konnte. Es brauchte kaum der Erklärung der Träger, um zu begreifen, dass wir auf Angehörige einer Gruppe, die selbst den Korowai noch nicht bekannt war, gestoßen waren. Während der größere von beiden kreisförmig gebogene Flughundknochen durch die Nasenflügel, eine kleine Kaurischnecke auf der Nasenspitze und eine seltsame Nuss als Penisschutz trug, war der kleinere nur mit einer Halskette aus Tierzähnen und einer Penisröhre geschmückt. Kürbiskalebassen als Penisschmuck

arten oder Nashornvögel zu erkennen. Immer wieder nutzten zwei Jäger kurze Verschnaufpausen, um in der Umgebung Jagdwild aufzustöbern. Einmal war ich verblüfft, als ein ausgewachsenes Wildschwein anscheinend ohne jegliche Fluchtreaktion unseren Pfad kreuzte. Die Jäger machten seltsamerweise keine Anstalten dieses Schwein zu verfolgen und zu töten. Es wäre für sie ein leichtes gewesen. Stattdessen flüsterten sie nur und sahen sich ängstlich um. Entweder gehörte das Schwein irgendjemandem oder wir waren in einem verbotenen Jagdrevier.

Wie aus dem Boden gestampft, standen sie plötzlich da. Zwei unbekleidete Männer, bewaffnet mit Pfeil und Bogen, angelehnt an die breite Brettwurzel eines Baumes, beobachteten uns neugierig aus fluchtsicherer Distanz. Nachdem die Träger ihnen auf verschiedenen Korowai-Dialekten versicherten, dass wir in friedlicher Absicht kämen, und sie mit dem Hinweis auf Tabak darum baten, nicht wegzulaufen, ging ich ihnen langsam mit ausgestrecktem Arm entgegen. Da ich nur mit einem dünnen Unterhemd und einer kurzen Hose bekleidet war, konnten sie erkennen, dass ich unbewaffnet war. Mit verlegenem vorsichtigen Lächeln erwiderten beide meinen

Neugier und Unsicherheit nach der ersten Begegnung

gelebt? Umgestürzte Bäume behindern den Weg oder bilden einen rutschigen Balance-Fläche über Bäche und Flüsse. Ich stöhne innerlich auf, wenn wir wieder ein Gebiet mit Rotang-Gebüsch erreichen; die Dornen bleiben in der Haut hängen und hinterlassen unansehnliche Kratzwunden, die sich schnell entzünden können. Wie weit haben wir den Fluß zurückgelassen? Entfernungen lassen sich auf den gewundenen Trampelpfaden nur schwer abschätzen.

Braun quillt der Schlamm aus meinen Schuhen, die schon seit Tagen nicht mehr trocken sind. Schlingpflanzen ringeln sich um die Füße, bilden Fußangeln oder aber hilfreiche Griffe beim Durchwaten von Sümpfen. Fliegen und Mücken laben sich gierig an unserem Schweiß.

Isaak, der einheimische Führer unsere Gruppe, gibt plötzlich ein Signal mit der Hand: ›Anhalten!‹ Er hebt seine Machete – ein kräftiger Schlag und uns fliegen Kopf und Schwanz einer grünen Würgeschlange vor die Füße. Er freut sich auf den Leckerbissen, den das gebratene Reptil beim Abendessen abgeben wird.

Es beginnt dämmrig zu werden. Wir schlagen unser Lager auf einer Lichtung im Wald auf. Zelte und ein Unterstand mit einem Blätterdach werden aufgebaut, über einem Feuer kocht Reis, unser Hauptnahrungsmittel hier. Einer der Träger holt Blätter eines Farnkrautes aus dem Wald, die nach dem Kochen ähnlich wie Spinat schmecken.

Jeder ist in irgendeiner Weise beschäftigt, so daß wir die dunklen Schatten zwischen den Bäumen rings um das Lager zunächst nicht bemerken. Dann tritt einer hinter den Bäumen hervor, danach eine Gruppe. Sie stehen reglos da und blicken zu uns herüber.

Einer unserer Korowai-Begleiter entdeckt sie, läuft herüber und beginnt in seiner Sprache zu reden. Er begrüßt die beiden mutigen Männer von vorgestern, die auch unter den abendlichen Besuchern sind. Offenbar haben wir es den beiden zu verdanken, dass sie in friedlicher Absicht kommen und sogar

Auch diese Früchte verwenden die Din als Penisschutz

waren ein Kulturgut der männlichen Bevölkerung vieler Hochlandvölker Neuguineas. Offenbar waren wir auf Vertreter einer bisher unbekannten Übergangsethnie zu den Stämmen im Gebirge getroffen. Viel war von ihnen nicht in Erfahrung zu bringen, da sie nicht sehr redselig waren und offenbar auch einen anderen Dialekt als unsere Begleitmannschaft sprachen. Dennoch begleiteten sie uns noch eine Weile auf unserem Marsch.

»Der Regen hat in den letzten Tagen den Boden aufgeweicht, oft geht es knöcheltief durch den Schlamm. Haufenweise Blutegel sitzen nach kurzer Zeit an meinen Beinen, sogar durch die Nähte meiner Schuhe zwängen sie sich hindurch. Sie saugen sich gierig an den Knöcheln und Beinen fest. Wovon haben sie bisher bloß

Din während einer Marschpause

Kleine Kinder werden getragen

von sich aus einen Kontakt mit uns fremden weißen Menschen aufnehmen wollen. Die Antworten der unbekannten Waldbewohner versteht er wegen des anderen Dialektes nur schlecht. Sie nennen sich selbst das Volk der Din und leben nicht sehr weit von unserem Lager in einem Baumhaus.

Wir wollen mehr erfahren und kommen nun näher. Angsterfüllt laufen sie ein Stück in den Wald zurück. Einige Frauen rufen aufgeregt, die Kinder weinen. Wir bleiben stehen und bieten – wie es bei den meisten Papua-Völkern üblich ist – Tabak an. Dann endlich löst sich einer von der Gruppe. Zögernd ergreift er eine dargebotene Hand und erwidert das ›Manop, Manop, Manop!«. Mit spitzen Fingern befühlt er die Geisterhaut – bei uns T-Shirt genannt. Nach einem Zug an einer unserer Zigaretten verrät er seinen Namen: Halmo. Das lockt die anderen an, auch sie wollen rauchen.

Sie tragen Pflöcke durch die Nase, gebogene Federkiele eines Kasuars stecken in Ohrlöchern oder in den Nasenflügeln. Einer hat sich eine winzige Kauri-Schnecke auf die Nase genäht, einem anderen sitzt ein Kakadu auf dem Kopf.

Die Frauen bleiben abseits. Dann bemerken sie mich, eine Frau unter den Fremden. Ich begrüße sie und werde sofort näher untersucht. Sie befühlen mich, fassen mir in die Haare und betasten meine Haut und kratzen daran. Als ob die helle Farbe dadurch abgehen würde. Alles wird ausgiebig kommentiert. Nicht wir haben sie entdeckt, sondern sie entdecken mich. Ein Kind in einem der Tragenetze der Frauen beginnt laut zu schreien, ein zehnjähriges Mädchen läuft panisch in den Wald.

Die Maultrommel als einziges Musikinstrument der Din

Für heute können wir bleiben, entscheiden die Din-Männer. Wir sind schließlich in ihrem Territorium. Was am nächsten Tag geschieht, kann nur der ganze Clan bestimmen. Die kleine Gruppe verschwindet in der Dämmerung. Ein wenig beunruhigt wenden wir uns wieder unserem Lager zu.

Am nächsten Morgen. Die Din sind wiedergekommen, wir sitzen gemeinsam am Feuer und essen. Aulem, der Bruder des Dorfchefs, versucht verzweifelt genau so zu essen, wie er es bei uns beobachtet hat. Er kannte bisher kein Besteck und es gelingt ihm nicht den Löffel mit Reis zu beladen und zum Mund zu führen. Da es ihm auch nicht schmeckt, gibt er es wieder auf und ißt sein mitgebrachtes Sago mit Fingern – wie gewohnt. Das schmeckt ihm besser. Nun können wir dem trockenen und mehligen Fladen nicht viel abgewinnen.

Käferlarven, ein Leckerbissen für Papuas

Halmo ist auch wieder da und spielt auf einer Kambeob, einer Maultrommel aus Bambus. Er biegt sich vor Lachen, als ich versuche es ihm nachzuahmen. Eines bringt sein Weltverständnis jedoch völlig durcheinander:

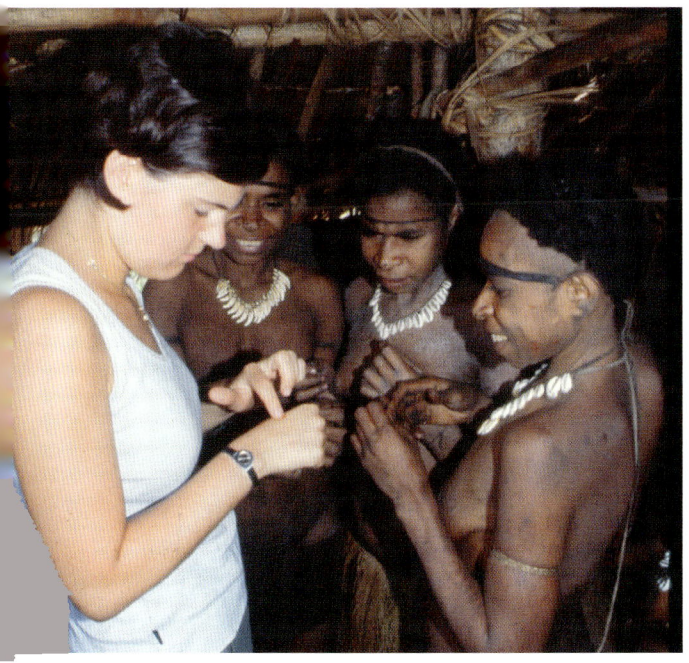

Die Beschaffenheit der hellen Haut weckt das Interesse der jungen Frauen

Papuapfeile besitzen keine Fiederung

die Taschenlampe. Erschrocken springt er auf, als das Licht aus dem Stab auf den Boden fällt. Nun hatte er nichts anderes zu tun, als die Lampe einschalten, ausschalten, einschalten, aus. [...] Leider konnte ich ihm nicht klarmachen, daß Batterien nicht ewig energiegeladen bleiben.

Wir lasen einige Wörter in der Sprache der Korowai aus einem Buch vor. Begeisterung trat auf, wenn sie das Wort kannten; freudig erklärten sie uns mit wilder Gestik, was gemeint ist.

Offenbar war für die Din alles mögliche, was für sie neu war und nicht auch in ihrer Welt existierte, von Geistern behaftet. Sie kannten weder Stoff noch Keramik und besaßen weder Gegenstände aus Glas, Metall oder Plastik. Alles, was sie zum Leben brauchten, wurde aus den Pflanzen, Tieren und Gesteinen des Waldes hergestellt. Als Werkzeuge dienten ihnen ausschließlich Messer aus scharfkantigen Knochen und Steinbeile. Besonders die Männer bestaunten alle Metall- und Plastikgegenstände in unserem Gepäck, befühlten immer wieder unsere Kleidung und die Zelte, die trotz dünnen Stoffes keinen Regen durchließen. Sie waren neugierig geworden und die Angst vor uns Fremden schien endgültig gebrochen. Wir erfuhren von ihnen, dass es mit Ausnahme von zwei Männern niemanden in ihrer kleinen Gemeinde gab, der je in seinem Leben einmal solchen hellhäutigen, fremden und großen Menschen wie uns begegnet wäre. Die beiden Männer berichteten davon, dass sie ein paar Jahre zuvor während der Jagd schon einmal von weitem einen Weißen, der offenbar allein in Begleitung eines einheimischen Flußbewohners war, gesehen hatten. Obwohl dieser ihnen zuwinkte und auf sie zuging, hatten sie es damals aus Furcht vorgezogen, diese Geste mit einem Hagel von Pfeilen zu beantworten. Getötet hätten sie ihn aber nicht. Es war Dämmerung und der Weiße und sein Begleiter konnten noch rechtzeitig in Deckung gehen und flüchten.

Blick auf das Junggesellenhaus

Schweinekiefer als Tiertrophäen

Kurz vor dem Schlafengehen wurden wir schließlich für den nächsten Tag in ihr Baumhaus eingeladen. Nun wollten sie uns ihr Leben zeigen. Nachts hörten wir noch lange ihre Stimmen am Feuer vor unserem Zelt.

Das Baumhaus war ungefähr acht Meter hoch und hatte je einen Eingang für Männer und Frauen. Ziemlich wackelig war der Aufstieg an dem eingekerbten Ast, der von oben herunterhängt und nicht ganz den Boden erreicht. Das Haus war in drei Räume geteilt: einer für die Männer, einer für Frauen mit Kindern und einer für unverheiratete Frauen. Vom Dach hingen die Knochen von Vögeln, Fischen, Waranen, alte Schweinekiefer und ausgeblasene Kasuareier. Am geflochtenen Boden des Baumhauses waren drei Ferkel an einer kurzen Schnur angebunden, einige aus Rinden gefertigte Gefäße waren mit Sagomehl gefüllt. Offenbar war Sago das Hauptnahrungsmittel. An der Wand lehnten Bambusrohre gefüllt mit Wasser, zahlreiche Pfeile und Bögen.

Oben trafen wir die übrigen Mitglieder des Din-Clans. Insgesamt lebten acht Frauen und vierzehn Männer in dem Baum-

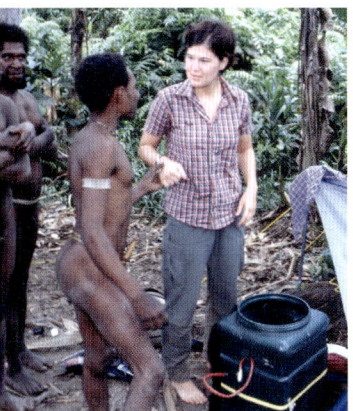

Aulem ist offenbar auf Frauensuche.

haus. Etwa fünfhundert Meter entfernt befand sich ein etwa zwölf Meter hohes Baumhaus, in dem ausschließlich die unverheirateten Männer wohnten. Die Bauweise war die gleiche wie die der Korowai.

Die Männer saßen am Feuer und aßen gebackene Bananen, rauchten eine Bambusrohrpfeife und erzählten sich Geschichten. Aulem wollte heiraten und suchte eine Frau. Das wäre nicht einfach, denn auch in den anderen Clans herrschte Frauenmangel. Und der Brautpreis wäre hoch, erfuhren wir. Er müßte der Familie der Braut ein Schwein schenken und eine einen Meter lange Kette aus Kauri-Schnecken und Hundezähnen. Es wäre Zeit für eine Heirat, denn der Clan bräuchte Nachwuchs. Auch wären einige Frauen den Weg gegangen, den wir Weißen gekommen seien und man hätte sie nie wieder gesehen. Die Familie würde immer kleiner werden, bald könnten sie sich gegen ihre Feinde nicht mehr verteidigen,

Zu den Aufgaben der Frauen gehört die dauerhafte Unterhaltung des Feuers.

berichtete uns Clanchef Nadup. Nachdenklich saugte er an seiner Pfeife und deutete auf ein etwa zehnjähriges Mädchen, dessen ganzer Körper von eitrigen Wunden übersät war.

Offenbar handelte es sich um eine in dieser feuchtropischen Gegend weitverbreitete Form von Frambösie, die wir

Das Haupthaus der Din mit umzäuntem Tabakgärtchen

Nach den Blickkontakten folgt das »Begreifen«.

Nach zwei Tagen wollen wir weiter. Einer unserer Träger kommt vom nächsten Dorf mit der Botschaft zurück, daß wir dort nicht willkommen sind. Das müssen wir respektieren. Die Baumhausbewohner wünschen keinen Besuch der Laléos, der weißen Geister. Den Tabubereich, in den Fremde nicht eindringen dürfen, gibt es also noch. Nur die unsichtbare Grenze hat sich ein wenig nach Norden verlagert. Wir machen kehrt und lassen das Dickicht des Urwaldes mit den geheimnisvollen Clan-Gesetzen hinter uns zurück.«

Interessant war, dass wir bei den Din tatsächlich keinen einzigen Zivilisationsgegenstand vorgefunden haben, mit einer einzigen Ausnahme: Es handelte sich um einen kleinen weißen Hemdknopf, den sich ein Din-Mann anstelle der Kaurischnecke auf die Nasenspitze genäht hatte. Wo der herkam, wusste allerdings niemand.

aber mit Antibiotika leicht behandeln konnten. Bald hatten wir den halben Familienclan je nach Beschwerde behandelt.

Das Leben der Din im Regenwald ist extrem hart und kurz, das Klima nährt Krankheiten. Offenbar werden nur wenige älter als 35 Jahre, die Kinder erhalten erst nach anderthalb Jahren ihren Namen.

Eines jedoch fasziniert mich während des Besuchs besonders: die Din haben Geld. Nein, nicht in Münzen oder Scheinen. Die typische Währung besteht aus Kaurischnecken und heißt ›Malin‹. Ein Rätsel, wie diese Meeresmuscheln so weit in das Landesinnere gelangen konnten und begehrtes Tauschobjekt wurden. Die Kaurischnecken sind durch Bänder miteinander verbunden und werden als Kette getragen.

Nach der Geburt erhält jeder Sohn eine Kaurikette von den Eltern, erfahre ich durch Zeichensprache von Halmo. Und wenn das Kind älter wird und eine Frau gefunden hat, schenkt er die Kette und ein Schwein an die Familie der Braut. So werden die Ketten über Generationen vererbt. Allgemeines Zahlungsmittel sind einzelne Kaurischnecken, mit denen Schweine, Hunde, Pfeile und andere wertvolle Gegenstände gekauft werden. Bei Aulem entdecke ich eine winzige Kaurischnecke auf der Nase – er hat sie sich aufgenäht. Stolz zeigt er mir auch seine Schnecken- und Hundezahnkette, die er um den Hals trägt.

Große Aufregung entsteht, als wir mitgebrachte Kaurischnecken hervorholen. Ehrfürchtig betrachtet, wandern sie von Hand zu Hand. ›Was wollt ihr dafür haben?‹ Wir entscheiden uns für einige Pfeile und einen Bogen und die Din bekommen ›neues Geld‹. Erstaunlicherweise haben sie an unseren Zivilisationsgütern kein großes Interesse. Sie befühlen zwar vieles, finden manches ›Manop‹, also schön, wollen aber nichts davon haben. Wir sind froh darüber, denn wir möchten die Lebensweise der Din durch unseren Besuch so wenig wie möglich verändern.

Jeder Schritt der fremden Gäste wird beobachtet.

Die Asmat – Kopfjagd und Ahnenkult

»... er gab pro Kopf dreißig bis vierzig gute Buschmesser, was den Kaufpreis bald gehörig anstiegen ließ. Die Asmat baten angesichts so ungeahnter Gewinnchancen ihre Missionare, wieder auf Kopfjagd gehen zu dürfen, was ihnen natürlich strikt verweigert wurde. Doch von nun an war Rockefeller für sie das Symbol einer Versuchung, der sie nicht oder doch nur unter strengster Geheimhaltung nachgeben durften.

Wer weiß, ob nicht mancher Kopf der Rockefeller-Sammlung erst durch die von dem Forscher mit Nachdruck vorgebrachten Wünsche nach neuem Material vom Hals seines Trägers gelöst wurde. [...] So wäre zu erklären, warum Michael Rockefeller, der nach einem Kanuunfall hilflos vor die Küste Westirians trieb, das Opfer eines vom Wiederaufleben der Kopfjagd in seiner männlichen Substanz getroffenen Stammes geworden sein könnte.«

(P. Baumann, H. Uhlig über die Rolle von Michael Rockefeller,
in: »Rettet die Naturvölker«, Berlin 1979, S. 23f.)

Bipane-Nasenmuschel, Kennzeichen angesehener Asmatmänner

Größenunterschiede zwischen Bergpapua, Brazzabewohner und dem Autor

Im feuchtheißen Sumpfgebiet von Asmat leben heute schätzungsweise 50.000 bis 60.000 Menschen. Ein Großteil von ihnen sind indonesische Einwanderer, die Transmigrasi, sowie Mischlinge. Die ursprünglichen Einwohner unterscheiden sich regional oft erheblich in Kultur und Sprache voneinander. Manchmal sprechen nur wenige hundert Seelen einen einheitlichen Dialekt, der wiederum im Nachbarort kaum verstanden wird; ein Grund mehr für Vorurteile und Missverständnisse, die früher oft zu kriegerischen Auseinandersetzungen führten.

Auch das im Süden von West-Papua liegende Sumpf- oder Schwemmland wird von vielen miteinander verbundenen Flüssen durchzogen, die ihre Quellen im zentralen Hochland haben. Von Ebbe und Flut abhängig, kommt es in Küstennähe täglich zur Strömungsumkehr. Es kann über Nacht passieren, dass selbst relativ tiefe Flussarme fast austrocknen und ein Weiterkommen mit dem Motorboot unmöglich wird. Die braune bis graue Uferschlammregion wird von dichten Mangroven bewachsen, deren Wurzelstelzen bestens an den Gezeitenwandel angepasst sind. Da der Urwald mit seinen über dreißig Meter hohen Bäumen, Schlingpflanzen und dem mehrschichtigen Unterholz zu Fuß kaum passierbar ist, lebt die Bevölkerung fast ausschließlich in größeren Ansiedlungen an den Flussufern. Bei den kleinen Gruppen von Jägern und Sammlern, die verstreut im nördlichen Übergangsbereich zum Brazza- oder Eilanden-Gebiet mitten im Urwald in Baumhäusern leben, handelt es sich um Übergangsethnien zu den Hochlandvölkern. Es gilt als wahrscheinlich, dass es im Norden auch gegenwärtig noch andere kleine isolierte Gruppen gibt, die noch keiner indonesischen Behörde bekannt sind, weil sie bisher jeglichem Zivilisationsdruck ausweichen konnten.

Im Vergleich zu den Hochlandpapuas haben die Asmat eine zum Teil dunklere Hautfarbe mit anderer Bartwuchsform und grazileren Gesichtszügen. Der Körperbau ist schlank, und die Extremitäten sind gut proportioniert. Auffällig war für mich der Größenunterschied zwischen den nördlichen Asmatbewohnern vom Brazza und den Mek, die eine unserer Expeditionen

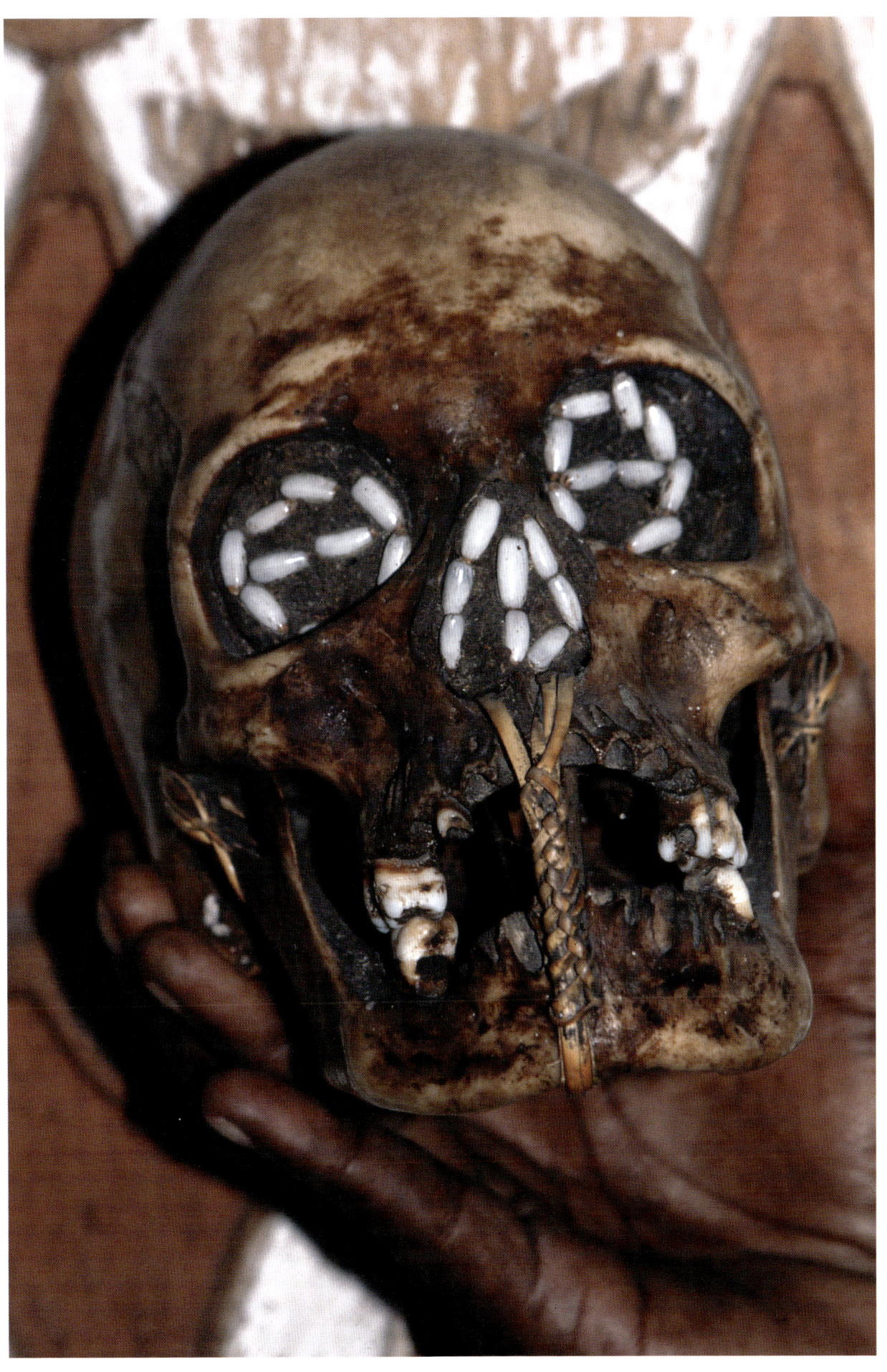

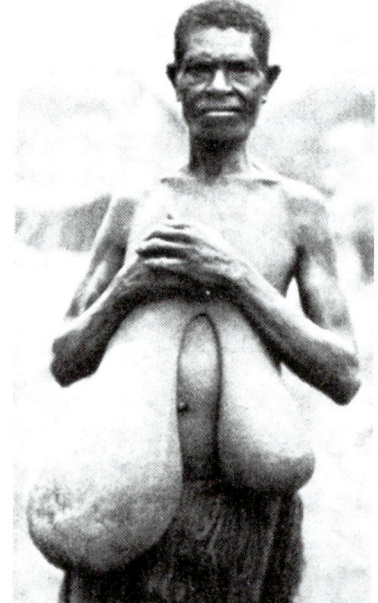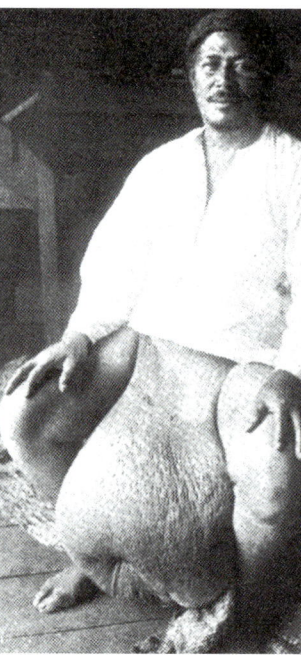

Riesenwuchs (Elephantiasis) von Körperteilen durch tropische Blutfadenwürmer

dies, um beim Baden oder Fischen ein Eindringen von kleinen Hakenwelsen in die Harnröhre zu verhindern. Offensichtlich hatte das Abbinden hier die gleiche Funktion, allerdings eher zum Schutz vor den hierzulande massenhaft vorkommenden Blutegeln. Das Eindringen und Festsaugen eines Blutegels kann in wenigen Minuten zum Verschluss der Harnröhre, in der Folge zum Nierenversagen und innerhalb eines Tages zum Tod führen. Andere hier vorkommende Parasiten wie die Blutfadenwürmer der Gattung Wuchereria bancrofti und Brugia malayi verursachen im menschlichen Gewebe, besonders im Hoden, aber auch im weiblichen Brustdrüsengewebe einen partiellen unheilbaren Riesenwuchs, der durch die ungehemmte Wachstumsanregung und Verkalkung regional zum Gefäßverschluss und Tod des Betroffenen führen kann. Ihre Larven gelangen meist über

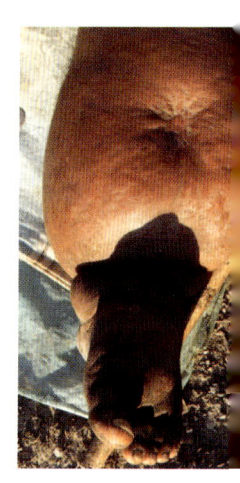

Elephantiasis am Bein

Insektenstiche in das Lymphsystem des Menschen. In den Flussdörfern im oberen Asmatgebiet sind mir sogar mehrere junge Männer, die an dieser sogenannten Elephantiasis tropica mit einem Hoden bis zur Größe eines Fußballs litten, begegnet. Da ich bei den Hochlandvölkern so etwas nie gesehen habe, liegt die Vermutung nahe, dass die Erreger eher endemisch im feuchtheißen, sumpfigen Milieu vorkommen.

Eine andere hier sehr häufig vorkommende Infektionskrankheit, die ausschließlich durch Anopheles-Mücken übertragen wird, ist die Malaria. Auslöser sind dabei vier verschiedene Protozoentypen, sogenannte Plasmodien, die ihrerseits unterschiedliche Verlaufsformen des »Sumpffiebers« bis hin zum Tod innerhalb weniger Tage verursachen können. Im Asmat handelt es sich meist um eine Mischform aus den Plasmodien falciparum und vivax, wie ich es damals trotz durchgeführter Prophylaxe wenige Wochen später daheim in Deutsch-

Bewohner des nördlichen Brazza-Gebietes, 1988

vom Hochland bis zum Flachland als Träger und Wegführer begleiteten. Die Leute vom Brazza waren mit ihrer Körpergröße von 1,65 bis 1,70 Meter alle um einen Kopf größer als die Bergpygmäen. Vor einigen Jahren noch war das Tragen von Stoffkleidung bei den Asmat unbekannt. Ursprünglich gingen die Männer entweder völlig nackt oder trugen Schmuckgürtel aus Sagoblättern oder Rotang.

Allerdings trugen die meisten erwachsenen Männer bei meinem ersten Besuch 1986 in der Region nördlich von Agats bereits Turnhosen und T-Shirts, die sie von den zahlreichen, hier untereinander konkurrierenden Missionaren erhalten hatten. Im Brazza-Gebiet wickelten sich die Männer ein Blatt straff um die Vorhaut. Mir fiel auf, dass sie sich dabei genau wie manche Amazonasindianer den Penis in den Hodensack zurückschieben konnten. Am Amazonas geschah

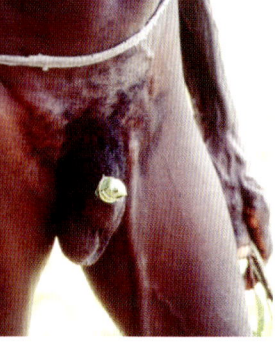

Schutz vor Blutegeln

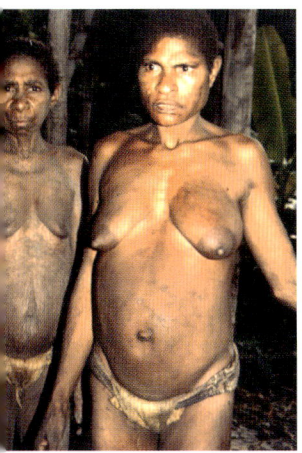

Frauen mit Durchziehschurzen

land am eigenen Leib erleben durfte. Nach anfänglichen Gliederschmerzen bekam ich plötzlich Kopfschmerzen, Schüttelfrost und Fieber. Innerhalb weniger Minuten stieg meine Körpertemperatur auf über 40°. Dieser Zustand hielt etwa drei Stunden an. Fast auf die Minute genau 48 Stunden später trat ein noch heftigerer Zustand ein, bei dem sich die Verdachtsdiagnose bestätigen sollte und den ich mit dem damals aktuellen Medikament Lariam behandeln musste. Trotzdem bekam ich in den folgenden Jahren in Abständen von bis zu einem halben Jahr noch mehrere Rückfälle oder Reinfektionen.

Das Überleben in diesem unwirtlichen Sumpfgebiet ist nur möglich, weil die Papuas schon seit frühester Kindheit zumindest eine Teilimmunität gegen Malaria entwickelt haben. Auch einige der uns während der Expedition begleitenden Führer und Träger aus dem Hochland bekamen wenig später Malaria, wie sie mir ein Jahr später berichteten.

Die Frauen am Oberlauf des Brazza trugen Durchziehschurze aus Bast oder Baumrinde. Inzwischen dürfte es diese Form der ursprünglichen Bekleidung kaum noch geben. Zerfetzte T-Shirts, schmuddelige Kleider und Gummisandalen prägen das heutige eher traurig anmutende Erscheinungsbild der weiblichen Bevölkerung fast überall in den Asmatdörfern.

Maskentanz

Nahe der Küste gibt es größere Dorfallianzen mit über zweitausend Bewohnern. Den Hauptteil bilden Kinder. Die Dörfer bestehen aus auf Pfählen errichteten Familienhütten und über fünfzig Meter langen Männerhäusern. Diese sogenannten Yeu stehen von jeher aus strategischen Gründen direkt am Flussufer, da von dieser Seite am ehesten mit Überfällen zu rechnen ist. Sie sind einerseits die Kultstätte der Dorfgemeinschaft, andererseits die Versammlungs- und Schlafstätte der Männer.

Kriegsspiele dienen dem Aggressionsabbau.

Sagolarven

Im täglichen Leben der Asmat gibt es eine von allen akzeptierte strenge Teilung in Männer- und Frauenarbeit. Während die Frauen fischen, Sago waschen und die Kinder versorgen, gehen die Männer der Jagd nach. Sie erbeuten Kasuare, Schweine, Beuteltiere, Leguane und auch Paradiesvögel mit Fallen oder Pfeil und Bogen. Andere Aufgaben sind das Fällen von Sagopalmen, das Schnitzen und der Schutz der Familie vor Überfällen. Schweinehaltung wird kaum betrieben.

Genau wie bei den Hochlandstämmen kommt auch bei den Asmat Polygynie vor. Bis vor wenigen Jahren war daneben das Ansehen eines Mannes abhängig von der Anzahl seiner erbeuteten Menschenkopftrophäen.

Nach Angaben des holländischen Missionars Zegwaard fanden regelrechte Raubzüge statt, um Köpfe zu erbeuten. Die Asmatkrieger schmückten sich zuvor mit Federn, Muscheln, Knochen und bunter Körperbemalung. Ihrer Vorstellung entsprechend, wollten sie einem blühenden Baum ähneln. Der Überfall auf ein anderes Dorf erfolgte stets am frühen Morgen. Die eigentlichen Opfer für die Kopfjagdzeremonie mussten möglichst lebend gefangen werden. Es war wichtig, die Namen der Gefangenen zu erfahren. Diese wurden aus ihnen herausgeprügelt, bevor man die Köpfe abschlug. War die Distanz zum Heimatdorf nicht zu groß, wurden die Gefangenen ins Kanu geschleppt und während der Rückfahrt, insbesondere in der Nähe von Ne-

Schnitzen einer Holzskulptur

benflussverbindungen, geköpft. Im Dorf angekommen, wurde die erfolgreiche Kopfjagd der Krieger gefeiert. Hatte ein Mann bisher keine Menschenkopftrophäe nach Hause bringen können, wurde er von den Frauen missachtet.

»Als wir in der Hütte standen und unser Dolmetscher übersetzte, wen der Häuptling schon alles getötet hatte, wurde mir ein bisschen mulmig. Plötzlich stand das Menschentöten wieder im Raum. Ich dachte an den Knast in Brandenburg. Dort hatte ich auch mit Leuten zu tun gehabt, die andere umgebracht hatten. Aber natürlich waren die Asmat nicht mit den Brandenburger Mördern vergleichbar. Hier wurde aus ganz anderen Gründen getötet. Hier gab es keine Gerichtsbarkeit wie in Deutschland, wo man für einen Mord eingesperrt wurde. Hier hatte jemand einen anderen zu Tode gebracht, um dessen Kopf zu erbeuten, aber niemand bestrafte ihn dafür. Im Gegenteil, er galt als Held. Ich begriff, dass es keinen Sinn hatte, unsere moralischen Standards an die Asmat anzulegen. West-Papua war einfach eine andere Welt.« (R. Garve in »Kirahé – Der weiße Fremde«, Berlin 2007, S. 142).

Kasuardolch am Oberarm

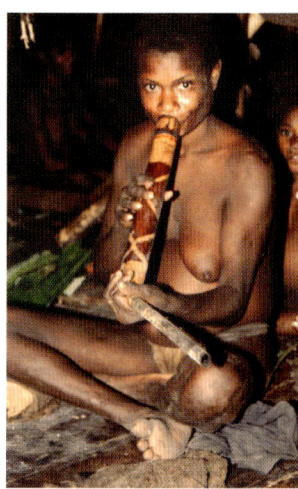

Rauchmethode im Asmat

Neues menschliches Leben konnte in der Vorstellung der Kopfjäger nur durch das Töten eines anderen entstehen. Somit war die Kopfjagd für den Fortbestand notwendig. Der Bruder der Mutter eines zu initiierenden Jungen tauchte zunächst mit dem frisch abgeschlagenen Kopf unter Wasser. Um ihn zu trocknen, pflockte er ihn daraufhin im Männerhaus nahe der Feuerstelle mit seinem Kasuardolch an. Anschließend wurden der Unterkiefer und die äußeren Weichteile abgeschnitten. Die wichtigste Zeremonie war die Entnahme des Gehirns. Der Schädel wurde im Schläfenbereich oder an der Basis mit einem Steinbeil eröffnet. Das mit Bambusstäbchen herausgeschabte Hirn schüttete man in Sagoblattschüsseln. Das Verzehren von Hirn soll nur älteren Kriegern vorbehalten gewesen sein. Angeblich wurde es mit Sagomehl vermengt und gebacken. Der übrig gebliebene Schädel wurde mit Kalk, Asche

Die Schnitzwerke werden vom Männerhaus ins Dorf getragen

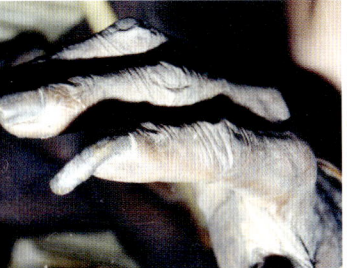

Rituelle Deformierungen, Krallenfinger und angespitzte Frontzähne

Festteilnehmer stimmen den Kriegsgesang an.

und Harz, in das man Federn steckte, geschmückt und dem sitzenden Initianten zwischen die Beine in Genitalnähe gelegt, damit die Kraft des Getöteten in ihn übergehen konnte. So musste er mehrere Tage verharren, um vollwertiges Mitglied einer Männerhausgemeinschaft zu werden. Den Unterkiefer verwendeten die Frauen als Halsschmuck.

Wenn einander sich ständig bekriegende Dörfer zu viele Tote zu beklagen hatten, wurde zwecks Versöhnung ein verwandtschaftliches Band mit der Gegenseite geschlossen. Eine Möglichkeit bildete der Austausch von sogenannten Friedenskindern. Rituelle Nachahmungen dieser festlichen Zeremonie führen die Asmat auch heute noch ihren Gästen stolz vor. Die Kinder wurden von einem Krieger zum anderen gereicht und schließlich nach dem Austausch den Eltern des anderen Kindes übergeben. Sie wuchsen nun ohne weiteren Kontakt zu

den leiblichen Eltern im ehemals feindlichen Dorf auf. Eine andere Form des Friedensschlusses stellte die Adoption dar. Dabei mussten die zukünftigen Familienangehörigen durch die gespreizten Beine von mehreren Frauen und über am Boden liegende Männer kriechen. Nach diesem sinnbildlichen Durchgang durch den Geburtskanal bekamen die Adoptivlinge wie Neugeborene die Brust. Schließlich erhielten sie neue Namen und Geschenke und wohnten eine Zeitlang mit in der Familienhütte. Die Asmatbewohner sind allgemein liebenswert und machen ebenso von der Adoption Gebrauch, wenn sie europäischen Besuch bekommen.

Asmat-Frau mit Kuskusfellhaube

Auch ich erhielt während eines Besuchs in den achtziger Jahren einen neuen Namen und erfreute mich anschließend neuer Verwandtschaft. Dazu musste ich mich in einer Hütte auf den Boden legen. Alle Familienmitglieder sangen und tanzten derart rhythmisch zum Trommelklang, dass ich befürchtete, die Baumrindenfläche würde im nächsten Moment mit mir einstürzen. Dann hoben die Frauen ihre Buschröcke und Tanzschurze und hüpften breitbeinig mit starken Hüftstößen, die offenbar Kopulations- oder Geburtsbewegungen simulieren sollten, über mich hinweg. Nun lag ich in dem symbolischen Geburtskanal und wurde symbolisch wiedergeboren. Danach aßen wir gemeinsam frisches Sagobrot. Das Familienoberhaupt versicherte mir feierlich, dass ich ab jetzt jederzeit meine neue Familie besuchen könnte. Ich sei herzlich willkommen. Und umgekehrt würde man mich bei Gele-

Rituelles Aufzählen getöteter Feinde

genheit auch gern einmal besuchen. Wenn tatsächlich alle 35 Familienmitglieder irgendwann zusammen nach Deutschland kämen, dachte ich mir, würde es sicher nicht nur ein Unterbringungsproblem geben.

Einweihung einer mystischen Trommel durch Bestreichen mit Menschenblut

Gelegentlich trugen auch Frauen den Bipane-Nasenschmuck.

Diese Art von Initiation gilt bei den Asmat übrigens als hohe Ehre. Von Verwandten geht nichts Böses aus, sie sind verpflichtet, immer der Familie helfen, insbesondere in Notsituationen.

Bei vielen Bewohnern der von uns besuchten Asmatdörfer fiel mir eine eigenartige, an Schuppenflechte oder Milbenkrätze erinnernde Hautkrankheit auf. Es handelte sich um den sogenannten Ringwurm (Tinea imbricata), eine tropische Hautpilzerkrankung, deren landkartenartige Erosionen auf der

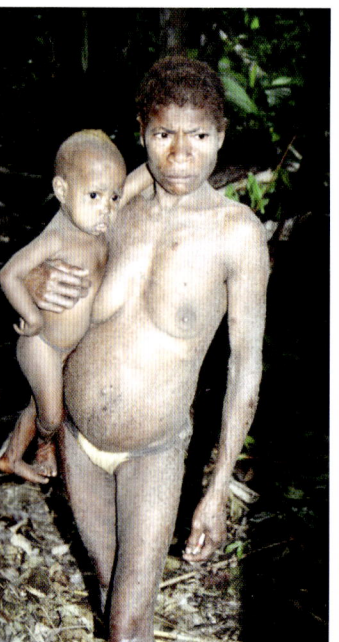 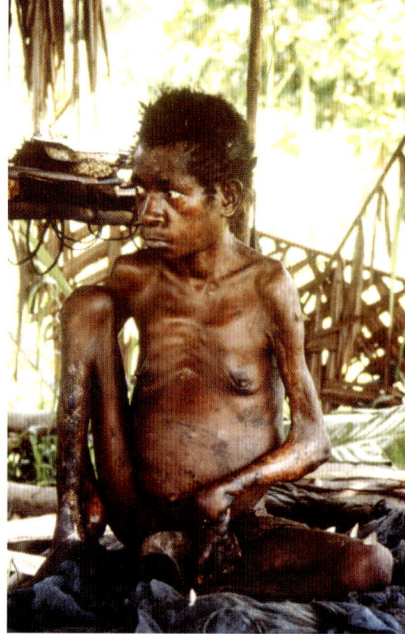

Schuppenringwurmerkrankung (Tinea imbricata) und Lepra mit Verkrüppelung der Extremitäten

Hautoberfläche schon vor hundert Jahren von deutschen Tropenärzten beschrieben wurden. Auch sie kommt im klimatisch kühleren und trockenen Hochland kaum vor.

Über Kannibalismus gibt es für die Asmatregion in der Literatur sehr widersprüchliche Ansichten. In Gesprächen mit einem Lehrer und indonesischen Polizisten, die im Brazza-Gebiet ihre Pflichtzeit ableisteten, erfuhr ich haarsträubende Geschichten über die »bösen Wilden«. Angeblich hätten diese wenige Monate zuvor (1988) sechs Indonesier umgebracht und verspeist. Da wir nachts meist in Eingeborenenhütten schliefen, reagierten wir zunächst beunruhigt und hypersensibel auf nächtliche Geräusche. Jedoch entpuppten sich wenig später die Gerüchte als haltlose Greuelmärchen – wahrscheinlich eine Methode, um die indonesische Expansion und militärische Maßnahmen gegen die Einheimischen zu rechtfertigen. Eine kompetente und glaubwürdige Auskunft dazu erhielt ich in Senggo von einem freundlichen Missionar aus Österreich. Pater Josef Haas betreute und kannte die Eingeborenen dieser Gegend seit Jahren.

Spiegelbildliche U-Motive sind typisch für Brazza-Kampfschilde.

Ihm persönlich war nur ein einziger Fall bekannt, der rund sechs Jahre zurück lag (1982). Ein indonesischer Holzfäller aus Senggo hatte böswillig einen Eingeborenen mit einem Messer verletzt. Anwesende Angehörige des Verletzten reagierten prompt und töteten den ohnehin unerwünschten Fremdling. Ihre verständliche Wut ging so weit, dass sie ihn postmortal nochmals demütigten und Rache übten, indem sie ihn verzehrten.

Weitere Geschichten waren, so Pater Josef, wilde Übertreibungen oder frei erfunden. Mysteriös blieb das Verschwinden des New Yorker Millionärssohns Michael Rockefeller im November 1961. Dieser kaufte bei den Asmat für sein Völkerkundemuseum Ethnographica auf. Sein besonderes Interesse soll dem Erwerb der in dieser Zeit im Asmatgebiet bereits recht raren menschlichen Schädeltrophäen gegolten haben.

Unterwegs driftete sein umgekipptes Boot ab. Anschließend entstand die Legende, die Bewohner des Dorfes Otshenep hätten ihn umgebracht und aufgegessen. Möglich ist aber auch, dass er beim Versuch das Ufer schwimmend zu erreichen, ertrunken ist oder Opfer eines Krokodils wurde. Im Ort kursieren bis heute die unterschiedlichsten Versionen dieser traurigen Geschichte, die dem jeweiligen Sensationserwarten von Besuchern angepasst werden. Mal will ein deutscher Abenteurer 1969 in einem Asmatdorf die präparierte Kopfjagdtrophäe von Rockefeller gesehen haben. Ein anderes Mal fand ein spanischer Missionar eine blonde Kopftrophäe in der Hütte bei einem ortsbekannten Kopfjäger. Auch wusste der Geistliche zu berichten, dass die Papuas den Rest der Leiche sogar verspeist hätten (Baumann/Uhlig 1979). Erst im Dezember 1973 entdeckte ein deutsches Fernsehteam die vermeintlichen sterblichen Überreste von Michael Rockefeller nebst Gasfeuerzeugen und Taschenmesser in der Nähe eines Dorfes, allerdings soll tatsächlich der Schädel gefehlt haben.

Transport eines Ahnenpfahles zum Festplatz

Wie bereits erwähnt, identifiziert sich ein Asmat gern mit einem Baum. Die Füße sind die Wurzeln, die Arme die Äste und der Kopf entspricht den Früchten. Wenn des Nachts fliegende Hunde, Nashornvögel oder andere Tiere, in denen die Geister Verstorbener wohnen, die Früchte fressen, betreiben auch sie Kopfjagd. Um die herumirrenden Geister zu binden, schnitzen die Asmat Ahnenfiguren, die die Namen der Toten und einen Ehrenplatz im Männerhaus erhalten. Dadurch leben die Ahnen weiter.

Aus den Brettwurzeln von Urwaldriesen schnitzen die Asmat ihre Schilde und Ahnenfiguren.

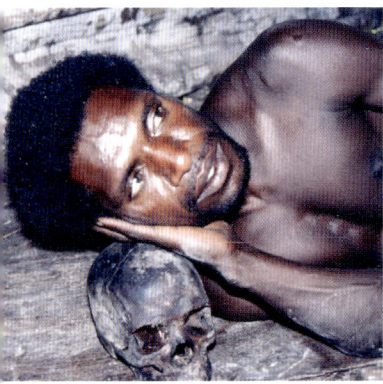
Ahnenschädel als nächtliche Kopfstütze

Die Schädel von besonders nahestehenden verstorbenen Verwandten wurden mitunter reich mit Federn, Muscheln und Samen geschmückt und nachts als Kopfstütze benutzt. Da die Asmat glauben, dass sich im Traum Geist und Körper trennen und somit der Körper schutzlos wird, besänftigen sie den Geist mit dem engen verwandtschaftlichen Kontakt. Möglich war auch, die Schädel der liebsten Verwandten um den Hals zu binden und damit zur Jagd zu gehen. Kopfjagdtrophäen und Ahnenschädel sind heute allerdings nicht mehr zu finden. Die indonesischen Behörden und christlichen Missionen haben den Besitz und die Benutzung bei Strafandrohung untersagt. Am oberen Brazza haben wir persönlich noch Ende der achtziger Jahre an den Hüttenwänden Netze mit menschlichen Schädeln, die in Baumrinde eingewickelt waren, gesehen und dokumentieren können.

Kopftrophäen in Netzen an der Hüttenwand

Besondere Formen der Ahnenverehrung sind die sogenannten Mbis-Pfähle und Seelenboote. Die kunstvoll geschnitzten, phallisch anmutenden Ahnenpfähle sind oft über sechs Meter hoch. Früher wurden sie für die sogenannten Mbis-Feste geschnitzt, die oft wochenlange Vorbereitungen erforderten. Sie sollten an die Toten erinnern und zur Rache mahnen. Anschließend gingen die Asmatkrieger auf Kopfjagd. Die Pfähle und Figuren sind stets weiß gefärbt, glauben die Asmat doch, dass ihre Ahnen im Gegensatz zu ihnen eine weiße Hautfarbe besitzen und in einer angenehm kühlen Umwelt leben.

Um den Verstorbenen die Reise in die Welt der Ahnen zu erleichtern, werden auch heute noch sogenannte Seelenboote geschnitzt, die bis zu zehn Meter lang sein können. Auf ihnen sind hockende Menschen oder Geister dargestellt. Innerhalb der Initiationsrituale der Jungen werden mit diesen bodenlosen Booten bestimmte zeremonielle Handlungen durchgeführt. Der wohl interessanteste Ausdruck künstlerischer Tätigkeit spiegelt sich in den Kampfschilden wider. Wie jede Feuer- oder Schlafstätte im Männerhaus, so trägt auch jeder Schild den Namen eines Verstorbenen. Er hat eine Verteidigungsfunktion gegen Pfeile und dient gleichzeitig als Einschüchterungswaffe für die Gegenseite.

Aus den Brettwurzeln von riesigen Bäumen herausgemeißelt, wurden die Schilde regional unterschiedlich mit einfachen, wunderschönen Ornamenten beschnitzt und bemalt. Unter heutigen kommerziellen Aspekten kommen zunehmend feinere Reliefarbeiten und christliche Motive vor. Weitere typische Kunstwerke der Asmat sind die Trommeln, Hörner, Schalen, Speere und Masken.

Die Kampfschilde schützen nicht nur vor Pfeilen, sondern auch vor mythischen Feinden.

Die Dani – Penisröhren und Steinbeile –
die Hochlandpapuas aus dem Baliem-Tal

»Es war schon fast dunkel, als das Schwein im Erdofen garte. Ich sah diese geballte Masse an nackten Menschen, die sich alle auf einen Punkt fokussierten, auf dieses Schwein und auf den qualmenden, mit Blättern abgedeckten Erdofen. Ich hörte ihre Gesänge und sah sie erwartungsfroh um den Ofen stehen, ich bemerkte, dass sie uns nach einer Weile überhaupt nicht mehr beobachteten. Einer spielte auf einer Maultrommel. Sie tanzten mit erhobenen Speeren. Es roch nach Urwald, Lagerfeuer, ranzigem Schweinefett und nach exotischen Kräutern.«

(Aus den Erinnerungen R. Garves von 1986)

Das in seiner Ausdehnung etwa sechzig Kilometer lange und sechzehn Kilometer breite Baliem-Tal, das seinen Namen dem Baliem-Fluss verdankt, bildet das Siedlungsgebiet der Dani. Es liegt auf einer Höhe von ungefähr 1.600 Metern über dem Meeresspiegel und ist von hohen Gebirgsketten umgeben. Erst kurz vor dem Zweiten Weltkrieg von einem amerikanischen Piloten entdeckt, wurde das zu dem Zeitpunkt noch auf intaktem, neusteinzeitlichem Niveau lebende Volk der Dani in den Nachkriegsjahrzehnten schrittweise bis zum eigenen Kulturverlust missioniert. Die Dani sind dunkelhäutig, sehr muskulös und von mittelgroßer Statur. Auffällig in ihren großen, protrusiven Gesichtern ist die breite Nase. Den amerikanischen

Schweinezahn als Nasenschmuck

Anthropologen Robert Gardner, Karl Heider, Michael Rockefeller und dem Österreicher Heinrich Harrer ist es zu verdanken, dass – vor dem rasch voranschreitenden Verfall der Kultur der Dani durch Missionierung, indonesische Einwanderungspolitik und sonstige Zivilisationseinflüsse – dieses Volk mit Filmen und Aufzeichnungen in seiner einmaligen Ursprünglichkeit dokumentiert wurde. Durch den Film »Der Vogel und die Schlange«, der Stammesfehden zwischen rivalisierenden Danidörfern zum Inhalt hat, wurden die Dani in den sechziger Jahren weltbekannt.

Zur Förderung des Gemeinwesens war es früher unerlässlich, Kriege zu führen. Die Ursachen rührten meist aus Streitigkeiten um Frauen, Landbesitz oder um Schweine. Zwischen mehreren Dani-Dörfern bestanden Allianzen, die gegenseitig zur Hilfeleistung im Kriegsfall verpflichteten. Bevor die Dani in den Krieg zogen, bemalten sie ihren Körper mit Ruß und ockerfarbenem Lehm und schmückten

Blick ins Baliem-Hochtal

Trauertanz bei einer Begräbnisseremonie

Die Zeit der seit Jahrtausenden bestehenden, eng mit der Mythologie einer Steinzeitkultur verbundenen kriegerischen Aktivitäten ist endgültig vorbei. Heute leben weit über hunderttausend Dani im Baliem-Tal, dessen wirtschaftliches Zentrum der sogenannte Ort der Schweine, Wamena, ist. Hier befinden sich die Hauptstationen aller missionierenden Konfessionen, die indonesische Polizeibehörde, ein paar Schulen, Tausende Wellblechhütten, ein großer Flugplatz und der Markt, der eindeutig von indonesischen Händlern beherrscht wird. Neben allen möglichen Plastikwaren, übersüßten Colagetränken, Sonnenbrillen und Zigaretten werden kitschige, bemalte Peniskalebassen und bunte Miniatursteinbeile (passend für das Handgepäck eines Touristen) feilgeboten. Wirklich echte, alte Ethnologica sucht man vergeblich, da es sie im Baliem-Gebiet nicht mehr gibt. Es wird sich kaum noch ein Dani die Mühe zur Herstellung einer grünen Steinbeilklinge machen, wenn er eine Metallaxt besitzt, mit der er viel schneller arbeiten kann.

Inzwischen gibt es ein weit ausgebautes Straßennetz, das mehrere Kilometer von Wamena zu größeren Dörfern hinführt und ständig weiter ausgebaut wird.

Wamena ist ein Ort krasser Gegensätze. Am Flugplatzzaun begegnen wir auch jetzt gelegentlich noch einigen unbekleideten Dani mit Pfeil und Bogen unterm Arm, die anscheinend über die startenden und landenden Riesenvögel staunen. Fast

sich mit bunten Papageienfedern, um ihrer Vorstellung entsprechend einem Vogel zu ähneln.

Sie bewaffneten sich mit Pfeil und Bogen und mit riesigen Speeren. Diese Speere wurden meist nur zur Drohgebärde benötigt, da der Verlust zu schmerzhaft für den Besitzer gewesen wäre. Das Holz der Speere war rar und stammte aus dem weit entfernten Gebiet der Yali. Wurde bei diesen Kriegszügen ein

Dani-Anführer aus Wesagma und Pugima

Feind getötet, veranstaltete die Siegerdorfgemeinschaft ein Freudenfest. Bevor der Tote der Gegenseite übergeben wurde, verstopfte man alle Körperöffnungen der Leiche mit Farnen und Gräsern, um ein Entweichen des bösen Geistes zu verhindern. Rachefeldzüge der Gegenseite wurden mitunter erst Jahre später durchgeführt. Kannibalismus hat es bei den Dani nie gegeben. Hingegen fanden bei Überfällen zum Teil entsetzliche Massaker statt. Noch 1966 wurden am Elogeba-Fluss über hundert Menschen, meist Frauen und Kinder, niedergemetzelt. Indonesische Militärs reagierten mit einem Gegenmassaker.

Zusammentreffen von »Steinzeit« und Moderne

Lani vor dem Zivilisationsmüll in Wamena

cken und Industrieanlagen sind inzwischen wie Pilze aus der Erde geschossen. Überall dominiert das indonesische Militär. Wo ich mich früher problemlos und ohne Kontrolle hinbegeben konnte, muss ich heute an neuerrichteten Militärposten meine Aufenthaltsgenehmigung »Surat Jalan« vorzeigen und von misstrauischen jawanischen Militärpolizisten gegen Bakschisch abstempeln lassen, um weiterzukommen. Heutzutage müsste man schon etliche Tagesmärsche hinter sich bringen, um den letzten noch streng mit ihren alten Traditionen verwurzelt lebenden Dani begegnen zu wollen.

Typischer Dorfweiler der Dani

genau wie vor über zwanzig Jahren, als ich das erste Mal in Wamena war. Allerdings verlangen sie nun von den gelegentlich ankommenden Touristen, die wiederum über sie staunen, fürs Fotografieren und Filmen Geld. An ihnen vorbei fahren indonesische Einwanderer auf japanischen Mopeds und Geländewagen. Viele von ihnen sind bereits hier geboren. Aus den Wellblechhütten dringen entweder das Gedröhne von Radioreklame, der Koran oder Generatorengeratter. Riesige Bulldozer planieren ehemalige Süßkartoffelfelder; Tankstellen, Brü-

Im Gegensatz zu anderen Hochlandvölkern leben die Dani in kleinen Weilern, die aus wenigen runden Familienhütten, einem Männerhaus und einem langgestreckten Kochhaus bestehen. Diese von Bananenstauden umwachsene Gehöfte bilden die Form eines Rechtecks, wobei die einzige Eingangsöffnung zum Dorf meist frontal zum Männerhaus angebracht ist. Das Männerhaus, das für Frauen tabu ist, stellt das sakrale Zentrum des Dorfes dar. Die Männer oder Jünglinge verbringen ihre Nachtruhe auf der etwa 1,50 Meter hohen Zwischendecke. Ansonsten hocken sie dicht gedrängt auf dem Lehmboden und tauschen ihre Neuigkeiten aus. Noch bis vor wenigen Jahren war es so, dass ein Dani-Junge mit sieben bis acht Jahren seine Penisröhre, die Holim oder Koteka, erhielt und damit Mitglied der Männerhausgemeinschaft wurde.

Bei den Mädchen, die mit ihren Müttern in den Familienhütten leben, ist die erste Menstruationsblutung ein wichtiger Anlass zum Feiern. Als Ausdruck der Freude über diesen Fruchtbarkeitsbeweis ver-

Indonesische Straßenbauer im Baliem-Tal

Der Dorfeingang wird nachts verschlossen.

Garen von Süßkartoffeln im Kochpaket

brennen sie blutgetränktes Gras, singen dazu und werfen die Asche anschließend ins Wasser.

Oftmals leben die Dani in polygamen Eheverhältnissen. Ist eine Frau schwanger, muss sie bis zur Geburt häufiger Geschlechtsverkehr mit ihrem Mann haben, damit das Kind, ihrer Glaubensvorstellung entsprechend, dem Mann ähnlicher werde. Nach der Geburt besteht ein mehrjähriges Sexualtabu. Die Dani-Frauen kennen neben dieser natürlichen Form der Geburtenregelung auch pflanzliche Verhütungsmittel, zum Beispiel Pavetta-Blätter oder Sprossen der auch bei uns vorkommenden Schönfrucht-Sträucher. Der Preis bei zu häufigem Gebrauch kann allerdings Unfruchtbarkeit und vorzeitige Vergreisung sein. Nicht selten sehen dreißigjährige Frauen aus wie sechzig. Die Anzahl von Ehefrauen eines Dani richtet sich nach seinem gesellschaftlichen Ansehen und Besitz. Der Reichtum an Schweinen sichert ihm jene soziale und ökonomische Macht, sich mehrere Frauen leisten zu können. Beides ist voneinander abhängig.

Pflege und Haltung der Schweine sind Aufgabe der Frauen und Kinder. Jede Frau hat zwei bis drei Kinder. Besitzt ein Dani viele Schweine, braucht er folglich eine große Familie.

Pavetta-Blätter erzeugen Unfruchtbarkeit.   *Im Penisröhrengarten*

Holzhacken mit gewaltiger Steinaxt

Rituelles Töten eines Schweines

Um eine Frau zum Heiraten zu bewegen, sind mehrere Wege üblich. Neben dem Frauenraub gibt es verschiedene Möglichkeiten der Brautwerbung. Nachdem der zukünftige Bräutigam seiner Schwägerin oder Schwiegermutter eine kleine Aufmerksamkeit, wie gegarte Süßkartoffeln oder Schweinefleisch, überreicht hat und dadurch akzeptiert wird, erfolgen die Verhandlungen zwischen den Eltern und Brüdern. Die Brüder der Braut spielen eine wichtige Rolle. Erhält der Bräutigamvater von ihnen Tabak oder Kartoffeln, ist die Werbung für seinen Sohn angenommen worden. Ungefähr vier Wochen vor dem Hochzeitsfest müssen der Bräutigam und seine Verwandten den Brüdern der Zukünftigen mehrere Schweine als Brautpreis zahlen. Alle drei Jahre finden große Hochzeitszeremonien in Form von Schweinefesten statt. Dabei tauschen die Mädchen

Dani beim Zerlegen eines Schweines

ihren Grasrock gegen einen aus Orchideenbast geflochtenen Schnürrock ein. Symbolisch für den neuen Lebensabschnitt erhalten die jungen Dani-Frauen einen neuen Grabstock für die Gartenarbeit und ein neues Rückennetz. Heutzutage treten Plastikgegenstände und Stofftücher an diese Stelle.

Die Geburt der Kinder erfolgt hockend oder stehend im Familienhaus. Anschließend gehen die Frauen ohne große Ruhepause wieder ihrer gewohnten Gartenarbeit nach. Die

Rituelles Totengedenken vor dem Fleischverzehr

Das getötete Tier wird zum Feuer getragen.

Babys werden in Rückennetzen mitgeführt. Oftmals sieht man Frauen, die gleichzeitig ein Ferkel im anderen Netz tragen und es genauso liebevoll wie das eigene Kind umsorgen und liebkosen. Über die Geburt eines Jungen freuen sich die Dani im Allgemeinen mehr als über die eines Mädchens. Kindestötung kommt allerdings nicht vor. Dem Baby wird nach der Geburt zunächst ein Kaurischneckenband um den Kopf gewickelt. Das

Einlegen des Fleisches in den Erdofen

Gleiche geschieht später beim Initiationsritual und dann noch einmal nach dem Tode kurz vor der Verbrennung. Heutzutage haben die Dani generell zwei Namen. Einen ursprünglichen in ihrer eigenen Sprache, den sie kaum oder nie vor Fremden aussprechen, und einen christlichen, der meist an biblische Namen erinnert.

Neben der fast kindlich anmutenden christlichen Gottesfurcht verfügen die Dani bis in die Gegenwart hinein über einen stark ausgeprägten Geisterglauben. Für sie sind Geister allgegenwärtige Schatten von Toten, die die gleichen Eigenheiten und Ansprüche wie lebende Menschen haben, doch weit

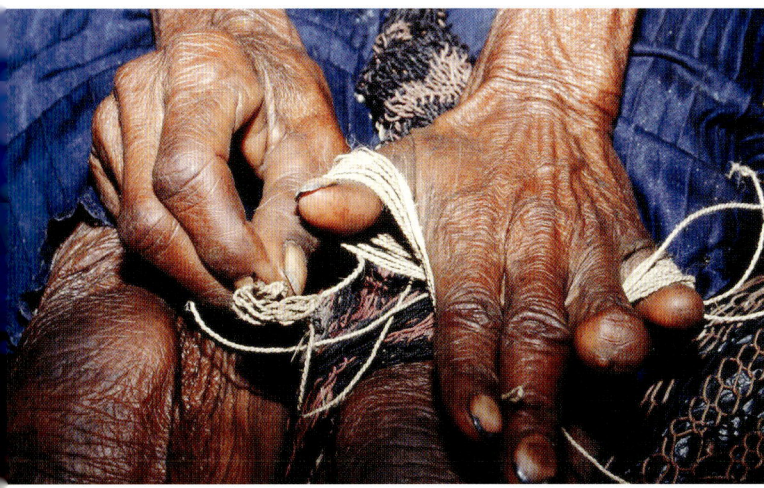

Netzknüpfen trotz eingeschränkter Fingerfertigkeit

Abgehackte Fingerglieder als weibliches Trauerritual

mächtiger sind. Sie stehen in der gesellschaftlichen Rangordnung auf einer höheren Stufe und sind nicht sichtbar. Es ist deshalb wichtig, mit den Geistern in gutem Einvernehmen zu stehen. Unserer europäischen Vorstellung von der Seele eines Menschen entspricht bei den Dani der sogenannte »Samen des Singens«, der Etai-Eken, der schon im Körper eines Kindes vorhanden ist, ständig wandert und sich schließlich im Magen festsetzt. Beispielsweise bedeutet eine Erkrankung stets eine Veränderung des Etai-Eken und wird auf Geister zurückgeführt. Dabei gilt die Vorstellung, dass jegliches Gebrechen von Geistern herrührt, die den Körper vergiften. Dazu müssen vom

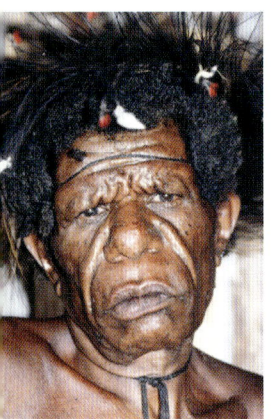

Wesarum, dem Medizinmann, magische Formeln ausgesprochen werden. Er pustet auf die erkrankte Stelle oder versucht mit Nesselpflanzen an anderen Körperstellen einen Gegenschmerz zu erzeugen, um das Etai-Eken wieder in seine Ursprungslage zurückzuversetzen. Eine weitere Methode, um das in den Körper eingedrungene Gift zu entfernen, ist der Aderlass. Versagt alles und stirbt der Patient, findet, abhängig von seinem gesellschaftlichen Stand, ein Totenzeremoniell statt, das mehrere Tage dauern kann. Ist er im Kampf gegen feindliche Nachbardörfer getötet worden, muss sein Tod durch den eines Feindes gerächt werden. Nach rituellen Klagegesängen wird der Tote auf einen Stuhl

Dorfchief von Jiwika

gebunden und letztmalig mit Kaurischneckenbändern geschmückt. Die Verwandten bringen Schweine und Geschenke, darunter Schmuckbänder, Tauschsteine, Netze und Steinbeile. Die Schweine werden geschlachtet, Unterkieferknochen und Schwänze zur Erinnerung an diese Totenfeier im Männerhaus aufbewahrt. Die Geschenke hingegen werden unter den Trauergästen verteilt. Insofern besitzt jede Trauerfeier auch ihr Gutes für die Gemeinschaft. Der Tote wird danach mit Schweinefett eingerieben. Bevor er schließlich samt Stuhl auf dem Scheiterhaufen verbrannt wird, schießt man über seinen Kopf einen Pfeil in ein Grasbüschel. Der Pfeil mit dem Grasbüschel wird im Wald versteckt, damit sich der darin vermutete Geist möglichst in Richtung der feindlichen Dörfer bewegen kann, um dort Unheil zu stiften. Nach Abschluss der Verbren-

nungszeremonie werden bei verwandten Mädchen und Frauen des Toten als Zeichen der Trauer einzelne Fingerglieder mit dem Steinbeil abgehackt.

Dieses Ritual ist mir in den achtziger Jahren besonders auf den Märkten aufgefallen. Dort saßen immer wieder junge Mädchen am Rande, die ihre blutigen, mit Bananenblättern umwickelten und mit einem Stock geschienten Handteller wie beim Melden in der Schule ständig nach oben hielten. Dieses Ritual war bis in die neunziger Jahre durchaus noch verbreitet. Lediglich der Daumen war davon ausgenommen, um die Greiffunktion der Hand nicht vollständig zu zerstören. Zuvor wurde der Unterarm abgebunden. Mein alter Freund Jalli aus dem Dorf Jiwika demonstrierte mir stolz, wie er es bei seiner ersten Ehefrau praktiziert hatte, als deren eigener Vater gestorben war. Zunächst klopfte Jalli mit einem Holzstab auf ihr Ellenbogengelenk, um eine kurzzeitige Anästhesie der Hand zu erreichen. Darum verläuft das Fingerabhacken relativ schmerzarm. Während die Frau laut aufschrie, hackte er auf einem Holzklotz die benötigten Fingerglieder ab. Die abgetrennten Finger werden als symbolische Grabbeigaben in Bananenblätter gewickelt und

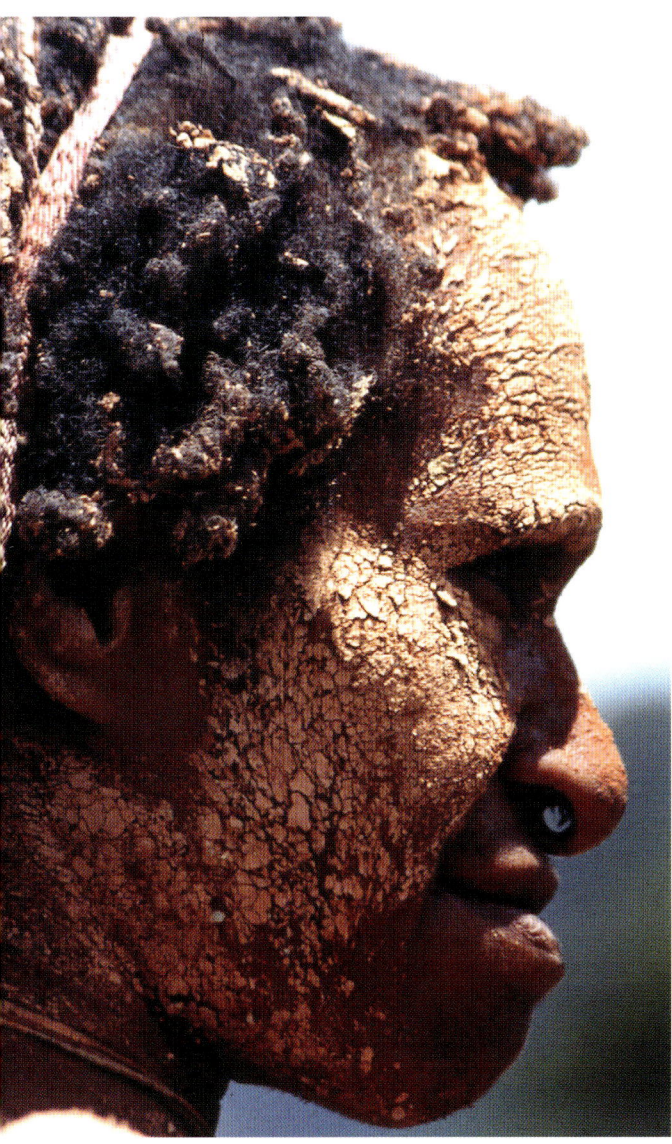

Die Lehmmaske wird täglich erneuert.

Lehmmasken verbergen die Trägerinnen vor den Geistern der Verstorbenen.

in der Glut des Scheiterhaufens mit verbrannt. Die blutenden Stümpfe werden mit Asche bestreut und in Bananenblätter eingewickelt. Um nicht vom entwichenen Geist des Toten erkannt zu werden, reiben sich die trauernden Frauen täglich das Gesicht mit Lehm ein. Männer drücken ihre Trauer aus, indem sie sich gelegentlich die Spitzen ihrer Ohren abschneiden und dem Verstorbenen mit auf die Seelenreise geben. Auch dafür bot Jalli ein gutes Beispiel. Er hat uns genauestens demonstriert, wie er sich selbst ein Stück seines linken Ohres abschnitt, als sein bester Freund starb. Dieses Stück Ohr gab er dem Verstorbenen mit auf die Seelenreise. Damit blieb man nicht nur mit dem Verstorbenen im Jenseits verbunden, sondern der Tod war gesühnt und die Geister besänftigt.

Obwohl Jalli bereits einmal im Rahmen einer Art »Völkerschau« auf Einladung nach Japan gereist war, um dort als »Steinzeitmensch« vor Besuchern zu posieren, lehnte er es ab, in seinem Heimatdorf Textilkleidung zu tragen. Nur bei der digitalen Armbanduhr, einem Geschenk seiner japanischen Gastgeber, machte er eine Ausnahme.

Für herumstreunende Geister bauen die Dani kleine Häuschen oder Zäune, sogenannte Mokat ai, um sie dort sesshaft zu machen. Eine andere Form sind die Geistköder, Mokat aku, die als Schutz für die Gärten gedacht sind. Hier legen die Dani Süßkartoffeln als Opfergaben ab.

Eine äußerst seltene Totenzeremonie der Dani, die nur ganz bedeutenden Persönlichkeiten zuteil wird, war die Mumifizierung. Hierzu wurde die Leiche nach verschiedenen Vorbehandlungen der Haut und der Entwässerung, in Hockstellung über dem Hüttenfeuer monatelang ausgetrocknet und ge-

Mokat aku – Geistköder

Abgeschnittene Ohrspitze bei Jalli

Mokat ai – Geisterhäuschen

Mumie von Akima, 1987

Mumie von Jiwika, 2003

Schweinen und Süßkartoffeln auch Steine ein. Salz galt als Zahlungsmittel für Paradiesvogelfedern, Kaurischnecken und Muscheln der Küstenregion oder auch bestimmte Hölzer, die nur in entfernten Gebieten vorkamen. Die Dani nutzen bis in die Gegenwart hinein eine seltsame Methode der Salzgewinnung, allerdings heute nicht mehr sehr intensiv. Sie schneiden Bananenbäume in etwa einen Meter lange Stücke und pressen diese mittels Stöcken und Steinen so weich, dass das Mark saugfähig wird. Die Frauen schleppen oft in einem tagelangen Marsch riesige Bündel dieser Salzschwämme durch den recht steilen Gebirgsurwald. Das Gewicht kann bis zu einem Zentner betragen. Die Bananenstauden werden an der Salzquelle in die Sole hineingelegt, um sich vollzusaugen. Zwischendurch klopfen die Frauen die Pflanzenteile erneut breit und lassen sie kurzzeitig trocknen, um eine noch stärkere Saugfähigkeit zu erreichen. Anschließend schleppen sie die vollgesogenen Stämme durch den Dschungel zurück in ihr Dorf. Nach dem Trocknen werden sie verbrannt. Die Asche wird in Blättern verschnürt und bei Bedarf der Nahrung beigemengt.

Die noch vor zwanzig Jahren häufigen Wach- oder Ausschautürme gibt es leider nicht mehr. Sie waren zum Teil mehr als zwanzig Meter hoch. Auf ihnen saßen die Männer und überwachten den Grundbesitz ihrer Dorfgemeinschaft. Heute werden sie manchmal anlässlich von sogenannten Baliem-Festivals, die für Touristen zelebriert werden, nachgebaut.

Presseberichten vom Januar 2009 zufolge versucht das indonesische Parlament gegenwärtig durch einen neuen gegen Pornographie gerichteten Gesetzentwurf damit auch ein Verbot des traditionellen Tragens von Penisröhren bei den Dani und anderen Hochlandpapuas in West-Papua durchzusetzen.

Bananenbaumstrünke in der Salzquelle

räuchert. Anschließend wickelte man die Mumie in Bananenblätter und hängte sie in einem Netz in einer Ecke des Männerhauses auf. Der Geist dieses Menschen hatte eine wichtige Schutzfunktion für die Dorfgemeinschaft. Inzwischen weiß man von der Existenz von etwa zwölf Mumien im Baliem-Tal. Gern setzen sich die Dani inzwischen über ihre alten Traditionen und Tabus hinweg und zeigen diese Besuchern für Geld. Für manche Dörfer wie zum Beispiel Jiwika ist ihre Mumie zur Haupteinnahmequelle geworden. Durch diese inzwischen jahrelange Fehlbenutzung musste die Mumie schon des öfteren repariert werden, weil beispielsweise eine Hand abgebrochen war oder sich ein Knochen gelöst hatte, wie sich ein älterer Dorfbewohner im Jahre 2003 einmal uns gegenüber beklagte.

Ein bedeutendes Tauschgut der Dani ist das Salz. Früher herrschte ein reger Handel mit benachbarten Stämmen, die kein eigenes Salzvorkommen hatten. Da das Baliem-Tal ein Kalksteingebiet ist und härtere Steinarten, beispielsweise für die Herstellung von Beilklingen, nur in Steinbrüchen etwa siebzig bis neunzig Kilometer nordwestlich vorkommen, tauschte man neben

Die Dani – Penisröhren und Steinbeile – die Hochlandpapus aus dem Baliem-Tal 73

Die Sumpfnomaden im Zuflussgebiet des Mamberamo

»Noch bevor ich einen Schritt weiter auf dem schmalen Pfad durch das dichte Unterholz machen kann, zischt das Buschmesser meines Hintermannes an mir vorbei und zerteilt eine etwa zwei Meter lange herbstblattbraune Schlange in zwei Hälften. Ein weiterer Hieb und der Taipan hat keinen Kopf mehr. Beinahe wäre ich draufgelatscht. Im Handumdrehen verschnürt der Baudi die beiden sich noch immer windenden Teile in einem Blätterpaket und stopft es in sein Rückentragenetz, als ob es sich um die normalste Sache der Welt handelte. Der Taipan ist eine der giftigsten Schlangen der Welt. Das Gift einer einzigen Schlange reicht aus, um über hundert Menschen zu töten. Wir marschieren weiter. Das Fleisch wird abends im Erdofen gegart und von den Männern aufgegessen.«

(Aus dem Tagebuch R. Garves, März 2007)

Sowohl die Umgebung der Mündung und der Zuflüsse des Mamberamo galten aus ethnographischer Sicht noch bis in die achtziger Jahre des 20. Jahrhunderts wegen ihrer Unzugänglichkeit streckenweise als Terra incognita. Erstmalig konnte während eines Hochwassers ein Teil des Mamberamo im Jahre 1884 per Schiff befahren werden. 1910 war es bereits einer holländischen Militärexpedition unter Leitung des Kapitäns Franssen Herderschee gelungen, die für unpassierbar gehaltenen Stromschnellen zu überwinden und hinter dem Van-Rees-Gebirge eine riesige Ebene, die sich bis zum Zentralgebirge erstreckte, zu erreichen. Obwohl die Truppe noch etwa 110 Kilometer Luftlinie weiterkam und sogar die ersten Gebirgsausläufer erreichte, scheiterte die Expedition durch den Ausbruch einer Beri-Beri-Epidemie. Erste verlässliche Informationen über einige dort siedelnde indigene Gruppen konnte der deutsche Forscher Max Moszkowski während seiner Erkundungsexpedition im Jahre 1910 sammeln. Seinem Expeditionsteam war es nach Wochen anstrengenden Überwindens der Stromschnellen und Wasserfallstufen unter teils lebensgefährlichen Bedingungen gelungen, ins Landesinnere vorzustoßen. Dabei erlitt er sogar Schiffbruch und verlor einen Großteil seiner Ausrüstung und Sammlungen. Bei den am Unterlauf angetroffenen Stämmen stellte Moszkowski fest, dass diese, den Gezeiten angepasst, eine halbnomadische Lebensweise führten. In den Perioden, wenn durch den rauen Seewind vom Nordmonsum das Salzwasser in das Flusssystem gepumpt wurde, zogen sich die Süßwasserfische – zumeist Welse – aus den Mündungen zurück. In dieser Zeit wanderten die Eingeborenen in die Wälder des Van-Rees-Gebirges.

Den Jahres- und Erntezeiten angepasst, unterhielten die Eingeborenen auf den Wanderrouten ihre unterschiedlichen Niederlassungen. Interessanterweise pflegten die zumeist verfeindeten Stämme auch während der Kriegszeiten Handelsbeziehungen untereinander. Bei diesem Geisterhandel wurden ähnlich wie bei einigen Indianerstämmen am Amazonas Tauschwaren an festen Stellen im Urwald deponiert. Mit bestimmten lauten Schreien wurde die Gegenseite über die Handelsabsicht informiert. Diese wiederum hinterlegte ihre Gegenstände genau am selben Ort und nahm die dem Wert entsprechenden Tauschwaren mit. Niemals wurde dabei jemand überfallen oder gar getötet.

Begegnung bei Biri

Kasuarfedern als Kopfschmuck

Sikaritai

Sikaritai aus Haja

Baude und Sikaritai mit helmartiger Kopfbedeckung »Teri«

Die Selbstbezeichnung der damals im Van-Rees-Gebirge lebenden Papuas gab Moszkowski (1911) mit Koassa Kamboi

Mamberano-Mann mit Kebertik-Ringgürteltracht

Ramboi an. In der Übersetzung soll es »Wir Menschen vom Mamberano« geheißen haben. Die Koassa waren sehr kräftige, gut genährte, im Vergleich zu den zierlichen Küsten- und Gebirgsvölkern hochwüchsige Papuas mit Pfeil und Bogen als Hauptjagdwaffe. Zum Schutz vor Pfeilen trugen die Männer ähnlich der Yali im Hochland um den Bauch ein Bündel aus Palmenrohrschnüren und auch um die Brust ein mit Samen verziertes Palmenrohrgeflecht. Um den Kopf zu schützen, wurden die Haare in eine spiralförmig um den Kopf gewickelte Rotangschnur fest eingeflochten. Diese helmartige Frisur war für Pfeilspitzen undurchdringlich.

Offenbar handelte es sich um ähnliche Rotanghelme, wie wir sie fast ein Jahrhundert später ganz in der Nähe noch bei den Einheimischen am Fuße des Rouffaer-Gebirges vorgefunden haben. Auch fiel mir eine Ähnlichkeit zu bestimmten

Rückenschurz aus Pandanusblättern

zipfelmützentragenden Strichmännchen auf den prähistorischen Höhlenmalereien unweit der Fak-Fak-Halbinsel auf. Vielleicht stammte dieses Kulturelement bereits von Einwanderern einer frühen Zeitepoche.

Dieser Kopfschutz hatte allerdings im Laufe der Zeit eine Wandlung durchgemacht und war nun wie eine Perücke abnehmbar. Die Helmfrisur wurde im Abstand von drei bis vier Monaten erneuert. Zur Verzierung dienten am Rand Kasuarfedern und Kaurischnecken-

Toru auf Kasuarjagd im Sumpfgebiet

bänder. Die Männer trugen Stirnbänder mit halbierten, halbrunden Schweineeckzähnen und in den Nasenflügeln spitze Gabeln aus Kasuarknochen. Als Penisschutz diente ein kleiner Schamschurz, der Penis selbst wurde an einer Schnur hochgebunden. Moszkowski (1911) beschreibt, dass die Männer eine Art Schwanz aus Sagoblättern oder Kasuarfedern über dem Hintern trugen, wahrscheinlich um einem Kasuar zu ähneln. Auch dieses Element der Kleidung konnte ich im Jahr 2007 bei einigen älteren Stammesangehörigen der Bausi und Baude noch vereinzelt beobachten.

Karitai-Frau auf dem Dorfplatz

Jäger aus der Nähe von Dabra

Rückentasche getragen. In der Tiefebene, nach Überwinden der Stromschnellen, nahm Moszkowski erstmalig Kontakt zu den von ihm benannten Sidjuais, die ihm anfangs sehr scheu begegneten, auf. Die Männer bemalten ihr Gesicht und ihre Brust mit schwarzer Farbe, trugen Bärte und ähnliche Haarfilzhüte, Haarperückenteile und Nasengabeln wie die Koassa, Borumessu und weiter südlich lebenden Aju Toris. Ein kultureller Unterschied zu den Koassa bestand darin, dass die Männer der Borumessu und Aju Toris mit in den Familienhütten, allerdings eine Etage über dem Frauennachtlager, schliefen. Bei den Sidjuais nächtigten Frauen und Männer sogar nebeneinander.

Bei denen am südlichen Zufluss angetroffenen Einheimischen konnte Moszkowski noch keinerlei Zivilisationsgegenstände, die beispielsweise durch Tauschhandel hierher gekommen sein konnten, feststellen. Auch sie galten als gefürchtete Kannibalen: »Überreste von Menschenmahlzeiten habe ich namentlich später im Innern oft genug gefunden. Im übrigen machten meine Gastfreunde auch gar keine Hehl daraus , daß Menschenfleisch doch weit besser schmecke als Schwein und Kasuar. Sie beruhigten mich aber immer, daß ich nichts zu be-

Mit Ausnahme von Witwen, die sich Baststreifen als Zeichen ihrer Trauer in ihr Stirnhaar hineinflochten, trugen die Frauen kaum Schmuck. Starb jemand, verließ daraufhin die gesamte Gemeinde das Dorf. Die Koassa lebten traditionell auf Pfahlbauten. Während die Frauen und Kinder in kleineren Hütten mit geschlossenen Wänden wohnten, verbrachten die Männer ihre Zeit in ihren etwa zwanzig Meter langen, zehn Meter breiten Männerhäusern, deren Betreten für Frauen verboten war. Hier wurden die heiligen Bambusflöten des Männerhausgeheimbundes aufbewahrt. Geschlechtliche Beziehungen in einem Haus waren streng tabu. Dafür gab es entsprechende Liebeshütten im Urwald. Die Koassa lebten in der Hauptsache vom Anbau von Yams, Bananen, Kürbis, Sago und Kokosnüssen und benutzen schon vor hundert Jahren keine Steinwerkzeuge mehr. Sie dienten bereits zu dieser Zeit schon als Zwischenhändler der von der Küste eingehandelten Metallwerkzeuge und versorgten auch die Borumessu, einen Nachbarstamm, im Tauschhandel damit. Ihre Hauptrauschmittel waren wilde Betelnüsse, die sie gemeinsam mit Sirih-Pfefferstengeln kauten. Das Kalkfläschen dazu bestand aus einem beschnitzten Kürbisbehälter und wurde von den Männern in einer kleinen

Toru aus Tayai am mittleren Tariku

Heimkehr der Toru-Jäger

Ritueller Kasuartanz

sich die Männer auch sehr hilfsbereit und führten uns einige Tage durch den Urwald. Allerdings wurde in der Wegbeschreibung der Abstand zu diesem Dorf mit jeden Tag um weitere Tagesmärsche größer, so dass wir uns schließlich zur Umkehr entschlossen und dabei aber leider feststellen mußten, dass wir fast im Kreis gelaufen waren. Also hatte man uns, aus welchem Grund auch immer, an der Nase herumgeführt.

Im Gegensatz zu den südlichen Regenwaldgebieten West-Papuas handelt es sich hier hauptsächlich um reinen Primärwald mit einer für Neuguinea außerordentlich reichen und anscheinend noch unberührten Artenvielfalt besonders an Insekten, Vögeln und Reptilien. Das war uns eine willkommene Entschädigung für die entgangene Begegnung mit der alten Legende. Unterwegs wäre ich allerdings fast auf eine Giftschlange getreten. Seit einer ähnlichen unliebsamen Begegnung dieser Art vor ein paar Jahren am Amazonas muss ich gestehen, dass ich inzwischen einen großen Respekt vor Schlangen habe.

fürchten brauche, einen Weißen dürften sie nicht essen, weil dessen Seele dann einen zu großen Zauber machen und sich fürchterlich rächen würde...« (Aus Max Moszkowski, »Ins unerforschte Neuguinea«, 1928, S. 56).

Fleisch galt bei den Inlandstämmen als ausgesprochene Jäger- und Männernahrung. Sagobrei war dagegen bei den Männern verpönt. Die Papuas trugen als Bekleidung lediglich eine dünne Hüftschnur und schmückten sich mit spitzen Nasengabeln aus Kasuarknochen in den Nasenflügeln. Offenbar sind die heutzutage in diesem Gebiet lebenden Fayu-Gruppen (S. Kuegler 2005) ihre direkten Nachfahren. Sie benutzten allerdings noch keine Paddel sondern nur Staken zum Bewegen ihrer Kanus. Möglicherweise kannten einige dieser am sogenannten Südfluss (Rouffaer) angetroffenen Inlandstämme vor hundert Jahren auch noch keinen Tabak.

Moszkowski gelangte bis 40 Kilometer nördlich nahe an Neuguineas höchsten Berg, die Carstensz-Spitze, heran und hatte insgesamt eine Strecke von 550 Kilometer Luftlinie von der Küste bis ins Landesinnere zurückgelegt.

Lustigerweise existierte auch schon zu Zeiten von Moszkowski die Legende von einem geheimnisvollen Frauenstamm am Mamberano, bei dem es angeblich keine männlichen Kinder gab. Und auch Männer, die sich dorthin verirrten und die über Nacht blieben, würden von den Frauen hinterrücks getötet.

Bei unserem Besuch ein Jahrhundert später hieß es sogar, dass ihr Dorf ganz in der Nähe sei und von riesigen bissigen Hunden bewacht werden würde. Ein Mann wollte mir gar weismachen, dass einige dieser Frauen einen Schwanz wie ein Känguru hätten. Natürlich waren wir neugierig und wollten uns von den Baudi dort hinführen lassen. Zunächst zeigten

Bewohner von Dabra

Marind-Anim – die Kopfjäger in den Sümpfen von Süd-Neuguinea

»Wohl bei keinem anderen Volke der Südsee hat eine solche Phantasie und eine solche Liebe zu prunkvollen Darstellungen zum Gedeihen der Geheimbünde beigetragen wie bei den Marind-Anim, aber auch kein anderes Volk benimmt sich dabei so viehisch und schamlos wie sie. Die Marind-Anim haben allen Grund gehabt, ihre Kulte in der Verborgenheit auszuüben, und die niederländische Regierung hat ebenfalls allen Grund gehabt, die Geheimbünde dieses Volkes rücksichtslos auszurotten...«

(Aus Hans Nevermann, »Masken und Geheimbünde in Melanesien«, Berlin 1933, S.73)

Das wohl kulturell bedeutendste Volk im Süden West-Papuas waren einst die Marind-Anim. Ihr Siedlungsgebiet umfasste im Osten die südwestliche Grenzregion von Papua-Neuguinea bis hin zum Unterlauf des Digul in West-Papua. Ursprünglich waren sie an der Mündung des Fly Rivers in Britisch-Neuguinea beheimatet und vermutlich erst Mitte des 19.Jahrhunderts in den südöstlichen Teil des holländischen Kolonialgebietes gewandert. Kleine benachbarte Völker, wie z.B. die Tali-Anim, die Kanum-Anim oder die Yei-Anim waren nicht nur sprachverwandt, sondern wurden im vorletzten Jahrhundert weitgehend von den Marind-Anim kulturell assimiliert. So bildeten sie mit den Marind-Anim sowohl eine eigene künst-lerische beziehungsweise kulturelle Stilrichtung als auch eine gemeinsame Religion, die vom Glauben an alles bestimmende urzeitliche Wesen, den sogenannten Dema geprägt war. Als ich selbst Ende der achtziger Jahre einmal zufällig im Distrikt Merauke weilte, war von der Kultur und Dema-Religion der Marind-Anim so gut wie nichts mehr vorhanden.

Der holländische Anthropologe Jan van Baal (1966) analysierte die Dema-Religion, ihre Mythen und traditionellen Hintergründe bei den Marind-Anim. Um die von Generation zu Generation mündlich überlieferten Mythen zu vergegenwärtigen und anschaulich zu machen, waren alljährlich periodisch wiederkehrende große Stammesfeste, die symbolisch die stammeseigene Schöpfungsgeschichte und ihre besonderen Riten zum Inhalt hatten, notwendig. Es ging darum, den Fortbestand des Stammes zu sichern und quasi die neugeschaffene Welt zu erhalten. Die wohl interessantesten Überlieferungen über den noch ursprünglichen Mythenzyklus stammen von dem Schweizer Völkerkundler Paul Wirz, der im Jahre 1922 längere Zeit bei den Marind-Anim lebte. Den Dema, die bereits in der Vorzeit das Land und die Wälder bevölkerten und als tier- oder menschenähnliches Wesen auftraten, ist das gesamte diesseitige Leben, die Natur mit allen Pflanzen, Tieren und irdischen

Zeremonie der Dema-Religion mit geschnitzten Fischen und Trommeln

Normen zu verdanken. Die Dema hatten zweckgebundene Namen. So nannte man einen hässlichen Dema, der Seepocken auf dem Rücken hatte und sich aus Scham vor den Menschen in einem Termitenhügel versteckte, Geb. Eines Tages fand ihn eine Gruppe von Männern, die ihn in ihr Dorf trug, ihm dort die Seepocken abschrubbte, schließlich sexuell missbrauchte und die schmerzhaften Wunden auf seiner Haut mit ihren Spermien einrieb. Das sollte die Schmerzen lindern und die Wundheilung beschleunigen. In der darauf folgenden Nacht wuchs aus Gebs Nacken eine Bananenstaude mit reifen Früchten. Diese Staude wurde eingepflanzt. Sie gilt als die Urmutter aller Bananenarten. Während des anschließenden Festes wuchs aus einem anderen Dema die Betel- beziehungsweise Arecapalme. Geb nutzte die Nacht zur Flucht und kletterte über eine Yamspflanze hinauf in den Himmel. Dort entstand aus Geb der Mond. Die Mondflecke sind die Wunden der abgeriebenen Seepocken. Ein anderer wichtiger Dema namens Jawi soll die Ehefrau seines Pflegevaters verführt haben und daraufhin von

Marind-Anim-Männer beim Zöpfeflechten

diesem durch Todeszauber ums Leben gekommen sein. So entstand der Tod. Menschen, Tiere und Pflanzen wurden ab nun sterblich. Aus Jawi entstand die Kokospalme. Er gilt als der Kokos-Dema.

Auch Feuer, Feuerreiben und Rauch sind im Glauben der Marind-Amin auf bestimmte Dema zurückzuführen. Ein Liebespaar, dass sich nach dem Geschlechtakt nicht mehr trennen konnte, wurde von anderen Dema so heftig hin und hergeschüttelt, dass dabei Rauch und Feuer entstand.

H. Nevermann (1933) erkannte, dass jede der totemistischen Verwandtschaftsklassen bestimmte Mythen von ihren eigenen Dema hatte. Ein Totemverband namens »Geb-zé« berichtete von Dema, die die ersten sogenannten Majo-Feiern zelebrierten, ein anderer namens »Kei-zé« hielt die ersten Feuerbohr-Feste ab. Zunahme und Verbreitung dieser Majo-Kulte waren schließlich die Ursache für die Entstehung von bestimmten Geheimbünden bei den Marind-Anim. Im Gegensatz zu anderen melanesischen Geheimbünden durften auch Frauen Mitglied werden. Es wurde vermutet, dass sie zu sexuellen Orgien gebraucht wurden. (H. Nevermann 1933)

Bei diesen festlichen Anlässen huldigten die Marind-Anim-Tänzer ihren Urzeit-Dämonen, indem sie sie selbst durch phantastischen Feder- und Körperschmuck darstellten. Gleichzeitig wurde das Wirken der Dema in einer Art Kultdrama aufgeführt. Dabei trugen die Tänzer große geschnitzte oder geflochtene Vögel als Zeichen der Flugfähigkeit der Dema in den Händen.

Die Dema darstellenden Tänzer waren jeweils Clanmitglieder eines Dorfes, dessen Urahn der bestimmte Dema war. Dann war diesem Clan alles heilig, was in Zusammenhang mit ihrem jeweiligen Dema stand. Beispielsweise fühlte man sich genauso mit der Bananenstaude von Geb verbunden wie mit Seepocken oder dem Mond. Andere Clans verehrten Jawi und damit gleichzeitig alles was mit Kokospalmen und dem Tod zu tun hatte.

Besonders beeindruckend während der Feste war der Gebrauch von über zwei Meter großen reich verzierten Sanduhr-Trommeln der Marind-Anim.

Oft war der Anlass auch die Initiationszeremonie für den männlichen Nachwuchs. Nach mehrwöchiger Trennung von ihren Familien und der Dorfgemeinschaft, verbunden mit Hunger, strengem Einhalten von Nahrungstabus, körperlichen Züchtigungen bis hin zu päderastischen Handlungen wurden die halbwüchsigen Jungen in

Stolze Tugeri mit prächtigem Körperschmuck

Kopfjagdtrophäe mit Haaren und Gesichtshaut des Opfers

den sie von Männern, die sich als Frauen verkleidet hatten, empfangen und von diesen »Urmüttern« zum Geheimplatz geschleppt. Nach etlichen wochenlangen Nahrungstabus und anderen Dema-Schauspielen traten schließlich die sogenannten Gari-Träger auf. Es handelte sich um Männer, die auf ihren Schultern riesige halbkreisförmige, bunte Palmblattgestelle trugen. Die Anzahl der auftretenden Gari-Träger legte die Zahl der noch zu opfernden Frauen oder Mädchen fest.

Die nunmehr in den Geheimbund aufgenommenen Majo-Anim schmückten sich nun mit Paradiesvogelfedern und gingen in ihr Dorf zurück. Dort durften sie sich auf keinen Fall über das Wiedersehen mit den Verwandten freuen, sondern so tun, als ob sie sich an nichts mehr erinnerten. Während die Neu-Initiierten bis zum nächsten Morgen tanzten, vergingen sich die alten Geheimbundmänner auf dem Geheimplatz an zurückgehaltenen Frauen und Mädchen. Schließlich töteten sie diese und verspeisten die Leichen. (H. Nevermann 1933). Am Morgen darauf brachte einer der Gari-Träger Glut vom nächtlichen Kannibalenfeuer zu den neu aufgenommenen Mitgliedern ins Dorf. Wichtig für einen Wachstumszauber war es jetzt, das Blut der Opfer auf die Stämme von Palmen zu streichen und die Knochen neben frisch keimenden Kokosnüssen einzugraben, um, wie gesagt, damit das Wachstum zu fördern. Niemand durfte außerhalb des Geheimbundes über diese Praktiken sprechen. Einem Verräter drohte die Todesstrafe. Neben der Majo-Kultvereinigung existierten bei den Marind-Anim noch vier weitere Geheimbünde, deren Praktiken nicht minder grausam waren, bei denen allerdings weder Frauen noch Kinder Zutritt hatten. Es handelte sich um die Sosom, Rapa, Imo und Ezam.

Ähnlich wie bei den benachbarten Asmat spielte auch bei den Marind-Anim die Kopfjagd eine wichtige Rolle in ihrem von den Dema geprägten Wiedergeburtsverständnis. Regelmäßig nach Abschluss der Majo-Feiern unternahmen alle wehrfähigen Männer regelrechte Kopfjagdexpeditionen bis weit in das englische Kolonialgebiet, die Frederik-Hendrik-Insel hinein, oder hinauf bis zum Oberlauf des Digul. Überall verursachte der Name Tugeri, wie sie in Britisch-Neuguinea wegen ihrer um den Hals getragenen Bambusmesser (J.D.E. Schmeltz 1905) genannt wurden, große Schrecken. Sie waren zeitweise mit nahezu allen Nachbarstämmen verfeindet. Im festen Glauben, dass ihre Neugeborenen ohne den erbeuteten Schädel und die getötete Seele eines anderen Menschen nicht wachsen könnten, töteten sie bis zur Missionierung erbarmungslos weiter. Um den Kriegszügen der Marind-Anim Einhalt zu gebieten und sie zu »befrieden«, errichteten sowohl die holländische als auch die englische Kolonialverwaltung zu Beginn des 20. Jahrhunderts zusätzliche Verwaltungsposten im Grenzgebiet.

die durch Demas bestimmte Schöpfungsgeschichte des Stammes eingeweiht. Mit dieser Demütigung wollten die Marind-Anim ihren Initianden zeigen, dass sie zuvor nicht mehr als den Status einer Frau einnahmen. Dem Kölner Ethnologen Waldemar Stöhr (1971) zufolge wollten die Marind-Anim damit Entwicklung und Wachstum der eingesperrten Initianden fördern.

Während dieser Zeit durfte niemand, der nicht zum unmittelbaren Bund dazugehörte, den Geheimplatz der Novizen betreten. Zur Kennzeichnung des Gebietes dienten buntbemalte Holzstöcke mit Grasbüscheln am Wegesrand als Warnzeichen. Für den Fall, dass ein Novize, ein sogenannter Majo-Anim, zufällig doch einen Nichteingeweihten traf, hatte er immer einen solchen Stock bei sich, den er dann zum Schutz in den Boden rammte um anschließend in den Wald zu flüchten.

Die Majo-Anim mussten sich dem Zeremonialplatz immer in einer ihrer Zugehörigkeit zu ihrem Totemverband entsprechenden Reihenfolge nähern und so Platz nehmen. Dort wur-

Schon in den dreißiger Jahren war die Macht der Geheimbünde durch holländische Missionare und Einsatz von Militär gebrochen. (H. Nevermann 1933). Die Marind-Anim bewahrten die Schädel der getöteten Feinde nicht nur auf, sondern zogen mit einer speziellen Methode die abgezogene Kopfhaut erneut über den zuvor gereinigten Schädel. Anschließend hängten sie diese Schädeltrophäen gemeinsam mit getrockneten Arm- oder Beinknochen mit Rotang-Schnüren an Hüttenwänden auf.

Während sich die Asmat meist mit der Jagd nach Menschenköpfen zufrieden gaben, galten die Marind-Anim auch als gefürchtete Exokannibalen. Menschenopfer während großer Kultzeremonien, wie oben beschrieben, oder bei denen die symbolische Tötung eines bestimmten Demas durch die Tänzer nachgespielt wurde und der Leichnam schließlich sogar von allen Dorfangehörigen fast vollständig verspeist wurde, waren häufig und galten bei den Marind-Anim als tief religiöse Handlung.

Der für das Völkerkundemuseum in Leiden tätige Ethnologe E. Schmeltz beschrieb 1905 nach einem Bericht eines gewissen Kapitäns zur See Bik die angetroffenen Marind-Anim beziehungsweise Tugeri folgendermaßen: »Die Tugeri sind von großer Gestalt, wohlgebaut und muskulös, geschmeidig und gewandt, und zeigen ein hohes Mass der Körperkraft. [...]

Die Hautfarbe ist braun, doch nur unter den Arm- und Beinringen erkennbar. Der übrige Teil des Körpers findet sich oft mit weisser, gelber, roter oder schwarzer Farbe eingeschmiert. Eine schmale, aber hohe Stirn und ein gewisser Zug um den Mund, wodurch manche von ihnen an Semiten erinnern, haben einen schlauen Gesichtsausdruck zur Folge.«

Während die Strandbevölkerung mehr oder weniger feste Wohnsitze in größeren Gemeinschaften mit Kokospalmpflanzungen und Gemüsegärten bevorzugte, lebten einige Marind-Anim-Gruppen an den Oberläufen der Flüsse, gezwungen durch wiederholte Überschwemmungen, eher halbnomadisch. Zu ihnen zählten vermutlich auch die damals am Toro-Fluss lebenden Ureinwohner. In jeder Dorfgemeinschaft gab es häuptlingsähnliche Personen mit Führungseigenschaften, die »Sombé oniemké« (»großer Mann«) genannt wurden. Frauen genossen bei den Marind-Anim nur den Status einer Sklavin.

Für die Herrichtung ihrer stammestypischen langmähnigen Frisur brauchten die Männer bis zu einer Stunde. Dabei drehten sie ihr Haar zu schmalen, langen Zöpfen zusammen, in die sie kunstvoll zusätzlich noch hellgelbe Pflanzenfasern, Nipapalmblätter oder Federn hineinflochten. Somit hing der bunte Kopfschmuck wie ein Fächer halbzirkelförmig über die Schultern. Als zusätzlichen Kopfputz trugen angesehene Männer noch eine Paradiesvogel-Federkrone.

Den Innenrand der Backenbärte und die Stirnmitte bemalten die Marind-Anim-Männer weiß. Die Wangen unter den Jochbögen rot.

Die perforierten Ohrläppchen waren überdimensional gedehnt, mit Kasuarfederkielen oder auch mit Knochenteilen von Feinden geschmückt. Die Nasenflügel zierten Krokodil- oder Wildschweinzähne, aber auch Beuteltierknochen.

Während die Frauen sich mit einer über den Rücken getra-

Tugeri mit Beuteltierknochen als Nasenschmuck

genen Bastmatte kleideten, trugen die Männer außer kreuzförmigen Brustbändern, Muskelabschnürungen und einem Unterarmfeilschutz nur eine Muschel oder Schnecke über ihrem Penis. Dabei war das durchbohrte Präputium mit einer Schnur um den Bauch befestigt, die am Gesäß mit Paradiesvogelfedern verziert war. Als Schambedeckung der Frauen dienten lediglich ein Blatt oder Fransenschnüre.

Beide Geschlechter schmückten ihren Rumpf ausgiebig mit tiefen Ziernarben, die in der Regel rautenförmig zusammentraten.

Wegen der stets sumpfigen Umgebung und zum Schutz vor Schweinen wurden die kleinen Gemüsegärten der Marind-Anim stets mit Bambuszäunen gesichert und mit Abzugsgräben versehen. Wie bei den benachbarten Asmat waren Sago, Kochbananen und Kokosfleisch die pflanzlichen Hauptnahrungsmittel. Als Jagdwild dienten neben Wildschweinen vor allen Dingen Warane, Baumkänguruhs und Krokodile.

Diese wurden mit buntverzierten Pfeilen und Steinkeulen meist an den Flussufern erlegt und mit Kanus abtransportiert.

Die Mek – die vermutlich kleinsten Menschen der Welt

»Dave startete am Hang seine Pilatus Porter durch, grüßte zum Abschied noch einmal und verschwand augenblicklich in einer tiefhängenden Regenwolke zwischen den steilen Berggipfeln. Im Nu wurden wir von einer neugierigen Menschentraube umringt. Ich schaute mich nach bekannten Gesichtern um. Obwohl sechzehn Jahre vergangen waren, erkannte mich Sebiat sofort wieder und umarmte herzlich meinen Bauch. Er schien in den Jahren kaum gealtert zu sein. Bei seinem Bruder mußte ich mich zum Umarmen noch etwas mehr bücken. Igiat war mit seinen 1,36 Meter nicht gerade der Größte des Dorfes...«

(Aus den Aufzeichnungen R. Garves Sept. 2004)

Größenunterschiede

Bis Anfang der siebziger Jahre galt ein schwer zugänglicher Bereich im zentralen Bergland von Neuguinea ethnologisch noch als Terra incognita. Es handelt sich um ein Gebiet, das zwischen dem Siedlungsraum der Yali im Nordwesten, den Ok im Osten und den in der Übergangsregion zum südlichen Flachland hin lebenden Nomaden des nördlichen Asmatgebietes liegt. Die hier ansässige Bevölkerung, auch Eipo, Bime oder Lauenang genannt, gehört der Sprachfamilie der Mek an. Eine andere, heute gebräuchliche Bezeichnung, die mittlerweile ihrer Selbstbenennung entspricht, ist das Wort Kimyal. Morphologisch unterscheiden sich die Mek von den anderen Bergpapuastämmen, beispielsweise den Dani, durch ihre Körpergröße und Physiognomie. Die Männer sind selten größer als 1,45 Meter, das gleiche gilt für die Frauen, die eine durchschnittliche Körpergröße von höchstens 1,30 Meter bis 1,40 Meter erreichen. Wir selbst hatten bereits Ende der achtziger Jahre bei einer Nord-Süd-Durchquerung einen engen Kontakt zu einigen Kimyal, denn sie begleiteten uns als ortskundige Führer und Träger durch den unwegsamen Gebirgsregenwald. Dabei entstand ein enges freundschaftliches Verhältnis zu den beiden Brüdern Sebiat und Igiat aus dem Korapuntal. Und später dann in den Jahren 2004 und 2006 anlässlich einer Filmdokumentation besuchten wir unsere alten Freunde wieder und nahmen auf Grund ihrer guten Kontakte die Gelegenheit wahr, weitere Dörfer der Kimyal oder Mek zu besuchen.

Blick auf den noch intakten Gebirgsregenwald

Begrüßungstanz der Kimyal

Männerhaus der Kimyal

Sebiat mit Maultrommel, 1988

Kinder von Korapun, 1988

Für mich als Mediziner war schon bei der ersten Begegnung auffällig, dass der Rumpf bei den Mek im Vergleich zu den Extremitäten relativ lang ist. Die Lippen-Kinn-Partie und die Stirn sind weniger eckig und vorstehend als bei den Dani. Die Haut ist heller. Das Haupthaar ist kurz und kraus. Früher war eine sogenannte Inselfrisur üblich. Bereits 1911 wurde von dem holländischen Militärarzt A. C. de Kock, der sich auf einer Expedition in einer benachbarten unerforschten Hochlandgegend befand, über dort lebende Pygmäen berichtet, die durchaus in der Beschreibung und im Bildmaterial den Mek ähneln. Er nannte sie »Goliathzwerge«, da er ihr Dorf am südlichen Abhang des Goliathberges entdeckt hatte.

Die Mek bewohnen kleine Dörfer mit etwa zehn bis dreißig Rundhütten, die in Tälern, auf großen Felsvorsprüngen oder Bergkuppen angeordnet sind. Ursprünglich gab es eine Unterteilung in Männerhäuser, Familien- und Frauenhütten. Diese kleinen Gruppensiedlungen beherbergen heute etwa vierzig bis hundertfünfzig Personen. Missionierungseinflüsse haben zur Veränderung der Dorfstruktur beigetragen. Die Männerhäuser dienen den täglichen informativen Treffs der Männer und initiierten Jünglinge und der Unterbringung von Gästen. Sie fungieren als Aufbewahrungsort von Kultobjekten, wie Knochen, Schädeln, Zähnen, Steinen und Federn. Für Frauen ist dieser Ort tabu. Das Männerhaus steht meist in der Mitte des Dorfes, ist mit ungefähr fünf Metern Breite größer als die anderen Hütten und hat einen Tanzplatz vor dem Eingang. Die Familienhütten stehen dicht nebeneinander. Es gibt zwei verschiedene Formen der Bauweise. Bei der ersten, einer Pfahlbauweise, ist ein Zwischenboden, bestehend aus einem starken, geflochtenen Netzwerk, in etwa einem halben Meter Höhe eingebaut, auf dem man bequem schlafen kann und vom Ungeziefer des Waldbodens verschont wird. In der Mitte befindet sich eine aus Lehm geformte Öffnung für die Feuerstelle. Die Asche kann somit unter den Boden fallen. Der Raum unter dem Schlafboden dient der Holzablage oder als Schweinestall. Die zweite Hüttenform, die auch von Sebiats Familie bewohnt wird, ist ebenerdig. Seine Familie teilt sich den Schlafplatz mit den Schweinen und Hunden. Um nachts nicht durch die frische Gebirgsluft zu unterkühlen, schwelt ein ständiges Feuer in der Raummitte. Außerdem nutzen Sebiat und seine Familienmitglieder die Schweine mitunter als Wärmespender, indem sie nachts dicht an sie heranrücken, wenn es draußen mal sehr kalt sein sollte und das Hüttenfeuer nicht ausreicht. Die Hüttenbreite beträgt etwa drei Meter. Übrigens liegen ganz in der Nähe von seiner Hütte die Reste eines schon vor einigen Jahren abgestürzten Missionsflugzeuges.

Korapun am Morgen

Frauen aus Kosarek beim Netzeknüpfen, Pandanusblätter als Lendenschurz und Regenhaube

Igiat imitierte uns gegenüber lautstark und mit abgespreizten Armen den Aufprall der Cessna, den er selbst miterlebt hatte.

Während ihrer Menstruation, bei Krankheit oder vor der Niederkunft halten sich die Frauen in den oft abseits gelegenen, von Gebüsch umgebenen Frauenhäusern auf. Wie bei vielen anderen Naturvölkern besteht auch bei den Mek der Glaube an die Unreinheit der Frau während dieser Zeit, und die Absonderung ist somit als eine rituelle Schutzhandlung zu verstehen. Die Geburt selbst findet in der freien Natur statt. Männer dürfen nur im Ausnahmefall diese Hütte betreten, beispielsweise, um Nahrung zu bringen.

Die Hütten haben im Allgemeinen nur eine winzige Eingangsöffnung, die etwa fünfzig bis achtzig Zentimeter hoch ist und nachts mit Brettern versperrt wird. Als Baumaterial werden junge Baumstämme, Pandanusblätter, Rotang und Baumrinde verwendet. Zum Bau einer einfachen Hütte benötigen die Mek ungefähr einen Tag. Satteldachformen sind im Vergleich zu Kegeldächern selten. Um sich vor Regen während der Arbeit zu schützen oder dem Liebesleben nachzugehen, haben die Mek in der Nähe ihrer Felder Gartenhäuschen errichtet. Obwohl die Mek als sesshaft gelten, können diese Gartenhäuschen Ausgangsbasen für das Entstehen neuer Dörfer sein. Ursachen dafür sind Besitzstreitigkeiten innerhalb des Stammdorfes, die meist zur Trennung der Dorfgemeinschaft führen, oder einfach der oft lange, beschwerliche Weg zu den Feldern.

Untereinander betreiben die einzelnen Dörfer einen regen Tauschhandel, selbst in kriegerischen Zeiten. Schmale, für Europäeraugen kaum erkennbare Urwaldpfade führen durch das undurchdringliche Dickicht des Bergurwaldes. Die Männer sind trotz ihrer Penisröhre, bei der man annehmen möchte, dass sie ständig im Unterholz hängen bleiben oder abbrechen müsste, wahre Meister der Fortbewegung und des Kletterns in diesem unwegsamen Gelände. Es fällt auf, dass sie selbst bei größten Lasten weder stöhnen noch schwitzen und immer wieder auf den Pfad zurückfinden. Das Gebiet ist durch einen ständigen Wechsel von Vegetation mit umgekippten, glitschigen Baumriesen und reißenden Gebirgsbächen gekennzeichnet. Durch Verknüpfen von Astbündeln mittels Rotang bauen die Bergpapuas waghalsige Brücken über Gebirgsbäche und Wasserfälle und laufen wie professionelle Seiltänzer über diese hinweg. Für uns hingegen war es ratsamer, auf allen vieren je nach Lage wie ein Krebs oder eine Schildkröte hinüberzukrabbeln.

Marschbegegnung im Urwald

Pause während der Nord-Süd-Expedition

Kennzeichnend für die Bevölkerungszusammensetzung im Mek-Gebiet ist ein deutliches Überwiegen des männlichen Anteils. Das hat logischerweise Folgen in den zwischenmenschlichen Beziehungen. Die Einehe herrscht vor. Frauen sind oft Anlass blutiger Auseinandersetzungen. Dadurch erhöht sich zwangsläufig die Todesrate der Männer im fortpflanzungsfähigen Alter. Den Männerüberschuss kann man außerdem durch die häufigen in diesem Gebiet (wie auch bei anderen Naturvölkern ausgeübte Nachwuchsbeschränkung) durchgeführten Kindestötungen (Infantiziden) an weiblichen Neugeborenen erklären. Schiefenhövels (1976) erfassten allein bei zwanzig Geburten im Zeitraum von August 1974 bis November 1975 neun Tötungen direkt nach der Geburt. Sieben betrafen Säuglinge weiblichen Geschlechts. Die todgeweihten Kinder

Vorbereitung des Erdofens

wurden in Blättern zu einem Paket verschnürt und wie Abfall weggeworfen. Die Ursache für diese bewusst gelenkte Stagnation des Bevölkerungswachstums ist wahrscheinlich die Angst vor einem zukünftigen Ernährungsproblem. Man war sich scheinbar der landwirtschaftlichen Nutzfähigkeit des eigenen Siedlungshorizontes und des nur begrenzt im Wald vorhandenen Proteinangebotes bewusst. Mehr lebende Frauen würden mehr Kinder bedeuten, die ernährt werden müssen, und das führt im Endeffekt unter diesen extremen Bedingungen des täglichen Überlebenskampfes zu Hunger, Krankheit und Elend. Die Zahl der Kinder pro Familie lag vor den Zeiten der Missionierungen meist bei zwei oder drei. Heute ist die Zahl der Kinder doppelt bis dreifach so hoch und es gibt immer häufiger Hungerperioden, wenn die Ernten schlecht ausfallen. Während der Stillzeit ist der sexuelle Kontakt zum Partner tabu.

Mädchen aus Korapun

In Höhenlagen über zweitausend Meter, selbst an sehr steilen Hängen, betreiben die Mek ihren Feld- beziehungsweise Hochbeetbau. Mehrmals begleiteten wir in Korapun unsere alten Freunde Sebiat und seinen Bruder Igiat auf dem Weg zu ihrem Gebirgsfeld. Dort legten sie Terrassen an, die sie mit Ästen und Flechtwerk stabilisierten. Die Mühe eines besonderen Schutzwalls wie bei den Dani machen sich die Mek nicht. Zur Markierung der meist im Familienbesitz befindlichen Parzellen werden rotblättrige Sträucher als Begrenzungszeichen gepflanzt. Die ersten Arbeitsgänge wie Brandrodung, Schaffung von Entwässerungskanälen und Terrassierung sind ausschließlich den Männern vorbehalten. Ehemalige Agrarflächen müssen erst einige Jahre brachliegen, bevor sie erneut genutzt werden können. Das Pflanzen, Unkrautjäten und Ernten ist mehr Sache der Frauen. Kinder werden schon früh in die Feldarbeit einbezogen.

Hauptsächlich werden verschiedene Sorten der Süßkartoffel angebaut. Sie zeichnet sich durch einen niedrigen Standortanspruch und ausreichenden Flächenertrag aus. Der Grabstock, gelegentlich noch die Steinaxt und heute auch schon vermehrt Metallhacken und Spaten sind die einzigen Hilfsmittel, um die Stecklinge einzubringen oder die Süßkartoffeln zu ernten. Geerntet wird immer nur für den täglichen Bedarf. Eine echte Vorratshaltung gibt es nicht. Das wechselhafte Klima würde ein schnelles Verderben begünstigen.

Erhitzen der Steine

Das zweite Hauptnahrungsmittel sind Taroknollen, mit deren Anbau sich in erster Linie die Männer beschäftigen. Man nimmt an, dass Taro, schon lange bevor die Süßkartoffel in Neuguinea Einzug hielt, von der Urbevölkerung genutzt wurde. Der Vorteil von Taro ist, dass der abgehackte Spross nach der Ernte wieder zur

Bei der Fischjagd mit Pfeil und Bogen

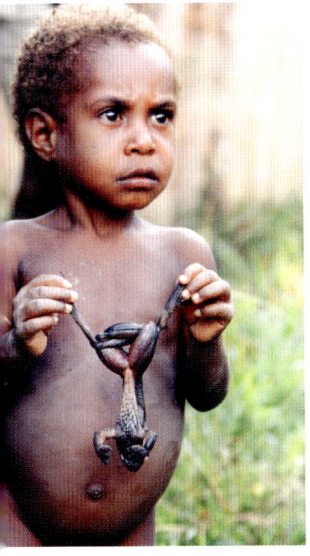

Frösche als Eiweißlieferant

Regeneration in die Erde gepflanzt werden kann. Ähnlich wie in anderen Berggegenden von Neuguinea werden manche Taropflanzen gehegt und gepflegt, bis riesige Knollen gewachsen sind, die man dann für festliche Anlässe braucht.

Das dicht angebaute Zuckerrohr wird von den Mek in ellenlange Stücke zerhackt oder über dem Kopf zerbrochen und oft während des gesamten Tages als zusätzlicher Flüssigkeits- und Kraftspender mit Wohlbehagen zerkaut. Die zerkauten Fasern übernehmen gleichzeitig die Funktion einer Zahnbürste. Trotz des hohen Zuckeranteils und ansonsten nicht vorhandener Mundhygiene leiden die Mek kaum an Karies. Auch Bananen werden trotz der Höhenlage angebaut. Um die Früchte zum Reifen zu bringen, werden sie einige Tage eingegraben, oder man gart sie leicht grün in der Asche. Der Geschmack dieser Bergbananen ist allerdings dem von Zuchtbananen nicht vergleichbar. Andere Nutzpflanzen sind zum Beispiel verschiedene mit dem Zuckerrohr verwandte Gräser, eingeführte Kürbisgurkengewächse, Bohnen, verschiedene Blattgemüsesorten, Maniok, Ingwer, Pfeffer und Erd-

Holzhacken mit dem Steinbeil

nüsse, auch Tabak wird angebaut. Die Mek in der Nähe der Missionsstation Korapun verwenden zum Rauchen Tabakspfeifen, die aus der Fruchthülle einer Eichel und einem dünnen, hohlen Zweig bestehen, somit sehr der uns klassisch bekannten Form ähneln. Seltsamerweise war das Rauchen unter den jüngeren Männern im genannten Missionsbereich kaum verbreitet. Als Kleidungspflanzen dienen die Sumpfbinsen zum Knüpfen von Frauenschurzen und eine Kürbispflanze für die Herstellung von Penisröhren.

Die tägliche Arbeitszeit auf den Feldern liegt bei vier bis fünf Stunden. Oft nimmt der weite Weg zum Feld viel Zeit in Anspruch. Eine wichtige Nebenbeschäftigung der Frauen und Mädchen während der Arbeit ist das Sammeln und Fangen von Kleintieren, wie Käfern, Heuschrecken, Wanzen, Würmern, Larven und Spinnen. Die Beine der Insekten werden ausgerissen, damit sie nicht weglaufen, dann wird die gesamte Beute in ein Blatt gewickelt und im Tragenetz verstaut. Andere Kleintiere, die häufig im Brachland oder auf den Feldern von den Frauen gefangen und gegessen werden, sind Eidechsen, Skinke, Schlangen, Mäuse, Frösche, Kaulquappen. Während bestimmte Larven und Heuschrecken gleich an Ort und Stelle roh verzehrt werden, gart man alle anderen Kleintiere, eingewickelt in Blätter, im Feuer. Um möglichst viele Frösche fangen

Mek-Frau bei der Feldarbeit

zu können, veranstalten die Frauen während der Dunkelheit, mit Fackeln ausgestattet, regelrechte Fangzüge an den Sümpfen und Bächen.

Bei Kleintieren wird grundsätzlich zwischen Männer- und Frauenessen unterschieden. Die Männer decken ihren Bedarf an tierischen Proteinen und Fetten durch die Jagd auf Vögel, Beutler, Fledermäuse, Ratten und Schlangen. Eine Methode ist die Jagd mit Pfeil und Bogen. Die Pfeilspitzen sind je nach Art des zu jagenden Tieres entweder aus breitschäftigem Bambus oder mehrzackigem, mit Widerhaken versehenem Holz gefertigt. Es gibt auch völlig stumpfe Pfeile für die Jagd auf Vögel, wenn man das Federkleid nicht verletzen möchte. Federn als ballistisches Moment für die Pfeile sind nicht bekannt. Die zweite Methode ist die Benutzung von Strangulationsfallen. Bei diesen Konstruktionen löst das Tier durch einen Köder einen gespannten Ast aus, der zurückschnellt und die Schlinge zusammenzieht. Im Allgemeinen jedoch spielt die Jagd für die Ernährung eher eine ergänzende Rolle. Um beispielsweise das

Kimyal bei der Jagd

Fleisch des Kuskus, eines Kletterbeutlers, länger haltbar zu machen, wird es geräuchert. Fischfang wird trotz des vorhandenen Angebots in den Gebirgsflüssen sehr selten betrieben. Einmal sah ich einen großen schwarzgeräucherten Wels, den ein Mek stolz in der Hand hielt. Dieser konnte allerdings nur durch Tauschhandel aus dem nördlichen Asmat hierher gelangt sein, denn in der Strömung der klaren Gebirgsflüsse hätte er keine Lebensgrundlage.

Räucherwels und Beutelratte

Ein anderer, aber seltener Fleischlieferant für die Bergpapuas und zugleich ihr größter Reichtum sind die Schweine. Nebenbei werden auch Kasuare und seit kurzem viele Hühner gehalten. Obwohl die Männer die Eigentümer der Schweine sind, geht die Haltung zu Lasten der Frauen. Ferkel werden wie kleine Hunde liebkost und im Tragnetz zur täglichen Arbeit mitgeschleppt. Bei besonderen Anlässen wie Hochzeit, Geburt, Tod findet ein Schweinefest statt, das sehr dem der Dani ähnelt. Allerdings wird das Schwein meist angepflockt, bevor es durch einen Pfeilschuss getötet wird. Dabei fiel mir eine Besonderheit auf: Die Därme werden mit Hilfe von Zweigen mit Fleisch- und

Sebiat zerlegt ein Huhn, 2006

Rituelles Töten eines Schweines

Zerlegen eines Wildschweines

Stopfen einer Urwurst

...giat beim Freudentanz

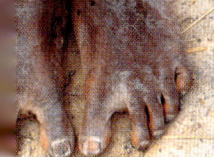
...ffähigkeit der großen Zehen

auf einem brettharten, trockenen Baumpilz, der als Auffangschüssel dient, verbrannt. Die so gewonnene schwarze oder weiße Asche wird zwischen die gegarte Nahrung gestreut oder, mit Speichel vermengt, hineingespuckt. Flüssigkeit nehmen die Mek selten zu sich. Das Wasser wird in Kalebassen oder Bambusrohren transportiert und stets ungekocht getrunken. Pro Tag gibt es zwei Hauptmahlzeiten. Eine besondere Delikatesse ist das stark fetthaltige Fleisch der roten Pandanusfrüchte. Allerdings werden Tagesmärsche benötigt, um sie aus entfernteren Gegenden zu holen. Der ausgequetschte fette Saft hat einen für mein Empfinden widerlichen Geschmack, aber den Mek bereitet er höchsten Gaumengenuss. Im Urwald sieht man häufig Himbeerbüsche, deren Früchte jedoch nicht gegessen werden. Dagegen leuchten die Augen, wenn auf einem morschen Baumstamm Unmengen von essbaren Pilzen wachsen, die sie sogleich einsammeln und in Blätter wickeln.

Innerhalb einer Dorfgemeinschaft gibt es meist einen Mann, der auf Grund besonderer Eigenschaften und Lebenserfahrung, wie zum Beispiel Klugheit, Beherrschen anderer Sprachen oder Dialekte, Bescheidenheit und so weiter eine richtungsweisende, aber begrenzte Führungsposition innehält. Er muss bei den relativ häufigen Streitigkeiten schlichten oder bei Kriegszügen anführen können, eine echte und stets bestimmende Häuptlingsrolle kommt ihm aber nicht zu. Insofern genießt er im Männerhaus auch kein Privileg bei der Verteilung von Speisen oder Geschenken.

Heutzutage ist die Missionierung bei den Mek soweit vorangeschritten, dass neben den wöchentlichen Gottesdiensten, die

Fettteilen vollgestopft. Eine Art Urwurst, die im Erdofen gegart oder über dem Hüttenfeuer geräuchert wird, entsteht. Das habe ich später nie wieder bei anderen melanesischen Völkern gesehen. Der Genuss von Schweinefleisch ist wie der von anderen Tieren tabuisiert, das heißt, bestimmte Leute dürfen vom Schwein nichts essen. Dieses Tabu gilt oft lebenslänglich und wird auf die Nachkommen vererbt. Die Schweine genießen in der Glaubensvorstehung der Bergpapuas ein hohes Ansehen. Sie bekommen schon als kleines Ferkel einen eigenen Namen, und es kommt vor, dass stillende Mütter einem Ferkel die Brust geben. G. Koch (1974) beobachtete eine Frau, die Blätterbüschel und eine Penishülle in das Blut eines frisch geschlachteten Schweines tauchte und sich damit die Oberschenkel einrieb.

Beim Durchwandern des Gebirgsdschungels fiel mir auf, dass einige der uns begleitenden Mek-Träger in ihren mitgeführten Brust- und Rückennetzen kleine braune Bündel mit sich führten. Diese beinhalteten ein etwa fingerdickes Stückchen Speck, das Bündel selbst war ein breitgedrückter engmaschiger Schmetterlingskokon. Die Bedeutung des Specks war unklar. Auch Sebiat schwieg sich darüber aus. Entweder benutzten die Träger das Fett, um sich damit einzureiben und gegen die nächtliche Kälte zu schützen, oder dieser Speckstreifen hatte rituelle Bedeutung. Als sich Sebiat bei einer Rast wieder einmal seinen Speckstreifen interessiert anschaute, wickelte er ihn schnell wieder ein, als er sich durch mich beobachtet fühlte. Offenbar war damit irgendein Tabu verbunden.

Da die Mek über keine Salzquellen verfügen, decken sie ihren physiologischen Salzbedarf durch die Asche von bestimmten Farnpflanzen. Deren Blätter werden zerkleinert und

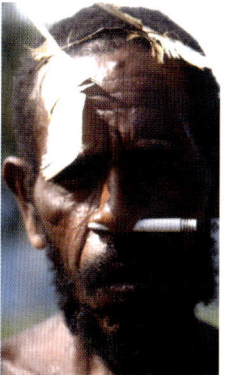
Federkiel, Kugelschreiberhülse und Schweinezahn als Nasenschmuck

von einheimischen Pfarrern abgehalten werden, auch öfters Massentaufen von Erwachsenen stattfinden. Im Frühjahr 2006 wurden wir einmal zu solch einem merkwürdigen Massenspektakel eingeladen. Alte Männer, die am Abend zuvor noch stolz ihre Penisröhre trugen, steckten nun plötzlich in einem alten, viel zu großen Anzug und baten mich darum, ihnen beim Schlipsknoten zu helfen. Was mir gar nicht so leicht fiel, weil ich daheim in Deutschland selten einen Schlips benutze. Besonders beschämend empfand ich, dass die Täuflinge in ihren bunten Kleidern und Anzügen wie eine Herde in ein großes schmutziges Wasserloch geführt und dort völlig unter Wasser getaucht wurden, um danach endlich als Christen gelten zu dürfen.

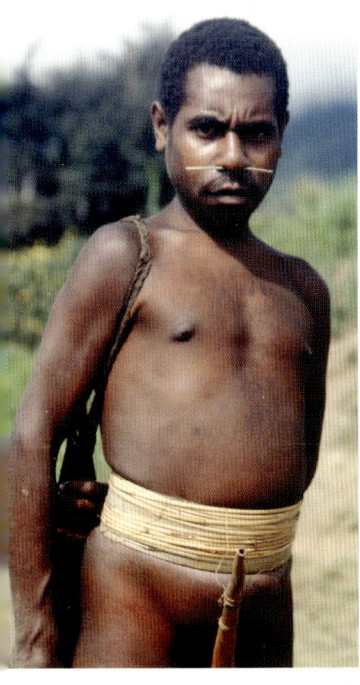

Wespentaille der Eipo-Mek

Im Sommer 2006 besuchten wir erneut unsere Freunde bei den Kimyal. Inzwischen gab es in Korapun sogar eine indonesische Krankenschwester und einen Militärstützpunkt. Offenbar vermutete die indonesische Regierung Aktivitäten von OPM-Freiheitskämpfern im Gebiet. Ein weiterer im Jahre 2008 geplanter Besuch konnte leider nicht mehr stattfinden, weil Dave Clapper, unser befreundeter amerikanischer Missionspilot aus Wamena im August des Jahres mit seiner Pilatus Porter hier im Gebirge abgestürzt war. Eine plötzlich auftauchende Wolke vor einem Gebirgszug wurde dem erfahrenen Piloten zum Verhängnis. Er hinterließ eine Familie mit fünf Kindern.

Direkt im Grenzgebiet zwischen West-Papua und Papua-Neuguinea leben die mit den Mek sprach- und kulturverwandten Ok. Sie siedeln zumeist auf den bis zu 2.000 Meter hohen Hochtälern, die von bis zu 4.000 Meter hohen Gebirgszügen umgeben sind. Hier oben in der schwer zugänglichen Gebirgsregion in der Nähe des Regierungspostens Telefomin ist das Quellgebiet des Sepik. Allerdings hat die hier angesiedelte Kultur noch nichts mit den hoch entwickelten Schnitzkünsten und Bauwerken der weiter nordöstlich des Sepik lebenden Stämme gemein. Man könnte sie vielleicht als Übergangskultur bezeichnen. Richard Thurnwald begegnete im September 1914 auf seiner Expedition ins unbekannte Quellgebiet des Sepik als erster Europäer einer Gruppe der Ok, die er Telefolmin nannte. Er empfand die angetroffenen Bergpapuas mit ihren Rotanggürteln, Penisfutteralen und Doppelzopffrisuren als »ganz nett [...] aber furchtbar ängstlich und außer sich vor Staunen [...] immer befühlen sie

mich, ob ich aus Fleisch und Blut bin. Sie wundern sich, dass ich weder Pfeil noch Bogen habe – also in ihrem Sinne ohne Waffen...« (aus Thurnwalds Tagebuchaufzeichnungen, M. Melk-Koch, S.216). Offenbar hielten sie diesen großen hellhäutigen Fremden zunächst für einen Geist, einen sogenannten Naknak, und wollten ihn sogar entkleiden.

Genau wie die Eipo-Mek oder Kimyal gibt es bei den Ok, zu denen neben den Telefomin auch die Faiwolmin und die Eliptaman gehören, keine Masken und nur geringfügig figürliche Schnitzwerke. Ein besonderes Stammeszeichen der Ok sind ihre etwa drei Meter hohen filigranen bemalten Haustürbretter, auf die mich einmal Prof. Gerd Koch (1990) aufmerksam machte. Diese schwarz-weiß-ockerfarbenen Zierbretter laufen nach oben hin spitz zu und sind dort mit Schnitzereien verziert. Sie haben eine etwa einen halben Meter breite und achtzig Zentimeter hohe Eingangsöffnung, die als einziger Durchschlupf in die Papua-Hütte dient. In der Regel sind damit nur die geräumigen Geister- und Männerhäuser versehen. Alle anderen Rundhütten wiesen ursprünglich eine ähnliche Bauweise und Größe wie die der Mek auf. Auch in ihrem äußeren Erscheinungsbild unterschieden sie sich kaum von ihren Nachbarn. Die Männer umwickelten ihre Taille so fest mit Rotang-Ringen, dass ihrem männlichen Schönheitsideal entsprechend eine sogenannte Wespentaille entstand. Dazu trugen sie eine Big (Penisröhre) gefertigt aus einem Kürbis. Die Frauen bekleideten sich mit Baströcken, beziehungsweise Grasbüscheln und Rückentragenetzen. Über die ursprüngliche Bedeutung der Ornamente und Hauspfosten wissen die Ok heute nichts mehr. Sie galten früher als Sitz der Ahnengeister. Für die Faiwolmin sind die Zierbretter nach Gerd Koch (1969) »... symbolhaft für die Macht der Ahnen. Sie sollen Leben und Land schützen und das Gedeihen der Taroknollen fördern.«

Noch auffälliger und schöner in ihrer farblichen Komposition sind die riesigen Kampfschilde der Ok. Während ihrer einstigen Raubzüge boten sie gleich mehreren Kriegern Deckung vor Pfeilen. Die schmalen Sabalhe-Kultschilde der Mek oder Yali erscheinen im Vergleich dazu geradezu mickrig. Genau wie in ihnen und den Kampfschilden der Asmat, so wohnt im Glauben der Ok auch jedem Schild eine Seele inne, die zusätzlich noch einen magischen Schutz für den Besitzer und seine Familie besitzt. Sie ist immer männlich, hat einen Namen und soll dem Träger Siegeswille und Mut zum Kampf verleihen.

Als Thurnwald die Nebelwälder der Ok als erster Weißer betrat, konnte er noch nicht ahnen, dass siebzig Jahre später genau hier im Ok-Tedi-Tal eine der größten Kupfer- und Goldminen der Welt mit allen ihren negativen Auswirkungen auf die Natur und die Menschen entstehen würde.

Rainer Garve bei den Kimyal

Die Yali – die Ringgürtelkrieger im Zentralgebirge von West-Papua

»Der Leiter der kleinen Krankenstation in Angguruk, ein freundlicher Medizinstudent aus Jawa, zeigte mir sein vorhandenes chirurgisches Instrumentarium. Er hatte noch nie einen Zahn gezogen und brauchte dringend meine Hilfe. Es gab nur eine einzige brauchbare Zange zum Zähneziehen. Gut, daß ich meine eigenen Instrumente dabei hatte. Ich gab dem Patienten, einem Yali mit vielen Rotangringen um den Bauch, eine Spritze und entfernte ihm seinen schmerzhaften Backenzahn. Er wunderte sich, dass es überhaupt nicht weh tat. Innerhalb der nächsten halben Stunde bildete sich eine Schlange von etwa zehn Leuten mit Zahnschmerzen vor meinem Hocker…«

(Aus den Erinnerungen R. Garves, 1988)

Die östliche Gebirgsregion zum Baliem-Tal ist von vielen kleinen, meist isolierten Papua-Dörfern übersät, deren Bewohner

Unterschiedlicher Nasenschmuck

Das östliche Nachbargebiet heißt bei den Yali Yalimu, das westliche Hubula.

In den Dörfern der Yali gibt es meist zwei Männerhäuser. Ein Männerhaus des Ostens, Yalimu, und eines des Westens, Hubulama. Auch bei sakralen Gegenständen oder auch

Yali-Mann mit Pfeilschutz aus geflochtenem Rotang

auf Grund ihrer Sprachverwandtschaft einer einheitlichen ethnischen Gruppe angehören. Das Dani-Wort für östliche Nachbarn ist Yali. Insofern hat sich das Wort auch für ihre Selbstbezeichnung eingebürgert. Eine Eigenbezeichnung für ihren Stamm oder ihr Siedlungsgebiet kennen die Yali nicht. Deren Siedlungsgebiet umfasst einen Bereich zwischen den Flüssen Ubahak im Osten, Sibi, Yahuli und Podeng im Westen bis hin zum Hine-Tal im Nordosten. Die südlichen beziehungsweise östlichen Nachbarn sind die Mek, Eipo oder Kimyal. Regional der Höhenlage entsprechend, haben sich die Yali unterschiedlich an die Umwelt angepasst. Sie bewohnen ein Gebiet, das zwischen tausend und fast dreitausend Metern über dem Meeresspiegel liegt. Seltsamerweise sind die höher gelegenen und kälteren Gebiete, die sie selbst Soli nennen, stärker bevölkert als die Obolok, die warmen Niederungen. Vielleicht liegt es an den besseren Böden und der Erkenntnis, dass es in größeren Höhen weniger Krankheiten, wie zum Beispiel Malaria, gibt.

Männer aus Apahapsili

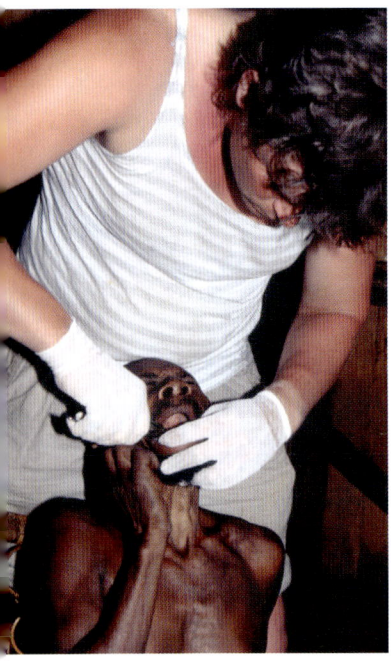

Zahnbehandlung

Steinäxten wird nach westlichem und östlichem Ursprung unterschieden. Durch die Arbeit des bekannten Missionars und Autors Siegfried Zöllner (1977), der über vierzehn Jahre lang das Leben, die Bräuche und Sitten der Yali studierte, sind viele Informationen über Kultur und Religion festgehalten und für unser europäisches Weltverständnis zugänglich gemacht worden. Vieles davon gehört längst der Geschichte an. Ich selbst konnte die Yali im Sommer 1988 erstmalig besuchen und mich dank meines Berufes nützlich machen.

Seit jeher bestehen Handelsbeziehungen zum Baliem-Tal, dem Pugima-Gebiet und dem Mugwi-Tal. Durch den Austausch von Gütern, durch Migration und Heirat beherrschen die Yali in den Grenzregionen häufig zwei Sprachen. Andererseits führten Konflikte, die oft mit dem Töten von Feinden und Anthropophagie endeten, zu einer starken Isolierung einzelner Dörfer.

Die Yali besitzen eine weit ausgeprägtere Mythologie als die Dani, verfügen über Medizinmänner und rituelle Heilbehandlungen. Die Grundpfeiler dieser Religion sind der Mythos vom Urschwein, also die Entstehung des Menschen durch die Tötung des Urschweines und die Urbaum-Mythik, bei der durch das Fällen eines Baumes eine urzeitliche Erdbebenkatastrophe beendet wurde. Letzteres hat bei der Krankheitsbehandlung

durch die Medizinmänner große Bedeutung. Heutzutage gibt es schätzungsweise noch einige tausend Menschen, die der Yali-Kultur zuzurechnen sind.

Typisch für das Äußere eines Yali-Mannes sind neben seinem kleinen Wuchs die massive Ringgürteltracht aus Rotang oder Rattan, die auf einer sehr langen hochgebundenen Penisröhre liegt, und sein schwarzglänzendes Kopfnetz mit der im Nacken spitzzulaufenden Form. Seinen richtigen Namen erhält ein Yali erst, wenn er nicht mehr von der Mutter durch den Wald getragen werden muss. Die Stillzeit dauert vier bis sechs Jahre. Bei den Knaben werden das Nasenseptum und die Ohrläppchen zur Aufnahme von Knochen und Stäbchen als Schmuck durchbohrt. Bei Mädchen werden die Nasenflügel mittels Vogelknochen durchbohrt. Mit zehn Jahren erfolgt die rituelle Einführung eines Knaben ins Männerhaus. Ab jetzt trägt er eine kleine Penisröhre. Als Zeichen der Wehrhaftigkeit wird Zuckerrohr zerbrochen und ein Bogen übergeben. Diese Zeremonie ist für Frauenaugen tabu. Die Initiation, die Einführung in die Sippengemeinschaft des Vaters, stellt gleichzeitig die Trennung von der Verwandtschaft zur Mutter dar; diese Art von Geschlechtertrennung bildet nicht zuletzt eine der Ursachen, dass bei Konflikten schneller Gewalt angewendet wird. Nach der Pubertät darf der Yali eine lange, gerade Penisröhre und das besagte Kopfnetz tragen. Er reibt sich den Körper stark mit Schweinefett ein. Das Kopfnetz wird mit schwarzen, klebrigen Baumsäften getränkt. Er will vor den Frauen möglichst glänzend und schön erscheinen. Es soll aussehen, als sei der Glanz völlig natürlich.

Die Heirat erfolgt im Vergleich zu anderen Bergvölkern relativ früh, allerdings wird der sexuelle Kontakt erst ab völligem Erwachsensein aufgenommen. Inzest oder geschlechtliche Be-

Yali-Mann bewacht sein Süßkartoffelfeld · Flughundknochen als Nasenschmuck · Ferkel im Netz wie ein Baby getragen

ziehungen zu Verwandten der Mutter werden als Verbrechen angesehen.

Jedes Mädchen hat die Freiheit, einen Heiratsbewerber abzuweisen. Der junge Yali kocht Gemüse und schickt es der Auserwählten. Wenn sie es annimmt, ist sie mit ihm einverstanden. Anschließend hilft er bei der Arbeit im Garten des zukünftigen Schwiegervaters. Hat auch der nichts einzuwenden, setzt man den Heiratsvertrag auf, der das Schlachten und Austauschen von Schweinen beinhaltet. Nach dem Feststellen der Schwangerschaft besteht absolutes Sexualtabu, da man glaubt, dass ansonsten Zwillinge entstehen könnten, von denen man ein Kind töten müsste. Die jahrelange Stillphase beinhaltet ebenfalls ein Sexualverbot mit dem Partner. Wohl auch deshalb trifft man relativ häufig Polygynie an. Entweder es wird eine Witwe geheiratet, wobei bestimmte Reinigungsriten erforderlich sind, oder man nimmt einem anderen Mann die Frau weg. Das führt selbstverständlich zu Konflikten. Bis zu vier Kinder pro Frau können üblich sein. Die Frauen führen ebenfalls bestimmte rituelle Handlungen, wie Liebeszauber, Empfängnisverhütung oder Riten zur Förderung der Schweinehaltung, durch. Oft bilden sie die einzige friedliche Kommunikationsmöglichkeit zwischen verfeindeten Dörfern. Der Suizid der Yali-Frauen durch Ertränken bei Streitigkeiten mit dem Ehepartner ist nach Zöllner (1977) häufig, da die Frau sich postmortal der Rache ihrer Brüder gegen den Ehemann gewiss ist.

Ab dem zwanzigsten Lebensjahr erhält der junge Mann seine Ringgürtel. Aus diesem Anlass besteht für ihn ein mehrmonatiges Sexualtabu. Eine Expedition, die alle ein bis zwei Jahre stattfindet, führt die jungen Männer zuvor in weit entfernte Gebiete, wo die nötigen Schlingpflanzen für die Ringe reichlich wachsen. Jetzt erst gilt ein Mann als vollwertiges Mitglied in der

Waschen der Feldfrüchte im Bach

Gemeinschaft des Männerhauses. Die letzten, in sogenannten Muruwal-Netzen steckenden Geheimnisse des Männerhauses werden ihm offenbart.

Taroernte · Süße Grassamen – eine Delikatesse für Kinder

Herstellung von Rückentragetaschen

Männertanz der Yali

Geistiges und sakrales Zentrum eines Dorfes ist das Iowi, das Männerhaus. Erkennbar ist es durch äußere bunte Bemalung, durch seine zentrale Lage und die Größe. Zur Gemeinschaft dieses Hauses gehören etwa fünfzehn Männer. Meist gibt es ein weiteres Männerhaus im Dorf, das Iowisema. Hier werden Gäste oder Männer, die aus anderen Gegenden geflohen sind, untergebracht. Ein Dorf besteht aus mehreren Weilern, die durch Hecken oder Pfade voneinander getrennt sind. Kämpfe zwischen einzelnen Weilern sind möglich, allerdings innerhalb des eigenen Männerhauses nicht. Wie bei anderen Naturvölkern ist der Zutritt für Frauen zu den Männerhäusern streng tabu.

Es gibt bei den Yali keine Häuptlinge, lediglich zeitweilig führende Männer, die sich durch körperliche Stärke, Redegewandtheit, Schweinereichtum und sakrales Wissen auszeichnen.

Bei kriegerischen Auseinandersetzungen mit anderen Dorfgruppen gibt es Allianzen oder eine Art Zwang zur Solidarität innerhalb der Gruppe. Wird beispielsweise die Ehefrau eines Männerhausangehörigen bei einem Überfall getötet, so gilt dieser Mann als Geschädigter und gleichzeitig als Verursacher für den nun erfolgenden Vergeltungsakt. Wird beim Gegenschlag durch einen seiner Kampfgenossen ein Gegner getötet, muss

er eine Entschädigung für die Hilfe an diesen besten Mitkämpfer, den sogenannten Kopfmann, leisten. Es erfolgt das rituelle Abmessen des Getöteten, das heißt das Festlegen, wessen Tod in der eigenen Gemeinde mit dem Tod des Feindes abgegolten ist. Leichname der getöteten Feinde wurden früher zerteilt, im Erdofen gedünstet und verzehrt.

Ein weiterer schwer verständlicher Ritus ist der Austausch von Kopf- und Bogenschweinen, begleitet von Tänzen und dem Schütteln der Bögen.

Eigene Tote werden auf einem Scheiterhaufen verbrannt. Um die unsichtbaren Geister der Getöteten materiell darzustellen und zu binden, wird ein kleines Bündel, bestehend aus Schweinefett, Haut- und Haarresten des Toten, Pfeilen und Cordylinsträuchern, hergestellt. Die sogenannten Kina werden schließlich während der Dunkelheit unter Verwünschungsgebeten in der Nähe des Feinddorfes mit dem Auftrag angebracht, dort Schaden anzurichten. Diese Kina-Bündel werden gut verschnürt, um die Geister zu fesseln und eine Rückkehr ins eigene Dorf zu verhindern. Die Geister normal Verstorbener nennen die Yali Hime. Allerdings sind in ihrem Glauben die Kina stärker als die Hime, deshalb werden sie im Ritus auf die verfeindeten Dörfer gerichtet und nicht wie die Hime auf den Ort des Todes.

Liebkosung eines Ferkels · Scheinattacke · Flughund als Jagdbeute · Yali mit Trommel und Sabalhe-Kultschild

Waigeo – Insel der Paradiesvogeljäger

»Das Volk von Muka lebt in jenem abscheulichen Zustande der Armut, den man fast immer da findet, wo der Sagobaum in Menge vorhanden ist. Sehr wenige nehmen sich die Mühe, Gemüse oder Früchte anzubauen, sondern leben fast gänzlich von Sago und Fischen und verkaufen ein wenig Tripang und Schildpatt, um sich die dürftige Kleidung zu verschaffen, welche sie brauchen. Jedoch besitzen sie fast alle ein oder zwei Papua-Sklaven, von deren Arbeit sie bei absoluter Faulheit leben, und gehen nur zur Abwechslung ihres gleichförmigen Daseins auf kleine Fischzüge und Handelsexpeditionen aus.«

(A. R. Wallace 1858, in »Der Malayische Archipel«, Societätsverlag 1983, S. 411)

Es gibt wohl kaum ein Gebiet von West-Papua, über dessen Urbevölkerung weniger in der ethnologischen Literatur bekannt ist als über Waigeo. Selbst in der etwa neunzig Kilometer entfernten Provinzhauptstadt Sorong konnten wir von Polizeibehörden oder Einheimischen über die kleine Insel nur Ungenaues in Erfahrung bringen.

Anregung für unsere Exkursionen 1989 und 1990 auf dieser Insel gab uns ein Ornithologe, der sich Anfang der achtziger Jahre im Dschungel von Waigeo aufhielt, um Paradiesvögel zu filmen. Der Zufall wollte es, dass er an einem Flussufer auf unbekleidete, dunkelhäutige Menschen stieß, die mit Pfeil und Bogen Fische jagten. Auch sie waren völlig überrascht und ergriffen sofort die Flucht. Seltsamerweise gibt es heutzutage nur Dörfer entlang der Küste und des Binnenmeeres. Die Namen dieser aus Pfahlbauten bestehenden Dörfer waren bereits vor hundert Jahren bekannt und haben sich seitdem nicht geändert. Die Einwohner gehören zu den sogenannten Alfuren, einer malayo-melanesischen Mischbevölkerung, die sich selbst »Muka« nennen.

Erste detaillierte Angaben über das Leben und die Kultur der Alfuren machte 1893 der holländische Anthropologe Johann Dietrich Eduard Schmeltz in einem Buch über Nordwest-Neuguinea. Trotz verschiedener Zivilisationseinflüsse, zum Beispiel des Tragens von Textilbekleidung, hat sich im täglichen Leben der Menschen im Vergleich zu damals kaum etwas geändert. Sie bestreiten ihren Lebensunterhalt durch Fischen, Sagoanbau, Kokosnussernte und leben in völligem Einklang mit der Natur.

Der einstige Naturgötterglaube oder Animismus wurde durch Islam und Christentum verdrängt. Sklavenhaltung ist schon seit langem nicht mehr erlaubt. In jedem Dorf fiel mir eine größere Wellblechhütte auf, die entweder eine Moschee oder eine Kirche darstellen sollte. Offenbar leben hier Christen und Moslems in gutem Einvernehmen miteinander. Die Reli-

Küstendorf in der Bucht von Waigeo

Kinder während einer festlichen Tanzzeremonie

gion des Nachbarn wird freundlich akzeptiert. In den Dörfern begegneten uns die Einwohner stets gastfreundlich. Wir durften in den Schulräumen übernachten, und man veranstaltete traditionelle Tänze und Gesänge. Untereinander sollen sich die Waigeo-Alfuren trotz ihres kleinen Territoriums in vier verschiedenen Sprachen unterhalten: Numfoorsch-Biak, Sprache der vier Radjas, eine Papua-Sprache in verschiedenen Dialekten und Indonesisch. Die Kinder hingegen verfügen selbst kaum noch über die Sprachkenntnisse ihrer Großeltern. Momentan leben etwa sechstausend Menschen in den Küstenansiedlungen. Über die Zahl der vermutlich letzten, zerstreut im Urwald lebenden Menschengruppen, die die Indonesier Orang hutan, Waldmenschen, nennen, gibt es keine Angaben.

Auf der südlich vorgelagerten Trauminsel Saonek befinden sich der indonesische Verwaltungssitz und die Polizeibehörde von Waigeo. Der Polizeichef zeigte sich mir gegenüber sehr aufgeschlossen und auskunftsfähig. Seiner Meinung nach seien vor wenigen Jahren die letzten im Wald lebenden Menschen an die Küste gebracht und sesshaft gemacht worden, weil es ihnen dort besser ginge und ihre Kinder die Schule besuchen könnten. Von älteren Küstenbewohnern war zu erfahren, dass früher häufige und auch verwandtschaftliche Kontakte zu den Waldmenschen bestanden. Man ging sogar von einer gemeinsamen ursprünglichen Herkunft aus. Bei den im Vergleich als kleiner und dunkelhäutiger beschriebenen Waldmenschen soll es sich ausschließlich um Jäger und Sammler gehandelt haben. Nachdem einige von ihnen durch verschiedene Bemühungen der Regie-

Ehemaliger Waldbewohner

rung oder Eheschließungen mit an der Küste Ansässigen kulturell assimiliert wurden, zogen sich die anderen aus Furcht in den undurchdringlichen Urwald zurück. Der Kontakt und selbst die Handelsbeziehungen rissen ab.

Während Vertreter der jüngeren Generation die Existenz ihrer im Wald lebenden Verwandten ignorierten oder aber Schauergeschichten über sie erzählten, zum Beispiel, dass Holzfäller von ihnen getötet wurden, führte uns ein älterer Mann bereitwillig durch den Dschungel zu einer Höhle, die eindeutig Merkmale einer menschlichen Behausung trug. Sie war allerdings nicht mehr bewohnt, lediglich Bodenvertiefungen und Asche zeugten von der einstigen Feuerstelle und den Schlafflächen. In einer Ecke lagen handtellergroße Perlmuttscheiben übereinandergestapelt. Wahrscheinlich wurden sie für die Herstellung von Schmuck oder als Tauschobjekt benötigt. Das Zentrum der Höhle bildete ein phallusartiger Megalith, dessen Ober-

Roland Garve mit einem Barracuda

fläche wahrscheinlich durch das Schärfen von Muschel- oder Steinklingen auffällig glatt geworden war. Nach einem kurzen Meditationsmonolog, um die Geister der Höhle zu beruhigen, hinterlegte unser Begleiter etwas Tabak auf dem Stein, und wir verließen den Ort. Eine erhoffte Kontaktaufnahme mit den Waldmenschen kam nicht zustande.

Vergleichbar wäre ohnehin die Suche nach der berühmten Nadel im Heuhaufen. Somit begnügten wir uns mit der Erkenntnis, dass es diese Menschen vermutlich noch irgendwo

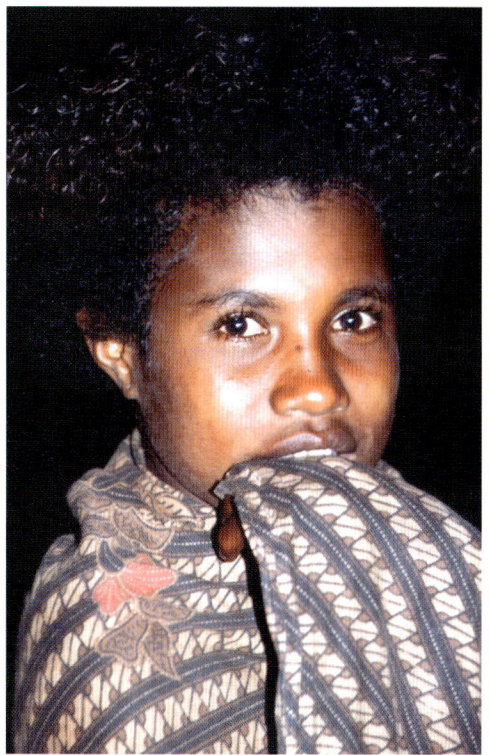

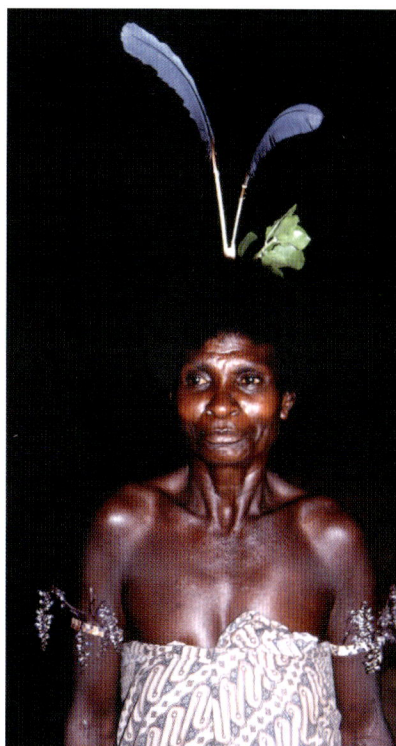

Kinder der Alfuren · Waigeofrau mit Federn einer Riesentaube

tief im Urwald gibt. Die früher bei den Küstenfischern üblichen Tjidakoe, ein aus weißer, geklopfter Baumrinde gefertigtes Bekleidungsstück der Frauen, und Ganemoe, Bauchbinden der Männer, sind heute durch Stoffkleidung ersetzt worden. Zur Jagd auf Wildschweine verwenden die Männer ausschließlich Lanzen mit Metallspitzen. Der Umgang mit Pfeil und Bogen ist nicht mehr geläufig. Obwohl offiziell verboten, ist das Fangen von Paradiesvögeln und der Handel damit noch verbreitet. Die Paradiesvögel werden frühmorgens durch imitierte Vogellaute zu einer auf einem Zweig angebrachten Köderfrucht gelockt und mit einer Fußschlinge gefangen. Anschließend werden sie über unsichtbare Kanäle ins Ausland geschmuggelt und an Tierparks verkauft oder ausgestopft.

Paradiesvogelfänger mit Schlinge und roter Baumfrucht

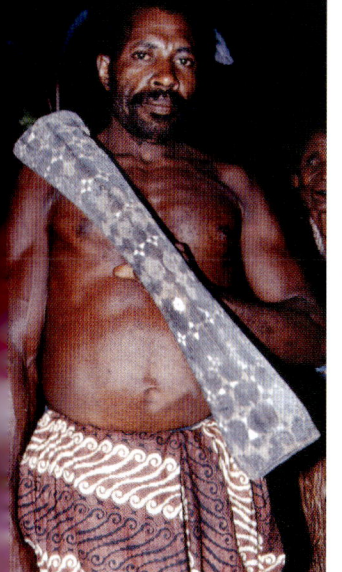

Perlmuttbeschlagener Tanzschild

Ähnlich den Fischern im indonesischen Archipel benutzen die Leute von Waigeo zum Fischfang Segelboote mit doppelseitigen Auslegern, sogenannte Pagaein. Einmal wöchentlich bringt ein Fischkutter, von Sorong kommend, Lebensmittel und andere Waren auf die Insel und nimmt im Tausch Sago, Fisch und Kokosnüsse mit zurück. Gelegentlich wird insbesondere an der Südküste das Tauchen nach Perlen und Korallen als zusätzliche Erwerbsquelle genutzt.

Doppelauslegerboot

Geheimnisvolle Kultstätte auf Waigeo · Kinderbettartige Begräbnisstätte in sakraler Feldhöhle

Ausdruck einer bereits seit Jahrhunderten bestehenden kulturellen Verbindung Südostasiens mit Nordwest-Neuguinea sind vom Urwald überwucherte Ruinen und Mauerreste eines Palastes an der Südküste von Waigeo und ein geheimnisvoller alter Holzschrein, dessen Betreten nur dem obersten Dorfzauberer erlaubt ist. Im Innern befinden sich riesige weiße Porzellantöpfe, die mit Leinentüchern abgedeckt sind. Offenbar handelt es sich um Urnen mit der Asche von bedeutenden Verstorbenen der Muka.

Als in Europa noch niemand von der Existenz dieser Insel wusste, gab es hier bereits indonesische Fürstentümer. Überbleibsel eines ebenfalls von den heutigen Inselbewohnern vergessenen Ahnenkultes sind verschiedene sakrale Felshöhlen im Gebirgsdschungel, die früher als Bestattungsort dienten. Die Eingänge wurden oft zur Abschreckung von Besuchern mit auf Holzstangen gesteckten Totenschädeln versehen. Im Innern lagen auf kunstvoll geschnitzten, zum Teil stark verwitterten Holzgestellen, die an mittelalterliche Kinderbetten erinnerten, neben Schädeln und Knochen viele Grabbeigaben, wahrscheinlich die wertvollsten persönlichen Besitztümer der Verstorbenen. Altes, meist zerbrochenes Porzellan aus China, Japan, Indonesien und auch Europa, verrostete Metallgegenstände wie zum Beispiel bronzene Betelkästen und verrottete Holzfiguren, waren zu sehen. Einzelne Schädel waren mit Farbe und bunten Stoffen geschmückt. Eine bunte Porzellantasse trug sogar die

Aufschrift: Made in Germany. Vermutlich hatten die Ureinwohnern sie vor langer Zeit von den Holländern erworben.

Das Gebiet der Nordwestküste Neuguinea war früher bekannt für seine Korwar-Skulpturen. Diese Figuren wurden geschnitzt, um den Seelen der Toten eine Wohnstatt zu geben. Es gab lokal unterschiedliche Größen und Formen, wobei es sehr selten völlig identische Figuren mehrfach gab. Meist hatte der Korwar einen übergroßen, quadratischen Kopf mit einer pfeilartigen Nase und einem stark verzierten Schild vor dem Körper. Auch in den Höhlen von Waigeo sind mir damals einige die-

Warnzeichen vor Höhleneingang

ser meist schon sehr alten Holzfiguren aufgefallen. Allerdings hatte sich entweder die Grundfläche bereits durch die feuchte Seeluft aufgelöst oder der Schild war abgebrochen. Interessant fand ich, dass selbst die Beine der kinderbettartigen Holzgestelle mit Korwar-Gesichtern und blauen Glasperlenaugen verziert waren. Gelegentlich hatten die Alfuren in den Kopf sogar den Schädel des Verstorbenen mit eingearbeitet. Es gab Formen, bei denen der Schädel entweder von oben oder von hinten hineingeschoben wurden, zuweilen sogar mit einem hölzernen Verschlussdeckel. Manchmal diente aber auch der Schädel selbst als Kopf. Auf Waigeo wurden die Korwar-Figuren Mon genannt. Man bewahrte sie als Schutzgeister in einer Ecke der Hütte auf oder nahm sie bei gelegentlichen Raubzügen als Talisman im Boot mit. Heute werden keine Korware mehr für kultische Zwecke geschnitzt. Die Menschen begraben ihre Verstorbenen auf Friedhöfen oder verbrennen sie.

Porzellantasse made in Germany · Korwar zwischen Menschenschädeln

Sepik – Geistkinder und Labyrinth der Kulturen

»Wir zeigten den Eingeborenen aber auch die Wirkung unserer Waffen. Wir baten sie, mit ihren Pfeilen in einen Baum hineinzuschießen. Bis zu drei Zentimeter drang trotz aller Anstrengung der Pfeil nur ein und schwankte dann kraftlos hin und her. Nun legten wir unsere Gewehre an und schossen durch den Baum hindurch, nachdem wir natürlich vorher sie auf den Knall aufmerksam gemacht hatten, den das Experiment auslösen würde. Der Schuß war durch den Baum hindurchgedrungen und hatte an der Rückseite große Splitter mit hinausgerissen. Nun kannte das Staunen der Leute kein Ende mehr. Ich nahm sechs Eingeborene, ließ ihre großen Holzschilde nehmen und stellte sie hintereinander und deutete jetzt an, wenn ich schießen würde, so würde meine Kugel durch die Schilde und alle sechs Eingeborene hindurch gehen, so daß sie tot umsänken. Nachdem sie das Loch in dem Baum gesehen hatten, glaubten sie mir. Ich brauchte keine Sorge mehr zu haben, dass sie uns irgendwie angreifen würden.«

(Aus Walter Behrmann, »Im Stromgebiet des Sepik«, 1922, S.126)

Yatmul-Männerhaus von Palembai

Vergleichbares Riesenhaus auf der Insel Muschu

Das Sepik-Gebiet im Nordosten von Neuguinea ist bis heute die künstlerisch formen- und stilreichste Region Melanesiens. Sie setzt sich aus dem Mittel- und Unterlauf des Sepik, seinen Nebenarmen, dem unteren Ramu-Fluss und dem küstennahen Mündungsgebiet zusammen. Besonders am Unterlauf waren zum Zeitpunkt des Erstkontaktes durch deutsche Kolonialbeamte nahezu alle Gebrauchsgegenstände vom Kamm bis zur Steinaxt mit Schnitzereien verziert oder bemalt. Dies setzte sich bis zu den Kult- und Männerhäusern, die immer am Rand eines größeren Tanzplatzes direkt in der Mitte des Dorfes errichtet waren, fort. Sie gelten als Meisterwerke melanesischer Baukunst.

Auf den Spitzen der etwa 15 Meter hohen Hausgiebel waren geschnitzte vogelartige Wesen angebracht, die offenbar als Schutzgeister dienten. An den Giebelflächen befestigte Holzmasken dienten wahrscheinlich einem ähnlichen Zweck.

Typisch für die Männerhäuser am mittleren Sepik waren weibliche Kultfiguren mit gespreizten Beinen am Ende der Stützpfosten, die vermutlich Fruchtbarkeit symbolisierten. In

Giebelmasken mit Schutzgeistfunktion · Frauenskulptur als Firststütze

Paarweise zu spielende Sakralflöten

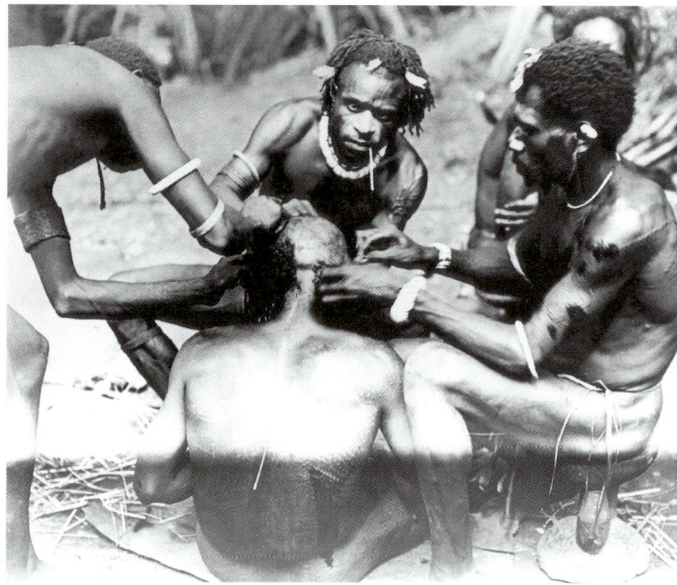

Rituelles Haareausreißen

den Männerhäusern bewahrte man die größten Heiligtümer des Dorfclans – unter anderem die nur paarweise zu spielenden Sakralflöten und die oft mit anthropomorphen Motiven geschnitzten Zeremonialschemel – auf.

Über den Zweck dieser heiligen Schemel ist leider nicht viel bekannt – eine Vermutung besagt, dass sie bei bestimmten Zeremonien wie eine Art Rednerpult verwendet wurden. Dabei soll der jeweilige Sprecher nicht hinter, sondern neben dem Schemel gestanden haben und gelegentlich mit einem heiligen Pflanzenbüschel auf den Sitz schlagend seine Worte bekräftigt haben. Nach Paul Wirz (1954) mussten sich die Jungen bei der Initiation der Reihe nach auf die Zeremonialschemel setzen. Auf den Querbalken zwischen den Hauspfosten waren neben Kopfjagdtrophäen auch die kunstvoll übermodellierten Ahnenschädel angebracht.

Als vor etwa einem Jahrhundert der deutsche Geograph Walter Behrmann als einer der ersten Europäer eines der geräumigen Männerhäuser am mittleren Sepik betrat, wunderte er sich über die zahlreichen Kopftröphäen: »In dem Versammlungshause waren außer den erwähnten Trommeln viele Waffen aufgespeichert, die vornehmlich auf einem Boden, der in halber Höhe sich durch das ganze Haus hindurchzieht, standen. Viele menschliche Schädel, meist schon angeräuchert, standen auf Brettern längs der Wände. Ganz unzweideutig machten uns die Leute klar, dass das kriegerische Trophäen seien, die sie im Kampfe mit den Orten Malu und Awatip gewonnen hätten. Die Menschen waren sämtlich von ihnen verspeist worden...«

Ich vermute aber, dass es sich dabei offenbar nicht nur um Kopfjagdtrophäen, sondern auch um Ahnenschädel von Verstorbenen des eigenen Dorfes handelte. Diese wurden zunächst unter den Familienhütten primärbestattet. Erst nach

einer gewissen Zeitspanne grub man die Schädel wieder aus, um sie für eine Sekundärbestattung im Männerhaus und die Ahnengeisterverehrung zu schmücken. Zuweilen nahm man nach Beobachtungen von Adolf Roesicke (1914) aber auch das ganze in Palmblattscheiden gewickelte Skelett mit ins Haus, wenn die Weichteile verwest waren. Dort wurde es in Palmblattscheiden eingewickelt und am Dachpfosten aufgehängt. Erst jetzt konnten die Seelen der Opfer oder Verstorbenen ihre Reise ins Totenreich, das sich unterirdisch im Wasser befand und von einem Urkrokodil bewacht wurde, aufnehmen. Bei der Nachmodellation des Gesichtes mittels Ton und Kokosbast und anschließender Bemalung mit Pflanzenfarben strebten die Papuas eine möglichst detailgetreue Ähnlichkeit mit dem Profil und Porträt des Verstorbenen an. Die Bemalung sollte so aussehen, wie sie der Tote zu Lebzeiten beim letzten Fest oder bei seinem letzten Kriegszug getragen hatte. Auch wurde Roesicke

Schlitztrommeln von Wombun

Typisch kriegerische Bogenschusshaltung

Schlitztrommel um 1908

während seines Aufenthaltes in einigen Sepik-Dörfern mehrfach Zeuge der von den Eingeborenen praktizierten Kopfjagd: »Während meines Aufenthaltes in der Nähe der vier großen Dörfer Kaulagu, Jentschemángua, Jaurangai und Tschabanaut erlebte ich es innerhalb vierzehn Tagen zweimal, daß Köpfe von Erschlagenen im Triumph heimgebracht wurden. Einmal war es Jaurangei, das zwei junge Männer erschlagen hatte, einmal Kaulagu, das eine ältere Frau getötet hatte.« (Zschr. f. Ethn. 1914, S.512)

Die Verehrung des Urzeitkrokodils, von dem die Papuas am mittleren Sepik abzustammen glaubten, kam auch in der Narbentätowierung bei der Initiation der Jungen zum Ausdruck. Dabei mussten sich diese unbekleidet auf einen Bootsrücken legen, wurden von Verwandten festgehalten und sowohl am Rücken als auch an den Oberarmen und Oberschenkeln mit spitzen Muschelscheiben oder Rasierklingen skarifiziert. Dazu

Tanzmaske

schlugen einige Männer im Takt die großen Schlitztrommeln. Anschließend entstand durch bewusste Heilungsverzögerung ein dauerhaftes Narbenmuster, das Ähnlichkeit mit einer Krokodilhaut hatte.

Zwischen den Pfahlbaupfeilern unter dem Männerhaus bewahrte man große Schlitztrommeln auf, die nur bei bestimmten Zeremonien benutzt werden durften. Besonders typisch für die Kunst am mittleren Sepik sind die reich verzierten ankerartigen Aufhängehaken, die ursprünglich ganz profanen Zwecken dienten. Mit ihnen wurden beispielsweise Netze an den Dachbalken aufgehängt, um Nahrungsmittel vor Ungeziefer zu schützen. Weiterhin befanden sich hier Kunstwerke, wie die Zierbretter oder Tshuosh (Tschauasche), damit auch diese vor Feuchtigkeit und Fäulnis geschützt waren.

Besonders variantenreich und ebenfalls typisch für den mittleren und unteren Sepik sind die geschnitzten und geflochtenen Ziermasken, bei denen meist eine lange Nase mit dem Kinn verbunden war. Sie standen mit dem jeweiligen Clan des Schnitzers in Verbindung und symbolisierten mythische Urzeitwesen.

Während die kleineren und länglichen Masken an den Tanzkostümen aus Palmenblättern oder an Bootssteven fixiert wurden, dienten die großen der Hauszierde. Zum Tanzkostüm gehörte häufig eine fischkopfähnliche Stülpmaske. Kleinere Gesichtsmasken wurden im Mittellauf des Sepik nicht angefertigt. Die Yatmül benutzten ihre Tanzmasken bei-

Giebelmaske im Blackwatergebiet

spielsweise bei Initiationsfesten, der Einweihung eines neuen Kriegskanus oder Männerhauses, um Urzeitkräfte heraufzubeschwören, die dem Schutz dienten.

In den Zeiten vor der Missionierung sollen die Yatmül bei ihren Tanzmaskenritualen sogar Menschenopfer durchgeführt haben. Später wurden Hunde geopfert.

Ebenfalls sehr mannigfaltig waren die Verzierungen der etwa mannshohen flachgewölbten Kampfschilde. Meist handelte es sich dabei um ein grimmig blickendes Gesicht, das von zahlreichen Spiralrillen umrankt war.

Zu den Waffen zählten Lanzen, Wurfspeere und die dazugehörigen Speerschleudern. Sie unterschieden sich kaum von denen der küstennahen Sepik-Bevölkerung. Bei den kriegerischen Auseinandersetzungen zwischen den Dörfern handelte es sich meist um Vergeltungs- oder Racheaktionen. Dabei gab es bestimmte Regeln über Kriegsführung oder die Beschränkung der Anzahl der zu erwartenden Toten und des materiellen Schadens. Diese durften nicht überschritten werden. Es war also eher eine Art Kriegsspiel mit viel Waffengerassel und Theatralik als ein echtes Massaker. Zumal es in Zeiten eines

Trommler der Yimas am mittleren Korowori

zwischenzeitlichen Friedens immer wieder mal große gemeinsame Erntefeste und Heiratsverbindungen gab.

Eine Besonderheit in der figürlichen Holzschnitzkunst am mittleren Sepik sind die erst vor wenigen Jahrzehnten bei den Inyai-Ewa am Korowori-Fluss entdeckten Jagdhelferfiguren. Es handelt sich dabei in der Regel um lange, einbeinige, dornenartige Skulpturen mit einem männlichen auf Profilsicht geschnitzten Kopf und konzentrischen Kreisaugen.

Eine weitere Ausnahme machte der im Küstenbereich eher gebrauchte Bogenschild, ein hölzernes, bemaltes Rechteck, das der Schütze im Kampf halbseitig vor der Brust trug. Er hatte dabei beide Arme zum Schießen frei und sein Oberkörper war vor Schussverletzungen geschützt.

Einige Dörfer, in deren Umgebung Ton vorkam, verstanden sich schon lange vor dem ersten Zivilisationskontakt auf die Kunst der Töpferei. Töpferwaren, die es in Neuguinea nur sehr selten gab, waren ein geschätztes Handelsgut unter den Papuas.

Walter Behrmann entdeckte während einer Landvermessung 1912 unter anderem auch einen kleinen Nebenfluss des Sepik. Da hier in fast allen Dörfern getöpfert wurde, nannte er das Gewässer Töpferfluss. Eine ethnologische Rarität waren

Gruppentanzmaske von Angriman um 1913

die damals in den Töpferdörfern vorgefundenen farbenprächtigen und für Melanesien einzigartigen Federmosaike, von denen Richard Thurnwald damals noch einige für deutsche Museen erwerben konnte und die schon kurze Zeit später nicht mehr hergestellt wurden.

Bei einem an diesem Töpferfluss lebenden Volk, den Bánaro, entdeckte er wenig später ein merkwürdiges soziales Phänomen, das er später Prinzip der Gegenseitigkeit oder Reziprozität nennen wird. Nach den Informationen von einem seiner Träger, der aus diesem Gebiet stammte, gab es dort die Stammessitte, dass eine junge Frau, um heiraten zu können, erst mit einem engen Freund oder Verwandten des zukünftigen Schwiegervaters, dem sogenannten Mundú, ein Kind zeugen musste. Aufgrund der beschränkten Möglichkeiten während des Ersten Weltkrieges war es Thurnwald vor seiner Ausreise in die USA 1915 nur ganz kurz möglich die Bánaro zu besuchen. Dennoch gelang es ihm weitere wichtige Informationen über die Besonderheiten des gesellschaftlichen Organisationssystems dieses Volkes vor Ort zu erhalten.

Beim Sagobacken

Als Abschluss einer neunmonatigen Initiationsperiode wurde die junge heiratswillige Frau von ihrer Mutter zum zukünftigen Schwiegervater begleitet. Der wiederum brachte sie anschließend in die »Geisterhalle«, deren Betreten für Frauen ansonsten streng verboten war. Offenbar war es eine

Kundiman-Festtanz

Art von Männer- oder Kulthaus, in dem die heiligen Kultflöten aufbewahrt wurden.

Hier wurde sie im Dunkeln von dem jeweiligen Mundú ins Sexualleben eingeführt und somit sinnbildlich dem Geist in Person vorgeführt. Die dabei gezeugten Kinder galten deshalb als »Geistkinder«. Diese Kinder stuften die Bánaro im gesellschaftlichen Rang nicht etwa wie Gleichaltrige ein, sondern sie gehörten vom Status her der Altersklasse der Mutter an. Beispielsweise wurden männliche Geistkinder von ihren Halbgeschwistern »Rügemuin« (Mutterväterchen) (M. Melk-Koch 1989) genannt.

Nach Thurnwald (1916) existierten bei den Bánaro entsprechend ihrer Siedlungsform von je zwei Dörfern auf beiden Flussseiten einzelne Familienclans, die sich wiederum in je zwei »Sippen« unterteilten. Jeder Clan oder Weiler verfügte über eine eigene Geisterhalle. Die Braut kam immer aus einem anderen Clan. Dagegen stammte der Geistkinderzeuger aus der

Männer aus Ramunga am Töpferfluss mit Kuskusfellmütze, 1913

jeweils anderen Sippenhäfte des Clans, in den sie einheiraten wollte.

Bei den Bánaro galt die Regel, dass immer vier Geschwisterpaare zur selben Zeit verheiratet wurden. Dabei kam es zu einem umgekehrten Tausch zwischen den Schwiegervätern der jungen Frauen und innerhalb der vier Sippen, so dass auch jeder Schwiegervater dabei als Mundú sexuell aktiv wurde. Umgekehrt gab er später in seiner Funktion als Erzeuger eines Geistkindes nach dessen Jugendweihe das Recht auf sexuellen Kontakt mit der Geistkindmutter an seinen Sohn aus eigener Ehe weiter.

Somit hatte eine Bánarofrau während ihres Lebens stets mit mindestens drei Männern sexuelle Kontakte. Mit dem Mundú, mit ihrem Ehemann und schließlich dem Sohn des Mundús. Zudem gab es den Brauch, dass junge unverheiratete Männer von der Sippenfreundin der Großmutter sexuell unterwiesen wurden.

Diese Bräuche sind durch jahrzehntelange Missionierung seit langem nicht mehr existent. Andere Kulturelemente wie Töpferei und Schnitzkunst wurden durch den aufkommenden Ethno-Tourismus und zunehmende industrielle Vermarktung wiederbelebt. Da es heute trotz reger Nachfrage keine alten originalen Ethographica mehr im Sepik-Gebiet gibt, hat sich ein reger Markt mit Fälschungen und Nachahmungen entwickelt. Es geht soweit, dass Masken oder geschnitzte Hauspfosten einige Monate im Flussschlamm eingegraben werden, um sie alt und gebraucht aussehen zu lassen. Gelegentlich werden auch die Schädel von Verstorbenen vom Dorffriedhof gestohlen, um sie mit bemalten Gesichtsmodellationen aus Ton oder Schaumstoff so zu verzieren, dass sie wie die einstigen Kopfjagdtrophäen und Ahnenschädel ihrer Urgroßväter aussehen, um sie dann gewinnbringend am Rande eines Sing-Sing an einen reichen amerikanische Sammler verkaufen zu können.

An der Küste und im Mündungsgebiet des Sepik-Ramu herrscht bei figürlichen Darstellungen ansonsten auch heute noch der sogenannte Schnabelstil vor, erkennbar an den langen schnabelähnlichen Nasen.

Yimas-Frau am Arafundi-River

Der Yamsknollen-Kult der Abelam

»... die Blechflaschen angebohrt und die Tabletten wie Muschelscheiben in der Mitte durchbohrt, um sich Halsketten daraus zu machen. So liefen sie mit Chinintabletten um den Hals herum.«

(R. Thurnwald nach dem Diebstahl einer Medikamentenbox
im Maprikgebiet, in M. Melk-Koch, S.185)

Westlich der Mündung des Sepik erstreckt sich bis hin zum Prinz-Alexander-Gebirge ein dicht besiedeltes Bergland. Es ist die Heimat der im Gebiet des Maprik-Flusses lebenden Abelam, Arapesh und anderer kleiner Völker. Abelam ist eine Fremdbezeichnung von den nördlich benachbarten Arapesh, die im November 1913, als Thurnwald als erster Europäer dieses Gebiet durchquerte und sich von den gigantischen, bis zu 25 Meter hohen farbenprächtigen Kulthäusern begeistert zeigte, noch nicht bekannt war. Sie wurde erst in den dreißiger Jahren durch die amerikanische Ethnologin Margaret Mead aktenkundig. Für Thurnwald gehörte dieses Gebiet aus ethnologischer Sicht zu den interessantesten, die er jemals zuvor besucht hatte. Besonders erwähnenswert scheint mir ein seltsamer Yamsknollen-Kult, den die Abelam praktizieren und der erst einige Jahrzehnte nach Thurnwalds Besuch bekannt wurde. Er ist tief in ihrer Religion verankert und kommt stark in der Kunst zum Ausdruck.

Der ehemalige Leiter der Ozeanien-Abteilung des Berliner Völkerkundemuseums Prof. Gerd Koch (1968) beobachtete bei den Abelam dazu folgendes: »In ihren ›heiligen Gärten‹, die nicht größer als etwa vier Ar sind, pflanzen die Männer nicht mehr als zehn bis dreißig jener Yams, indem sie (auch mit Zeremonialgrabstöcken) den Boden bis zu drei Meter Tiefe aufgraben, ein Stück Rohr in das Erdloch einführen, das zuvor ausgehobene Erdreich wieder einfüllen (wobei die vordem oberste Schicht in das Zentrum gegeben wird) und mit weiterem herbeigeschafftem Erdreich einen etwa einen Meter hohen Hügel aufhäufen. Das Rohr wird dann herausgezogen, die Saatknollen mit ihren Wurzeln über das kleine Loch gelegt und mit Erdreich bedeckt. Während des Wachstums dieser Yams scheuen die Männer keine Mühe der Pflege und der magischen Praktiken, um möglichst lange Wurzelknollen zu erzielen. So bringen sie auch rote, ›heiße‹ Farbe an die Knollen, um sie zum Wachstum zu reizen (es gibt Zeremonialgeräte zum Prüfen des Wachstums). Mit der Periode des Auswachsens, des Rankens, sind übrigens auch Kreiselspiele verbunden. Keine Frau darf jemals einen Zeremonialgarten betreten, und die Männer unterwerfen sich einem langwierigen, mindestens sechs Monate währenden Sexualtabu, um zur Pflege ihres Yams ›rein‹ zu sein. Diese Yams gelten als männlich. Die Männer geben ihnen schon während des Wachstums besondere Namen, und wenn die schließlich erntefähigen (im Extrem bis zu vier Meter langen und bis zu zwei Zentner schweren) Wurzelknollen dann in festlicher Zeremonie geborgen sind, schmückt man sie mit besonders zu diesem Zweck geflochtenen Masken, mit Kopfputz und Zierfedern, und zeichnet sie mit Würdesymbolen der ›großen Männer‹ (nimandu), mit dem Cymbrium-Brustschmuck sowie mit wertvollen Geldringen aus. Denn diese Pfahlyams gelten als geisterhafte Wesen, als Persönlichkeiten, die sehen und hören können, wenn sie auch nicht zu reden vermögen...« (G. Koch, »Kultur der Abelam«, Berlin 1968, S.17)

Den Yamsknollen zu Ehren wird anschließend ein großes Schweinefest veranstaltet. Dabei werden die prächtigsten und längsten Exemplare inmitten des Dorfes ausgestellt. Die einzelnen Knollenzüchter treten nun wie Festredner vor der versammelten festlich geschmückten Dorfgemeinschaft auf. Dabei lobpreisen sie ihre jeweilige Knolle, schwärmen davon, was sie für deren prächtiges Gedeihen und überdimensionales Wachstum alles getan haben. Schließlich sind Länge, Dicke und Gewicht der Yamsknolle ein Maß ihres Fleißes, ihrer Körperkraft und Zeugungsfähigkeit. Sie gilt deshalb auch als Männlichkeitssymbol. Die allergrößten Yamswurzeln gelten sogar als Inkarnation besonders angesehener Ahnen. Ihre Besitzer und deren Clan genießen hohes Ansehen. Da sie sich für

Eingeborene im Maprikgebiet, 1913

Der Yamsknollen-Kult der Abelam 117

blutsverwandt mit den in den Yamswurzeln lebenden Geistern halten, ist es ihnen und anderen Mitgliedern des gleichen Clans streng verboten, jemals davon zu essen. Die Riesenknollen werden immer an Mitglieder eines anderen Clans verschenkt. Besagte Sprecher benennen am Ende ihrer Knollenlaudatio die neuen Besitzer der Erdfrucht. Diese zeigen sich sehr geehrt und nehmen die Yamsknolle dankbar entgegen. Stellt es doch eine große Herausforderung an sie dar, sich nach entsprechender Zeit bei der Geberseite durch ein gleichgroßes Gegengeschenk zu revanchieren, um nicht das Ansehen aufs Spiel zu setzen.

Diese gegenseitigen Knollengeschenke sind ein wichtiges gesellschaftliches Regulativ innerhalb der Stammesgemeinschaft, um Aggressionen und soziale Spannungen abzubauen und Feindschaften zu verhindern.

Wie schon oben erwähnt, ist auch die Kunst der Abelam völlig vom Yams-Kult und seiner Fruchtbarkeitssymbolik geprägt. Figürliche Darstellungen und Holzskulpturen, die in den Männerhäusern aufbewahrt werden, haben fast immer die Form von besagten Knollen.

Die ursprünglichen Männerhäuser der Abelam sehen aus wie eine moderne Kirche oder eine dreiseitige Pyramide mit ungleichen Seitenlängen, wobei die Vorderseite bis zu fünfundzwanzig Meter hoch sein kann. Die Giebelfront befindet sich wie bei einem Zeltvorbau weiter innen und ist mit grellbunt bemalten Bildern, die etwa zwei Meter über der Erde mit einem Bildfries aus Holz enden, reichlich verziert. Im Vergleich zur Kunst am mittleren Sepik überwiegen bei den Abelam in der Darstellung mehr die malerischen Aspekte.

Dabei dominiert die Farbe Rot, weil sie in der Maprik-Region als fruchtbarkeitsfördernd gilt. Gleichfalls filigran und bunt bemalt sind die flach reliefierten Kultbretter, die bei den

Figürliche Darstellung in Yamsknollenform

Initiationszeremonien der Abelam Verwendung finden. Eindrucksvoll beschreibt sie Waldemar Stöhr (1971): »Auf den etwa schildgroßen Flächen drängen sich, als bestehe ein horror vacui, Menschen- und Tiergestalten, die nur durch geringe Erhabenheiten – Wülste und Rundungen – und die Bemalung herausgehoben sind. Es gibt kaum ein Gegenbeispiel in der Kunst, wo Fruchtbarkeit, Wuchern und Geilheit alles Organischen so unmittelbar zum Ausdruck kommt.« (Melanesien, S. 114).

Im Innern der Kulthäuser werden riesige Ahnenfiguren aufbewahrt. Hier muss ein Initiand durch die gespreizten Beine einer bunten yamsförmigen Urmutter kriechen, um symbolisch als Mann neu geboren zu werden.

Buntbemalte Kultbretter werden bei Initiationszeremonien verwendet

Phänomen Sing Sing – Touristenshow und kulturelle Machtdemonstration

Die sogenannten Sing Sing von Papua-Neuguinea sind festliche Zusammenkünfte verschiedener Ethnien, die jährlich zu bestimmten Zeiten in Goroka, Enga, Mount Hagen oder anderen Orten auf großen, meist abgezäunten Flächen oder Fußballplätzen vor Publikum abgehalten werden.

Erstmalig wurden diese bunten Großveranstaltungen in den fünfziger Jahren des vergangenen Jahrhunderts auf Veranlassung der australischen Regierungsbehörden durchgeführt, um den Papuas zumindest für ein paar Tage die Bewahrung und Stärkung ihrer kulturellen Identität kontrollierbar zu gestatten. Es ging darum, mit gemeinsamen kulturellen Vergleichsfesten den immer wieder aufflammenden blutigen Fehden zwischen den einzelnen Stämmen und Dörfern und dem Kannibalismus eine friedliche Alternative entgegenzusetzen und die Aggressionen zu dämpfen. Während die einen den Sing Sing als bloße Machtde-

Kukukuku aus der Morobe-Provinz

monstration nutzten oder um ihre Kriegsverbündeten feierlich für deren Gefallene zu entschädigen, reichte es anderen kleinen Stämmen schon, überhaupt als eigenständiges Volk wahrgenommen zu werden.

Obwohl die Sing Sing keine Erfindung der Papuas selbst sind und keinen gewachsenen traditionellen Hintergrund haben, wurden sie auch nach der Unabhängigkeit 1975 weiterbetrieben und entwickelt. Die oft von weit her angereisten Vertreter der Völker erhielten nun die Möglichkeit, sich je nach Laune und Fantasie durch ihre farbenprächtige Stammestracht, ihre eigenen Gesänge und Tänze stolz von den anderen zu unterscheiden, tänzerisch zu imponieren, die anderen aber auch zu bewundern, anstatt sie zu bekämpfen.

Es ist eine der wenigen Möglichkeiten der Völker im Osten Neuguineas, die eigene, meist schon durch Zivilisationeinflüsse und Missionierung untergegangene Kultur zeitweilig wenigstens folkloristisch wiederzubeleben. Somit bieten die Sing Sing eine Chance, zumindest für ein paar Tage das gewohnte Wellblechhüttendasein zu vergessen und mit der Verkleidung eine symbolische Reise in die Zeit der Großväter zu unternehmen, durchaus vergleichbar den Aktivitäten unserer Trachtenvereine daheim in Deutschland. Aufgrund der verstärkten Polizeipräsenz gibt es auf den Sing Sing relativ wenig körperliche Auseinandersetzungen zwischen den traditionell verfeindeten Parteien, obwohl Pa-

Huli-Tänzer beim Sing Sing

Huli und andere Festteilnehmer von Goroka

pua-Neuguinea heutzutage in der weltweiten Kriminalstatistik sich nicht viel von Südafrika unterscheidet.

Die Huli, Melpa, Chimbu, Mbowamb oder Mendi nutzen diese Anlässe, um alte Schulden zu begleichen, Brautpreise und Hochzeiten auszuhandeln, Konflikte zu schlichten und Geschäfte abzuwickeln. Die Sing Sing in Papua-Neuguinea, besonders in Goroka, sind außerdem seit einigen Jahrzehnten zu einer zunehmend lukrativen Touristenattraktion geworden. Hier können den zahlungskräftigen Besuchern aus Übersee für klingende Münze die vermeintlich wilden Bräuche der einstigen »Menschenfresser« vorgegaukelt werden.

Zu den Schlamm-Menschen spielenden Asaro mit ihrer angeblichen Kriegslistlegende und den grotesken Masken, die es höchstwahrscheinlich während der deutschen Kolonialzeit noch nicht gegeben hat, haben sich inzwischen die sogenannten Skelettmenschen und Moosmänner als beliebte Fotomotive dazugesellt. Fotos von bunt bemalten Perückenträgern und

martialisch erscheinenden Urwaldkriegern, geschmückt mit unzähligen Paradiesvogelbälgen und Nasenknochen, fehlen in keinem Reiseprospekt über Papua-Neuguinea und füllen ganze Bildbände von Fotografen und Reiseschriftstellern.

Seit einigen Jahren finden ähnliche Veranstaltungen auch in West-Papua statt. Die indonesischen Machthaber haben inzwischen erkannt, dass ein Baliem- oder Sentani-Festival eine gewisse Ventilfunktion haben kann und zeitweilig von den politischen Problemen ablenkt. Die Dani können ihre aufgestauten Aggressionen in ihren Tänzen, Gesängen und vor allem in den nachgestellten traditionellen Kriegsspielen abbauen und zu ihrer kulturellen Identität stehen, ohne dafür diskriminiert zu werden. Und zudem lässt sich das alles genauso gut für den Tourismus vermarkten wie die Sing Sing in Papua-Neuguinea. Allerdings kam es in der jüngsten Vergangenheit dabei auch schon zu blutigen Auseinandersetzungen mit dem indonesischen Militär.

Schlamm-Menschen spielende Asaro beim Sing Sing · Meska am Korosameri

Trobriand – freie Liebe, Kindersexualität und Kula-Ringtausch

»Knaben und Mädchen haben reichliche Gelegenheit, sich von ihren Gefährten in erotischen Dingen unterweisen zu lassen. Die Kinder weihen sich gegenseitig in die Geheimnisse des Geschlechtslebens ein auf durchaus praktische Art und Weise in sehr frühem Alter. Lange ehe sie imstande sind, den Geschlechtsakt wirklich auszuführen, beginnt ihr frühzeitiges Liebesleben. In ihrem Spielen und Zeitvertreiben befriedigen sie ihre Neugier nach Aussehen und Funktion der Geschlechtsorgane und erleben dabei, wie es den Anschein hat, ein gewisses Lustgefühl. Abtasten der Geschlechtsorgane und leichte Perversionen, wie etwa orale Reizung der Organe, sind typische Arten dieser Vergnügungen.«

(Aus Malinowski, 1929, S. 36ff)

Die melanesische Urbevölkerung auf den nach dem französischen Seeoffizier Denis de Trobriand benannten Inseln gehört hauptsächlich zum Volk der Massim. Zu ihrem Verbreitungsgebiet zählt auch das Küstengebiet Milne Bay auf Neuguinea, die d'Entrecasteaux-Inseln und Rossel-Insel, die zu den Louisiaden gehört. Trotz verhältnismäßig einheitlicher Inselbevölkerung und Sprachverwandtschaft untereinander so gab und gibt es doch erhebliche Kulturunterschiede zu den Trobriandern.

Letztere waren beispielsweise niemals Kannibalen gewesen. Dagegen soll auf dem zu den d'Entrecasteaux-Inseln zählenden Fergusson-Eiland noch 1973 Kannibalismus praktiziert worden sein (H. Uhlig 1989). Auf den Trobriand-Inseln haben traditionell die Frauen das Sagen. Es werden nach H. Jüptner (2002) folgende vier Clans unterschieden: Malasi, Lukulabuta, Lukwasisiga und Lukuba. Diese ausgeprägte Form von Matriarchat führte der bedeutende polnische Ethnologe Bronislaw

Malinowski (1929) auf ihren Glauben zurück, dass nur die Frau die Entstehung eines Kindes verursacht – männliche Erzeuger spielen dabei keine Rolle. Es bestand also überhaupt keine leibliche Verbindung zwischen dem Kind und seinem biologischen Erzeuger.

Dieser vorherrschende Glaube bestimmt demzufolge auch alle möglichen Ansichten der Trobriander über Güterübertragung und Erbschaftsfolge innerhalb der Verwandtschaft, über Rangnachfolge und gesellschaftliche Stellung. Diese wird beispielsweise matrilinear vom Mann auf die Kinder der Schwester vererbt und nicht auf die eigenen Kinder. Die sogenannte Mutterlinie legt auch die Heiratsbeschränkungen und Sexualtabus fest. Bei Todesfällen können nur die mütterlicherseits verwandten Menschen eine Begräbniszeremonie für den Verstorbenen abhalten und gemeinsam trauern. Direkte Familienmitglieder, bei denen beispielsweise ein Vater-Kind-Verhältnis besteht, werden davon ausgeschlossen. Sie dürfen den Verstorbenen noch nicht einmal berühren. In den Zeiten vor der Missionierung bewahrte man gelegentlich den Schädel oder andere Knochenteile des Toten als Reliquie auf oder verwendete sie als Haushaltsgegenstand.

Nach dem Tod wandert die Seele auf eine Insel namens Tuma, um dort ein paradiesisches Leben zu führen. Im Sinne einer Reinkarnation glauben die Massim von den Trobriand-Inseln, dass auch jedes neugeborene Kind von dieser Insel Tuma stammt.

Obwohl es bei den Trobriandern die Ehe als Institution gibt, haben sie nach den Erkenntnissen von Malinowski (1922)

Initiationstanz der Mädchen auf Gawa

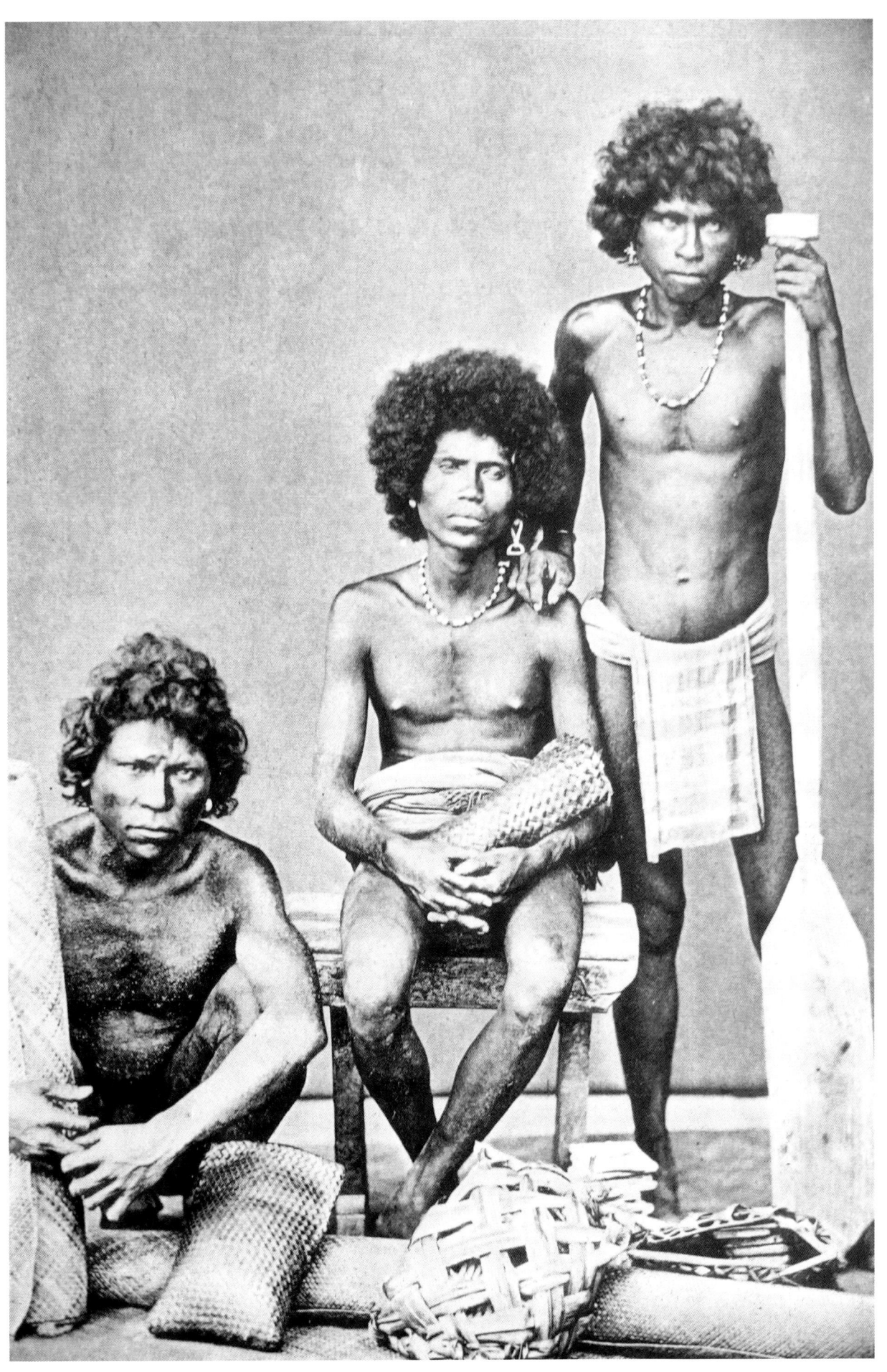

keine Vorstellung »vom Anteil des Mannes an der Zeugung von Kindern«. Ein »Vater« wurde ihm zwar als mit der Mutter verheirateter und im selben Haushalt wie dieser lebenden Mann beschrieben, der aber ansonsten als Tomkawa – als ein Fremder galt, um seine untergeordnete Stellung in einem eventuellen Erbschaftsstreit bewusst zu machen. Und doch stellt Malinowski fest, dass die politische Macht in den Händen von Männern liegt. Es gab auf Trobriand zwar nie Geheimbünde oder Institutionen wie Männer- oder Geisterhäuser, aber dafür ein gut entwickeltes Häuptlingswesen. Die mächtigsten Häuptlinge kamen einst aus Omarakana. H. Uhlig (1989) beschreibt, dass dieses Dorf auch jetzt noch existiert und als großzügig angelegte Siedlung einer Herrschaftsfamilie mit zentralem Yams-Haus und bemaltem Giebel erhalten geblieben ist.

Im Gegensatz zu den Männerhäusern auf Neuguinea gab es bei den Trobriandern nur Junggesellenhäuser, sogenannte Bukumatula. Konkret meinte Malinowski damit eine geräumige Schlafhütte für zum Teil sehr junge unverheiratete Paare. Das Interieur dieser »Ledigen-Häuser« bestand lediglich aus einfachen Schlafbänken, Zudecken und Matten. In der Regel gehörte das Bukumatula einer Gruppe von jungen Männern, während der Älteste von ihnen als der nominelle Eigentümer galt. Es sollen früher aber auch Mädchen solche »Ledigen-Häuser« besessen haben. Innerhalb dieser Häuser herrschte ein besonderer Ehrenkodex vor, der den Bewohnern feste sexuelle Regeln abverlangte.

Obwohl es sich meistens nur um zeitweilige Paarbeziehungen handelte, bei denen Erfahrungen für das spätere Eheleben gesammelt wurden, schlief jedes Paar streng für sich getrennt von anderen im eigenen Bett. Gruppensex, Partnertausch und Voyeurismus waren verpönt und nicht erwünscht, obwohl die Betten oft dicht nebeneinander standen. Jemand,

der gegen diesen Brauch verstieß, galt als Kaylasie, als jemand, der sich »geschlechtlich verging«. Ein im Junggesellenhaus lebendes Paar war durch kein Stammesgesetz aneinander gebunden. War das sexuelle Bedürfnis oder Liebesgefühl für den jeweiligen Partner nicht mehr vorhanden, musste das Mädchen ausziehen und sich einen neuen Sexual- beziehungsweise Liebespartner suchen. Allerdings entwickelten sich aus Bukumatula-Beziehungen auch spätere Ehen. Interessant ist, dass auf Trobriand junge Leute lange vor der Ehe sexuelle Kontakte haben dürfen – dieses Verhalten wird sogar von den Eltern gefördert. Aber niemals dürfen eine junge Frau und ihr Partner vor der Ehe zusammen eine gemeinsame Mahlzeit einnehmen. Das gilt als Frevel und würde das moralische Empfinden der Einheimischen enorm verletzen. In Deutschland wäre dagegen ein gemeinsames gepflegtes Essen zweier junger Leute ein durchaus ehrbarer und höflicher Schritt, um sich näher kennen zu lernen. Bei den Trobriandern dürfen weder die jungen Männer noch ihre Partnerinnen in oder vor dem Bukumatula etwas essen. Gegessen wird daheim bei den Eltern.

Nur bestimmte hochrangige Häuptlinge durften mehrere Ehefrauen oder Sexualpartner haben. Es galt sogar als die Pflicht eines Häuptlings, seine Macht durch Polygamie zu verstärken. Die Unterclans seiner Ehefrauen waren verpflichtet für den Unterhalt aufzukommen und Ehe-Beihilfesteuern zu zahlen. Das führte bei einigen Häuptlingen zur Anhäufung eines für melanesische Verhältnisse unermesslichen Reichtums. Je angesehener der Mann war, desto mehr jährliche Mitgift konnte er von den Verwandten der jeweiligen Frau einfordern.

Damit waren die Häuptlinge in der Lage, große Feste, aber auch Kriegszüge zu finanzieren. Starb eine Ehefrau, bekam er sofort von dem entsprechenden Unterclan eine Stellvertreterfrau, eine sogenannte Kaymapula, nebst neuen Beihilfezahlungen, meist in Form von Nahrung oder Muschelgeld. Der Häuptling von Omarakana hatte beispielsweise sechzig Ehefrauen und war alleiniger Herrscher von beinahe ebenso vielen Dorfgemeinschaften in der Nordhälfte der Insel. (B. Malinowski 1929).

Englische Kolonialbeamte und Missionare versuchten zwar schon frühzeitig die Macht der großen Häuptlinge einzudämmen, in dem sie versuchten, Häuptlingsfrauen zur Aufgabe ihrer Ehe zu bewegen – jedoch ohne Erfolg. Die Verhältnisse änderten sich erst, als die letzten großen Häuptlinge verstorben waren. Eine besondere kulturelle Eigenheit, die in den heutigen westlichen Gesellschaften als ausgesprochen moralisch bedenklich gilt, war das freizügige Sexualleben bei Kindern und Jugendlichen auf Trobriand. Malinowski berichtete darüber ausführlich und glaubwürdig in seinem völkerkundlichem Standardwerk »Das Geschlechtsleben der Wilden« (Leipzig 1929, S. 36 ff.): »Es heißt, dass kleine Mädchen und Knaben häufig von ihren etwas älteren Gefährten eingeweiht werden, die

Typische Familienhütten auf Gawa

sie bei ihren eigenen Liebeständeleien zuschauen lassen. Allein von dem Grad ihrer Neugier, ihrer Reife und ihres ›Temperaments‹ oder ihrer Sinnlichkeit hängt es ab, wie sehr oder wie wenig sie sich geschlechtlichem Zeitvertreib hingeben, denn sie sind durch keinerlei elterliche Autorität gezügelt und durch keinen Sittenkodex gebunden, abgesehen von dem besonderen Stammes-Tabu. Die Erwachsenen, ja sogar die Eltern verhalten sich gegenüber solch kindlicher Hemmungslosigkeit entweder völlig gleichgültig oder durchaus wohlwollend – sie finden es natürlich und sehen nicht ein, warum sie einschreiten sollten. Meistens bekunden sie eine Art nachsichtiges, belustigtes Interesse und erörtern die Liebesaffären ihrer Kinder im leichten Scherzton. Oft habe ich im wohlwollenden Geplauder Aussprüche wie etwa den folgenden gehört: ›Die und die (ein kleines Mädchen) hat schon Verkehr gehabt mit dem und dem – (einem kleinen Jungen)‹, und wenn es sich gerade so trifft, wird etwa hinzugefügt, es sei ihre erste Erfahrung. Wird der Liebhaber gewechselt oder spielt sich sonst ein kleines Liebesdrama in der Welt der Kleinen ab, so erörtert man es halb ernst, halb scherzend. Der kindliche Geschlechtsakt, oder was ihn ersetzen muß, wird als unschuldiges Vergnügen betrachtet. Sie spielen eben kayta (Geschlechtsverkehr haben). Sie schenken sich gegenseitig eine Kokosnuß, ein kleines Stück Betelnuß, ein paar Perlen oder einige Früchte aus dem Busch, und dann verstecken sie sich und kayta. Doch gilt es als ungehörig, wenn die Kinder ihre Liebesgeschichten im Haus betreiben, es hat vielmehr stets im Busch zu geschehen.

Der Zeitpunkt, da ein Mädchen sich solcherart zu vergnügen beginnt, fällt nach meinen Informationen mit dem Anlegen des ersten kurzen Bastrockes zusammen – das wäre im Alter von vier oder fünf Jahren. Doch das kann sich offensichtlich nur auf unvollkommene Praktiken und nicht auf den wirklichen Akt beziehen. Einige meiner Gewährsleute behaupteten zwar, solch kleine weibliche Kinder hätten tatsächlich Verkehr mit Penetration. Eingedenk jedoch der starken Neigung der Trobriander zu grotesken Übertreibungen – einer Neigung, die eines gewissen boshaften Rabelaisischen Humors nicht entbehrt – bin ich geneigt, die Behauptung meiner Gewährsleute nicht für ganz voll zu nehmen. Wenn wir den Beginn des wirklichen Geschlechtslebens beim Mädchen auf das Alter von sechs bis acht und beim Knaben von zehn bis zwölf festsetzen, so dürften wir in keiner Richtung sehr weit von der Wahrheit abweichen. Von diesem Zeitpunkt an gewinnt die Geschlechtlichkeit im Laufe des Lebens immer größere Bedeutung, bis sie allmählich wieder an Wichtigkeit verliert, wie es im Wesen der Natur liegt.

Geschlechtliche oder zumindest sinnliche Lust ist eines der Elemente, wenn nicht gar die Grundlage vieler kindlicher Zeitvertreibe. Manche Spiele natürlich verschaffen überhaupt keine geschlechtliche Erregung – zum Beispiel alle, die wirtschaftliche oder rituelle Betätigungen der Erwachsenen nachahmen, oder Geschicklichkeitsspiele oder kindlicher Sport; aber alle Arten Reigenspiele, die von den Kinder beiderlei Geschlechts auf dem Sportplatz gespielt werden, haben einen mehr oder weniger ausgesprochenen geschlechtlichen Beigeschmack, wenn auch hier die gebotenen Ventile indirekt und nur den äl-

teren Jünglingen und Mädchen zugänglich sind, die sich an den Spielen beteiligen.

Es gibt aber auch eine besondere Art von Spielen, an denen sich ältere Kinder nie beteiligen, bei denen jedoch Geschlechtliches ganz unmittelbar eine Rolle spielt. So spielen die Kleinen etwa »Hausbauen« oder »Vater und Mutter«. Aus Stöcken und Zweigen wird in einem abgelegenen Teil des Waldes eine kleine Hütte gebaut und von einem oder mehreren Paaren bezogen; nun spielen sie Mann und Frau, machen sich Essen zurecht und führen den Geschlechtsakt aus oder ahmen ihn nach, so gut sie eben können.«

Trotz dieser im Vergleich zu europäischen Verhältnissen recht freizügigen Sexualität gab es nach Malinowski bei den Trobriandern sieben feststehende Sexualtabus (zusammengefasst von H. Uhlig 1989, S. 201):

· Bei weitem das strengste ist das Verbot des Bruder-Schwester-Inzests; es ist das Kernstück des suvasova-Tabus; Übertretungen kommen sowohl in der Wirklichkeit als auch in der Sage äußerst selten vor.

· Blutschande mit der Mutter gilt als unnatürlich und undenkbar; Fälle sind nicht bekannt; sie ist eine wichtige Form des suvasova; es wird nicht mit derselben Abscheu wie vom Bruder-Schwester-Inzest davon gesprochen.

· Geschlechtsverkehr mit der eigenen Tochter wird nicht suvasova genannt; es stehen keine übernatürlichen Strafen darauf; er wird als schlimm empfunden; mehrere Fälle davon sind bekannt.

· Geschlechtsverkehr mit der Tochter der Schwester der Mutter ist eine Form des suvasova; er kommt selten vor; gilt als sehr schlimm und wird stets geheimgehalten; bei Entdeckung wird er schwer bestraft.

· Geschlechtsverkehr mit der Schwester der Frau gehört nicht zum suvasova, gilt aber als schlimm; Heirat, ob nun in Form der Polygamie oder mit der Schwester der verstorbenen Frau, begegnet starker Missbilligung; doch sie kommt vor, während Liebesverhältnisse nicht selten sind.

· Geschlechtsverkehr mit der Schwiegermutter oder mit der Frau des Bruders ist ungehörig, aber kein suvasova und kommt wahrscheinlich selten vor.

· Geschlechtsverkehr mit der »klassifikatorischen« luguta (meine Schwester) ist suvasova; er ist durch Stammesgesetz verboten und durch übernatürliche Strafen bedroht, wird jedoch häufig ausgeübt und ist sozusagen sehr gesucht.

Neben den frühkindlichen oder spielerischen Formen der Sexualität und dem relativ geordneten Liebesleben im Junggesellenhaus gab es gelegentlich bei den Trobriandern besonders im Süden der Hauptinsel nach großen Festen auch orgiastische Auswüchse von Gruppensex unter den Eingeborenen. Nach Malinowski (1929) wurde zwischen Festen und Spielen mit einem sexuell orgiastischen Ausgang – dem sogenannten Milamala, bei dem sich fremde Gruppen begegnen, dem Ulatile – einer Liebesexpedition junger Männer, dem Katuyausi – einem Sexualausflug von Mädchen und der Yausa, der Vergewaltigung alleinstehender Männer durch junge Frauen besonders während einer bestimmten Pflanzungsphase unterschieden.

»Der Mann ist Freiwild für die Frauen; geschlechtliche Gewalttätigkeit, unzüchtige Grausamkeit, widerwärtige Beschmutzung, grobe Behandlung – alles muß er über sich ergehen lassen. Zuerst wird ihm das Schamblatt abgerissen und zerfetzt, der Schutz seines Schamgefühls und das Symbol seiner Manneswürde. Dann versuchen die Frauen durch Masturbation und exhibitionistische Praktiken bei ihrem Opfer eine Erektion hervorzurufen; ist das gewünschte Ergebnis erreicht, so kauert sich eine von ihnen über ihn und führt seinen Penis in ihre Vagina ein. Nach der ersten Ejakulation wird er unter Umständen von einer zweiten Frau ebenso behandelt, aber Ärgeres kommt noch. Einige Frauen entleeren ihre Exkremente und ihren Harn über seinen ganzen Körper, wobei sie besonders sein Gesicht beschmutzen, so sehr sie nur irgend können.« (aus B. Malinowski 1929, S. 187 f.)

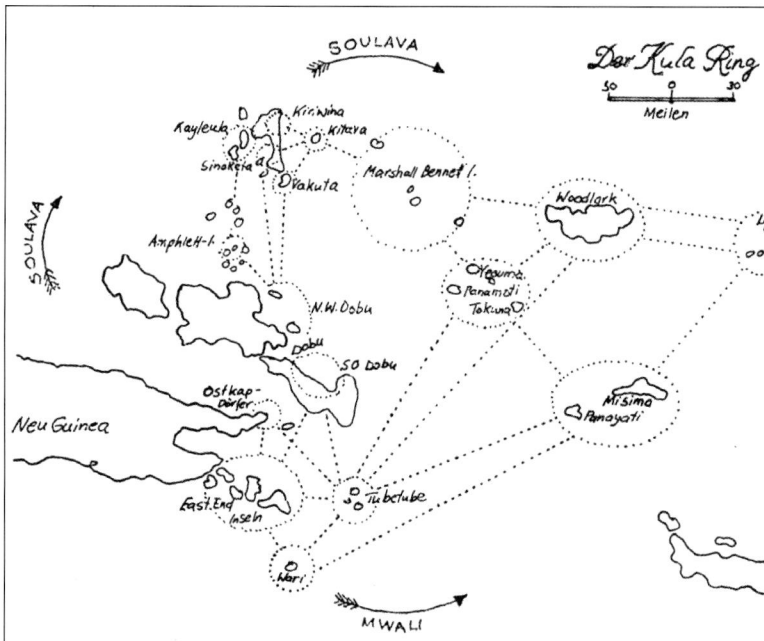

Der Kula-Ring nach Malinowski, 1922

Malinowski kannte zwar letzteres nur aus mündlichen Befragungen von Eingeborenen, aber Zeitungsmeldungen noch aus den neunziger Jahren des letzten Jahrhunderts, wobei beispielsweise ein Missionar das Opfer eines sexuellen Übergriffs von einigen liebestollen Frauen wurde, scheinen diese traditionelle Praktik auch heute noch zu bestätigen. Vor dem Eintreffen der Weißen sollen auf den Trobriand-Inseln bestimmte Feste, die mit einem öffentlichen Massengeschlechtsverkehr auf den Dorfplätzen endeten, gar nicht selten vorgekommen sein. Trotz Missionierung, Kulturverfall und staatlichen Verboten finden auch heute noch zur Erntezeit Stammesfeste mit Fruchtbarkeitsriten und Tänzen statt. Während dieser Zeit praktizieren junge Leute untereinander eine freizügige Sexualität, ohne dabei Verpflichtungen einzugehen oder danach heiraten zu müssen. Interessant ist, dass dabei angeblich keine Schwangerschaften zustandekommen.

Die Einwohner auf den Trobriand-Inseln halten bis heute an ihrem traditionellen Tauschhandel Kula oder Kula-Ring und allen damit verbundenen Riten fest. Dabei geht es nicht um einen gewöhnlichen Tausch wie Ware gegen Geld oder Ware gegen Ware, sondern um den gegenseitigen Austausch von Schmuckstücken wie Muschelhalsketten und Armreifen. Dieser Austausch dient nicht dem profanen Zweck, dass die Gegenstände zum dauerhaften Eigentum des jeweiligen Tauschpartners werden, sondern nach einem Jahr wieder erneut weitergetauscht werden. Dabei wird vorher genau festgelegt, wer später welche Gegenstände erhält. Die Armringe aus weißen polierten Konus-Meeresschnecken – sogenannte Mwali – wandern auf den in den Kula-Handel involvierten Inseln gegen den Uhrzeigersinn. Und die aus den Scheiben der roten Charma-Muschel gefertigten Halsketten – sogenannte Soulava – als Zeichen von weiblichem Schmuck wandern in die entgegengesetzte Richtung, also mit dem Uhrzeigersinn (P. Sillitore, 1998). Somit werden männlicher und weiblicher Schmuck in entgegengesetzten Kreisrichtungen ausgetauscht und begegnen sich dabei unterwegs. Vielleicht erfolgte dieser Austausch früher nach einem Austausch von Frauen, um einen dauerhaften Frieden zwischen den Massim-Stämmen zu besiegeln. Aber nicht jeder darf am Kula-Tausch teilnehmen. Er wird nur von bestimmten Tauschpartnern vollzogen.

Mit dem jeweiligen Rang eines Mannes nimmt auch die Anzahl seiner Tauschpartner zu. Große Häuptlinge haben oft Hunderte Kula-Kontakte. Und diese Kula-Partnerschaften können auf die Söhne weitervererbt werden. Denn viele Kula-Gegenstände aus weit entfernten Gebieten erhöhen das Ansehen des zeitweiligen Besitzers. Sie sind laut H. Uhlig (1989) und R. Thurnwald (1913) Mittelpunkt des Stammesklatsches. In der Regel benötigt ein Armreif etwa zwei bis zu zehn Jahre, bis er wie ein Wanderpokal eine Runde gemacht hat und wieder wohlbehalten beim Stifter ankommt, um schließlich erneut auf seine Reise zu gehen. Feilschen ist beim Kula-Handel verpönt. Nur beim normalen Handel, der parallel dazu verläuft, ist es erlaubt. Dabei werden Nahrungs- und Genussmittel wie Taro, Yams und Betelnüsse gegen Töpfe, Schildpatt oder Axtklingen getauscht.

Anhaltende Streitigkeiten wurden früher nicht selten durch Giftmord gelöst. Dazu träufelte der Täter einige Tropfen aus der Galle des giftigen Tetraodon-Fisches (H. Jüptner 2002) in eine Betelnuss und reichte sie seinem Kontrahenten. Der Tod trat kurz darauf durch Atemlähmung ein. Auch wenn auf der Hauptinsel Kiriwina (früher Boyawa) die Akkulturierung besonders durch den Einfluss der Missionen massiv fortgeschritten ist, konnte H. Uhlig (1989) noch einige Dörfer finden, die ihre traditionelle Hausform und Dorfanlage beibehalten haben. Das gleiche gilt für den Lebensrhythmus im Alltag der Einwohner. Der Anbau von Yams und Taro sind neben Fischfang nach wie vor die wichtigsten Ernährungsgrundlagen.

Stirbt jemand von den Angehörigen der Mutterlinie, wird eine Totenklage, die sich über mehrere Nächte verteilt, abgehalten. Enge Angehörige des Verstorbenen schwärzen als Zeichen ihrer Trauer den Körper mit Kokosschalenruß und scheren sich die Köpfe kahl.

Neubritannien oder Neupommern – die größten Masken der Welt

»Was dann aber an jenem 13. August geschieht, übertrifft alle Befürchtungen. Früher als sonst, schon gegen acht Uhr morgens, kehrt To Maria, der Schießjunge Pater Raschers, aus dem Busch zurück und meldet, daß er keine Trauben getroffen habe. Dann richtet er das Gewehr auf den fieberkrank im Bett Liegenden und tötet ihn durch einen Schuß in die Brust. Missionsschwester Anna ist das zweite Opfer. Nachdem es ihr vorübergehend gelungen war, sich in einem Seitenzimmer einzuschließen und unter den Tisch zu flüchten, erhält sie einen Kugelschuß in die Stirn. Schwester Angela wird mit der Axt niedergestreckt. Man findet sie in ihrem Blut am Fuß des Altars neben den ausgeschütteten Hostien. Auch gegen die verbliebenen sieben Missionsangehörigen gehen die Baining bei der Tat mit ungeheurer Brutalität vor, indem sie die christlichen Sendboten ohne Vorwarnung mit Schrotflinten erschießen oder mit Äxten und Messern niedermachen...«

(Aus G. Graichen u. H. Gründer,
»Deutsche Kolonien«, Berlin 2007, S.178)

Die Inselvölker des einstigen Neupommern (Neubritannien) stellten ein Konglomerat verschiedener Kulturen dar, die in ihren künstlerischen Ausdrucksformen oft Übereinstimmungen oder erkennbare Zeichen gegenseitiger Beeinflussung aufwiesen. Ausgenommen davon waren die Ureinwohner der nordöstlichen Küstengebiete der Gazelle-Halbinsel, die zusammen mit der Region des St.-George-Kanals eine eigene Stilrichtung bildeten. Auch West-Neubritannien gehörte kulturell eher zur Huon-Region im gegenüberliegenden Neuguinea.

Das Zentrum der Gazelle-Halbinseln war und ist bis heute das Siedlungsgebiet einer alteingesessenen Bevölkerung, der Baining, die sich sowohl sprachlich als auch äußerlich sehr von den Nachbarstämmen, den Livuan, Tolai, Sulka und Taulil, unterscheiden. Schon vor Ankunft der Europäer hatten die Baining unter den für ihre Sklavenraubzüge berüchtigten, eingewanderten Tolai zu leiden und mussten auf deren Kokosplantagen Frondienste leisten. Die Abhängigkeit und Hörigkeit

Frauen aus Neupommern

ging so weit, dass die versklavten Baining sogar an Raubzügen der Tolai gegen die noch im Inselinneren isoliert lebenden Baining teilnahmen, bei denen weitere Sklaven und Menschenfleisch erbeutet wurden. Der Verzehr von Menschenfleisch war besonders für die dem sogenannten Iniet-Geheimbund angehörenden Tolai wichtig, weil Schweinefleisch für sie tabu war.

Bereits Ende des neunzehnten Jahrhunderts waren mehrere Missionsgesellschaften auf Neupommern mit dem Ziel aktiv, diese intertribalen Kriege und die Sklaverei zu beenden. Allerdings nur mit mäßigem Erfolg. Besonders erwähnenswert erscheinen mir die fragwürdigen rigiden Bekehrungsversuche, die im August 1904 zehn Hiltruper Missionare in St. Paul schließlich mit dem Leben bezahlten. Der höchst autokratische Missionschef hatte es sich zwecks Durchsetzung seines Missionsauftrages zur Aufgabe gemacht, den Baining, Tolai und den wiederum von ihnen versklavten Taulil die Kinder und Waisen gegen Muschelgeld abzukaufen, um diese in sogenannten Christendörfern nach europäischem Vorbild zu erziehen. Sie sollten zur Schule gehen, einen Beruf erlernen, schließlich untereinander heiraten, um dann später beispielgebend zum kulturellen Untergang ihrer kannibalistischen Verwandten im Urwald beizutragen. Dazu hatten sich diese einem festen sittenstrengen Regime auf dem Stationsgelände unterzuordnen. Das erzeugte logischerweise Unmut unter den fest mit ihrem Geisterglauben und geheimen Totenkulten verbundenen Eingeborenen sowohl innerhalb als auch außerhalb des Missionsgeländes. Allerdings waren damit die religiösen Vorstellungen

Haraiga-Riesentanzmasken der Baining

Bewohner der Gazelle-Halbinsel

ren bei den Baining gar Exemplare von fünfundvierzig Metern Höhe und drei Metern Breite beobachtet haben.

Ein oder zwei Tänzer trugen die Hareiga mithilfe eines trichterförmigen Kopfschutzes aus Bambus, des sogenannten Sareigi. Noch zu Beginn der deutschen Kolonisationszeit soll es Kultfeste mit über siebzig Hareigas gegeben haben. Es wird vermutet, dass sie bestimmte mythische Geisterwesen verkörpert haben sollen.

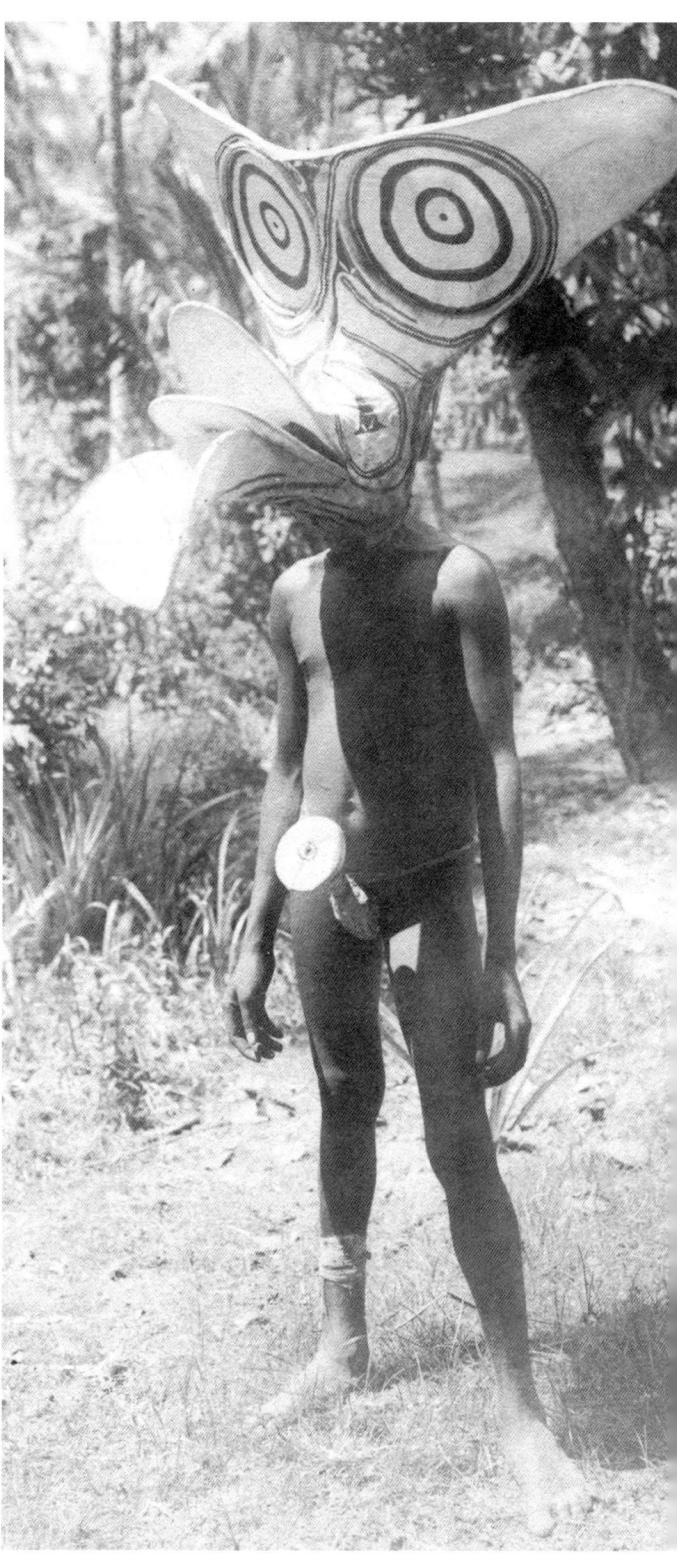

Bainingmaskennträger

der Baining, ihr strenger Ahnen- und Geisterkult und das gewohnte traditionelle Zusammenleben in der Stammesgemeinschaft noch lange nicht zu brechen. Etliche Demütigungen, körperliche Züchtigungen durch Missionsangestellte und Ordensschwestern und die bevorstehende Einweihung einer Kirche auf ursprünglichem Bainingland brachten schließlich das Fass zum Überlaufen. Sie führten zu dem erwähnten Massaker an den Missionaren der Stationen St. Paul und Nacharunep durch ehemals freigekaufte Sklaven der Tolai.

Obwohl möglicherweise die Tolai dieses Attentat selbst angezettelt hatten, sollen sie bei der Ergreifung der Baining mitgeholfen und sogar die von den Deutschen ausgesetzte Kopfgeldprämie eingestrichen haben. Die Täter erhielten die Todesstrafe und wurden erschossen.

Kulturell galten die Baining als das Volk, das die größten Masken, die es jemals auf der Welt gab, herstellten. Diese meist über zehn Meter hohen, ballon- oder polypenförmigen Gebilde bestehend aus Kopf, Hals, Gliedmaßen und Bauch nannten sie Hareiga. Sie bestanden aus einem mit bemaltem Baststoff überzogenen Bambusgerüst.

Der bekannte deutschstämmige Farmer und Neuguinea-Forscher Richard Parkinson (1907) will vor über hundert Jah-

Sisu-Masken der Sulka

Kleinere phallusähnliche Masken gleicher Bauart fanden offenbar bei der Jünglingsinitiation Anwendung.

Anlässlich der Kultfeste verwendeten manche Baining-Männer auch wunderschön bemalte Sichelbretter, die sie dann an fünfzehn Meter langen Bambusstangen durchs Dorf trugen. Leider ist über deren kultische Bedeutung nichts überliefert worden. Einige Informationen über die Sprache und Bedeutung der Zeremonien konnte Richard Thurnwald, der als der erste wirklich ausgebildete Völkerkundler in Deutsch-Neuguinea galt (M. Melk-Koch 1989), noch 1909 während seines vierwöchigen Aufenthaltes bei den Baining sammeln. Zum weitgehenden Verschwinden der ursprünglichen Kultur haben in den nachfolgenden Jahrzehnten nicht nur Missionare, sondern auch die japanischen Besatzer während des Zweiten Weltkrieges beigetragen. Viele Baining wurden von japanischen Soldaten ermordet. Bei den heutigen Maskenzeremonien für Initianden spielen nächtliche Feuertänze eine wichtige Rolle.

Weiter südlich im Gebiet der Wide-Bay lebt das Volk der Sulka. Auch sie fertigten einst außergewöhnliche Masken an. Allerdings nicht aus Bast sondern aus Baummarkwülsten, die in aufgesplissenes Bambus eingeflochten wurden.

Es gab bei den Sulka einfache kegelförmige Stülpmasken mit Augen, Nase und Ohren und solche, auf denen noch ein

Feuertanzzeremonie der Baining

etwa zwei Meter breiter und ebenso hoher »Sonnenschirm« aufgebunden war. Die Grundfarbe dieser Objekte war stets zinnoberrot. Interessant war die Tatsache, dass die Sulka das einzige Volk Melanesiens waren, das aus bestimmten Pflanzensäften grüne Farbe herstellen konnte. (W. Stöhr, 1971). Damit bemalten sie ihre prächtigen schildbuckelartigen Kampfschilde. Die sogenannten Sisu-Masken hatten eine kegelförmige Grundform und ähnelten sehr den Duk-Duk-Masken. Die Unterseiten der tellerartigen Scheiben waren mit geschwungenen Motiven, die den Kopf und Schnabel eines Fregattvogels darstellten, verziert. (H. Nevermann, 1933). Über die genaue religiöse Bedeutung der Tellermasken ist kaum etwas bekannt. Sämtliche Masken wurden bei den Sulka als Abkömmlinge einer gemeinsamen Mutter mit dem Namen Parol, die auf dem Versammlungsplatz des Geheimbundes wohnte, betrachtet. Sie durften weder von Frauen noch von uneingeweihten Männern gesehen werden. Angeblich litt Parol an großen furchterregenden Geschwüren und höhlte mit ihren scharfen Zähnen die großen Schlitztrommeln des Stammes aus. Frauen mieden selbst die Umgebung des Versammlungsplatzes, weil sie befürchteten, unfruchtbar zu werden. Im Gegensatz dazu brauchten die Kinder bei öffentlichen Auftritten der Maskentänzer den Kontakt nicht zu scheuen, weil es sogar für ihr Wachstum förderlich war.

In den Geheimbund wurden meist nur die erstgeborenen Söhne aufgenommen. Zu den Aufnahmezeremonien gehörte die feierliche Übergabe eines Bastschurzes und die Rasur des Haupthaares.

Fischreusen

Anschließend mussten die nunmehr Eingekleideten in der Zeremonialhütte einen Mann, der sich freiwillig zur Verfügung stellte, auspeitschen. Ihnen sollte damit vor Augen geführt werden, welche Strafe sie selbst erwartete, wenn sie die Geheimnisse der Masken an Uneingeweihte verrieten. Die Geheimbündler der Sulka achteten peinlichst genau darauf, dass sich niemand ihren Masken oder Trommeln näherte, der unverheiratet Geschlechtsverkehr ausgeübt hatte. Man befürchtete, dass sich diese »Verunreinigung« auf die Instrumente übertragen könnte. Solange so ein »Sünder« nicht feierlich geehelicht und sich damit von dieser Schande befreit hatte, wollte niemand etwas mit ihm zu tun haben.

Einige Masken der Sulka und der Glaube einer heimlichen Zauberervereinigung mit übersinnlichen Fähigkeiten anzugehören, existierten allerdings nur in ihrer Phantasie.

Geldgier, Diebesamulette und Geheimbünde

»Geld, Geld und nochmals Geld: das Wichtigste in dieser Region. Nirgendwo sonst in Melanesien spielt das Geld eine so beherrschende Rolle. Selbst die vielgeschmähte ›Jagd auf den Dollar‹ wird hier noch in den Schatten gestellt. [...] Jeder Beobachter bescheinigt ihnen, daß ihr Leben ganz und gar von Habgier und Misstrauen geprägt ist. Um Tambu zu erwerben, ist ihnen jedes Mittel recht. Man tätigt Leihgeschäfte mit enormen Zinssätzen, betreibt Sorten- und Devisenhandel, spekuliert und handelt, wo man nur kann.«

(Aus W. Stöhr, Melanesien, 1972, S. 152 ff.)

Der nordöstliche Küstenbereich der Gazelle-Halbinsel vom ehemaligen Neupommern, der Süden vom ehemaligen Neumecklenburg bis hin zu Neulauenburg oder den Duke-of-York-Inseln ist eine weitgehend kulturell übereinstimmende Stilregion. Die umfangreichsten Informationen über die einstigen Bewohner dieser Gebiete und ihre Besonderheiten vor dem kulturellen Verfall existieren über die Tolai und stammen aus deutscher und australischer Kolonialzeit. Der Begriff »Tolai« war eine Fremdbezeichnung deutscher Kolonialbeamter für die damals angetroffenen Ureinwohner. Eine genaue Eigenbezeichnung wurde leider nicht überliefert.

Bevor bei den Tolai endgültig westliche Zahlungsmittel Einzug hielten, bedienten sie sich ihrer eigenen, aus kleinen Meeresschnecken und Muschelteilen gefertigten Währungen. Diese wurden auf Rotangschnüren klafterweise als eine Art Geldeinheit aufgefädelt und schließlich zu großen, mit Blättern umwickelten Ringen verflochten.

Tolai mit Schneckengeldhalsband

Die Tolai bezeichneten dieses Schneckengeld als »Tambu«. Es galt quasi als Heiligtum und Machtmittel. Deshalb war es wichtig, soviel wie möglich davon zu besitzen. In umliegenden Gebieten hießen die aus winzigen aufgefädelten Nassa-Schnecken gefertigten Schnüre »Diwarra«. In Neuirland nannte man die noch filigraner verarbeiteten Muschelscheibchen »Pele«.

Tubuan(Tumbuan)-Maskentänzer des Duk-Duk-Geheimbundes

Zwei Tubuantänzer bei der Totenwache

Schon von klein auf lernten die Kinder den teils rüden Umgang mit Geld. Sie besaßen sogar eine eigene Kinderwährung.

Geld war das absolute Nonplusultra eines angesehenen Mannes. Er konnte damit heiraten, seine Mitgliedschaft in einem Geheimbund erkaufen und alle Güter eintauschen, die er und seine Familie für ihren Status benötigten. Sogar den Mord an einem nahen Verwandten konnte er mit Zahlung einer entsprechenden Summe an die Gegenseite sühnen.

Die Tolai glaubten, dass nur die Reichen nach dem Tode ins gelobte Tambu-Jenseits gelangen könnten. Deshalb bewahrten sie ihre wertvollen Schneckenringe in eigens zu diesem Zweck erbauten, stets bewachten und wie Banken verwalteten Geldhütten auf. Starb jemand, wurde er zum Abschied inmitten seiner irdischen Schätze aufgebahrt und diese nach der Totenfeier dann an die Festteilnehmer verteilt.

Es soll auch Falschgeld in Umlauf gebracht worden sein, nicht zuletzt durch die deutschen Farmer, die ihre finanziellen Engpässe an Schneckengeld auszugleichen versuchten, indem sie ihre Plantagenarbeiter mit Schneckenimitaten aus Porzellan bezahlten. Betrug und Diebstahl, wenn denn der Geschädigte aus einem entfernten Dorf stammte oder der Täter nicht zu überführen war, galten wie in europäischen Ganovenkreisen als hohes Können.

Allein für diesen Zweck fertigten die Tolai aus menschlichen Unterkieferknochen und Zähnen sogenannte Diebesamulette, die sie bei ihren Raubzügen unsichtbar machen und ihre Opfer ablenken sollten. Natürlich gab es auch Gegenzauber und Tabuzeichen, die dem Dieb böse Krankheiten und den Tod bringen konnten. Wurde ein Dieb erwischt, erhielt er die Chance sich mit Schneckengeld freizukaufen oder er wurde getötet.

Schon Ende des vorletzten Jahrhunderts war mit Einführung der kolonialen Plantagenwirtschaft bei den Tolai und anderen Völkern in der St.-Georg-Kanal-Region ein Verfall des ursprünglichen Clansystems zu verzeichnen. Da es ohnehin kein ausgeprägtes Häuptlingswesen gab, stellten die beiden Geheimbünde Duk-Duk und Iniet die einzigen Ordnungsregulative in der Dorfgemeinschaft dar. Bei den Duk-Duk gab es zwei verschiedene Ränge, die äußerlich an den Augenmotiven auf den buntbemalten Oberteilen der Kopf und Rumpf völlig bedeckenden Palmblattmaske zu erkennen waren. Eine Maske mit Augen, der sogenannte Tubuan, repräsentierte einen weiblichen Geist und hatte einen höheren Rang. Ihm waren einige augenlose Duk-Duk, die als männlich galten und höher und verzierter waren, untergeordnet. Diese Masken wurden nur zu besonderen Anlässen und Treffen auf geheimen Kultplätzen angelegt. Für Frauen und Nichtmitglieder kam das Betreten einer solchen Duk-Duk-Kultstätte einem Todesurteil gleich. Zur Aufnahmeprozedur in dieses Männerbündnis wurden die Neumitglieder oder Initianden zunächst körperlich gezüchtigt. Anschließend hatte der Vater oder Onkel des jeweiligen Jungen ausreichend Schneckengeld an alle Duk-Duk-Mitglieder zu ver-

Kepongmasken aus Neumecklenburg

Tolai-Tänzer mit Schädelmasken

teilen. Während eines großen Schweinefestes oder auch kannibalistischen Mahls wurden die Neumitglieder über die Bedeutung der Rituale, der Masken und Tänze unterrichtet und zum strengen Stillschweigen verpflichtet.

Im Rahmen der »Berliner Gewerbeausstellung« 1896, einer inoffiziellen Weltausstellung, hatten die aus dem Kolonialgebiet mitgebrachten Tolai allerdings keine Probleme damit, den Besuchern Herstellung und Gebrauch der mitgebrachten Duk-Duk- und Tubuan-Masken freimütig zu demonstrieren.

Die Mitglieder des Iniet, des anderen Geheimbundes, betrachteten sich als Menschen mit besonderen spirituellen Fähigkeiten. Durch Beschwörungen und bestimmte Zauber konnten sie Hexerei abwenden, Krankheiten heilen, Feinde

Tubuan mit Tanzstab

bestrafen und Jagdglück bescheren. Insbesondere die Iniet-Geheimbündler galten als gefürchtete Kannibalen, da für sie der Verzehr von Schweinefleisch streng tabu war. Über die Riten und Geheimnisse der Iniet ist nicht viel bekannt. Genau wie die Marind-Anim sollen sie gewisse päderastische Praktiken betrieben haben.

Sie konnten allerdings sowohl Mitglied der Duk-Duk als auch der Iniet sein, trugen als Iniet aber keine Ganzkörpermasken bei ihren Treffen. Dagegen führten sie als Zeichen ihrer Zugehörigkeit kleine steinerne Geisterfiguren in Menschen- oder Tierform mit sich herum.

Nach dem Verzehren eines Menschen fertigten die Iniet-Mitglieder aus dem Kopf ihrer Opfer Schädelmasken.

Obwohl der Iniet-Geheimbund bereits 1904 bei Androhung der Todesstrafe von der deutschen Kolonialverwaltung verboten und in der Folge von den Missionaren energisch bekämpft wurde, existierte er im Verborgenen noch einige Jahrzehnte weiter. Vorausgegangen war unter anderem die Tötung der Familie eines deutschen Pflanzers im Jahre 1902 durch Mitglieder dieses Geheimbundes, weil er sich trotz Warnung auf einem heiligen Kultplatz der Iniet angesiedelt hatte.

Die Masken der Tolai oder Gunantuna stellen eine ethnographische Rarität dar, weil sie nur aus dem übermodellierten Gesichtsschädel eines Menschen bestehen. Der Hirnschädel wurde abgetrennt und der Unterkiefer an den Schläfen festgebunden. Oft beklebte man sowohl Haaransatz als auch den Bartbereich wieder mit den Haaren des Getöteten. Der Tänzer trug diese Maske, indem er mit seinen Zähnen auf ein an der Rückseite befestigtes Holzstäbchen biss. Als in den achtziger Jahren des vorletzten Jahrhunderts erstmals Exemplare dieser einzigartigen Schädelmasken nach Deutschland kamen, wurde darin sogar die Urform einer Maske vermutet.

Nach Hans Damm (1969) waren diese Masken den Iniet zuzuordnen und verkörperten verstorbene Anführer dieses Geheimbundes.

Die Tolai glaubten, dass von ihnen gewaltige magische Kräfte ausgingen, »die allein Gesundheit, Kindersegen, Reichtum, gute Ernten und Kriegsglück garantieren konnten. Diese Kräfte gingen beim Anlegen der Maske auf den Maskenträger über und wirkten weiter in der Gemeinschaft.«

Im Februar 2002 wurde in Rabaul auf der Gazelle-Halbinsel die weltweit erste Muschelbank, die »Tolai Exchange Bank« eröffnet, bei der das Muschel- oder Schneckengeld ähnlich wie Gold als offizielle Zweitwährung zum amtlichen Zahlungsmittel Kina akzeptiert wurde, da es offenbar keiner Inflation unterlag. Das Wort Kina selbst ist abgeleitet von den im Hochland von Papua-Neuguinea einst als Zahlungsmittel benutzten Kina-Perlaustermuscheln. Bereits im Jahr zuvor war es in der Provinz East New Britain auch möglich, die Steuern mit Schneckengeldrollen zu begleichen. Besonderer Beliebtheit erfreuten sich unter anderem dabei Schnecken der Gattung Chrysostoma paradoxum. Gemessen wurde in sogenannten Fathoms-Einheiten. Das waren Schneckenschüre, die zwischen zwei ausgestreckte Arme passten. Der damalige Wechselkurs für ein Fathom betrug vier Kina.

Menschen auf Neuirland oder Neumecklenburg

»In Komalu fanden wir die Eingeborenen mit Einbäumen und Fischerei-geräten beschäftigt. Unter letzteren fielen mir namentlich die Haifischfallen auf. Stephan und Parkinson hatten diese Fangvorrichtung schon an anderen Stellen der Insel beobachtet. Ich fand sie aus folgenden Stücken zusammengesetzt: 1. der eigentlichen Haifalle, deren Form Parkinson genau beschribt, 2. der Kokosrassel, 3. einem Rohrstock, an dessen vorderem Ende sich eine Öse befindet und 4. einem kurzem, keulenförmigen Holzstock. Die Eingeborenen zeigten mir die Anwendung, indem sie einen Haifischfang fingierten. Erst wird die Kokosraspel an der Außenseite des Einbaums auf- und abgerieben. Das so erzeugte Geräusch lockt den Hai herbei. Der Rohrstock, in dessen Öse ein kleiner Fisch als Köder steckt, wird vor der Stelle ins Wasser getaucht, wo die Schlinge bereit gehalten wird. Ist der Kopf in der Schlinge, so wird diese zusammengezogen. Mit dem kurzen Keulenstock werden dann dem Hai einige Schläge versetzte, die ihn töten sollen…«

(Aus dem Reisebericht von Otto Schlaginhaufen von seinen Streifzügen durch Neumecklenburg, in Zschr. f. Ethn., 1908, S. 955)

Massive Ohrdehnung

Die ehemalige deutsche Kolonie Neumecklenburg im Nordosten von Neuguinea ist etwa 400 Kilometer lang, in ihrer breitesten Ausdehnung 50 und in der engsten nur etwa fünf Kilometer breit. Im Landesinneren finden sich einige unzugängliche und teils unbewohnte Gebirgszüge. Neuirland und die Matthias-Inseln verfügen über eine gemeinsame Provinzregierung mit Sitz in Kavieng. Dieser Ort im Norden soll einst den berühmten deutschen Impressionisten Emil Nolde zu seinem Bild »Tropensonne« angeregt haben. Auf Neuirland leben heute etwa 90.000 Menschen, die neben Pidjin-Englisch noch 18 unterschiedliche Sprachen sprechen. Genau wie schon vor hundert Jahren wird auch heute noch der Fischfang mit traditionellen Methoden wie der oben beschriebenen Jagd auf Haie betrieben. Vermutet wird, dass diese melanesische Insel schon vor etwa 30.000 Jahren besiedelt wurde.

Die meisten Einwohner leben trotz Missionierung und Globalisierung auch heute noch traditionell in matrilinear ausgerichteten Familienclans in ihren Dörfern. Ähnlich wie schon bei den Trobriand-Insulanern beschrieben, bedeutet es, dass zum Beispiel Erbschaftsansprüche nicht vom Vater auf die Kinder, sondern vom Mutterbruder auf die Schwesternkinder übertragen werden. Hochzeiten finden dagegen nur außerhalb des persönlichen Clans statt. In diesem Fall wird von einer sogenannten Clan-Exogamie gesprochen.

Die Clans ordnen sich nach bestimmten Totemtieren, meist Vogelarten. Im Nordteil von Neuirland gibt es etwa zehn unterschiedliche Clans. Bei den Clans in Zentral-Neuirland sind sie außerdem noch in zwei Hälften eingeteilt, bei denen man nur jemanden aus der anderen Gruppe heiraten darf. Heiraten in der eigenen Clangruppe ist verboten. Kurioserweise sind mir auf der anderen Seite der Welt bei den Bororo-Indianern in Brasilien fast identische Heiratsvorschriften begegnet.

Bereits 1908 besuchte der schweizerische Anthropologe Otto Schlaginhaufen einige Bergdörfer der halbnomadischen Butan im Inneren des damaligen Süd-Neumecklenburgs. Ihre Siedlungen bestanden lediglich aus einem Männerhaus und drei bis fünf einfachen Wohnhütten. Im Gegensatz zu anderen Stämmen auf der Insel bauten die Butan keine Süßkartoffeln oder Yams, sondern nur Taro und Bananen an. Zur Jagd verwendeten die Männer Speere, die am hinteren Ende oft mit einem menschlichen Röhrenknochen versehen waren. Als typischer Männerschmuck dienten sogenannte Kriegsbärte. Diese bestanden aus einem geflochtenen Mundstück, an dem rötliche in Spiralform gedrehte Sackgespinste befestigt waren. Neben großen geflochtenen Körben gehörten flache geschnitzte Essschüsseln aus Holz und Wasserbehälter aus Bambus zum typischen Hausrat der Butan. Schlaginhaufen hatte Gelegenheit einem mehrmonatigen für Frauenaugen streng verbotenen Initiationszyklus des sogenannten Papáu-Bundes der Butan beizuwohnen. Dabei zwängten sich dicht an dicht 16 Knaben und Männer, die sogenannten Kulop, in einer nur 1,10 Meter hohen, 1,20 Meter breiten und fünf Meter langen Grashütte, die die Butan Rumonkulop nannten. In gebückter Haltung, mit den Händen zwischen den Oberschenkeln, krochen sie aus der Hütte und kletterten auf ein etwa zehn Meter hohes,

Otto Schlaginhaufen mit Paup-Leuten

schräg gestelltes Leitergerüst, um dort singend einige Zeit zu verharren. Anschließend zog sich die Gemeinschaft wieder ins Rumonkulop – allerdings diesmal durch den Hintereingang – zurück. Alle Kulop waren mit geflochtenen Kopfbinden, Schneckenschalketten, rot oder weiß gefärbten Gesichtern und einem Blätterpäckchen, in dem sich eine magische Schotenfrucht befand, geschmückt. Nach etwa drei Monaten erfolgte schließlich das Abschlussfest mit vielen und ausschließlich männlichen Gästen. Diesmal kauerten die 16 Kulop in einer noch engeren Grashütte, die nur noch 66 Zentimeter hoch und 90 Zentimeter breit war. Der Gesang und das Trompeten auf einer Meeresschnecke diente dem Zweck, die Initianden in ihrer Enge zu bedrängen und zu erschrecken. Die Qual wurde nochmals dadurch verstärkt, indem die seitlichen Hüttenpfosten entfernt wurden, damit die Jungen im Innern noch dichter zusammenkrochen, um endgültig in Panik zu geraten. Außerdem vollführten einige Männer mit ihren Stöckern unter Kriegsgebrüll einen Scheinangriff auf die Hütte, trampelten auf dem Dach herum und schlugen auf die darunterliegenden Kulop mit ihren Knüppeln ein. Schließlich wurde das hohe Papáu-

Kulop des Papáu-Bundes hocken auf einem Leitergestell.

Klettergerüst neben dem Rumonkulop zum Einsturz gebracht. Einen Tag später vollführten die Frauen des Dorfes Tänze und Gesänge zu Ehren ihrer nun erwachsen gewordenen Söhne. Schließlich erschienen die Kulop in feierlichem Gänsemarsch vor dem Männerhaus des Dorfes, um dort von den Angehörigen Muschelgeld zu erhalten. Erst nach einer weiteren Nacht auf dem Papáu-Platz und dem abschließenden mehrtägigen Festschmaus war das Initiationsritual beendet.

Die leitende Funktion in einer Dorfgemeinschaft unterhält heutzutage meist ein gewählter Dorfchief oder Big Man. Früher setzten die deutschen Kolonialbeamten in jedem Dorf einen Dorfvorsteher, einen sogenannten Luluai, ein, den sie als Zeichen seiner Würde mit einer Uniformmütze und sogar Orden versorgten, damit er sich von den anderen Eingeborenen unterscheiden konnte.

Unabhängig von der bereits erwähnten, mit den Tolai von Ost-Neubritannien verwandten Stilregion im Südwesten von Neuirland herrschten noch in den Anfangsjahren der Kolonisierung im Norden der Insel drei eigenständige Kulturstile vor. Der Norden, zu dem auch Neu-Hannover (Lavongai) und die Tabar-Inseln, Lihir und die Tanga-Inseln gehören, war das Zentrum der sogenannten Malagan-Kunst (Malanggan). Es handel-

Männer aus Neu-Hannover

144

te sich dabei um kunstvolle, farbenprächtige Schnitzereien, die für eine Totenfeier hergestellt wurden. Auf diesen bis zu drei Meter langen Bildsäulen, Friesen, Figuren und mannshohen Masken vereinigten sich Menschen- und Tiermotive auf recht realistische Art und Weise. Zuweilen glichen die dargestellten Gesichter mit ihren überdimensionalen Ohren und der Pfeilnase dem weitentfernten Korwar-Stil von Waigeo oder den typischen Schnitzereien von Halmahera.

Bei den Masken unterschieden die Neuirländer drei Formen. Die größten und zugleich schwersten, welche angesehene Urahnen und mythische Wesen verkörperten, nannte man Matua.

Da ein Tänzer solch eine Maske kaum allein tragen konnte, reichte es, wenn er sie nur wenige Schritte bis zur Kultstätte, eine eigens für die Totenfeier errichtete Ausstellungshütte, transportierte. Darin saßen große Bastpuppen mit massiven Holzköpfen.

Die zweite Maske, Tatanua, die wie ein antiker griechischer Visierhelm aussah, wurde zu pantomimischen Tänzen beim Totenfest getragen.

Kennzeichen des dritten Maskentyps waren riesige, löffelähnliche Ohren wie bei einem Hasen. Mit diesen sogenannten Kepong vor dem Gesicht tanzten die männlichen Verwandten des Verstorbenen von Hütte zu Hütte, um Schneckengeld für das Fest zu ergattern. In einer Kepong-Maske ruhte die Seele des Toten.

Nahezu alle künstlerischen Handlungen schienen auf den Totenkult ausgerichtet gewesen zu sein. Nach der Ausstellungs- beziehungsweise Trauerzeit zerstörten die Eingeborenen ihre Kunstwerke oder ließen sie in den Besichtigungshütten verkommen. Eine Ausnahme stellten nur die Masken dar. Diese bewahrte man in eigenen wettergeschützten Maskenkulthütten auf.

Der mittlere Bereich von Neuirland gilt als die sogenannte Uli-Stilregion.

Die etwa einen Meter großen, klobigen Uli-Holzfiguren waren stets zweigeschlechtlich geschnitzt. Ihnen zu Ehren veranstalteten die Insulaner spezielle Kultfeste, denen Frauen allerdings fernbleiben mussten. Diese hatten sich sofort zu verstecken, wenn sie bestimmte Reibholzklänge, die als Stimmen der Uli-Geister galten, wahrnahmen. Ansonsten drohte ihnen der Tod. Interessant ist, dass sowohl die Uli als auch die Malagane fast immer aus dem gleichen weichen Holz der Gattungen Alstonia villosa oder scholaris geschnitzt wurden. (W. Stöhr 1971).

Aufbewahrungshaus für heilige Masken

Typisch für Zentral-Neuirland waren die bis zu drei Meter breiten, scheibenartigen »Sonnen-Malagane«, die einem bestimmten Sonnenkult dienten. Heutzutage gehört die käufliche Malagan-Kunst Neuirlands neben dem Tauchsport und der traditionellen Haifischjagd zu einer der Touristenattraktionen der Insel.

Im Süden von Mittel-Neuirland, im Laur-Gebiet stellten die Einheimischen halbmeterhohe Kultfiguren aus Kreide, sogenannte Kulap, her. Auch sie gehörten zum Totenkult und fielen nach einer gewissen Ausstellungszeit der Zerstörung anheim.

Kepong-Maske

Maskentänzer aus Neumecklenburg

Wegen häufig wiederkehrender, klimabedingter Trockenperioden deponierten die Dorfbewohner in bestimmten heiligen Urwaldbereichen Regenmacherfiguren. Diese wurden aus sehr schwerem, wetterbeständigem Hartholz geschnitzt und mit menschenähnlichen Augen versehen, die aus dem Deckel der Turbo-petholatus-Meeresschnecke bestanden.

Die gleichen gespenstischen Augen klebten die Angehörigen auf die übermodellierten Schädel ihrer Ahnen, um sie lebensechter aussehen zu lassen.

Schädelgerüst

Santa-Cruz-Inseln, Federgeld – die längste Währung der Welt

Trotz starker mikronesischer und polynesischer Kultureinflüsse, beispielsweise die Übernahme der Webkunst, handelt es sich bei den Einheimischen der südöstlich vor den Salomonen gelegenen Inseln hauptsächlich um Melanesier. Die Santa-Cruz-Insulaner waren in der ozeanischen Inselwelt einst sehr bekannt wegen ihres besonderen Zahlungsmittels. Es war ein auf der Welt einzigartiges Federgeld, das aus den sehr kleinen, zinnoberroten Brustfedern des nur auf ihren Inseln vorkommenden Nektarvogels (Myzomela cardinalis) und den weißlichen der Pazifiktaube (Ducula pacifica) geknüpft wurde. Nach Schätzungen von Gerd Koch (1972) benötigten die Santa-Cruz-Insulaner dafür die Federn von etwa 50.000 bis 60.000 Vögeln. Dabei wurden jeweils mehrere Federbüschel wie die Schuppen eines Fisches übereinandergereiht und an Bändern fixiert, diese wiederum mit anderen zusammengebunden. Solche oft bis zu zehn Meter langen Federgeldrollen waren außerordentlich wertvoll und dienten zuweilen als Brautpreis. Den Augen von Fremden blieben sie meist verborgen. Zu groß war die Angst der Besitzer, dass sie gestohlen wurden. Nur zu bestimmten festlichen Anlässen holte man das prachtvolle Federgeld heraus, um stolz seinen Reichtum zu präsentieren. Die Eingeborenen waren darum bemüht, möglichst viele dieser Geldrollen zu Lebzeiten anzuhäufen und aufzubewahren, möglichst ohne sie auszugeben.

Das den Erben hinterlassene Federgeld sollte sich für den Verstorbenen möglichst nutzbringend im Jenseits auswirken. (W. Stöhr 1972). Genau wie das Geld wurde auch der Kopf des Toten in der Hütte verwahrt. Allerdings schmückten die Angehörigen den Schädel nicht mit einem neuen Lehmgesicht oder Kaurischnecken, wie auf den Salomonen oder in Neuguinea, sondern stopften hölzerne Pflöcke in die Augenhöhle und Nasenlöcher.

Der rote Nektarvogel (Myzomela cardinalis)

Eine weitere künstlerische Kostbarkeit der Santa-Cruz-Insulaner stellte ihr stammestypischer kreisrunder Brustschmuck aus geschliffenen großen Muschelscheiben mit stilisierten Fisch- und Vogelmotiven aus Schildpatt dar. Mit ähnlichen Mustern und Motiven verzierten die Santa-Cruz-Insulaner ihre Ahnenfiguren und ihre typischen Vogeltanzkeulen. Sogar der platte Tintenfischknochen diente ihnen zur kunstvollen Reliefdarstellung.

Die Einheimischen galten als ausgezeichnete Seefahrer. Ihre hochseetüchtigen Fischerboote mit den typischen Krebsscherensegeln erreichten binnen weniger Tage Inseln, die mehrere hundert Kilometer entfernt gelegen waren und mit deren Einwohnern sie Handelsbeziehungen unterhielten. Eines der vermutlich letzten noch benutzten großen Auslegerboote gelangte im Jahre 1967 ins Völkerkundemuseum Berlin-Dahlem.

Es soll etwa um 1964 auf Taumako hergestellt und dann zuvor an die Insel Nifiloli für vier Federgeldrollen verkauft worden sein, bevor es schließlich nach Deutschland kam.

Noch in der jüngsten Vergangenheit benutzten die Leute auf Ndende, der Hauptinsel, bei Festen und Tanzritualen ihre traditionelle Kleidung und den oben genannten Schmuck (G. Koch 1971). Inzwischen wurde durch Handel, Globalisierung und Einführung einer ausschließlich profitorientierten Konsumwirtschaft nicht nur die traditionelle Stammeskultur auf der Santa-Cruz-Insel zerstört, sondern die Santa-Cruz-Insulaner gaben auch ihr altes Zahlungsmittel auf.

Federgeldbänder vor dem Schatzhaus, um 1900

Matasesén – Die Ballonhutträger von Buka und Bougainville

Fischerboot von Buka

Richard Thurnwald während einer Expedition

»Die Nachricht, daß ich gekommen war und an der Küste sitze, war natürlich längst schon in das Hinterland eingedrungen, und ebenso die, daß mein Junge mit mir war, und daß der Junge mit mir zufrieden ist – sehr wichtig! Um zu zeigen, daß wir uns ›nix ferchten‹, marschierten wir am ersten Tage strax in das Dorf, in dem vor anderthalb Jahren meines Jungen Vater erschlagen worden war. Wir zogen dann am nächsten Tag bis an die Grenze der Siedlungen des Stammes, der das bergige Hinterland

von Buin bewohnt. Die folgende Nacht verbrachten wir in einer riesigen Häuptlingshalle. [...] Endlich nahte im Halbdunkel eine große schwarze Gestalt geisterhaft mit zwei riesigen weißen Flecken auf der Stirn. Es waren große weiße Muscheln, wie sie Häuptlinge zu ein, zwei oder drei Stück nebeneinander auf der Stirn über den Augen zu tragen pflegen und die ihnen auf der schwarzen Haut ein geisterhaftes Aussehen verleiht. Im Halbdunkeln gewährt man oft nichts, als diese Cyklopenaugen, die weißen Nasenpflöcke und den weißen runden Talisman [...] auf der Brust. Aber der unheimliche Eindruck bei dem Erscheinen des Häuptlings löste sich für mich bald in unbezwingliche Heiterkeit. Der erwähnte Muschelschmuck dem öfters noch kolossale turmförmige Hüte zugesellt sind, bildet nämlich die einzige sogenannte ›Bekleidung‹«.

(Aus den Aufzeichnungen von Richard Thurnwald von 1908, nach M. Melk-Koch – »Auf der Suche nach der menschlichen Gesellschaft«, Berlin, S.99 f.)

Noch in den dreißiger Jahren des vergangenen Jahrhunderts lebten die Inlandmelanesier der nördlichen Salomonen weitestgehend unberührt und unabhängig von Missionaren und weißen Kolonisten. Es lag nicht nur an ihrem recht unwegsamen schwer erreichbaren Siedlungsgebiet, sondern auch an ihrer Wehrhaftigkeit, die schon zwei Jahrzehnte zuvor manchem deutschen Kolonialbeamten das Leben gekostet hatte.

Eines der ältesten ansässigen Völker im Süden der Insel Bougainville sind die Buin.

Typische Hütten auf den Salomonen

Dorfszene auf Buka

Matasesén mit Ballonhüten

Sie sprechen keine melanesische Sprache und sind wegen der starken Vermischung mit den benachbarten Mono mit deren tiefbrauner Hautfarbe sehr dunkelhäutig.

Hans Nevermann (1933) traf während seiner Expedition in einigen Dörfern auf Buka und Bougainville auf einige Jungen und männliche Jugendliche, die seltsame kegelförmige oder ballonartige Hüte aus Blättern auf dem Kopf trugen. Schon ein Vierteljahrhundert zuvor erwähnte sie Richard Thurnwald bei seinem Besuch im Hinterland von Buin, allerdings ohne ihre genaue Bedeutung zu kennen. Diese kürbisähnlichen Gebilde maßen bis zu fünfzig Zentimeter und hatten Ähnlichkeit mit den Haarkörben der Eingeborenen vom Mündungsbereich des Sepik (W. Behrmann 1922) und den festgewachsenen Spitzhüten der Gogodala am Arami in Südost-Neuguinea (F. Hurley 1922). Offenbar war mit dem Tragen eines solchen Hutes ein Geheimnis oder Tabu verbunden. Nur so lässt sich erklären, dass den ersten Forschern, die sich dafür interessierten, die Notlüge aufgetischt wurde, dass es sich um ein Kennzeichen für Sklaven handelte, die bei einem Fest zu tanzen hätten und anschließend umgebracht und verspeist würden. Das einzige, was der Wahrheit etwas näher kam, war die Tatsache, dass sich die Jungen der Buin in den Hüten die Haare lang wachsen lassen als rituelle Voraussetzung für ihre spätere Heirat.

Bei den Stämmen im Norden von Bougainville gab es einen ähnlichen Hutbrauch, der zwar auch mit der späteren Heirat des Trägers zusammenhing, aber darüber hinaus noch ein langwieriges Aufnahmeritual in den Geheimbund der sogenannten Ruk-Ruk darstellte. Ein ballontragender Initiand wurde »Matasesé« genannt.

Er durfte innerhalb eines von hohen Zäunen umgebenden Zeremonial-Platzes mit den Ruk-Ruk-Geistern kommunizieren. Diese konnten sowohl weiblichen als auch männlichen Geschlechts sein. Offenbar stammten die nach außen dringenden Brummtöne, die von Nichteingeweihten als die Geisterstimmen gedeutet wurden, von bestimmtem Schwirrhölzern. Frauen war es untersagt, diese Gegend zu betreten und hatten, sofern sie das Brummen hörten, sofort wegzulaufen.

Die Matasesén wurden von den Mitgliedern des Ruk-Ruk-Geheimbundes selbst ausgesucht und konnten sich nicht freiwillig dazu melden. Es war eine hohe Ehre für den jeweiligen Jungen. Er erhielt einen Paten, einen sogenannten Marau (H. Nevermann 1933), der sich permanent um ihn kümmern und für die Aufnahme in den Ruk-Ruk vorbereiten musste.

Nur wohlhabende Häuptlinge konnten es sich leisten, mehrere Aspiranten vorzuschlagen und zu betreuen. Die Marau

Zum Vergleich: Trauerzylinder aus Rinde der Sissanu und vom Huon-Golf

Panflötenspieler

mussten die Hüte von bestimmten eingeweihten älteren Männern für die Matasesén anfertigen lassen und dafür eine Menge Muschelgeld bezahlen. Dabei wurde ein rundgebogenes elastisches Rohrgestell mit reißfesten rotbemalten Blättern überzogen und mit einem zylindrischen Unterteil verbunden. Es hatte einen kleineren Durchmesser als der Kopf, weil ja hier nur die Haare einwachsen sollten und es sich nicht um einen echten Hut, der vom Kopf gehalten wurde, handelte.

Nachdem die Marau den Matasesén die Ballonhauben auf dem geheimen Zeremonialplatz aufgesetzt hatten, mussten diese zunächst dort verbleiben und anschließend hart für ihre Paten auf dem Feld arbeiten. Für die Verpflegung des Matasesén selbst sorgte während dieser Zeit dessen eigene Familie, die die Nahrung vor dem Zaun ablegte. Von den geernteten Feldfrüchten des Marau durfte er dagegen nicht essen.

Wenn die Haare länger wurden, musste er seinen, mit einer Knochennadel am Haar befestigten, Ballonhut fortwährend tragen. Nach etlichen Monaten war der Hut von innen von den Haaren regelrecht durchwachsen und konnte ohne Hilfsmittel nicht mehr entfernt werden. Obwohl der Matasesé sich nun tagsüber ganz normal im Dorf bewegen durfte, war während dieser Zeit die Berührung seines Hutes und der Haare Außenstehenden verboten.

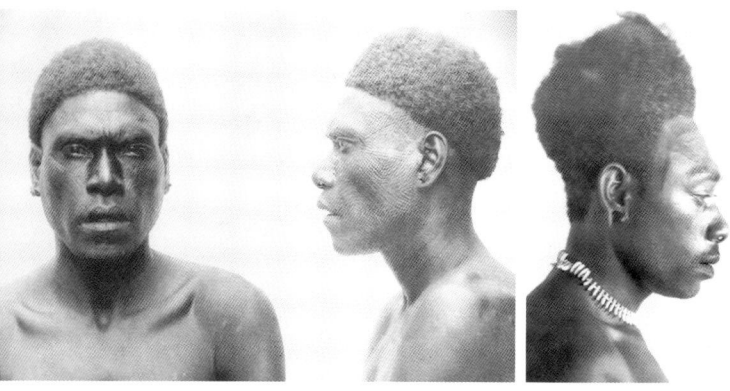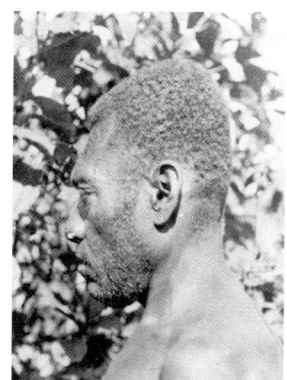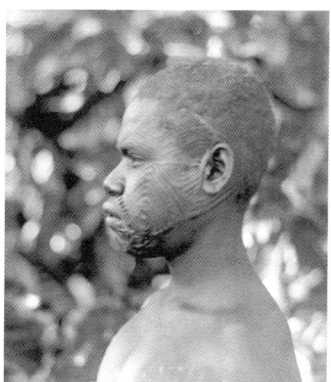

Schmucknarben und rituelle Schädeldeformierungen (Turmschädel)

Besonders für Frauen hätte es ein tödliches Ende nehmen können, wenn sie den jungen Mann in dieser Zeit ohne Hut gesehen oder gar den geheimen Kultplatz betreten hätten.

Ab und zu prüften die Marau die Festigkeit der Hüte ihrer Schützlinge und die Haarlänge. Dafür erhielten sie Geschenke von deren Verwandten.

Wenn die Haare die entsprechende Länge erreicht hatten, fand zu einem bestimmten Zeitpunkt ein Treffen auf dem Kultplatz mit den männlichen Verwandten des Matasesén statt. Jetzt nahmen sie ihnen die Hüte ab und verbrannten diese feierlich. Die langen Haare wurden bis auf eine Nackensträhne abgeschnitten und den jungen Männern in einem Blätterpaket verschnürt mitgegeben, um es anschließend in der Familienhütte zu verwahren.

Die Strähne schmückte man mit Muscheln oder Glasperlen. Im Heimatdorf wurde nun ein bunt bemalter, mit Blättern geschmückter Mast auf dem Tanzplatz aufgestellt, auf den der Marau kletterte und von oben den neuen Namen seines Schützlings ausrief. Nun war der Matasesé vollwertiges Mitglied im Ruk-Ruk-Geheimbund und konnte heiraten.

Ein offenbar für die Kamera gestellter Angriff der Eingeborenen

Die Kanaken von Neukaledonien

»Dem Fleisch feindlicher Häuptlinge schrieben die Neukaledonier besondere Wirkung zu. Selbst das kleinste Kind in einem siegreichen Dorfe mußte wenigstens ein Stückchen vom Körper eines getöteten Häuptlings kosten. La Billardière nahm selbst an einem Gastmahl teil, bei dem den Bewohnern das Fleisch eines etwa fünfzehnjährigen Jungen vorgesetzt wurde. Von ihm wissen wir auch, daß die Neukaledonier zu der Zeit, als die französischen Fregatten in den Gewässern des Großen Landes vor Anker lagen, beim Verspeisen von Menschenfleisch ein besonderes Gerät benutzten, das sie Nbouet nannten, was ›Grab‹ bedeutet. Es war eine steinerne Scheibe mit scharfen Kanten, die an ziemlich lange Stangen befestigt war. Allein mit diesem Gerät durfte der Körper eines getöteten Feindes zerlegt werden.«
(Aufzeichnungen von La Billardière nach M. Stingl, »Muschelgeld und Straßenkreuzer«, Leipzig 1972, S. 74)

Die Ausrottung ihrer Ureinwohner, der sogenannten Kanaken, und die vermutlich härteste Form von Kulturzerstörung im südlichen Melanesien erlebte die Inselgruppe Neukaledonien. Sie wurde 1774 durch Kapitän Cook entdeckt und während seines achttägigen Aufenthaltes dort wahrscheinlich in Erinnerung an das bergige Land seiner schottischen Heimat (Caledonia) Neukaledonien genannt. Die ersten Informationen über die angetroffenen Ureinwohner wurden von dem französischen Naturforscher La Billardière, der den Seefahrer D'Entrecasteaux auf seiner Südsee-Expedition begleitete, aufgeschrieben. Offenbar war der Kannibalismus auf den Inseln weit verbreitet.

Zwei Kanakenjäger, um 1880

Mit einem Pseudovertrag überrumpelte der französische Leutnant Julien-Laferière 1844 einige melanesische Häuptlinge, indem er sie ihre Fingerabdrücke darauf machen ließ und Neukaledonien zum französischen Kolonialgebiet erklärte.

Angelockt durch ein mildes mediterranes Klima wie in Südfrankreich kamen schon frühzeitig mit den Missionaren auch einige Farmer und Goldsucher auf die Inseln. Wie sich wenig später herausstellte, gab es riesige Bodenschatzvorkommen, besonders an Nickel, Chrom, Kobalt und Mangan. In der Folge wurden riesige Urwaldgebiete sowohl auf der Hauptinsel als auch auf den kleineren Inseln Ouvéa, Lifou und Maré komplett abgeholzt und die Einheimischen bei Widerstand systematisch ausgerottet. Daran beteiligten sich nicht nur Kolonialsoldaten, Pflanzer oder Industrielle, sondern gegen Ende des 19. Jahrhunderts auch freigelassene französische Gefangene, wenn sie ihre Haft in ihrer Strafkolonie verbüßt hatten und nicht nach Frankreich zurückkehren durften. Da nur wenige Franzosen hier freiwillig

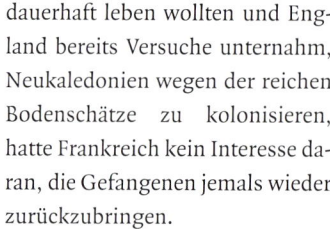

dauerhaft leben wollten und England bereits Versuche unternahm, Neukaledonien wegen der reichen Bodenschätze zu kolonisieren, hatte Frankreich kein Interesse daran, die Gefangenen jemals wieder zurückzubringen.

Dies betraf nicht nur Mörder, Diebe und Kleinkriminelle, sondern auch teils zu Unrecht verurteilte politische Gegner der französischen Regierung. Unter ihnen Anhänger der Pariser Kommune, Schriftsteller und Intellektuelle. Nach Angaben von Miloslaw Stingl (1972) wurden insgesamt 3.924 Kommunarden nach Neukaledonien verbannt und dort zur Strafarbeit gezwungen. Um den französischen Bevölkerungsanteil zu erhöhen, durften ihnen im Jahre 1873 sogar die Ehefrauen in die Kolonie folgen, um sie möglichst

Maskentänzer, um 1890

für immer dort zu halten. Zu den intellektuellen Begründern Neukaledoniens zählten damals berühmte Kommunarden wie Louise Michèle, die dort die Mythen, Lieder und Legenden der Ureinwohner sammelte und aufschrieb, der Geograph Elisée Reclus und der bekannte Jounalist Henri Rochefort. Ein Großteil der zu Beginn des 19. Jahrhunderts noch 50.000 Ureinwohner starb an eingeschleppten Seuchen wie Cholera, Masern, Grippe, Tuberkulose oder Syphilis. Um den dadurch entstandenen Mangel an Arbeitskräften besonders in den Bergwerken

Rundhaus um 1900

und Erzminen auszugleichen, wurden im Rahmen des sogenannten »Labour Trade« Tausende melanesische Arbeitssklaven
aus den Neuen Hebriden nach Neukaledonien verschifft. Meist
kamen sie aus Tanna, wurden hierher verschleppt und mussten
jahrelang auf den Plantagen und in den Bergwerken schuften.
Hinzu kamen weitere Tausende polynesische Zuwanderer aus
anderen französischen Kolonien, um die Inseln wieder zu be-
völkern. Schon in den ersten Jahrzehnten des 20. Jahrhunderts
war die alte hochentwickelte Eingeborenenkultur der Kanaken
völlig zerstört. Im Jahre 1900 lebten auf den Inseln etwa 12.500
Weiße, darunter allein 12.000 ehemalige Strafgefangene. Bis
zum Beginn des Zweiten Weltkrieges strömten Tausende Einwanderer aus Asien, zumeist aus China oder Französisch-In-
dochina ins Land. Etwa 800 Leute kamen allein aus Vietnam.

Während des Krieges do-
minierten die Japaner im
neukaledonischen Bergbau.
Und später erweiterten zu-
gewanderte Billigarbeiter
aus Indonesien und Italien
noch die Bevölkerungspale-
tte. Von der einstigen Kultur
der vom Aussterben bedroh-
ten Ureinwohner blieb nach
diesen massiven Okkupa-
tionen nichts mehr übrig.
Heutzutage vermittelt das
Museum in Noumea noch
einen gewissen Eindruck
von der einstigen Kultur der
Kanaken. Diese benutzten
beispielsweise als Zahlungsmittel Ketten aus Schnecken
oder Muschelscheiben, aus
Fischzähnen oder Wirbel-
knochen von Eidechsen. Die
Kanaken schmückten ihre
typischen Rundhütten mit
recht eigenwilligen Verzierungen aus Holz. Männer-
und Häuptlingshäuser wur-
den durch fein geschnitzte
Aufsätze gekennzeichnet.

Ureinwohner mit seiner Angelbeute

Die Neukaledonier benutzten bei der Jagd oder während
des Kampfes im Gegensatz zu anderen melanesischen Völkern
Wurfspeere mit einer Wurfschlinge.

Dabei wurde die geflochtene Schnur um den Speerschaft
gewickelt und beim Wurf mit dem Zeigefinger betätigt, so dass
er zusätzlich noch in eine Rotation versetzt wurde. Einzigartig
in der Welt war ein Prunkbeil mit einer kreisrunden grünen
Jadeklinge. Dieses Paradeinstrument durften nur bedeutende
Häuptlinge zu bestimmten Regenzauberriten benutzen. Es gab
für jeden Kult entsprechend geschnitzte Ahnenfiguren. Besonders fürchteten sich die Kanaken vor einem Wasserdämon. Ihm
zu Ehren trugen sie zu bestimmten Anlässen Dämonenmasken,

die durch eine sehr prägnante Nase
und einen turbanähnlichen Kopfschmuck aus Menschenhaaren
auffielen. Auch die an indianische
Marterpfähle erinnernden Clan-
pfähle, die bis zu fünf Meter hoch
und an der Spitze mit Muscheln
geschmückt waren, gibt es heute
nicht mehr, außer, wie bereits erwähnt, im dortigen Museum oder
als Nachahmung und neumodische
Hausverzierung an französischen
Bürgerhäusern in Noumea. Die
letzten Überbleibsel der zunehmend verfallenden melanesischen
Kultur entdeckte Hans Nevermann
während seiner Forschungsreise
in den dreißiger Jahren des letzten
Jahrhunderts in Melanesien. Ihnen
widmete er später sein Buch »Kulis
und Kanaken«.

Torpfosten

Trotz gelegentlicher Aufstände der heutzutage stark mit
Polynesiern, Asiaten und Weißen vermischten Nachfahren der
Kanaken für eine Loslösung von Frankreich und die Gründung
des eigenen Staates »Kanaky« gehört Neukaledonien bis heute
noch zum französischen Kolonialbesitz. In den achtziger Jahren versuchte eine Gruppe von kampfentschlossenen jungen
Kanaken sich in Libyen als Guerillas ausbilden zu lassen, um
der französischen Fremdherrschaft
mit Terror zu begegnen. An der
politischen Situation hat selbst die
Entscheidung der Vereinten Nationen vom 3. Dezember 1986, Neukaledonien in die Liste der noch
immer nicht autonomen Gebiete
aufzunehmen, nichts geändert.
Volksentscheide, die für den Verbleib bei Frankreich plädierten,
wurden zwar von den Kanaken boy-
kottiert, führten aber auch nicht zu
ihrer Unabhängigkeit. Zwei Jahre
später beschlossen der französische Premierminister Rocard, der
Loyalistenchef Jacque Lafleur und
der Kanakenanführer Jean-Marie
Tjibaou das sogenannte Matignan-
Abkommen, das nach zehn Jahren
einen Volksentscheid über die Ab-
spaltung von oder den Verbleib bei
Frankreich vorsah. Tjibauóu wurde
im Mai 1989 von einem Anhänger aus dem eigenen Lager umgebracht.

Die geplante Unabhängigkeit
fand bis heute nicht statt.

Roof finial

Die Turmspringer von Pentecost

»Wari presst die zuvor zerstampfte Wurzelmasse in einem Netz aus Rindenbast aus. Der graue dickflüssige Saft fließt in halbierte Kokosnußschalen. Es herrscht Totenstille im dunklen Männerhaus, als er mich mit einem Kopfnicken zum Trinken auffordert. Eine große Ehre für mich, daß ich als Weißer nicht nur das Männerhaus der Customleute betreten durfte, sondern auch noch zur abendlichen Kawa-Zeremonie eingeladen wurde. Ich lass mir nichts anmerken und trinke das Zeug in einem Zug herunter. Der Geschmack von Rauschpfeffer erinnert mich unweigerlich an ein Erlebnis in der Kindheit, als ich einmal in einem Sumpf hingefallen war und dabei Modder in den Mund bekommen hatte. Genauso schmeckt es, vielleicht etwas schärfer. Nach der dritten Schüssel etwa eine Stunde später schlackern mir bereits die Knie, es fällt mir schwer zu sprechen, ich kann nur noch lallen. Obwohl mein Magen rumort, bin ich jetzt völlig entspannt. Während die Alkaloide vollends ihre Wirkung in meinem Körper entfalten, falle ich zunehmend in einen Rauschzustand. Ich habe nicht nur das Gefühl, durch Watte zu laufen, sondern auch noch seltsame halluzinogene Erscheinungen. Das ist merkwürdig. (In pharmakologischen Testberichten wurde diese Wirkung nie erwähnt!) Nach noch zwei weiteren Schüsseln bin ich nicht mehr in der Lage, alleine geradeaus zu gehen und werde von Moses zur Gästehütte hinausbugsiert. Von wegen harmlose Droge!? Platziert auf meinem Nachtlager scheint sich das ganze Universum um mich zu drehen.«

(Aus den Aufzeichnungen R.Garves von 1998)

Die 63 Kilometer lange und bis zu 12 Kilometer breite Insel verdankt ihren heutigen Namen Pentecost dem Umstand, dass sie am 22. Mai 1768 (Pfingsten) erstmals von dem französischen Schiff des bekannten Seefahrers Bougainville gesichtet wurde. Die hauptsächlich im Norden der Insel wohnenden Einwohner nannten ihr Eiland früher »Ragha« oder »Raga«.

Der nachweislich erste Besiedlungsversuch und die Missionierung durch Europäer fand in den siebziger Jahren des 19. Jahrhunderts statt. Angeblich soll es bereits ein Jahrhundert zuvor schon einmal Weiße auf der Insel gegeben haben, die den Legenden der Ureinwohner zufolge allerdings nicht sehr lange dort überlebten. Offenbar handelte es sich um Schiffbrüchige und möglicherweise sogar um Überlebende der missglückten französischen La-Pérouse-Expedition zu den Salomonen.

Ähnlich wie auf den anderen Inseln der Neuen Hebriden entstanden nach dem Zweiten Weltkrieg durch Einflüsse der katholischen und anglikanischen Kirche und einer Mischung aus dem sogenannten Custom- und Ahnenkulten gleich mehrere Cargo-Kulte auf Pentecost.

Obwohl insgesamt nur etwa 13.000 Menschen auf Pentecost leben, werden hier etwa zwanzig verschiedene Sprachen gesprochen. Bislama-Pidgin ist wie auf allen anderen Inseln die allgemeine Verkehrssprache zwischen den verschiedenen Dörfern. Über die ursprüngliche Kultur der Einwohner von Nord- und Zentral-Pentecost ist leider nur sehr wenig bekannt. Sie wurde schon recht bald nach dem Eintreffen von Missionaren und Siedlern durch deren Einfluss zerstört. Im Südosten dagegen ist durch strengen Customglauben und rigorose Zivilisati-

Pentecost, eine Insel vulkanischen Ursprungs

Die tägliche Gewinnung des Kawaextraktes

Bewohner von Bunlap

Die Customleute tragen nur traditionelle Kleidung. Während die Frauen dicke knielange Grasröcke tragen, begnügen sich die Männer mit kleinen violettgefärbten Penisbinden aus Bast. Diese sogenannten Nambas sind mit denen der Small Nambas auf Malekula völlig identisch.

Wurzel der Kawadroge (Piper methysticum)

onsablehnung einiger Dörfer die Kultur bis heute weitgehend erhalten geblieben.

Das bekannteste und von uns oft besuchte Custom-Dorf ist Bunlap. Es liegt auf einer steinigen Anhöhe an der Südostküste von Pentecost und besteht aus etwa sechzig palmbedeckten Hütten. Dazwischen befinden sich auf zwei Ebenen Zeremonietanzplätze, sogenannte Nasaré, und drei große Männerhäuser.

Diese Nakamals sind der allabendliche Treffpunkt für die Männer und initiierte Jungen und gleichzeitig auch die Schlafplätze für die noch nicht verheirateten Männer. Sie heißen Maltumpuk, Malmoltur und Mallonlumop. Hier nehmen die Männer während ihrer abendlichen Zeremonie, bei der ganz bestimmte Vorteilsregelungen und Tabus eingehalten werden müssen, ihre Dosis Kawa ein, um in Trance mit den Geistern zu kommunizieren. Für Frauen ist das Betreten eines Nakamals streng verboten. Früher wäre es einem Todesurteil gleichgekommen, wenn jemand ein Tabu gebrochen hätte. Je nach Rang innerhalb eines zweifellos immer noch existierenden Geheimbundes in der Männerhausgemeinschaft nimmt jeder Mann seinen Platz im Nakamal ein und erhält die ihm angemessene Menge frisch gepressten Kawa-Gebräus. Es ist die Zeit der Kontaktaufnahme und Konversation mit den Ahnen im Drogenrausch. Jetzt finden mystische, für Europäer nicht nachvollziehbare Rituale und seltsame Kraftübertragungen im hypnotischen Zustand, sogenannte Mana, statt.

Warisul mit einem pflanzlichen Fischgift

Obwohl es inzwischen einigen Kindern Bunlaps zeitweilig erlaubt ist, im benachbarten Missionsort die Schule zu besuchen, um Lesen und Schreiben zu lernen, wird die Errichtung einer Schule in Bunlap selbst von den Dorfchiefs strikt abgelehnt. Mit der Außenwelt, die sie auch »plastic world« nennen, erfuhr ich vom Dorfchief Warisul, verbinden die Einwohner nichts. Sie empfinden sie als Bedrohung sowohl ihrer Kultur als auch ihres Lebens.

Deshalb lassen sie sich nur gelegentlich auf sie ein, indem sie kurzzeitig Besucher wie uns dulden oder jemanden, der die Außenwelt bereits eine Zeitlang ertragen kann, nach Port Vila schicken, um Kawa zu verkaufen.

Eines der auffälligsten und interessantesten Rituale Melanesiens ist das sogenannte Naghol, Nangol oder Gol, das Landtauchen beziehungsweise Turmspringen von Pentecost. Es wird jedes Jahr von den Einwohnern im Süden von Pentecost traditionell während der Regenzeit von Ende April bis Ende Mai praktiziert. Seit wann dieses nicht ungefährliche Ritual ausgeübt wird, ist nicht genau bekannt. Obwohl ich in Port Vila einmal das Gerücht hörte, das Naghol sei nichts anderes als ein Cargo-Kult, bei dem die Eingeborenen das Springen von amerikanischen Fallschirmjägern aus dem Zweiten Weltkrieg nachmachen, existiert dieser Brauch vermutlich doch schon seit Jahrhunderten.

Da er aber früher für auswertige Besucher streng tabu war und nur etwa alle fünf Jahre stattfand, ist er in der Völkerkunde erst seit einigen Jahrzehnten bekannt geworden, wie mir Warisul, der Dorfchief von Bunlap, selbst versicherte. Dagegen ist das Ende der achtziger Jahre in Neuseeland und in den USA neu aufgekommene und als Sport bezeichnete Bungee-Springen

von Kränen und Brücken an einem Gummiseil nichts weiter als ein kommerzieller Abklatsch dieses alten indigenen Brauches aus der Südsee.

Durch die Einführung von Metallwerkzeugen wie Buschmesser und Äxte war es für die Einwohner einfacher geworden, hohe Sprungtürme zu errichten. Außerdem gab es unter den zunehmenden europäischen Besuchern ab Ende der sechziger Jahre des letzten Jahrhunderts immer mehr zahlungswillige Zuschauer, so dass das Turmspringen schließlich jährlich und sogar an verschiedenen Orten stattfand. Heute ist das Naghol im Mai trotz seines teils noch traditionellen Charakters ein wöchentliches kommerzielles Spektakel für zahlungskräftige Touristen. Auch für die strenggläubigen Custom-Leute von Bunlap wurde das Naghol neben dem Handel mit Kawa zur wichtigsten Einnahmequelle fürs Dorf.

Für die Errichtung des Turmes benötigen die Männer etwa drei bis sechs Wochen. Die einzelnen Gerüstteile werden lediglich mit Lianen zusammengebunden und an den Nachbarbäumen sowie mit Keilen im Boden befestigt. Jeder sprungwillige Mann oder Junge wickelt sich zuvor ein eigenes Sprungbrett

Junge Männer bei der Suche nach passenden Lianen

Versteck unter einem Banyanbaum

Sprungübungen in den Gebirgsteich

und sucht sich die Sprunglianen allein in passender Länge im Wald aus. Interessant ist, dass die Männer die Vermessung der Lianen nur nach Augenmaß vornehmen und kein Maßband dafür verwenden. Möglichst niemand sollte sie dabei beobachten, dann kann auch kein anderer für einen möglichen Unfall verantwortlich gemacht werden. Lediglich bei den vorherigen Sprungübungen der Jungen von einem Felsvorsprung in einen nahegelegenen Teich mitten im Urwald durfte ich dabei sein und sogar mitmachen. Alle anderen Vorbereitungsmaßnahmen sind streng tabuisiert. Keine Frau darf beim Turmbau oder bei der Lianensuche zusehen. Sie würde nach alter Tradi-

Vorbereitung auf den ersten Sprung

Vanuatuexperte Franz Schmöllerl

Spannung vor dem Sprung

Anfeuern der Springer

tion riskieren, vergewaltigt zu werden. Je nach Dorf befinden sich schließlich 15 bis 30 Absprungbretter in unterschiedlicher Höhe auf der Sprungseite des Turmes, die sich immer an einem Abwärtshang befinden.

Wie ich mich selbst überzeugen konnte, trinken die Männer in der Nacht vor ihrem Sprung mehr Kawa als sonst in den Tagen zuvor, vermutlich um sich völlig zu entspannen und keine Angst aufkommen zu lassen.

Am Tag des Naghols dürfen auch Frauen und Kinder zugegen sein. Meistens tanzen und singen sie in einer von den Män-

nern getrennten Gruppe hinter dem Turm, um die Springer anzufeuern. Die Jungen eröffnen die Sprünge. Sie stehen auf ihren selbstgefertigten Sprungbrettern, während die anderen Männer die Enden der Lianen an ihren Fußgelenken festbinden. Sie werden erst nach dem Auftreffen auf der Erde wieder von den Füßen gelöst. Schon Sechsjährige springen kopfüber etwa vier Meter tief auf die aufgewühlte Erde. Jeder Springer klatscht vor dem Absprung in die Hände, spreizt die Arme seitlich und dreht dabei die Handflächen. Mit seiner gekrümmten Körperhaltung sieht er aus wie ein Vogel, der zum Abflug ansetzt. Schließlich stößt er sich weit nach vorne ab und springt in die Tiefe. Die Lianen spannen sich kurz vor dem Auftreffen auf die Erde und reißen den Springer zurück. Dabei zerbricht das Sprungbrett an einer Sollbruchstelle.

Durch diesen Ruck und die Elastizität des Turmes selbst wird der Springer kurz vor dem Auftreffen auf den Boden noch einmal einige Meter zurückkatapultiert, bevor er nach diesem Abbremsen schließlich auf die Erde prallt. Zwei Gehilfen heben ihn auf und befreien ihn von den Lianen. Aus der Sicht eines Zuschauers grenzt es jedes Mal an ein Wunder, dass sich dabei niemand das Genick bricht. Kurz vor dem Absprung, so berichtete mir Wari – der Sohn vom Dorfchief aus Bunlap, hätte er noch einmal die Geister befragt. Sie hatten ihm ihren Schutz zugesagt und so konnte er ohne Angst springen. Wenn man die Geister nicht befragte oder die Geister anderer Meinung seien, würde man den Sprung nicht überleben. Deshalb wird auch niemand verachtet, wenn er vor seinem Absprung zurücktritt und herunterklettert – ob-

Absprungphasen

Absprünge mit verschiedenen Armtechniken

wohl er schon die Lianen an den Füßen befestigt hat und mit den Händen klatscht.

Dann waren die Geister nicht an seiner Seite und ein Absprung wäre lebensgefährlich gewesen. Obwohl es eine gewaltige Mutprobe ist, handelt es sich um kein eigentliches Initiationsritual für junge Männer. In den Customdörfern gibt es viele Männer, die glücklich verheiratet und angesehen sind, aber nie die Lust dazu verspürten, beim Naghol ihr Leben zu riskieren. Trotz gelegentlicher Knochenbrüche bis hin zur Querschnittslähmung, die zum Beispiel Pio, ein netter Junge

aus Rangu Suksuk, dabei erlitt, zelebrieren die Süd-Pentecoster das gefährliche Naghol-Ritual jedes Jahr aufs Neue. Im Mai 1998 wurden wir Zeugen, wie sich ein Dreizehnjähriger dabei den linken Oberarm brach. Zehn Jahre später traf ich ihn als kräftigen muskulösen Mann und Familienvater wieder. Er hatte das Springen nicht aufgegeben. Diesmal sprang er sogar fast von der Spitze des Turms und landete, obwohl eine seiner Lianen dabei riss, unbeschadet und glücklich im feuchten Sand.

Todesfälle sind bislang nur sehr wenige zu beklagen. So versuchte im Jahre 1972, als die englische Königin zu Besuch

Die Wucht des Aufpralls wird durch gelockerte Erde gemildert.

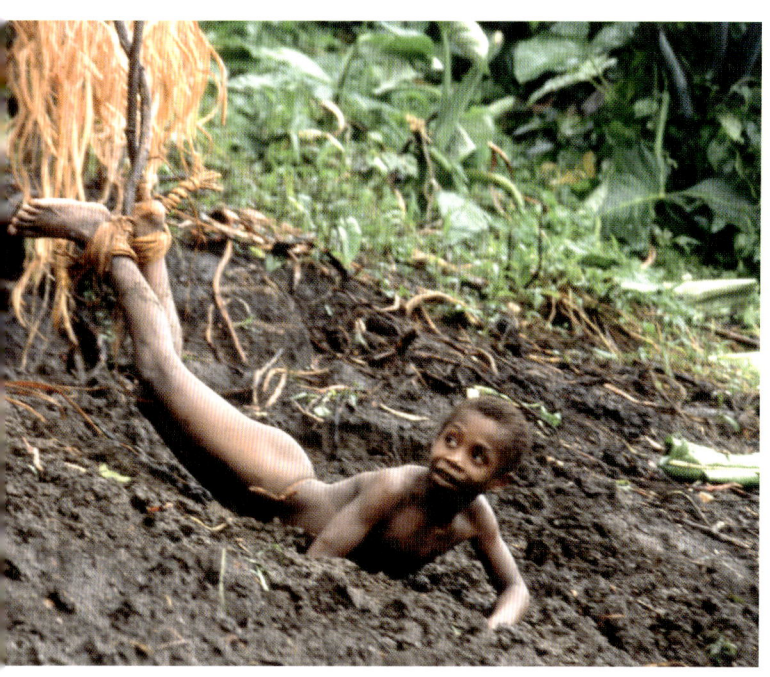

Stolz auf den ersten Sprung

war, ein Mann, entgegen den bestehenden Customs, im Oktober während einer Trockenperiode und mit einer Turnhose bekleidet zu springen. Die Liane war nicht elastisch und zerriss vor dem Aufprall. Der junge Mann bezahlte seinen Leichtsinn mit dem Leben. Im April 2008, kurz vor meiner Ankunft in Pentecost, kippte sogar ein ganzer, schlecht gesicherter Turm mitsamt Springern und einem Kameramann darauf um und begrub sie unter sich. Während die Springer mit schweren Knochenbrüchen überlebten, hatte der Kameramann keine Chance. Er starb wenige Stunden später noch am Unfallort.

VANUATU DAILY POS
FIRST WITH THE NEWS
Nagol towe
falls, one die

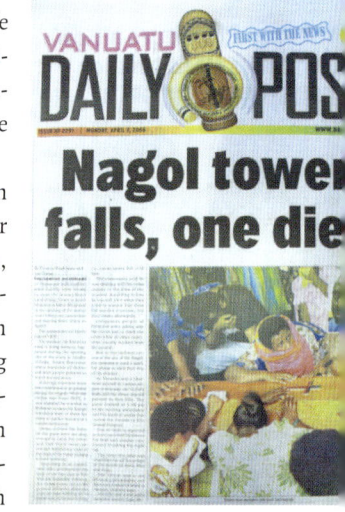

Tödliches Ende eines Turmspringens

Das Naghol soll auf einer alten Legende beruhen. Demnach habe vor langer Zeit einmal eine junge Frau, die vor ihrem vermeintlichen Ehemann namens Tamili bis auf einen Banyanbaum hinauf floh, den Sprung hinab gewagt. Allerdings hatte sie zuvor ihre Füße an Lianen angebunden und überlebte dadurch. Der ihr hinterher springende junge Mann brach sich das Genick. Seitdem irrt seine Seele ungesühnt in alten Bäumen umher.

Ihm zu Ehren errichteten die Männer Türme, um ihren Mut zu beweisen und genau wie Tamilis Ehefrau mit Lianen herabzuspringen und die Geister damit zu beschwichtigen.

Bei den Custom-Leuten von Bunlap gibt es merkwürdigerweise fast nur diese sieben Jungennamen: Wari, Lala, Waters, Bebe, Bong, Sali und Owalla. Offenbar benennen die Väter ihre Söhne immer nach Freunden, die sie sehr schätzen. Während meines ersten Besuches im Dorf lernte ich allein acht Jungen mit dem Vornamen Waters kennen. Zuweilen legen sich die Männer später aber auch noch biblische Zweitnamen zu, wahr-

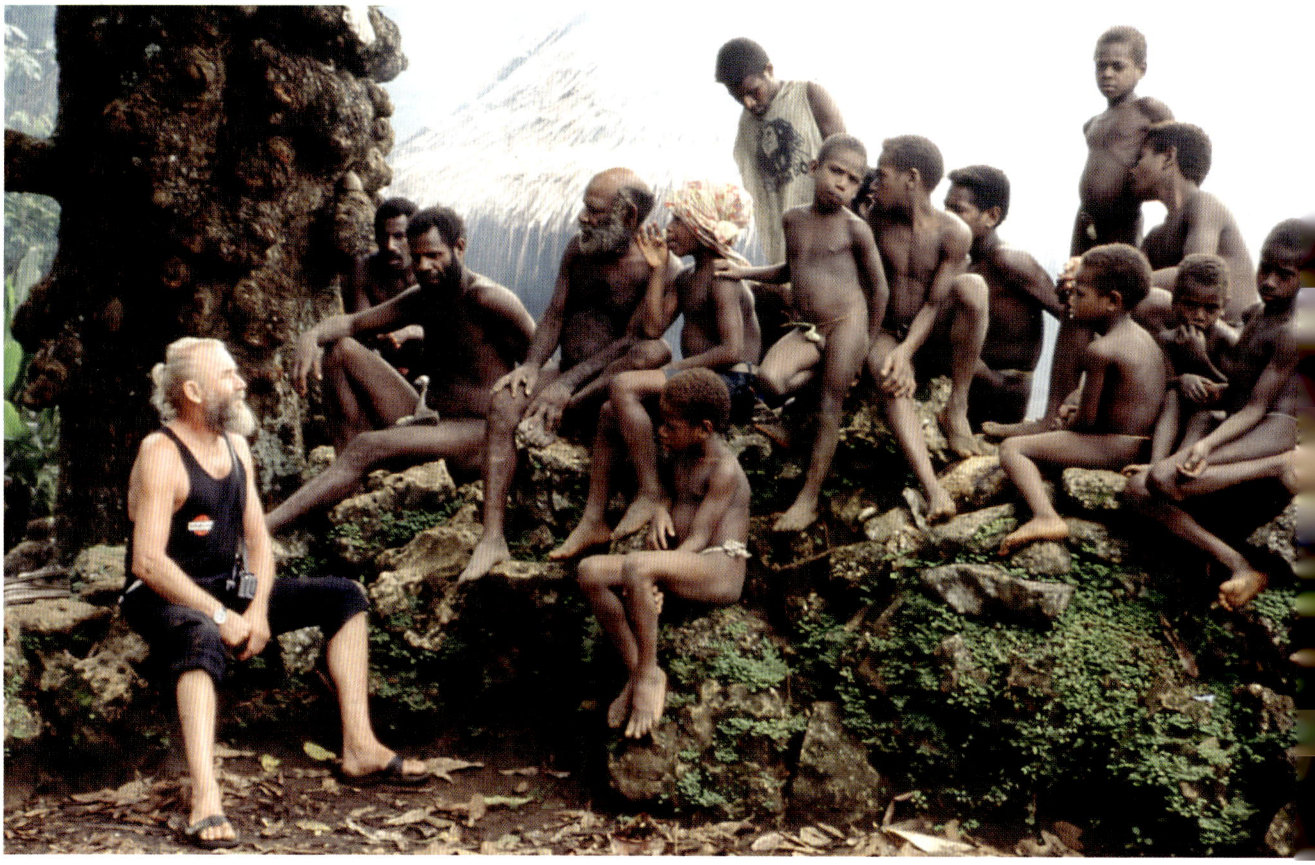

Der beliebte Arzt und Pilot Franz »Airfranz« Schmöllerl kam 2009 beim Absturz seines Hubschraubers ums Leben.

scheinlich um beim gelegentlichen Verwandtenbesuch in den missionierten Nachbardörfern nicht aufzufallen. So zum Beispiel Moses, in dessen Hütte wir des öfteren zu Gast waren und der mir trotz aller Auskunftsbereitschaft niemals seinen richtigen Namen verraten wollte.

Nach der Initiation erhält jeder Junge einen neuen Namen. Bei den geheimen Initiationsriten benutzen die eingeweihten Männer geschnitzte Tanzmasken, die sie Chupwan nennen. Moses galt als der beste Schnitzer dieser großstirnigen Holzmasken. Leider teilte er mir die genaue Bedeutung der Chubwan nur im Flüsterton in seiner Sa-Sprache mit. Ständig schaute er sich dabei um, so als ob er Angst davor hatte, ein Tabu zu brechen oder von Geistern dabei belauscht zu werden.

Zu den auch heute noch bei den Pentecostern ausgeübten alten Bräuchen gehört das Ausbrechen der oberen Eckzähne bei jungen männlichen Schweinen, um ein Rundwachsen der Gegenhauer zu ermöglichen. Moses und sein Vater Molmas, der damals noch lebte, hatten nichts dagegen, dass ich diesem makabren Schauspiel beiwohnte. Im Handumdrehen hatte

Moses mit einer seiner Chupwan-Masken

Gedrehte Schweinezähne als Männerschmuck

sich Moses eines seiner männlichen Jungschweine aus dem mit einem Steinwall begrenzten Gehege gegriffen und über die Steinmauer gehievt. Währenddessen zwei Männer das um sein Leben quiekende Schwein an den Beinen und am Kopf festhielten, schlug Moses mit einem alten Schweineunterkiefer und einem spitzen Stein im schrägen Winkel auf die oberen noch nicht sehr weit ausgeprägten Eckzähne, um sie zu lockern. Anschließend nahm er einen dicken Eisendraht und hebelte damit ruckzuck gekonnt die beiden Zähne heraus.

Dann setzte Moses, so als wenn nichts geschehen wäre, das Schwein mit ein paar liebevollen Worten wieder zurück ins Gehege. Nun hatten die unteren Eckzähne keine Antagonisten mehr und damit ausreichend Platz zum möglichst kreisrunden Wachstum. Von Molmas erfuhr ich, dass man große Erwartungen in das zukünfte Tuskerschwein setzte, es durfte nun

Südseeidylle für Aussteiger im Hafen von Port Vila

Keule mit einer mehrzackigen Spitze. Dieser sogenannte Njal-Njal hätte magische Kräfte, wurde mir von ihm versichert und sollte ab nun meinem persönlichen Schutz dienen. Ich bräuchte damit nicht mal zuzuschlagen, um jemanden, der mich bedroht, zu töten. Es würde ausreichen den Njal-Njal auf denjenigen zu richten und ihn zu verfluchen. Innerhalb von 24 Stunden würde er unweigerlich sterben. Durch diesen alten verstaubten Zauberstab seien schon viele Bösewichte ums Leben gekommen. Darauf waren die alten Männer in Molmas Runde besonders stolz. Es schien mir, als wollten sie ihn unbedingt loswerden oder sie dachten, ich könnte ihn deshalb gut gebrauchen. Etwas mulmig war mir damals dabei schon, muss ich zugeben.

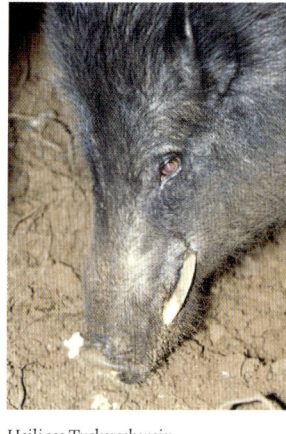

Heiliges Tuskerschwein

Zur Beruhigung sei gesagt, der Njal-Njal befindet sich noch heute unbenutzt in meinem Besitz.

mindestens zwölf Jahre wachsen und seine Zähne sollten gedeihen, damit man es dann teuer verkaufen oder als Brautpreis für Moses Kinder einsetzen könne. Ein anderes Hauerschwein musste gerade geschlachtet werden, weil es sich beim Wühlen in der Erde einen der bereits rundgewachsenen Zähne abgebrochen hatte. Molmas erlebte das erhoffte Resultat nicht mehr.

Gelegentlich werden auch Vergehen wie Ehebruch oder Diebstahl mit dem Opfern von Hauerschweinen zugunsten der betroffenen Familie bestraft, wie wir im Mai 1998 in Bunlap miterleben durften. Der alte Bong hatte vom Feld seines Schwiegersohnes Kawa gestohlen und wurde dabei erwischt. Selbst verwandtschaftliche Bande halfen ihm dabei nichts. Die Chiefs entschieden als Ausgleichszahlung die sofortige Opferung seines dicksten Tuskerschweins. Ansonsten drohten ihm und seiner Familie der Ausschluss aus der Dorfgemeinschaft. Bong erschlug direkt vor dem Nakamal mit einer Pigkilling-Keule zu unserem Leidwesen das eilig herangezerrte Schwein. Aber auch einen Tag später schien der Fall noch nicht ausreichend gesühnt zu sein. Die Chiefs entschieden, dass der alte Bong noch ein Schwein zu opfern hatte, obwohl es ganz klar die Verhältnismäßigkeit der Dinge bei weitem überstieg. Aber der Custom verlangte es, bestätigte mir Wari und das Schwein wurde auf die gleiche brutale Weise getötet und anschließend von den Angehörigen des Geschädigten im Erdofen gegart und verspeist.

Diese Tuskerschweine und ihre spiralförmigen Zähne sind außerordentlich wertvoll und dienen überall als Zahlungsmittel, Männerschmuck und Brautpreis. Der gedrehte Schweinezahn ziert sogar die offizielle Staatsflagge von Vanuatu.

Einmal erhielt ich zum Abschied von Chief Molmas eine alte wurmstichige

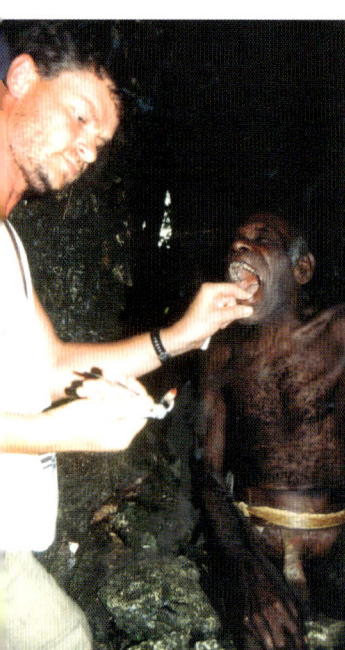

Zähneziehen im Urwald

Dorfchief Warisul mit Njal-Njal-Stab

John-Frum-Cargo-Kult

»Während die John-Frum-Anhänger auf Tanna jedes Wochenende auf die Rückkehr ihres Messias aus Amerika hoffen, leben nur wenige Kilometer Luftlinie entfernt die Leute von Yakel noch wie vor tausend Jahren auf einem Baumhaus und üben sich im Ignorieren der Zivilisation, die sie längst überrollt hat...«

(Aus den Aufzeichnungen des Autor von 1996)

Als die US-Amerikaner 1942 während des Zweiten Weltkrieges auf Espirito Santo ihre Militärbasen ausbauten, benötigten sie zahlreiche Hilfskräfte. Viele von ihnen kamen eigens dafür per Schiff von der Insel Tanna. Die ohnehin durch ihr Kastom (Custom) und auch durch christliche Missionierung stark geprägten Arbeitskräfte aus Tanna staunten zunächst darüber, dass es dort nicht nur Weiße in Uniform gab, sondern auch dunkelhäutige Soldaten, die ihnen nicht nur sehr ähnelten, sondern auch in der Rangordnung den Weißen sehr nahe standen.

Bisher wurden sie von den weißen Kolonisten, meist französische Farmer, nur als zweitrangige Menschen oder Arbeitssklaven angesehen. Und nun auf Santo wurden sie von den Amerikanern für ihre Arbeit reichlich mit Geld, Kleidung und Nahrung entlohnt. War jemand krank, so wurde er im Feldlazarett, das von außen mit riesigen roten Kreuzen gekennzeichnet war, von Ärzten und Krankenschwestern medizinisch betreut und wieder gesund gepflegt genauso wie verwundete Soldaten.

Es muss den Tanna-Bewohnern wie das Paradies auf Erden erschienen sein. Sie lernten Radios kennen, aus denen fremde Stimmen und Swingmusik zu hören waren, sie sahen mit Kisten voll gestopfte Wellblechbunker, gefüllt mit allen möglichen für sie exotischen Nahrungsmitteln. Mehl, Reis, Brot, Zucker, Schokolade, Kaugummi, Coca Cola in einem unglaublichen Überfluss. Dann diese seltsamen fliegenden Blechgebilde, Militärfahrzeuge, Kanonen, Kriegsschiffe . Auf Santo waren

Kriegsmüll am One Million Dollar Point

bereits 1942 über 100.000 Soldaten stationiert, von denen kein einziger hungern musste. Für alle wurde gesorgt. Das war in den Augen der Tanna-Leute das Schlaraffenland.

Jeden Freitagabend nach Dienstschluss, wenn sich junge Marinesoldaten zu einem gemeinsamen Shanty-Singen bei Coca Cola und Bier auf dem Kasernenplatz trafen, beobachteten die Inselbewohnern das Geschehen aufmerksam und durften sogar mitsingen. Offenbar hielten sie die wöchentlichen Gesänge und Tänze der Soldaten für ein geheimnisvolles Ritual, um mit den Geistern zu kommunizieren – ähnlich wie bei ihren eigenen Geheimbundzeremonien.

Die Melodien und Gesänge prägten sich die Tanna-Leute derart ein, dass sie sie schließlich auswendig konnten, ohne zu wissen, was eigentlich der Inhalt dieser vermeintlich heiligen Stammesgesänge war. Auch samstags auf dem Appellplatz zum wöchentlichen Exerzieren und Gewehrsalutieren vor der

Im Zweiten Weltkrieg abgestürztes Flugzeug auf Santo

amerikanischen Flagge waren sie stille Beobachter dieses seltsamen Customs der Amerikaner. Offenbar war beides wichtig, um die Geister gut zu stimmen, damit diese immer und immer wieder die schönen Sachen in Hülle und Fülle per Schiff und Flugzeug heranschafften.

Es ging soweit, dass sich im September 1943 sogar ein Eingeborener zum König von Tanna und Amerika erklärte und mit dem Bau einer Landebahn auf Tanna begann. Doch im August 1945 war Schluss damit. Die Japaner hatten endlich kapituliert. Der Zweite Weltkrieg im Südpazifik war vorbei. Die Amerikaner verließen die Inseln so schnell, wie sie gekommen waren und hinterließen ihre Spuren. Bergeweise landete der Kriegsmüll, defekte Flugzeuge, Panzer, Jeeps, Winden, Waffenteile und Abermillionen von leeren Colaflaschen an den Stränden und im Meer. Das beste Beispiel ist der wenig später von den Eingeborenen zur heiligen Tabuzone erklärte »One Million Dollar Point«, die größte Kriegsmüllhalde auf den Neuen Hebriden. Heute ein beliebtes und von Touristen gut bezahltes Ausflugsziel in Vanuatu.

Yakel-Bewohner mit seinem Sohn · Gegenseitiges Entfernen von Läusen und anderen Hautparasiten

Gut entlohnt kehrten die Hilfskräfte nach Tanna heim. Für sie stand nun fest, dass es das von christlichen Missionaren gepredigte Paradies wirklich gab und sie wollten alle diese schönen Dinge nun auch für ihr Dorf in Tanna bekommen. Offenbar hat ein schwarzer GI namens John Frum ihnen vor dem Abschied noch versprochen, dass er irgendwann wiederkommen und dann all die wundersamen Sachen wie Kühlschränke, Konservendosen usw. mitbringen würde. Dieser freundliche Abschied wurde als Botschaft empfunden und John Frum zum Messias erklärt. Eine andere Theorie besagt, dass der Nachname Frum »from« bedeutet, also John from America. Wie ich selbst 1996 auf Tanna erfahren konnte, gibt es vor Ort die unterschiedlichsten und abenteuerlichsten Erklärungsversuche über die Herkunft von John Frum. Einige meinten sogar, dass es diese Bewegung schon in den dreißiger Jahren, also ein Jahrzehnt vor Ankunft der Amerikaner, auf Tanna gab.

Für sie handelte es sich bei John um Johannes, der die Geburt Christi voraussagte und bei Frum um das englische Wort »broom« für Besen. Offenbar sollten mit diesem Besen alle weißen Missionare und Siedler von den Inseln gefegt werden, um endlich wieder in den alten Traditionen leben zu können.

Für die erhoffte Rückkehr war es wichtig, nun möglichst das Gleiche dafür zu tun, was die Soldaten gemacht hatten. Da sich die Tanna-Heimkehrer eine Menge an ausrangierten Uniformteilen und altem Schuhwerk aus den Müllbergen mit nach Hause genommen hatten, beschlossen sie die Amerikaner nachzuahmen.

Jeden Freitagabend versammelte sich die ganze Dorfgemeinschaft zum gemeinsamen fröhlichen Singen, Tanzen zur Banjomusik in Ipeukel in der Sulphur-Bucht. Dazu trugen die Männer die alten Uniformen und Stiefel. Am nächsten Morgen exerzierten die Männer im militärischen Schritt mit Holzgewehren auf der Schulter und salutierten vor der amerikanischen Flagge. Dieser Brauch ist nach über sechs Jahrzehnten nicht nur eine fester Bestandteil des John-Frum-Kultes sondern auch eine eigenständige Religion, von der sich ihre Anhänger nicht abbringen lassen.

Kommen beispielsweise amerikanische Touristen dorthin und erklären den Dorfbewohnern, dass das alles offenbar nur ein Missverständnis sei und niemand namens John Frum kommen würde, um die versprochenen Dinge zu bringen, haben sie eine einfache Erklärung: Die Christen würden schon seit über 2.000 Jahren auf ihren Messias warten. Was machen dagegen ein paar Jahrzehnte des Wartens aus?

Noch im Mai 1996, als ich bei einer John-Frum-Zeremonie dabei war, trugen einige junge Männer alte Militärkleidung und Lederstiefel aus dem Zweiten Weltkrieg, die sie von ihren Großvätern geerbt hatten und sangen die alten Shanties.

Panflöte von Tanna

Mittlerweile wurde aber neben der Ami-Flagge, vielleicht als Tribut an die neue Zeit, auch die EU-Fahne gehisst und auf einem Schrein sogar ein Mercedes-Stern verehrt. Jedes Jahr am 15. Februar findet dort die große John-Frum-Jahresfeier mit über 3.000 Anhängern statt.

Nur wenige Kilometer Luftlinie von den Dörfern der John-Frum-Anhänger entfernt, lebt das kleine Custom-Volk von Yakel. Genau wie die Einwohner von Bunlap lehnen sie ein Leben in der Zivilisation ab, tragen außer Lendenschurzen aus Bast keine Kleidung und leben fest verbunden mit ihren Traditionen. Auch der gelegentliche Besuch von Touristen oder Missionaren hat bis heute daran nichts geändert.

Nagriamel und die Grüne-Blätter-Revolte von Jimmy Stevens

»Was wird aus dem Recht der Schwarzen in der nächstfolgenden Generation und nach meinem Tode werden? Jimmy Stevens hatte im Gefängnis ein großes Bild seiner Zelle gemalt und diese Frage in großen Buchstaben darauf geschrieben. Es hängt an der Bambuswand unter dem Palmwedeldach im Vorraum zu seiner Schlafhütte. In sein Gesicht kommt ein gütiges Lächeln trotz seiner großen Schmerzen und seine strahlenden Augen scheinen zu funkeln, als er mich im Halbdunkeln des Raumes von seiner Pritsche aus erkennt, ebenso vollbärtig wie er selbst und ebenso wie er nur mit einem Lendenschurz be›kleidet‹. Einige seiner vielen Frauen rings um ihn herum in ebenso spärlicher Körperbedeckung richten seinen in 12 Gefängnisjahren stark geschwächten Körper auf. Jimmy muß seine Worte immer wieder unterbrechen. Er hat Atemnot...«

(Aus einem Brief von H. Heller von 1993)

Um den einstigen Anführer der sogenannten Nagriamel-Bewegung Chief Jimmy Stevens ranken sich bis heute wilde Gerüchte. Eigentlich war er weder ein richtiger Melanesier noch auf den Neuen Hebriden geboren. Der Herkunft nach stammte er aus Tonga, war Enkel eines Schotten und einer Einheimischen von den Banks-Inseln und arbeitete zeitweilig als Holzfäller, LKW-Fahrer oder Matrose. Bis es ihn eines Tages Mitte der sech-

ziger Jahre nach Espirito Santo verschlug und er dort, ähnlich wie schon der Seefahrer Fernando de Quiros 350 Jahre zuvor, die fixe Idee von einem eigenen Schlaraffenland im Südpazifik, einem neuen Staat, allerdings einem ohne Zivilisationsgüter, ohne Steuern, mit Polygamie und freizügiger Sexualität für alle verwirklichen wollte. Mit seinem Charisma und einer großen Portion Schlitzohrigkeit gelang es Stevens im Handumdrehen die Bewohner einiger missions- und kolonialmüder Dörfer im Südosten von Santo davon zu überzeugen, dass er als Messias gekommen sei, um sie endlich von ihrem Joch zu befreien. Er erlangte sogar die Häuptlingswürde, nachdem er selbst angeblich über 500 Schweine opferte und am selben Tag mit einer Keule erschlug.

Als Symbole für die neu gegründete Bewegung verwendete er Blätter von zwei Pflanzen, die die melanesischen Ureinwohner schon seit Urzeiten zur Körper-Dekoration besonders bei Festen verwendeten. Aus der Kombination vermeintlich männlicher violetter Blätter »Nagria«, die die Menschen verkörperten und dem gelbgrünen weiblichen Part »Namele«, die das Recht symbolisierten, entstand das Wort Nagriamel. Innerhalb kurzer Zeit hatte er über 20.000 Anhänger um sich geschart.

Jimmy Stevens nach seiner Entlassung aus der Haft mit dem deutschen Anarchisten Hartmut Heller

Eine der zahlreichen Ehefrauen von Jimmy Stevens

nischer Geistlicher – die Regierung von Papua-Neuguinea um militärische Hilfe. Stevens sollte gestürzt werden, um ein Übergreifen der Nagriamel-Bewegung auf die anderen Inseln und eine mögliche Unterstützung durch kommunistische Länder zu verhindern.

Die für Urwaldeinsätze bestens ausgebildeten Soldaten aus Neuguinea machten im Juli 1980 kurzen Prozess und schlugen binnen weniger Tage den Aufstand nieder. Stevens und einige seiner Anhänger kamen in Efate in Haft. Als Strafe erhielt er vierzehn Jahre und sechs Monate Gefängnis. Im Dezember 1991 kam er allerdings nach einer Amnestie wieder frei. Bis zu seinem Tod 1994 lebte er als Märtyrer gemeinsam mit seinen etwa zehn Ehefrauen samt Kindern in Fanafo auf Santo.

Fanafo ist eines der übriggebliebenen Customdörfer, in dem sich die Einwohner auch heute noch streng darum bemühen ihre möglichst urzeitliche Lebensweise in den Traditionen der Nagriamel-Bewegung aufrechtzuerhalten.

Im Jahre 1994, wenige Tage nach Stevens Tod besuchte ich Fanafo und wurde auch in das Haus von Jimmy Stevens eingeladen. Zu dem Zeitpunkt trugen alle Frauen und Kinder lediglich Lendenschurze aus Palmblättern. Sie verwendeten mit Ausnahme von Buschmessern so gut wie keine Zivilisationsgegenstände. Das betrachteten sie als Teufelskram oder bösen Zauber. Die Männer trugen dagegen Lendenschurze aus buntem Stoff oder Baumbast und bewachten ihr Territorium mit Pfeil und Bogen.

In einer frisch ausgehobenen Grube mitten im Haus von Stevens stand neben einem rostigen Bettgestell etwa einen Meter tief dessen Sarg geschmückt mit der Nagriamel-Fahne und einigen vergilbten Fotos darauf. Die Wände des Hauses waren geschmückt mit aufgereihten Schweineunterkiefern, diversen Keulen, Resten einer Phantasie-Uniform mit zahlreichen bunten Orden, drapiert mit frischen Hibiskusblüten.

Bei der abendlichen Kawa-Einnahme, zu der ich eingeladen wurde, fiel mir auf, dass die Wurzeln vom Rauschpfeffer nicht gleich im Holzmörser zerstampft, sondern von einigen anwesenden Männern zunächst zerkaut und erst dann in einen Topf gespuckt wurden, um weiter ausgequetscht zu werden. Offenbar eine Methode, um die enthaltenen Alkaloide durch die Enzyme im Speichel besser aufzuspalten und damit eine Wirkungsverstärkung zu erreichen – wovon ich mich anschließend selbst überzeugen konnte.

Die Fanafo-Leute glauben an die Wiedergeburt ihres Messias und auch heute noch an den Sieg ihrer »Kokosnuss-Revolte«.

Die Einwohner der »Steinzeit-Enklave« Fanafo leben genauso wie die Custom-Leute von Süd-Pentecost oder aus Yakel auf Tanna lediglich von selbstangebautem Taro, Yams und wenigen anderen Gemüsesorten, gelegentlichem Schweinefleisch, Fisch, gejagten Schlangen oder Flughunden. Zivilisationsnahrung wie Konservenfleisch, Brot oder Nudeln ist ihnen durch ihr selbst auferlegtes Tabu verboten. Das Gleiche gilt für Coca Cola oder alkoholische Getränke.

Mittlerweile sollen aber auch schon einige Christen in Fanafo leben, für die diese strengen Custom-Regeln nicht gelten. Sie tragen westliche Kleidung und besuchen sonntags den Gottesdienst im Nachbardorf.

Unterstützt von einer finanzkräftigen US-Sekte eines gewissen Michael Oliver in Colorado, die in den siebziger Jahren des letzten Jahrhunderts enstand, begann er ganze Küstenstreifen in Ost-Santo für seinen Utopia-Staat aufzukaufen. Stevens wandte sich mit einer Bittschrift an die UNO, um für das Nagriamel-Gebiet völkerrechtliche Anerkennung als Staat und Autonomie von den einstigen Kolonialmächten zu erlangen. Das schlug fehl. Stevens marschierte daraufhin am 27. Mai 1980 mit seiner Armee aus Urwaldkriegern in Luganville ein, besetzte etliche Gebäude und ließ die Geschäfte plündern. Er erklärte sich zum Präsidenten des neuen Staates »Vemerana«. Es existierten dafür bereits eigene Pässe und auch eine neue Währung.

Nach der tatsächlichen offiziellen Unabhängigkeitserklärung von Frankreich und Großbritannien zwei Monate später bat der erste Premierminister von Vanuatu – ein presbyteria-

Malekula – die Small und die Big Nambas

»Die höchste Ehre tut man den Toten aller Grade aber auf Südmalekula an. Die Knochen werden zu Speerspitzen und Eßmessern verarbeitet, der Schädel jedoch wird als Sitz der Seele angesehen und besonders gut behandelt. Man reinigt ihn vorsichtig von allen Fleischteilen und modelliert auf ihm ein Gesicht mit Hilfe eines Gemisches aus Ton, Kokosnußfasern und klebrigem Pflanzensaft. Darüber streicht man noch eine Schicht Harz, die dann so bemalt wird, wie sie dem Toten nach seinem Suquegrad zukommt. Man bemüht sich, den Schädel in jener Weise so zu gestalten wie den Kopf des Verstorbenen. Man setzt ihm Augen aus Muschelschalen ein, befestigt auf ihm die Haare des Toten, steckt einen Stab durch die Nasenscheidewand und verziert das Haar mit Federn. So entstehen wahre Kunstwerke, die auch nach den Begriffen des Weißen feine und lebenswahre Züge tragen...«

(Aus H. Nevermann, Melanesien, 1933, S. 153)

Obwohl mittlerweile auch in Malekula die touristische Vermarktung der Kultur der einstigen Ureinwohner in Form von geheimnisvollen Folklore-Shows eingesetzt hat, gelten die zumeist im Innern beziehungsweise in den Bergregenwäldern lebenden Melanesier auch heute noch als recht archaisch. Dabei machen es sich die örtlichen Reiseagenturen zur Aufgabe, das Bedürfnis zahlungskräftiger Touristen nach einem speziellen Abenteuerkick zu bedienen, indem sie überfallartige Showeinlagen mit schwarzbemalten, palmblattgeschmückten Küstenbewohnern, begleitet mit Kriegsgeheul, vermeintlichen Stammestänzen und anschließendem Candlelight-Dinner organisieren. So ungefähr hat sich der weiße Besucher die einst echten Attacken der »Wilden« auf französische Farmer oder europäische Forscher vorzustellen. Für die mitwirkenden Einheimischen ist es nicht nur ein Spaß, sondern auch eine willkommene Einnahmequelle.

Prähistorische Steinskulptur

Im schwer zugänglichen nördlichen Inland um den Ndarang-Berg herum lebten ursprünglich die sogenannten Big Nambas, die sich äußerlich von ihren Feinden, der zweiten größeren Stammesgruppe, nur durch ihre Penisbindengröße unterschieden. Ihre Frauen bekleideten sich indes nur mit einer Bastfaser-Kopfbedeckung, die ihnen lediglich bis zum Becken reichte.

Die Big Nambas galten schon zu Zeiten ihrer Entdeckung als ausgesprochen kriegerisch. Wenn sie eines Feindes habhaft wurden, töteten und verspeisten sie ihn. Unter den Big Nambas soll es zu Beginn des letzten Jahrhunderts noch einige Gruppen von sehr kleinwüchsigen Ureinwohnern gegeben haben, die fälschlicherweise oft als Pygmäen bezeichnet und von den Großwüchsigen sogar gejagt wurden. Der Schweizer Ethnologe Felix Speiser (1923) vermutete in ihnen allerdings eine umweltbedingte, zwergwüchsige Spezies der Küstenmelanesier.

Besonders das Fleisch von Weißen galt auf Malekula als Delikatesse. Angeblich besaß früher fast jedes Dorf sogar eine mit Steinen ausgelegte Feuerstelle, die nur für weißhäutige Opfer benutzt wurde. Dazu schrieb Bernd Kleiner (2003): »Eine beliebte Methode, Fremde fernzuhalten, war das Aufknüpfen von Gefangenen. Dem unglückseligen Opfer schlug man den Schädel ein, hing seinen Leichnam mit den Füssen nach oben an einen Baum und ließ ihn verrotten.«

Der Anthropologe John Layard (1937), der sich lange Zeit mit den Totenkulten und Geheimbünden auf Malekula befasst hat, vermutet in bestimmten, dort mit Totenfeiern und Schweineopfern verbundenen, Steinsetzungen gar die östlichsten Vorposten jener uralten Megalith-Kultur, die vom heutigen europäischen Gebiet ausging und sich über Frankreich, Sardinien über den Orient bis nach Hinterindien und Indonesien erstreckte. Zu dem jeweiligen Stein gehört noch eine Ahnenfigur aus Holz.

Kopftrophäe eines hochrangigen Verstorbenen

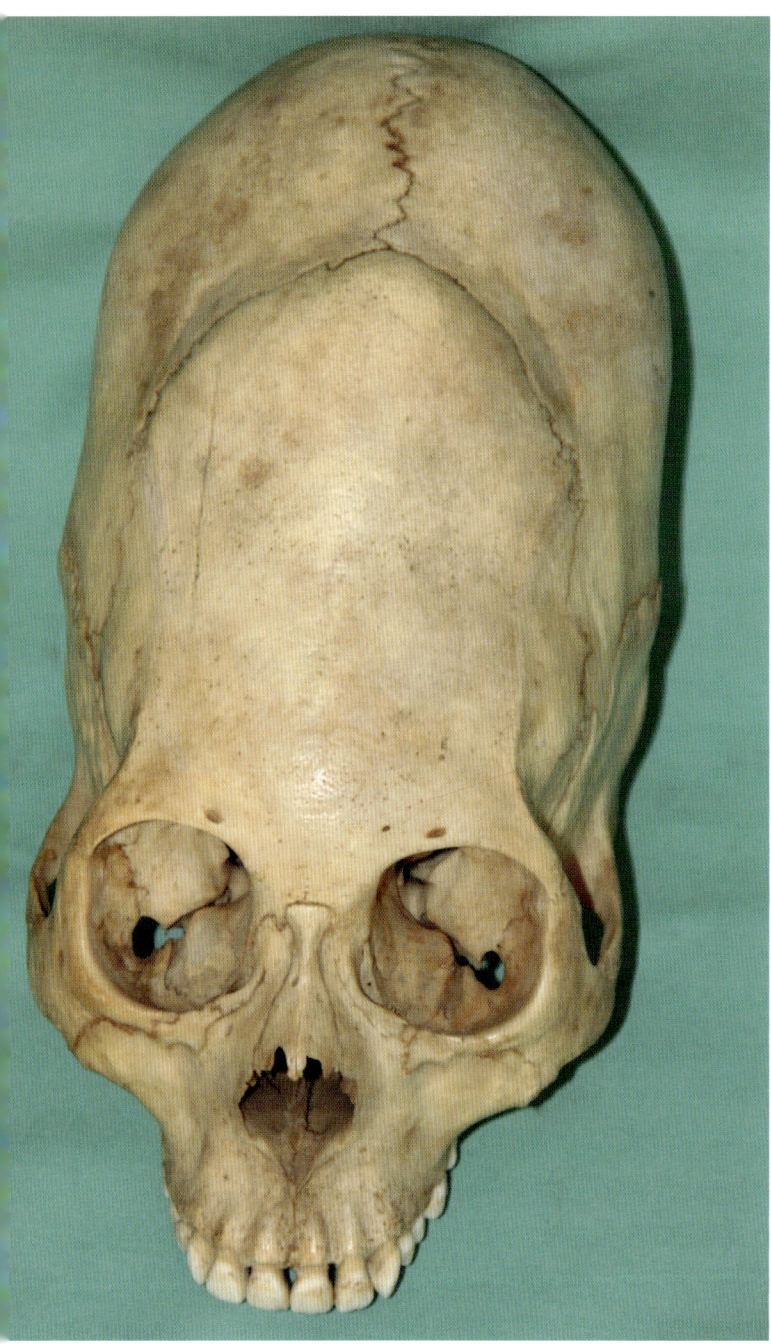

Durch Bandagieren entstandene Langschädelform

werden Bastarde eigens zu diesem Zweck großgezogen und zur Pubertätszeit, aber ohne ihr Wissen, zum Opfer vorbereitet. Ein solches Opfer wird weiß bemalt, um die Gottheit zu personifizieren, wird wie ein Häuptling bekleidet und sodann hingeopfert. Auf den kleinen Inseln werden nur die in der Schlacht verwundeten oder getöteten Feinde zu solchem Zweck verwendet. Aber die Beziehung zwischen Menschen- und Tieropfer wird dadurch klar, daß beispielsweise verwundete Feinde möglichst am Leben erhalten werden, bis man sie ins Dorf heimbringen und opfern kann, genau, als ob sie Schweine wären. Ist jedoch der Tod zu nahe bevorstehend, wird eiligst ein Steinaltar errichtet, der glückliche Sieger unterzieht sich den wichtigen Teilen des Maki-Zeremonials, entzündet ein neues Feuer und legt sich selbst einen neuen Namen zu.«

Im Jahre 1969 soll angeblich der letzte Mensch von den Big Nambas verspeist worden sein. Auf Bislama-Pidjin gab man mir folgende Ausdrücke dafür: »Kill'em and eat'em!« (»Töte ihn und iss ihn auf!«) oder »Kai Kai Men« (Essen von Menschen). Gegenwärtig leben hauptsächlich im Küstenbereich von Tenmaru und Unmet die letzten der besonders im vergangenen Jahrhundert durch eingeschleppte Zivilisationskrankheiten stark dezimierten Angehörigen der Big Nambas.

An der Südküste von Malekula praktizierten die Einwohner Tommans bis vor wenigen Jahren rituelle Schädeldeformierungen.

Schädelverformung durch frühzeitiges Bandagieren auf Vanuatu

Beides repräsentierte nach H. Uhlig (1989) für die Opfernden die Ahnenwelt, der sie selbst einmal angehören werden. An den Rundungen der gedrehten Unterkiefereckzähne ihrer Opferschweine konnten sie sogar den späteren Rang im Männerbund des Totenreiches erkennen. Die Erlangung eines hohen Ranges selbst nach dem eigenen Tod war das höchste Ziel eines Geheimbundmitgliedes bei den Ureinwohnern Malekulas.

»Die Eingeborenen wissen davon, dass das Opfern der Hauerschweine an die Stelle der früheren Menschenopfer getreten ist. In manchen Teilen Malekulas kommen noch heute Menschen-

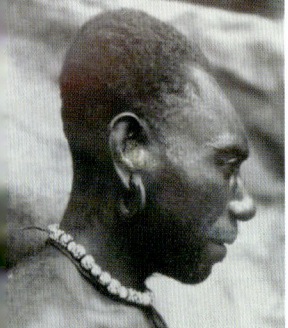

Schädeldeformierung

opfer vor. Im Dorf Matanavat an der Nordküste

Wie auf den anderen Inseln Melanesiens gilt auch auf Malekula der Besitz vieler Schweine, besonders mit möglichst kreisrunden Unterkiefereckzähnen, als Reichtum. Und wenn der Besitzer anlässlich etlicher Stammesfeiern viele seiner Schweine eigenhändig mit der Keule erschlägt und das Fleisch der Dorfgemeinschaft zum Verzehr überlässt, kann er dadurch in der Suque-Geheimbundordnung einen höheren Rang erwerben. Das Symbol für einen der höchsten Ränge ist die weiße Körperbemalung eines Mannes aus Muschelkalk. Er gilt damit bereits zu Lebzeiten als eine Art von Schutzgeist für die Dorfgemeinschaft.

Frauen kümmern sich um den Haushalt und die Gartenarbeit. Sie sind den Männern derart untergeordnet, dass sie den Kopf einziehen und sich bücken müssen, wenn sie an einem Mann vorbeigehen, um nicht größer als er zu erscheinen. In der Ehe erwirbt die Frau den höchsten Status, indem der Ehemann ihr die beiden mittleren oberen Schneidezähne ausschlagen lässt. Damit gilt sie als besonders gute Mutter und als sehr attraktiv. Sie unterstreicht diesen Status durch das Tragen einer rot-violetten Kopfbedeckung aus Bast.

Die Dörfer der meist versteckt im Bergurwald lebenden Small Nambas befinden sich im Gebiet zwischen der Südwest-

Ehefrau des Chiefs mit ausgeschlagenen Frontzähnen in Mae Village

Big-Namba-Frauen

küste von Malekula und dem Mount Laimbele. Zu ihnen gehören die Meninembos und Mbotogote. Wegen ihrer kleineren Penisbinde, die nur aus einem einzigen Palmblatt besteht, gaben ihnen die ersten Kolonisten die Bezeichnung Small Nambas, um sie besser von deren Feinden unterscheiden zu können. Im Gegensatz zu den Big Nambas bekleiden sich die Frauen mit kurzen Röcken aus Raffia-Schilfgras.

Während die Frauen mit den Kleinkindern in Gemeinschaftshäusern getrennt von ihren Gatten wohnen, leben die Jünglinge und Männer in eigenen Männerhäusern und zelebrieren ihre zumeist von vielen Tabus begleiteten Zeremonien der Beschneidung und anderer Initiationsriten auf ihren Natsaro-Kultplätzen. Auch die Small Nambas waren früher in Suque-Geheimbünden organisiert. »Suque« ist nach H. Nevermann (1933) eine Art Geheimreligion von Männern mit einer besonders auf den Neuen Hebriden (Vanuatu) starken Machtposition, die aus einem alten Ahnenkult und einem jüngeren

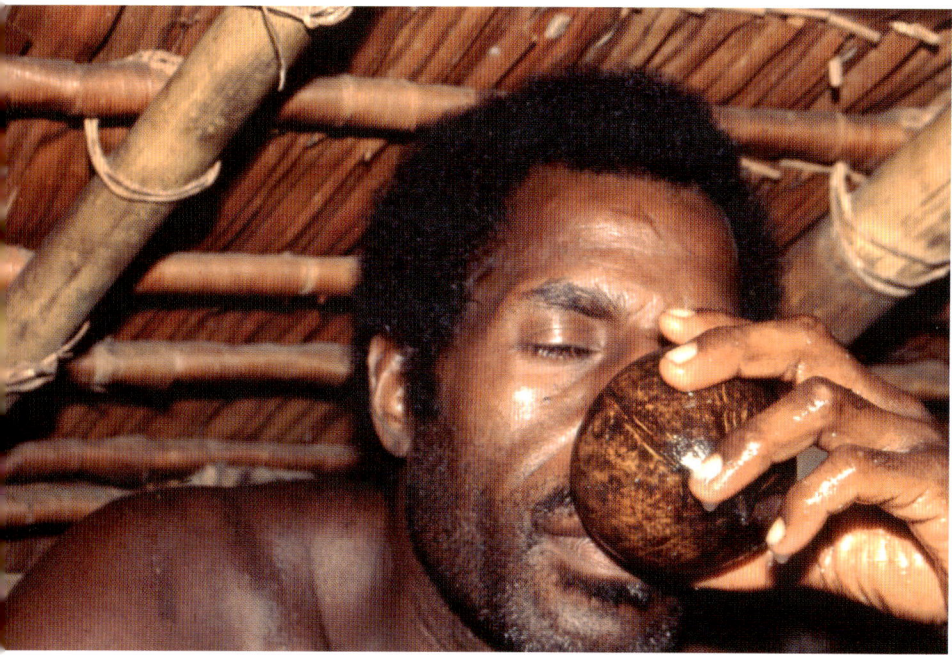

Kawatrinker

sich hohe Rangmitglieder deutlich von den niederen distanzieren müssen. Sonst würden sie riskieren, ihre Würde und den Rang zu verlieren. Niemals darf ein Angehöriger eines niederen Ranges die Feuerstelle eines Höherrangigen überschreiten oder mit ihm gemeinsam Kawa aus derselben Kokosschale trinken. Oftmals sind die Rangobersten trotz ihrer Machtposition und Häuptlingswürde materiell gesehen durch die vielen Schweineopfer bettelarm und verbringen ihre Zeit einsam an ihrem zuvor geweihten Herdfeuer. Auffällig bei den Small Nambas ist, dass sie das Küstengebiet weitgehend meiden und eine überlieferte Furcht vor dem Meer haben. Möglicherweise, weil von dort die ersten weißen Kolonisten mit ihren unbekannten Krankheiten wie Grippe, Tuberkulose oder Syphilis kamen, an denen sehr viele Big Nambas zugrunde gingen. Deshalb

Schweineopferkult hervorgegangen ist und das tägliche gesellschaftliche Leben seiner Anhänger bestimmt. Nur auf den Banks-Inseln existierten sogar Geheimbünde von Frauen mit zumeist niederen Rängen.

Die Anzahl geopferter männlicher Hauerschweine mit kreisrunden Unterkiefereckzähnen aus dem Besitz eines Mannes bestimmt schließlich seinen Rang innerhalb des Bundes. Oftmals muss sich ein Mitglied, um einen höheren Grad zu erlangen, Opferschweine borgen und verschuldet sich haushoch. Aber das nehmen die Mitglieder in Kauf, weil sie sich damit den gleichen oder sogar noch höheren Rang mit allen ihnen zustehenden Privilegien im Jenseits sichern. Bei der Übergabe eines geborgten Schweines sind stets viele Zeugen anwesend. Während der Besitzer das Schwein festhält, muss der Empfänger als Zeichen seines Dankes beide umtanzen. Zuweilen vollzieht man bei den Schweinen vor der Opferkeulung noch eine Art Taufe. Früher wurden nach H. Nevermann (1933) niemals weibliche Schweine nach der Tötung verzehrt. Ihr Kadaver wurde einfach im Urwald entsorgt. Mit dem Erwerb eines höheren Grades erhält der Opfernde Zugang zur Geisterwelt der Verstorbenen desselben Grades. Und diese werden um so mächtiger, je höher der Grad ist. Jemandem mit höchstem Rang wird zugetraut, dass er jeden Zauber und die Naturgewalten wie Wind und Regen beherrscht. Unter den Suque-Mitgliedern gilt es, sich im Streben nach Macht, Ansehen und eigener Heiligkeit gegenseitig zu übertreffen. Im Treffpunkt der Suque, dem sogenannten Gamal (H. Nevermann 1933), manifestieren sich Unterschiede zwischen den unteren und oberen Rängen an den jeweiligen Sitzplätzen oder Feuerstellen. Manche dürfen diese Hütte nur durch einen Hintereingang betreten oder sich nur im Eingangsbereich aufhalten, während

Gesichtsbemalung mit Muschelkalk

Old Bubu vom Amelboas Village

gelten die Inland-Small-Nambas als die gesündeste Volksgruppe im Inselstaat Vanuatu. In ihrem Glauben kommt ein Mensch nur durch böse Zauberei oder durch Altersschwäche zu Tode.

Stirbt ein hochrangiger Dorfchief, wird sein Leichnam zunächst in Bastmatten eingewickelt, bis er schließlich wie ein dickes kugelförmiges Paket aussieht. Dann wird ein hoher Erdhügel darüber geschüttet. Die Small Nambas fertigen erst nach acht Monaten oder später eine menschenähnliche Puppe an, die sie auf einem geschnitzten, mit menschlichen Gesichtern verzierten Pfahl befestigen. Dieser Pfahl kann bis zu fünffache

Small Namba Chiefs mit »Airfranz«

Big Namba Chief von Malekula

Mannshöhe haben. Die Seele eines Ranghohen verlässt den Körper erst nach vielen Monaten im Gegensatz zu einem ranglosen Toten, der schon nach fünf Tagen seelenlos ist. Zur Herstellung der Puppe kürzen sie den Stamm eines Farnbaumes etwa in der Körpergröße des Verstorbenen, tragen Ton, Kokosnussfasern, Kaurischnecken als Augen und Pflanzenfarben auf und formen einen menschenähnlichen Rumpf mit Armen und Beinen daraus. Zu guter Letzt wird dieser übermodellierte und mit Federn geschmückte Schädel mit den Haaren des Toten versehen und am neuen Körper befestigt. Die Methode der Schädelkonservierung ähnelt sehr der im Sepik-Ramu-Gebiet von Neuguinea früher ausgeübten Praktik. Anschließend wird diese Skulptur mit den Farben Schwarz, Weiß und Rot bemalt, mit einer Namba versehen und mit Rindenbastschärpen-Armbändern, Kaurischnecken oder Federn geschmückt. Als Zeichen der Suque-Würde trägt eine Hand ein Tritonshorn und die andere einen Schweineunterkiefer. Diese Methode des Totenkultes wurde ebenfalls bei den Big Nambas praktiziert. Die Small Nambas drapierten die Figur für kurze Zeit auf ihrem Kultplatz, umtanzten sie während einer nächtlichen Zeremonie um den innewohnenden Geist des Chiefs zu besänftigen. Danach wurde er an einer besonderen Stelle im Kult- oder Männerhaus platziert. Zuweilen wurden an speziellen Stangenfortsätzen der Puppengestelle der ranghöchsten Toten später auch die Schädel ihrer Söhne befestigt. Die Knochen verarbeitete man zu Messern und Speerspitzen.

Small-Namba-Frauen beim Spiel

Sonnenuntergang auf Efate

Die Admiralitätsinseln

Die indigene Bevölkerung auf den Admiralitätsinseln setzt sich aus drei Völkern zusammen, die sich ursprünglich äußerlich und auch kulturell sehr voneinander unterschieden. Bei den Matakor handelt es sich vermutlich um erst spät eingewanderte Küstenbewohner, die dort neben Yamsanbau und Viehhaltung vom Fischfang und der Jagd auf Meeresschildkröten lebten. Als Haustiere wurden Schweine und Hühner gehalten. Die mehr im Inland wohnenden Usiai sind die Nachkommen eines schon vor Jahrtausenden hier siedelnden kleinwüchsigen Volkes, das von den nachrückenden Zuwanderern arg dezimiert und in die Gebirgsregionen von Manus verdrängt wurde. Die dritte Gruppe sind die sogenannten Manus. Sie lebten während der

deutschen Kolonialzeit noch auf künstlichen Inseln auf Pfahlbauhütten im Meer und gingen ausschließlich dem Fischfang nach. Ohne eigene Gemüsefelder waren sie gezwungen Handel mit den Nachbarvölkern zu betreiben. Gegenüber weißen Eindringlingen oder auch nur friedlichen Besuchern galten sie früher als aggressiv und kampfeslustig. Nicht selten kaperten sie ganze Schiffe und töteten die Besatzung.

Die Usiai wurden von ihnen als Menschen zweiter Klasse angesehen, die lediglich dazu da waren, sie mit pflanzlichen Nahrungsmitteln zu versorgen. Nachdem 1885 auch die Admiralitätsinseln zum sogenannten deutschen Schutzgebiet erklärt wurden, begannen deutsche Bergbaufirmen mit der Förderung von Phosphaten und anderen Bodenschätzen auf den Inseln. Dabei wurden gelegentlich deutsche Händler und Arbeiter von den Manus und Usiai umgebracht. In dieser Zeit war es für weiße Besucher ratsam, die Schiffe nicht oder nur kurzzeitig zu verlassen. Am 10. Oktober 1908 erreichte die Peiho (Drache), ein Hochseedampfer mit deutschen Forschern an Bord, die Admiralitätsinseln, um Informationen und Ethnographica von den Einwohnern von Nord- und Süd-Manus zu sammeln. In der Folgezeit kam es immer häufiger zu kriegerischen Auseinandersetzungen, bei denen die Eingeborenen sogar Gewehre und Munition erbeuteten und damit weitere blutige Überfälle verübten.

Bei den deutschen Strafexpeditionen übte man erbarmungslos »Vergeltung« und brannte ganze Dörfer nieder. Bei solch einer Aktion im Jahre 1900 starben Hunderte von Usiai (H. Uhlig 1989). In Deutschland existierte damals sogar ein Plan, auf den Admiralitätsinseln – genau wie die Franzosen auf Neukaledonien – eine Strafkolonie für Verbrecher einzurichten. Obwohl die Manus keine Kannibalen waren, soll es gelegentlich vorgekommen sein, dass sie das Fleisch von Getöteten gekocht und an die Usiai verkauft haben. Über die ursprüngliche materielle Kultur der drei Völker zu Beginn des letzten Jahrhunderts ist folgendes bekannt: »Bei den Usiai werden Flechtwerke hergestellt, darunter auch Körbe und Schalen, die mit Nussharz wasserdicht überzogen werden. Von ihnen stammt auch der größte Teil der Betelkalkkalebassen mit Brandmalerei. Die Matankol verfertigen Muschelgeld aus Konusschalen und Holzschnitzereien, unter denen runde Schalen mit spiralig gehaltenen oder mit Figuren verzierten Henkeln oder ganz in Tierform und pritschenartige Betten die bemerkenswertesten Stücke sind.

Wie die Matankol verfertigen auch die Manus Töpfe, während die Paluanleute kleine Ölkrüge aus überkitteten Kokosnußschalen herstellen. Die für die Admiralitätsinseln charakteristischen Speere und dolchartigen Messer mit Obsidianklingen werden hauptsächlich von den Manus und Matankol hergestellt. Als Männerkleidung ist überall die Baststoffbinde üblich, die ursprünglich ein Kulturgut der Usiai war. Daneben kommt als Tanztracht die Penismuschel vor. Die Frauen tragen Faserschurze, bei den Usiai aber auch zum Teil

Kaurischneckenhalsband der Manus

Bastschurze. Als Schmuck sind Scheiben aus Tridacnamuschel mit durchbrochener Schildpattauflage, Tanzschürzen aus Bast oder Muschelgeldscheibchen, Stäbchenkämme, Nasenstäbe aus Tridacna oder Holz, Nackengehänge aus Knochen, Holzköpfe mit Federn, Rindengürtel und Trochusarmringe besonders bemerkenswert. Als Fahrzeug dient das einfache Auslegerboot mit viereckigen Mastensegeln« (aus H. Nevermann, »Die Admiralitätsinseln – Ergebnisse der Südsee-Expedition 1908–1910«, Hamburg 1934).

Ende der zwanziger Jahre des vergangenen Jahrhunderts, als die Amerikanerin Margaret Mead in einem Manusdorf lebte, konnte sie feststellen, dass die alten Traditionen mit dem Ahnenkult und Totemismus und die strikten Heiratsregelungen noch bestanden.

Der völlige kulturelle Zusammenbruch setzte erst nach dem Ende des Zweiten Weltkrieges ein. Missionare strömten auf die Inseln. Viele Manus hatten in Neuguinea oder Neubritannien gemeinsam mit den Amerikanern gegen die japanischen Besatzer gekämpft. Besonders hatte ihnen dabei imponiert, dass es bei den Amerikanern auch dunkelhäutige Soldaten gab, die genauso wie die Weißen behandelt wurden.

Die Manus verlegten ihre Pfahldörfer an die Küste und ins Innere der Insel und begannen ihre Lebensweise den suspekten Thesen eines Reformpredigers namens Paliau Maloat unterzuordnen. Der Alltag wurde militärisch straff organisiert. Die Leute hatten nur zu bestimmten Zeiten zu arbeiten, zu essen und sich zu waschen. Außerdem wurde die öffentliche Beichte eingeführt und man erwartete viele versprochene Cargo-Güter aus Amerika.

Das war den australischen Kolonialbeamten zu viel. Paliau Maloat landete 1947 im Gefängnis von Port Moresby und wurde umgeschult. In der Folge entstanden bei den Manus einige neue Religionsrichtungen und Geisterkulte, die mit Cargo-Kulten verbunden waren. Heute gehört der Manus-Distrikt politisch und territorial zu Papua-Neuguinea.

Bezüglich der für die Admiralitätsinseln typischen Schnitzkunst spielen die Manus keine große Rolle. Die besseren Schnitzer von Ahnenfiguren waren eindeutig die Matakor und Usiai. Ein Stilmerkmal dieses Gebietes stellte die rotbraune Farbe auf den menschen- und krokodilgestaltigen Schnitzwerken dar.

Die Ahnenfiguren mit den prognathen Kinn zierten nicht nur die Männerhauspfosten und die Steven der Kanus, sondern auch Dolche, Speere, Kämme und die Griffe von Trommeln. Hier wurden die vermutlich weltweit größten Holzschalen mit einem Durchmesser von bis zu drei Metern geschnitzt.

Manus mit gigantischen Schlitztrommeln

Kopfjagd, Menschenopfer und Kannibalismus – zum ethischen Verständnis alter melanesischer Bräuche

Der Legende nach soll die Bezeichnung Kannibale ursprünglich vom Wort Caniba oder Kariben abstammen, einer Bezeichnung für die Bevölkerung der Westindischen Inseln. Der Brauch gelegentlich Menschenfleisch zu verzehren und die Selbstbezeichnung dieser Ureinwohner erlangten letztendlich die gleiche Bedeutung. Die Bezeichnung Kannibalismus wurde schließlich auf alle anderen Völker der Erde, die man mit dem Schimpfwort »Menschenfresser« abstempelte, ausgedehnt. Besonders auf Neuguinea und den anderen melanesischen Inseln ließ sich unter diesem Vorwand die Errichtung einer sogenannten kolonialen Schutzmacht wie in Kaiser-Wilhelms-Land mit ihrer militärischen Schutztruppe zwecks »Befriedung« der Eingeborenen und anschließenden Umwandlung in »brave Christenmenschen« rechtfertigen. Aber auch in der Geschichte Europas hat es Kannibalismus und Kopfjagd gegeben.

Dabei sind grundsätzlich drei Formen des Kannibalismus voneinander zu unterscheiden. Erstens aus Not und Hunger, zum Beispiel in Kriegssituationen (Seidler 1997), nach Flugzeugabstürzen, oder aber infolge von Geisteskrankheiten (Kannibale von Rothenburg). Bei Schiffsunglücken gab es bis Ende des 19. Jahrhundert sogar ein ungeschriebenes, aber in Notfällen oft praktiziertes Custom of the Sea, bei dem Kannibalismus erlaubt war (B. Simpson 2003, H. Neil 1999). Zu erwähnen ist aber auch die im Mittelalter in Europa weitverbreitete und hochgeschätzte Einnahme von Mumienpulver als Heilmittel, allerdings mit zweifelhafter Wirkung und bestenfalls mystischem Hintergrund. Selbst der französische König Francois I. führte immer eine Mischung aus Mumia und Rhabarber als Notmedizin mit sich. Noch bis Anfang des zwanzigsten Jahrhunderts wurden in den Niederlanden und in Deutschland Moorleichen von Apothekern zu Pulver verarbeitet und als sogenannte Mumia verkauft (Wijnand van der Sanden 1996). Besonders begehrt und teuer soll »Mumia vera Aegyptiaca«, Pulver aus echten ägyptischen Mumien, gewesen sein. Im Glauben, durch den Verzehr das eigene Leben verlängern zu können, wurden bis zu zwölf Goldmark pro Kilo bezahlt.

Zweitens der Endokannibalismus, bei dem ein Verstorbener teilweise oder ganz von seinen Verwandten als Zeichen höchster Verehrung aufgegessen wird. In der Vorstellung der Ureinwohner bleibt der Tote damit für immer in ihrer Gemeinschaft. Als Beispiel lassen sich die Fore im Ramu-Purari-Gebiet von Papua-Neuguinea anführen, die noch bis Anfang der 60er Jahre des 20. Jahrhunderts ihre Verstorbenen als Zeichen von Trauer und höchster Verehrung verspeisten. Das Problem bei den Fore war allerdings, dass dabei oftmals eine unheilbare Nervenkrankheit, die die Fore »Kuru« (Zittern) oder »lachender Tod« nannten und die einzig und allein bei ihrem Stamm auftrat, auf die mitessenden Verwandten übertragen wurde. Kuru war eine unbekannte, langsam zum Tode führende, durch Prionen übertragene Infektionskrankheit, die hauptsächlich den Hirnstamm und das Rückenmark der Betroffenen, zumeist

Frauen und Kinder, befiel und in ihrem Verlauf Ähnlichkeiten mit dem Creutzfeldt-Jakob-Syndrom, der Schafs-Scrapie oder dem offiziell mit BSE (Bovine Spongiforme Enzephalopathie) bezeichneten Rinderwahnsinn (Mad Cow Disease) in Europa aufwies. Das Rätsel um den eigentlichen Erreger dieser Krankheit, möglicherweise ein Virus, konnte die moderne Wissenschaft bis heute nicht restlos aufklären.

Das war den Papuas aber nicht bewusst. Es gab ganz feste Regeln bei der rituellen Verspeisung eines Verwandten. Dazu der Schweizer Arzt Werner Stöcklin in seinem Buch »Toktok« (1985, S.39ff): »Meist wurde der Tote, sobald sich die maßgebenden Esser beim Trauerhaus eingefunden hatten, in Stücklein zerschnitten und dann in Bambusröhren weichgekocht. Noch schmackhafter soll das Menschenfleisch gewesen sein, wenn man den Verstorbenen für einige Tage verscharrte und ihn in halbverwestem Zustand wieder ans Tageslicht brachte. Die Maden wurden sorgsam aus dem Kadaver herausgepflückt und als separate Delikatesse geröstet oder im Bambusrohr gedämpft. [...] Verstorbene Kurupatienten aber wurden, auch wenn sie von noch so übelriechenden Geschwüren bedeckt waren, in treuer Liebe verzehrt. Unter Umständen allerdings musste die Festgemeinde, die sich zur Verdauung eines allzu

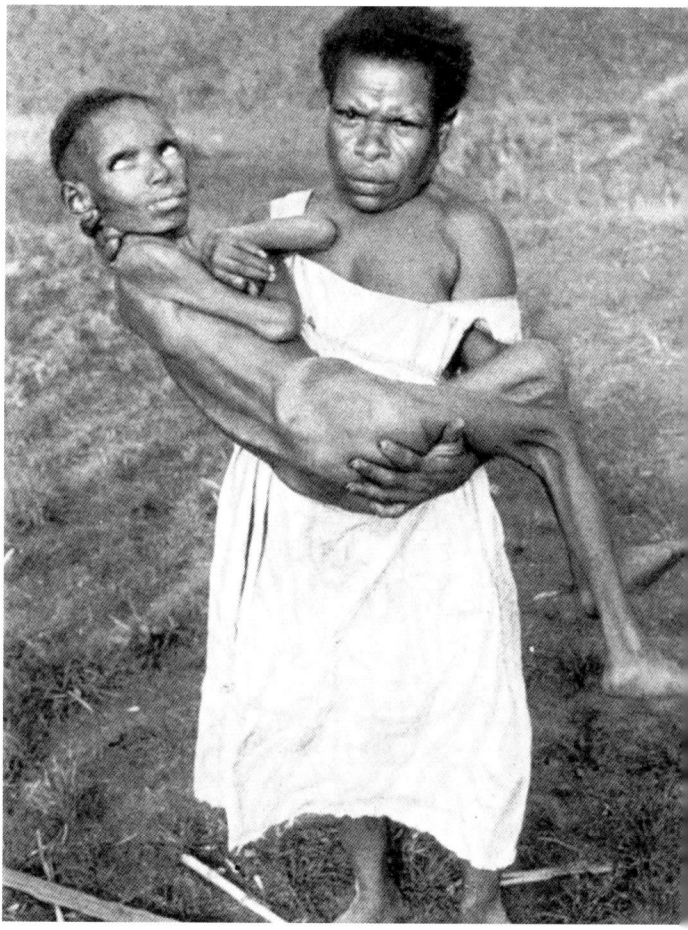

Die Infektionskrankheit Kuru, auch als »Der lachende Tod« bezeichnet

unappetitlichen Leichnams zusammengefunden hatte, mit einem Schwein beschenkt werden – als Entschädigung für die Mühen des gemeinsamen Mahles und der damit verbundenen Riten.«

Während in den fünfziger Jahren noch etwa die Hälfte der Verstorbenen der Fore Opfer von Kuru waren, darunter sehr viele Kinder, gab es danach zwanzig Jahre nur noch einen einzigen Todesfall unter den Kindern (W. Stöcklin 1985). Mit der Aufgabe der endokannibalistischen Praktiken war auch die Krankheit Kuru ausgestorben. Für die Aufklärung und Bekämpfung dieser Infektionskrankheit erhielt der amerikanische Mediziner Carleton D. Gajdusek aus Bethesda 1976 sogar den Nobelpreis. Gajdusek gilt als einer der wenigen seriösen Forscher, die jemals einen endokannibalistischen Akt bei Papuas gefilmt haben (J. W. Grüntzig, H. Mehlhorn 2005).

Die Fore betrachteten Kuru als Folge von böser Zauberei und führten regelrechte Ritualmorde, die immer einem bestimmten Muster folgten, an vermeintlichen Hexern durch. Nachdem man die Extremitäten des »Hexers« mit Steinen zugedeckt hatte, um ihn an der Flucht zu hindern, wurde ihm die Hoden zerschmettert und der Hals durchgebissen.

Die Frage nach der Herkunft von Kuru bleibt offen, zumal es diese Krankheit zu Zeiten der deutschen Kolonialzeit wohl noch nicht gegeben hat. Jedenfalls haben weder die Nachfahren der Fore noch der einzige deutsche Militärangehörige Hauptmann Hermann Detzner, der während des Ersten Weltkrieges auf der Flucht vor den Australiern offenbar als erster Weißer dieses Gebiet durchstreifte und sich dort versteckte, davon berichtet. Allerdings hielten sich während des Zweiten Weltkrieges ganze Regimenter vertriebener Japaner im Innern von Neuguinea auf, die von den alliierten Truppen massiv bekämpft wurden. Als die Nahrungversorgung durch die Versenkung von Versorgungsschiffen im Pazifik zusammenbrach, kam es zu etlichen Fällen von Kannibalismus bei den Japanern. Dabei wurden außer den eigenen Gefallenen insbesondere getötete australische Militärangehörige verspeist. In australischen Militärarchiven aus dem Zweiten Weltkrieg existieren hunderte amtliche Untersuchungsberichte über ausgeübten Kannibalismus an alliierten Soldaten, der nicht von Papuas, sondern von den Japanern begangen wurde. Von den 160.000 japanischen Soldaten auf Neuguinea haben 150.000 nicht überlebt. Vermutlich wurde die umfangreichste jemals registrierte Form von Kannibalismus auf Neuguinea nicht von den Ureinwohnern, sondern von hungernden Soldaten ausgeübt. Es hat nachweislich ganze Kompanien gegeben, die ausschließlich für die Fleischversorgung der kämpfenden Verbände verantwortlich waren, die die Gefallenen einsammeln, Kriegsgefangene töten, schlachten und das Fleisch kochen mussten. (Yuki Tanaka 1997).

Aber auch für die ortsansässigen Papuas müssen die gefallenen Japaner oder Australier eine willkommene Bereicherung ihres Speiseplanes gewesen sein. Die Möglichkeit liegt nahe, dass erst dadurch die Kuru-Variante des Creutzfeldt-Jakob-Syndroms übertragen wurde und sich erstmalig in Neuguinea manifestieren und in einem Stamm ausbreiten konnte. Dem Exokannibalismus geht stets eine Jagd auf Menschen eines anderen Stammes, Familienclans oder einer verfeindeten Gruppe voraus. Die beiden letzten Formen müssen allerdings immer in einem religiösen Kontext betrachtet werden, ähnlich wie bei den Tupinamba-Indianern in Brasilien. (R. Garve 2002).

Kein Korowai von West-Papua, bei denen wir zuletzt 2003 weilten, würde auf die Idee kommen, einen Besucher, der in seinem Glauben nicht als hexerischer Todesverursacher eines verstorbenen Stammesmitgliedes erkannt wird, umzubringen und aufzuessen. Zuweilen wurden die Leichen nur teilweise oder auch nur von bestimmten Stammesmitgliedern verspeist.

Sowohl bei den karibischen Huitoto in Kolumbien als auch bei einigen Völkern in Melanesien ging die rituelle Pflicht zur Teilnahme am kannibalistischen Akt nur soweit, dass sie das verzehrte Menschenfleisch nach dem Genuss wieder erbrechen mussten.

Ähnlich wie in Amazonien haben auch Kannibalismus und Kopfjagd bei den Melanesiern stets einen tiefen mythologischen Hintergrund, der für uns Europäer schwer nachvollziehbar ist, aber trotz seiner auf Gewalt aufbauenden sozialen Dynamik für das Gleichgewicht der Dorfgemeinschaft wichtig war (P. Peltier 2003). Die einfache Erklärung, dass die Papuas glauben, durch das Verzehren eines getöteten Feindes angeblich dessen Kraft

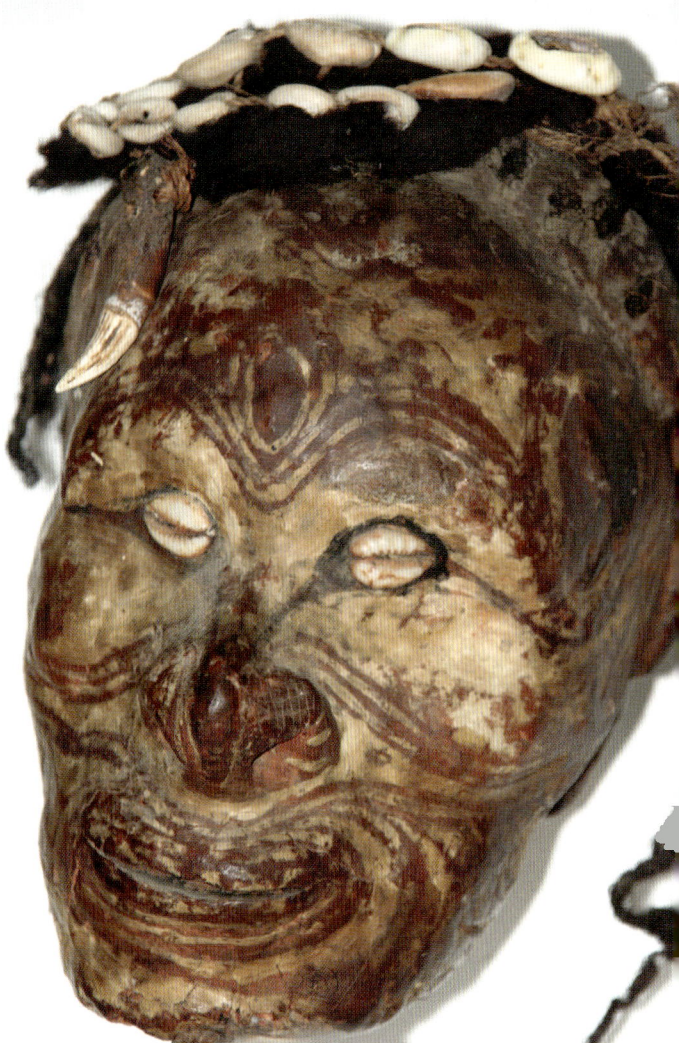

Bemalte Sepik-Kopftrophäe um 1900

Mann mit Kopftrophäe von den Neuen Hebriden, um 1900

und Geist übertragen zu bekommen, ist zwar zutreffend aber nicht ausreichend. Hinter Kopfjagd und Kannibalismus steckte immer ein ganzer Komplex an zusammenhängenden Mythen, die auf die Entstehung des Menschen zurückgehen und die die erbeuteten Köpfe im Sinne eines Fruchtbarkeitskultes als Früchte oder Samen für das zukünftige Leben verstehen.

Dazu gehört in der Regel der Urmythos von einem bösen Riesen, der mit seiner Keule alle Lebewesen und Menschen, denen er begegnet, tötet und anschließend verspeist.

Die Menschen und Götter der Vorzeit fürchteten sich vor ihm und flohen aus dem Gebiet. Nur eine ältere Frau blieb zurück, versteckte sich in einer Höhle und gebar auf unerklärliche Weise eines Tages plötzlich Zwillinge.

Diese beiden Jungen wuchsen heran und töteten schließlich den Riesen. Nun konnten die geflüchteten Vorzeitmenschen oder Götter wieder zurück in ihre Heimat kommen. Und bei einem großem Fest verzehrten sie gemeinsam die Leiche des Riesen, um ihren Sieg zu besiegeln. Aus den Kindern der Zwillinge wurden schließlich die heutigen Menschen. Der rituelle Kannibalismus ist demnach eine Art von kultischer Wiederholung des Schöpfungsaktes der Menschheit, an der die Familien oder Dorfgemeinschaften teilnehmen, um auch bildhaft und

Schlitztrommel von Ambrym

physisch an dieser Erneuerung und Stärkung mitzuwirken. Einen ähnlichen Zwillingsmythos gab es auch bei einigen Indianerstämmen in Amazonien. Allerdings übernahm dort ein menschenfressender Jaguar die Rolle des Riesen (R. Garve 2002). Nach Carl A. Schmitz (1960) übernimmt dabei der jeweilige Töter die Rolle eines der Zwillinge; die Opfer stellen den bösen Riesen dar und die Frauen des Dorfes verkörpern die Zwillingsmutter.

»Führt doch bei den Iatmül am Sepik auf Neuguinea die Schwester den siegreichen Krieger bei der Rückkehr über die Leiber der nackt am Boden ausgestreckten Frauen der Sippe, zeigt mit dem Finger auf deren Schoß und ruft aus: ›Seht jenen kleinen Ort, aus dem ein so gewaltiger Krieger entsprang.‹« (Zitiert aus A. Bühler, Kopfjäger und Kannibalen, Basel 1960, S. 10 ff.).

Zuweilen nimmt der kannibalistische Riese auch die Rolle eines Jagd- oder Schweinegottes ein oder er wird sogar mit der Sonne identifiziert. Bei einigen Völkern, z.B. den erwähnten Korowai, stellt man sich ihn und dessen Urmutter als riesige menschenähnliche Himmelsschweine mit gewaltigen runden Eckzähnen vor. Diese doppelte Symbolik und Urverwandtschaft mit dem Schwein spiegelt sich in den Schnitzereien und Masken besonders am Sepik wider. Zuweilen wurden in mensch-

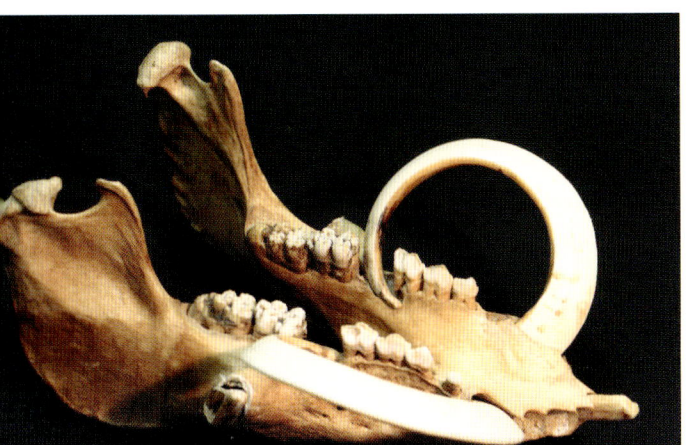

Kreisrunde Schweinehauer als Symbol von Kraft und langem Leben

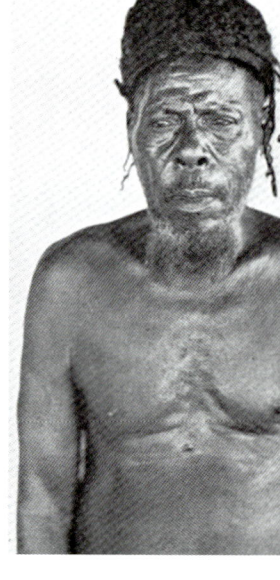

Menschlicher Oberschenkelknochen · Bukaua

Zeremonialgerüst mit Knochen und Schädeln von Kannibalenopfern, um 1910

liche Kopfjagdtrophäen die Hauer oder sogar Unterkiefer von Schweinen eingearbeitet.

Der dumpfe Ton der großen Schlitztrommeln auf Ambrym und den anderen Inseln Vanuatus wurde früher für die Stimme des Kannibalenriesen gehalten. In anderen Gegenden Melanesiens treten an die Stelle des riesigen Urschweines ein Krokodil, ein Vogel oder wie beispielsweise auf den Salomonen sogar kannibalistische Zwerge.

Kreisrunde Schweinehauer symbolisieren Kraft und langes Leben. Es könnte ein Grund dafür sein, dass in Vanuatu alle Völker den Schweinzahnkult zelebrieren und jeder den Besitz von möglichst vielen heiligen Tuskerschweinen anstrebt, die nach dem Tod des Besitzers geopfert werden können, um ihm im Jenseits einen hohen Rang und ewiges Leben zu bescheiden.

Die Art und Weise wie die Zwillinge triumphierend auf dem getöteten Riesen saßen, hat in der Vorstellung einiger Völker dazu geführt, bestimmte Geräte, die nur beim kannibalistischen Kult verwendet werden dürfen, herzustellen. Dazu gehören beispielsweise ein geschnitzter, nur dem Töter vorbe-

haltener Zeremonialhocker in Form eines liegenden Menschen. Nur dem linkshändigen Zwilling gelang es schließlich, den Riesen mit dem letzten, morschen Speer durch einen Stich in den Hoden zu töten. Seltsamerweise scheint hier die Regel zu gelten, dass nur der Schwächste siegen kann. Aus den Resten des getöteten Riesen wachsen schließlich reichlich Nahrungspflanzen wie Yams, Süßkartoffeln und Taro. Möglicherweise ist diese Legende eine Erklärung dafür, dass Kopfjagd und Anthropophagie oftmals auch bei pflanzerischen Stämmen ausgeübt wurde. Ein kannibalistischer Kult war im Denken vieler melanesischer Völker somit nicht nur ein Akt von Schöpfungswiederholung und damit wichtig für den Fortbestand einer Dorfgemeinschaft, sondern auch für die Sicherung der ganzen Welt.

Vor den Raubzügen mussten die Teilnehmer ganz bestimmte Nahrungs- und Sexualtabus einhalten und unter Umständen auch stärkere Dosen ihrer Drogen wie z.B. Kawa oder Betel einnehmen. Zur Vorbereitung dienten stundenlange Beschwörungsgesänge, rhytmisches Trommeln und Tänze. Zum Schlaf benutzten die Kämpfer menschenförmig geschnitzte Nackenschemel als vermeintliche Kraftspender, quasi als Miniaturausgabe des Zeremonialsitzschemels des jeweiligen Dorfes. Es soll Stämme in Nordneuguinea gegeben haben, die zuvor eines ihrer eigenen Kinder töteten und die Leiche als mumifizierten Schutzgeist, der ihnen Unsichtbarkeit verleihen und Kriegsglück bringen sollte, mitnahmen (Carl A. Schmitz, 1958). In der Regel erfolgten derartige Überfälle hinterrücks, meist am frühen Morgen, wenn die vermeintlichen Gegner meist noch schliefen.

Die häufigsten Waffen dabei waren Pfeil und Bogen, Lanzen und Keulen. Hatte man jemanden mit einem Pfeil oder einer Lanze getroffen, hielt sich der Krieger daran fest, um mit der anderen Hand zum tödlichen Keulenschlag auszuholen. Dabei wurde kein Unterschied zwischen Frauen, Männern und Kindern gemacht.

Für das anschließende, festlich umrahmte Tötungsritual wurde ein möglichst noch lebender männlicher Gefangener

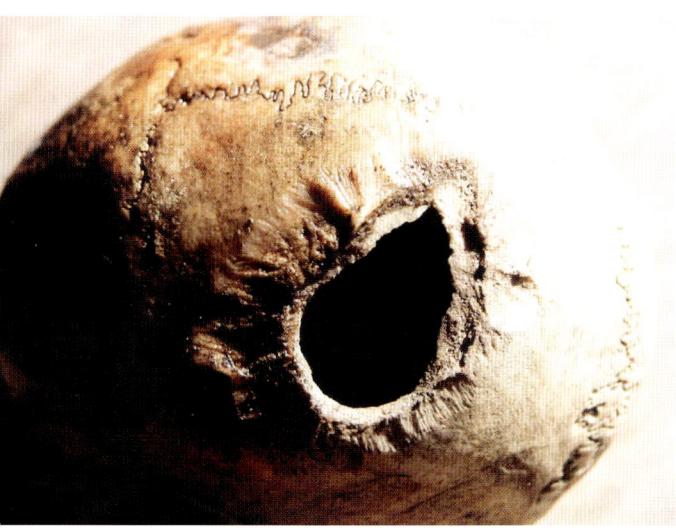

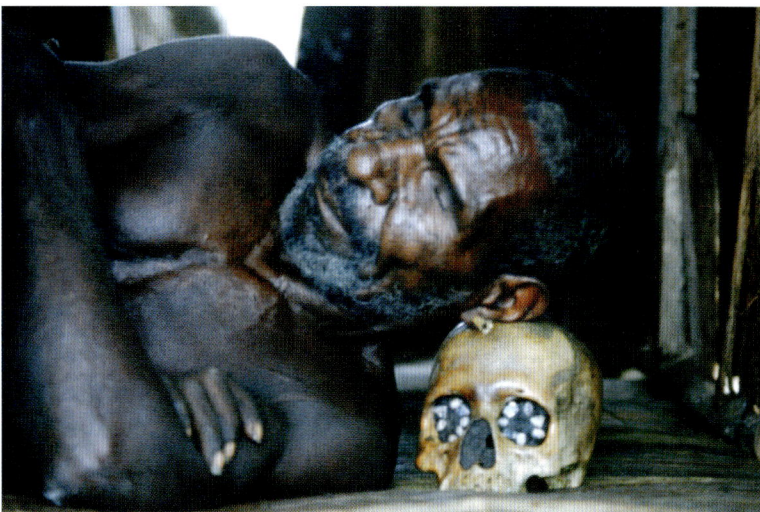

Schädeltrepanation, um das Hirn verzehren zu können, Asmat

Ruhen auf einem Ahnenschädel

benötigt. Falls das Opfer schon tot war, wurde an ihm später nochmals symbolisch die Tötung vollzogen.

Die Bukaua und Wampar im Nordosten von Neuguinea kündigten schon vor Ankunft in ihrem Dorf mittels ihrer Kriegstrompete aus einer Meeresschnecke ihre siegreiche Rückkehr an. Die Ehefrauen der Krieger umtanzten ihre Männer und verhöhnten das gefesselte Opfer. Der Gefangene wurde an den Hauptpfahl des Männerhauses gebunden und der Töter bereitete sich auf den Kult vor, indem er seinen Körper leuchtend gelb anmalte. Zwischenzeitlich wurde das Opfer durch Stiche und Schläge gequält. Bei den Bukaua übernahm in der Regel ein kleiner Junge stellvertretend für den linkshändigen mythologischen Zwilling die Tötung. Der Gefangene musste seinen Kopf auf ein bestimmtes Blätterkissen legen, bevor ihn der Junge mit einer kleinen Hartholzkeule oder einem Steinbeil erschlug. Anschließend verzehrten die Bukaua eine Hand des Toten roh, weil diese als ein Körperteil mit hoher Schöpfungskraft galt, und ebenso das Gehirn. Dieses nahmen die Baukaua mittels kleiner Holzspatel, die sie immer in ihrer Haarfrisur mit sich führten, auf. Zuvor mischten sie die Gehirnmasse noch mit Blut und Exkrementen des Opfers.

Das zerteilte Fleisch des Getöteten wurde zusammen mit Taro, Sago, Kokosnussbrei und Bananen gekocht und anschließend von der Dorfgemeinschaft im Halbkreis sitzend verzehrt. Auch hierbei gab es ganz bestimmte Regeln, die eingehalten werden mussten. Zunächst fütterte das geistige Oberhaupt der Gemeinschaft die anderen mit eigens für diesen Zweck gefertigten Gabeln aus Palmholz.

Das Fleisch durfte also nicht mit der Hand berührt werden. Auch der Dorfchief wurde anschließend von den anderen mit so einer Gabel gefüttert.

Nur der Töter selbst durfte nicht von dem Fleisch essen. Er verharrte auf dem Zeremonialstuhl und bekam danach Schweinefleisch. Interessanterweise ergaben sich hier wiederum Parallelen zum kultischen Kannibalismus der Tupinamba in Brasilien. Der Kopf wurde bei den Bukaua in einen Blumentopf gelegt und ein rotblättriger Strauch, der als ein Abbild des Toten betrachtet wurde, darübergepflanzt. Andere Stämme am Sepik modellierten mit Ton und Kaurischnecken kunstvoll ein neues Gesicht über den Gesichtsschädel und deponierten diese Trophäe in einer Art von Schrein im Männerhaus.

Bei den Asmat im Südwesten von Neuguinea war der kultische Kannibalismus mehr von dem Wunsch nach möglichst vielen Kopfjagdtrophäen bestimmt. Sie verübten ihre Überfälle meist aus dem Hinterhalt mit ihren langen Booten. Plötzlich

Geschmückte Kopftrophäe der Asmat

tauchten sie frühmorgens in vollem Kriegsschmuck an einem Flusslauf in der Nähe des Opferdorfes auf und überfielen die nächstliegenden Hütten, um dann schnellstmöglich mit ein paar Gefangenen wieder zu verschwinden. Die Opfer wurden, nachdem man ihnen den Namen herausgeprügelt hatte, an einer Flussmündung geköpft. Währenddessen waren sie völlig frei von Empathie gegenüber ihren Opfern, die sie möglicherweise von früheren Begegnungen persönlich sogar gut kannten, und gingen erbarmungslos vor.

Erst nach den Raubzügen erlangten sie ihre eigene friedliche Alltagsidentität zurück. Für alle weiteren Rituale benötigte man eigentlich nur die Köpfe. Der restliche Körper wurde von den Asmat offensichtlich nicht immer verzehrt. Nach der Rückkehr tauchte der Onkel beziehungsweise Bruder der Mutter eines Jungen, der einen neuen Namen erhalten sollte, mit dem Kopf gemeinsam unter Wasser.

Danach befestigte er den Kopf zum Trocknen mit seinem Kasuardolch am Hüttenboden im Männerhaus direkt neben seiner Feuerstelle. Nachdem er die Kopfhaut und das Muskelfleisch entfernt hatte, öffnete er mit einem Steinbeil oder Schaber im Schläfenbereich den Schädel, löffelte die gesamte Hirnmasse heraus und fing sie in einer speziellen Sagoblattschüssel auf. Nur den älteren Männern war es vorbehalten, menschliches Hirn, meist vermengt mit Sago, zu verspeisen. Den getrockneten Schädel verzierte der Onkel schließlich mit Kaurischnecken, Baumharz, Federn und Coixsamen. Oft wurde der Unterkiefer durch das Nasenseptum hindurch mit einer Baumwollschnur, an der auch noch eine Bipane-Nasenmuschel hing, festgebunden.

Nun legte man dem auserwählten Jungen oder Initianden diesen geschmückten Kopf zwischen die geöffneten Beine, direkt in Berührung zu seinem Hoden. In dieser Haltung musste er nun mehrere Tage verharren. Nach dieser Prozedur erhielt er einen neuen Namen. Die Schädel hängte man schließlich in Netzen an den Hüttenwänden auf. Erst jetzt galten wieder die gleichen sozialen Regeln innerhalb der Dorfgemeinschaft wie vor der Kopfjagd.

Bei einer Expedition im oberen Brazza-Gebiet 1988 konnten wir uns noch selbst davon überzeugen, dass dieser Brauch

offenbar zu dieser Zeit noch nicht ganz ausgestorben war. An den Wänden mehrerer Stelzenhäuser hingen Netze mit Kopfjagdtrophäen und Ahnenschädeln.

Über die Verwertung des restlichen Fleisches der Opfer existieren in der Literatur unterschiedliche Aussagen. Wenn das Fleisch überhaupt zum Verzehr verwendet wurde, dann erfolgte das Schlachten, Zerteilen und Kochen zusammen mit Sago im Erdofen genauso wie beim Schweinefleisch. Wenn durch den Tod eines Gegners der Tod eines Mitgliedes des eigenen Dorfes gerächt wurde, endete oftmals damit die

Halskette aus menschlichem Atlasknochen

Trauerzeit der Angehörigen. Aus den Knochen schnitzten die Asmat filigrane Nasenpflöcke, die nur besonders erfolgreiche Kopfjäger tragen durften.

Aus den Atlashalswirbeln fertigten die Frauen Halsketten. Beides konnte ich 1986 während meines Aufenthaltes in mehreren Asmatdörfern noch persönlich feststellen und erwerben. Damals zählte das Oberhaupt eines Männerhauses während eines Sagowurmfestes stolz in einer Art von lautem Sprechgesang, der von Trommeln begleitet wurde, sämtliche Namen von eigenhändig Getöteten auf. Es waren über vierzig Personen. Würdevoll trug er durch sein Nasenseptum einen beschnitzten menschlichen Unterarmknochen.

Besonders auf Vanuatu wurde der Kult des rituellen Kannibalismus auf das Töten und den Verzehr von Schweinen übertragen. Bei den Customleuten finden noch sämtliche früher bei Menschen angewandte Riten im Rahmen einer Pigkilling-Zeremonie auf speziellen Opferaltaren mit besonderen Keulen statt.

Fast alle Völker, die rituellen Exokannibalismus betrieben, legten Wert auf Trophäen, die sie sorgfältig präparierten

Schädelnetz an der Wand eines Baumhauses am Brazza

und mit denen sie sich zu festlichen Anlässen stolz schmückten. Das traf, wie schon erwähnt, besonders bei Regenwaldvölkern mit vorwiegend pflanzerischer Wirtschaftsform zu. Noch ist wissenschaftlich unklar, ob beide Rituale einem gemeinsamen religiösen Hintergrund entspringen. Aus Menschenknochen stellte man Gebrauchsgegenstände und Schmuck wie Dolche, Betelkalkspatel und Nasen- und Ohrenpflöcke her. Zähne, Halswirbel und Haare dienten als Halsschmuck. Bevorzugt wurde aber das Anfertigen von Kopftrophäen.

Neben den künstlerisch sehr schön verzierten Gesichtsmodellationen aus Ton im Sepik und den relativ groben Schmuckschädeln der Asmat gab es am Papua-Golf Kopftrophäen mit Riesennasen oder Stilaugen oder wie schon erwähnt mit Schweinezähnen. Die Adjirab drapierten ihre sogenannten Mano-Schädel auf geschnitzten Holzstäben und deponierten kleine heilige Steine im Innern der Schädel. Mitunter präparierte und dekorierte man aber auch die Schädel von Verwandten im Sinne eines Ahnenkultes genauso, so dass es heutzutage manchmal schwierig sein kann, zwischen beiden zu unterscheiden.

Geschmückter Ahnenschädel der Asmat

Menschenknochen als Nasenschmuck, Ausdruck hoher Würde

Auf den Salomonen gibt es noch heilige Schädelhäuser, in denen die Trophäen schon seit Generationen aufbewahrt wurden und heute gern Touristen als Attraktion vorgeführt werden.

Die Iatmül (Yatmul) erlaubten es erfolgreichen Kopfjägern unter ihnen als Zeichen ihres Ansehens, Betelkalkflaschen und hölzerne Kalkspatel mit bestimmten zackenartigen Verzierungen zu benutzen. Die Anzahl der daran befestigten Federschnüre war identisch mit der Anzahl ihrer Opfer.

Wenn ein Sepik-Krieger die getrocknete Haut eines fliegenden Hundes als Penisschutz trug, galt er als besonders erfolgreicher Kopfjäger. Die Wampar am Markham-Fluss durften als Zeichen ihres Kriegserfolges pilzförmige Baumbasthüte mit Kakadufedern tragen. Jede zusätzliche Feder bedeutete ein neues Opfer. Nach zehn Federn kam ein Ball aus Beuteltierfell auf dem Hut hinzu. Außerdem war er jetzt berechtigt, ein bestimmtes Band um den Fußknöchel und eine Keule über der Schulter zu tragen. Erst nach mehreren Kriegserfolgen war es dem Töter erlaubt, Dolche aus Menschenknochen zu benutzen. Schrumpfköpfe wie bei den Jivaro in Ecuador oder einen Skalp wie bei den Arara-Indianern in Brasilien hat es in Melanesien nie gegeben.

Wenn die kultischen Wurzeln bei einem indigenen Volk noch nicht ganz ausgestorben sind, können sie, wie ein Ereignis auf Borneo kürzlich gezeigt hat, gelegentlich als Mittel zur Verteidigung, Abschreckung und Stärkung des Gruppenzusammenhalts auch heutzutage noch belebt werden. Abzugrenzen vom Kannibalismus und der Kopfjagd waren gelegentliche Menschenopfer bei einigen Stämmen in Melanesien. Sie dienten beispielsweise zur Segnung eines Kriegskanus oder zur Einweihung eines Zeremonialpfostens in einem Männerhaus. Auf den ehemaligen Neuen Hebriden wurden manchmal die Ehefrauen eines verstorbenen hochrangigen Geheimbundmitgliedes erschlagen und deren Leichen als Grabbeigaben unmittelbar neben dem Toten bestattet. Sie sollten ihn auf seiner Seelenreise ins Reich der Toten begleiten.

Lebensraum Melanesien

Melanesien setzt sich aus einer Vielzahl kleiner, teilweise sehr gebirgiger Inseln zusammen, in deren Zentrum Neuguinea liegt. Neuguinea ist mit einer Fläche von rund 771.900 Quadratkilometern nach Grönland die zweitgrößte Insel der Erde. Die Küsten sind gesäumt von breiten Sumpfgebieten, das Landesinnere ist geprägt durch hohe Gebirgsmassive, die fast 5.000 Meter erreichen. Die Insel liegt oberhalb von Australien und etwas südlich des Äquators. Während im Flachland tropische Verhältnisse vorherrschen, sind die Gipfel der Gebirge oftmals schneebedeckt. Beim Überfliegen der Insel mit dem Flugzeug sieht man vor allem im westlichen Teil der Insel oft stundenlang nur die beeindruckende Weite des dampfenden und vielerorts noch von Menschenhand unberührten Regenwaldes. Aus der Ferne erscheint der Wald als eintönige grüne Fläche, erst bei genauerer Betrachtung fallen die unterschiedlichsten Farben und Formen der Pflanzen ins Auge. Wie silbrige Adern schlängeln sich Flüsse durch den Wald, es existieren kaum Straßen oder Pisten. Das Hochland ist nur mit dem Flugzeug erreichbar oder in tagelang dauernden Märschen durch unwegsame Gebiete. Durch das dichte Wirrwarr der Pflanzen erscheint der Regenwald Neuguineas nahezu abweisend und menschenfeindlich. Die Flüsse mit vielen Stromschnellen und Strudeln stellen oft unüberwindbare Hindernisse dar. Häufig tragen sintflutartige Wolkenbrüche dazu bei, dass große Landregionen überschwemmt und unbegehbar werden. Schlingpflanzen, umgestürzte Bäume, übermannshohes Gras und schnell wach-

Der Eilandenfluss

sende Pflanzen, die Straßen und Wege überwuchern, haben die Erschließung des Landes erschwert. Diese Umstände und die vorherrschenden klimatischen Verhältnisse trugen entscheidend dazu bei, dass bis heute noch Primärwälder erhalten sind und sich eine für Neuguinea typische endemische Tier- und Pflanzenwelt entwickeln konnte. Neuguinea besitzt die größte zusammenhängende Regenwaldfläche Australasiens und die reichste Biodiversität außerhalb Amazoniens. Die Urbevölkerung lebt weit verstreut in kleinen Gruppen. Aufgrund der

Dichter Primärregenwald auf Vanuatu

langen Isolation innerhalb des Regenwaldes konnten einzelne Stämme ihre Kultur und religiösen Sitten bewahren. So gibt es in West-Neuguinea immer noch einige kleine Völker, die abgeschieden und unbeeinflusst von der Außenwelt leben.

An Neuguinea schließen sich in flachem Bogen südostwärts die melanesischen Inseln an die Hauptinsel an. Sie umfassen den Bismarck-Archipel, die Salomonen, Vanuatu und Neukaledonien. Neben den überwiegend kleinen Inseln sind einige verhältnismäßig groß: Beispielsweise ist Neukaledonien 300 Kilometer lang und auch Bougainville erreicht eine Länge von über 200 Kilometern. Das gemäßigt-tropische Klima mit wenig Extremen bietet auch auf den kleinen Inseln hervorragende Wachstumsbedingungen. Besonders die von Kokospalmen gesäumten weißen Sandstrände vieler Inseln lassen bei uns Bilder paradiesischer Verhältnisse entstehen.

Die Entstehung und Geologie Melanesiens

Die melanesischen Inseln liegen auf verschiedenen tektonischen Platten. Die größte Insel, Neuguinea, befindet sich auf der Grenze zwischen Pazifischer, Australischer und Philippinischer Platte. Diese und weitere der Insel vorgelagerte Mikroplatten bewegen sich teilweise aufeinander zu oder auch voneinander weg. So driftet der australische Kontinent nach Norden und schiebt an seiner Vorderkante entstehende Bruchstücke zu Inseln zusammen. Das Ergebnis dieser geologischen Besonderheit sind lange Inselketten mit zerklüfteten Bergen und eigentümlichen Formen. Die Gebirge Neuguineas sind vergleichsweise jung, die Gebirgsbildung setzte im Olligozän (vor circa 30 Millionen Jahren) ein. Die entstandenen Gebirgszüge wurden im Laufe der Zeit durch Verwitterung, Erosion, Gletscherbildung und andere äußere Einflüsse in ihre heutige Form gebracht. Quer über die Insel Neuguinea erstreckt sich das Zentralgebirge von Nordwesten nach Südosten, das mit der Carstensz-Spitze 4.884 Meter Höhe erreicht und damit nach dem Himalaya die höchsten Erhebungen der östlichen Region bildet. Zwischen den Gipfeln befinden sich häufig weite Hochtäler, die Gipfel selbst sind allerdings nur im westlichen Landesteil schneebedeckt. Im Südwesten grenzen Sumpfgebiete an den Gebirgszug, während sich im Osten weite Flusslandschaften anschließen. Im Nordosten gehören dazu die Flüsse Sepik, Ramu und Markham, während der Südosten geprägt ist von einer hügeligen Landschaft mit den Flüssen Fly und Digul.

Östlich von Neuguinea dehnt sich die riesige Inselwelt Melanesiens aus. Viele der meist traumhaft schönen Inseln sind klein, ihr Boden ist jedoch sehr fruchtbar. Die Ursache liegt im oft vulkanischen Untergrund, der reichlich Nährstoffe enthält. Die geologische Entstehung der Inseln lässt sich stark verein-

facht auf einige wenige Prinzipien reduzieren. Ausgenommen Neukaledonien und einige Inseln der Salomonen, die wie Neuguinea einmal Teil eines Kontinents waren, entstanden fast alle Inseln aus dem Meer. Viele der Inseln sind vulkanischen Ursprungs. Vulkanausbrüche und Erdbeben auf einigen melanesischen Inseln sind die Folge der Bewegung der tektonischen Platten. Die Pazifische Platte schiebt sich mit einer Geschwindigkeit von ungefähr zehn Zentimetern pro Jahr unter die Australische Platte und wird dort eingeschmolzen. Die bei der Bewegung entstehenden Brüche bilden Aufstiegsmöglichkeiten für die eingeschmolzenen Gesteinsmassen des Untergrunds. Aus aufgestiegenem Magma entsteht zunächst ein submariner Vulkan, der sich bei starken und zeitlich langen aktiven Phasen zu einem Berg entwickeln kann und schließlich als Insel über dem Meeresspiegel hinausragt. Langgestreckte Tiefseegräben, starke Erdbeben und intensive vulkanische Aktivitäten begleiten die Bewegung der Erdplatten. Die Anordnung der melanesischen Inseln ist somit nicht willkürlich, sondern sie reihen sich mehrheitlich an der Landseite der ozeanischen Tiefseegräben aneinander.

Champagnebeach auf Santo

Auch Atolle und Koralleninseln sind vulkanischen Ursprungs. Bei der Entstehung eines Atolls siedeln sich an der flachen Uferzone eines aus dem Meer erwachsenen Vulkans Korallen an. Korallen sind kleine Polypen, die ein horniges oder kalkiges Skelett ausbilden. Sie sind vor allem in tropischen Meeresklimaten beheimatet. Bestimmte Wassertemperaturen, der Sauerstoffgehalt und auch die Salzkonzentration sowie die Lichtverhältnisse bilden entscheidende Faktoren für ihren Lebensraum. Bei Veränderung von Wassertemperatur oder bei Wasserverunreinigungen reagieren Korallentiere sehr empfindlich. Sie sind daher ein deutlicher Anzeiger für die ökologischen Verhältnisse von Meeresgewässern. Wenn sich junge Korallen auf den Skeletten früherer abgestorbener Korallen ansiedeln, entsteht ein Korallenstock. Der Korallenstock vergrößert sich im Lauf vieler Generationen und kann schließlich große Riffe

Ein einsames Atoll

ausformen. Bei der Bildung von Atollen entwickelt sich an den Uferzonen eines im Meer entstandenen Vulkans zunächst ein Saumriff aus Korallen. Die Vulkaninsel sinkt im Laufe der Zeit wieder ab. Die Ursache sind die nach dem Vulkanausbruch geleerten Magma-Kammern im Untergrund, denn diese können nun dem aufliegendem Gewicht des Vulkans nicht mehr standhalten. Die Korallenstöcke gleichen durch vertikales Wachstum das Absinken ihres Untergrunds aus – es entsteht ein Barriereriff. Zudem lagern sich durch Verwitterungs- und Abtragungsprozesse Sedimente an; Schutt, Kies, Muscheln und Sand verfestigen den Korallensockel zu Korallenfels. Dieser Untergrund stabilisiert sich allmählich und weitere Aufschüttungen führen schließlich zur Ausbildung einer flachen Insel, die nur ein bis zwei Meter über der Meeresoberfläche liegt. Dieser Inselkranz bleibt bestehen, auch wenn die vulkanische Hauptinsel völlig im Meer versunken ist. Ein Atoll ist entstanden. Neben dieser Entstehungsmöglichkeit gibt es einen weiteren Typus von Ko-

ralleninseln. Diese bilden sich heraus, wenn Korallenfelsformationen durch Erdbewegungen aufwärts geschoben werden und sich danach in die Breite ausdehnen.

Wie bereits erwähnt, bildet Neukaledonien eine Ausnahme in der Entstehungsgeschichte der melanesischen Inseln. Bereits vor 40 Millionen Jahren faltete sich eine Gebirgskette aus den kontinentalen Überresten zwischen den Tongainseln und Australien. Neukaledonien besitzt daher eine in der Südsee einzigartige Gesteinsvielfalt vom Erdaltertum (Paläozoikum) bis zur Neuzeit (Neozoikum). Die besonderen Bodenbedingungen sind vermutlich auch ein Grund für die interessante Flora der Inseln. Von den mehr als 3.000 Pflanzenarten sind etwa 80 Prozent endemisch, dies ist jedoch nicht für jeden Besucher einfach zu erkennen. Auffällig ist vor allem der heutzutage arg dezimierte Niaouli-Baum (Melaleuca quinquenervia) mit seiner charakteristischen weißen Baumrinde, der vorwiegend an der Westküste der Hauptinsel wächst. Die meisten anderen Pflanzenarten sind weniger hervorstechend und eher im Landesinneren zu entdecken. Auch die Fauna weist viele endemische Arten auf. Einige von ihnen, wie beispielsweise die gehörnte Riesenschildkröte (Meiolania platiceps) oder ein großer flugunfähiger Vogel (Sylviornis neocaledoniae) sind bereits ausgestorben.

Das Klima Melanesiens

Wie die Temperaturen sind die Niederschläge in den tropischen Breiten hoch, weil dort die Verdunstungsstärke durch den Stand der Sonne am höchsten ist. Allgemein betrachtet, nimmt die Niederschlagshäufigkeit vom Äquator weg langsam ab, bis sie an den erdumfassenden Trockengürteln endet (25. bis 30. Breitengrad). Die Regenfälle unterliegen großen Schwankungen, die durch Winde, Gebirge und Meeresströmungen beeinflusst sind. Die günstige jährliche Regenmenge liegt bei immergrünen Regenwäldern bei mindestens 2.000 bis 3.000 Millimetern. In Gebieten, in denen mehr als zwei oder drei Monate weniger als 50 bis 100 Millimeter Regen aufeinander folgen, verändert sich die Vegetation und damit auch die Waldstruktur. In Melanesien fallen die Niederschläge das ganze Jahr über. Es gibt nur wenige Ausnahmen, wie beispielsweise in der Region um Port Moresby in Neuguinea, an denen zeitweilig (Mai bis Oktober) lokale Trockenperioden auftreten. Ab dem Monat Dezember bis Mitte Mai ist das Wetter geprägt vom Nordwest-Monsun, danach sorgt der Südwest-Passat für Niederschläge. Die Nie-

Aktiver Vulkan von Ambrym

derschlagsmengen sind regional sehr verschieden. Regenwald entwickelt sich überall dort, wo es vergleichsweise viel Niederschlag gibt und eine relativ gleichbleibende hohe Temperatur herrscht. So weisen die Regenwaldgebiete in Neuguinea jährlich 3.500 bis (beispielsweise an Berghängen) 8.000 Millimeter Niederschlagsmenge auf, während in der Küstenregion im Norden und Nordosten 2.000 bis 3.000 Millimeter Regen fällt. Die Temperaturunterschiede sind durchschnittlich betrachtet im Jahresverlauf gering. Die tageszeitlichen Schwankungen können, je nach Höhenlage, jedoch enorm sein. Je nach Niederschlagsmenge und Temperaturschwankung bilden sich unterschiedliche Vegetationsformen heraus.

Auf kleineren Inseln wirkt sich das tropische Meeresklima aus. Hier kommt es zu regelmäßigen und ausreichenden Niederschlägen mit wenig Temperaturunterschieden. So können sich auch auf begrenztem Terrain vergleichsweise viele tropische Tier- und Pflanzenarten entwickeln. Aufgrund der optimalen Lebensbedingungen haben sogar von Wind oder Meer angespülte Tiere außerordentlich gute Überlebenschancen.

Mangrovensumpfgebiet

Landschaftsformen Melanesiens

Betrachtet man nicht nur die Hauptinsel Neuguinea, sondern auch die umliegenden melanesischen Inseln, können im Allgemeinen folgende Landschaftsformen unterschieden werden: Küstenzonen, sumpfige Gebiete, trockene Savannen-Regionen, Tiefland-Regenwald, Hochland-Zonen und das Hochgebirge. Die einzelnen Landschaftszonen sind im Regelfall großflächig verbreitet, aber sie können – wie beispielsweise in der Sepik-Region in Neuguinea – auch dicht beieinanderliegen.

Abendstimmung im Regenwald

Die Küstenzone repräsentiert das typische Bild der Südsee. Die nicht sumpfigen Küstenstreifen sind bedeckt mit niedrigem Strandwald. Hier werden vorwiegend Kokospalmen angebaut und auch Taro kultiviert. Vielfach findet man Schraubenpalmengewächse (Pandanaceae), bei denen der Blattansatz spiralförmig um den Stamm verteilt ist. Insbesondere zählt von den über 600 Arten der Gattung Pandanus die Öl-Pandanuspalme zu einer wichtigen Nutzpflanze. Das Verbreitungsgebiet der Pandanus beschränkt sich jedoch nicht ausschließlich auf die Küstenzonen sondern dehnt sich bis in die höheren Gebiete (bis 3.000 Meter) des Regenwaldes aus.

Die ebenfalls an den Küsten vorkommenden sumpfigen Regionen sind häufig geprägt durch Mangroven, deren stark verzweigte Luftwurzeln ein schwer zu durchdringendes Dickicht bilden. Die Gezeiten formen diese Küstengebiete, es mischen sich häufig das Salzwasser des Meeres und das Süßwasser der Flüsse. Mangroven sind nahezu in allen Küstenregionen zwischen 30° nördlicher und 35° südlicher Breite zu finden. In Neuguinea ist eine vergleichsweise artenreiche Mangroven-Vegetation verbreitet, die sich sowohl nach Nord und Süd verringert und auch Richtung Ost und West abnimmt. Durch das Brackwasser ist eine bestimmte Salzkonzentration im Wasser enthalten, denn Mangroven zählen zu den Halophyten-Gattungen und speichern einen relativ hohen Anteil Kochsalz in ihrem Zellsaft. In den Süßwassersumpfgebieten im Inland ist nicht immer ein einheitliches Pflanzenvorkommen festzustellen. Hier finden sich einerseits marschiges Grasland und andererseits Sagopalmensumpfwälder (am Sentani-See, West-Papua) oder auch Pandanus-Sumpfwälder (beispielsweise am Fly und Digul River, Papua-Neuguinea). Oft sind zwischen Sumpfgras- und

Sumpfwaldvegetation Areale mit Farnen, Gräsern und Kräutern anzutreffen. In den immer wieder überschwemmten Sumpfgebieten sind hochwasserfreie Flächen für den Anbau von Nahrungspflanzen selten. Für die dort ansässige Bevölkerung liefern die jeweiligen Palmenarten den Hauptbestandteil der Nahrung. Nicht nur der Nahrungserwerb unterscheidet sich in den Sumpfgebieten von trockenen Zonen, auch die Art des Hausbaus und die Struktur der Dörfer ist der Umgebung

Verschiedene Epiphyten im Regenwald

Epiphyten im Regenwald

angepasst: In häufig überschwemmten Gebieten werden die Häuser auf Pfahlbauten oder sogar auf Bäumen (Baumhäuser) errichtet. Auch höher gelegene Hügel dienen dem Aufbau von Siedlungen.

Trockene Regionen finden sich unter anderem vereinzelt im Windschatten von Küstengebirgen. Hier herrschen Grasland-Savannen vor. Im Landesinneren sind Savannenzonen äußerst selten. Im Baliem-Tal (West-Papua) oder auch am Sepik-River (Neuguinea) und im südlichen Teil der Insel sind einzelne Graslandsavannen auffindbar. In diesen Regionen werden vorwiegend Süßkartoffeln als Grundnahrungsmittel angebaut.

Wie eingangs bereits erwähnt, ist ein Großteil des Landesinneren Neuguineas und auch der meisten melanesischen Inseln bedeckt mit Tiefland-Regenwald, der sich bis in eine Höhe von 1.100 Meter an den Gebirgshängen erstreckt. Der Regenwald Neuguineas entwickelt mehrere Etagen im Baumkronenbereich. Die oberste Etage reicht bis in eine Höhe von 40 Metern. Die Wipfel breiten sich frei über die darunterliegende,

oftmals dichtere Baumkronenetage aus. Die nächste Etage der Baumkronen erreicht eine Höhe zwischen 25 und 30 Metern. Darunter befinden sich ein Baumbestand von bis zu 15 Meter Höhe. Je nach Gebiet schließt sich daran eine bis zu sechs Meter hohe Strauchschicht an, unter der sich eine bis zu zwei Meter hohe Krautschicht befinden kann. Die Bäume sind überwachsen von Epiphyten und Orchideen, Farnen und verschiedenen Schlingpflanzen. Davon ist vor allem der Rotang besonders wichtig für die im Regenwald lebenden Menschen, denn er eignet sich hervorragend als Material zum Häuserbau oder auch zum Flechten. Beim Durchqueren des Waldes zu Fuß sind

Zahlreiche Pandanuspalmen an den Flussufern

Farbenprächtige Schmarotzerpflanze

gewonnen. Die übrigen Nahrungsmittel, wie beispielsweise Früchte und Nüsse sowie wildwachsende Knollenfrüchte, werden gesammelt. Ergänzt wird diese Nahrungsgrundlage durch Fischfang und Jagd.

Der an den Tiefland-Regenwald anschließende immergrüne Regenwald auf den niederen Gebirgszügen bis in die Hochlandzone in ungefähr 2.000 Meter Höhe unterscheidet sich vom Tiefland-Regenwald durch einen noch größeren Artenreichtum. Aufgrund der meist äußerst unwegsamen Gebiete sind in diesen Regionen auf Neuguinea die letzten Primär-Wälder, das heißt von Menschenhand unberührte Wälder, zu finden. Insbesondere die Vielzahl der Kletterpflanzen, Moose, Farne, Orchideen und andere Epiphyten tragen hier zum Artenreichtum bei. Ein weiterer Unterschied findet sich im Aufbau der Baumkronenschichten: Diese sind in den niederen Gebirgszonen eher verwachsen und laufen ineinander über. Eine klare Einteilung in einzelne Etagen ist hier nicht möglich. Auch die unten befindliche Kraut- und Strauchschicht ist verbreiteter. Da sich abhängig von der Lage je nach Gebirgshang sehr

diese mit Dornen und Widerhaken besetzten Pflanzendickichte allerdings eher hinderlich und erschweren das Vorwärtskommen erheblich. Große Barrieren bilden oft auch die bis zu neun Meter hohen und breit ausladenden Brettwurzeln, die die Bäume stützen und auf dem morastigen Boden Halt geben. Das dunkle Grün des Regenwalds wird nur selten von anderen Farben durchbrochen. Gelegentlich sind an den Flussufern die rötlich-orange-farbenen Blüten von Schmetterlingsblütlern zu sehen.

Der Anbau von Nutzpflanzen geschieht im Tiefland-Regenwaldgebiet nach dem Prinzip des Brandrodungsanbaus auf kleinflächigen Gebieten. Anbaufrüchte sind in Regenwaldgebieten vorrangig Taro und Yams sowie einige Kräuter. Die Hauptnahrungsmittel werden aus dem Mark der Sagopalme

Farnbaum

Massive Brettwurzeln der Urwaldriesen

unterschiedliche Pflanzengemeinschaften entwickelt haben, kann keine einheitliche Beschreibung gegeben werden. Auch das Vorkommen einzelner Arten ist in den jeweiligen Gebirgshängen unterschiedlich ausgeprägt. Die in diesen Gebieten siedelnden Menschen haben eine spezielle Art des Anbaus von Nutzpflanzen entwickelt: Zur Entwässerung der Gärten werden Kanäle angelegt und der bei der Ernte anfallende Kompost dient der Düngung neuer Anpflanzungen. Vorwiegend werden hier Süßkartoffeln angebaut. Ergänzt wird dieses Grundnahrungsmittel durch Pandanusfrüchte, Taro und verschiedene Gemüsesorten. Damit die frei herumlaufenden Schweine den Anbau nicht zerstören, sind die Gärten vielfach eingezäunt.

Dani mit Pandanus

Die Hochgebirge finden sich in Melanesien nur auf Neuguinea. Ab einer Höhe von ungefähr 3.000 Meter verändert sich der tropische Regenwald: Die Bäume stehen nicht mehr so dicht beieinander, sie sind mit Moosen bewachsen und vielerorts finden sich Flechten. In dieser Hochgebirgszone beginnt der Nebelwald. Ab 3.900 Meter verändern die Bäume ihre Wuchsform: Sie sind kleiner und neigen zum Krüppelwachstum. Bis zur Schneegrenze schließt sich dann eine hochalpine Graslandschaft an. Durch die äquatornahe Lage sind die Schnee- und Kälteregionen trotz der Höhe der Gebirge nicht stark ausgebildet. Um so erstaunlicher ist es für eine Tropeninsel, dass sich vereinzelt kleine Gletscher auf Neuguinea herausgebildet haben.

Pilzbewuchs

Die Tierwelt Melanesiens

In Neuguinea ist im Hinblick auf die Flora und Fauna ein interessantes Phänomen festzustellen: während die Flora der Insel eher verwandt ist mit südostasiatischen Pflanzenarten, ähnelt die Fauna der Australiens. Die Geologie Neuguineas gibt Aufschlüsse über die Ursache: Vor rund 50.000 Jahren bildeten Australien und Neuguinea noch ein zusammenhängendes Land. Erst im Verlauf des Auseinanderdriftens der beiden Landteile entwickelten sich aufgrund der veränderten geographischen Lage, der neuen klimatischen Verhältnisse und der differenziert gestalteten Insellandschaft eigene spezifische Ökozonen. So gibt es auf Neuguinea, obwohl es an Südostasien grenzt, keine Affen, Tiger, Nashörner oder Elefanten, wohl aber Kängurus. Die meisten Känguruarten Neuguineas leben allerdings auf Bäumen. Neben den Baumkängurus (Dendrolagus dorianus) gibt es eine Vielzahl weiterer Beuteltierarten in Melanesien, die Anzahl der Säugetiere ist jedoch vergleichsweise gering (mit Ausnahme der eingeführten Hunde und Schweine). Sowohl in der Pflanzen- als auch in der Tierwelt sind bis heute noch nicht alle Arten erfasst. Aufsehenerregend war im Jahr 1994 die Ent-

Baumkänguru

Beutelratte

ein grauweißes Fell mit schwarzen Streifen auf dem Rücken. Durch eine behaarte dünne Haut zwischen ihren Vorder- und Hinterbeinen können Flugbeutler beim Sprung von einen auf den anderen Baum in einen segelnden Gleitflug übergehen und so auch größere Entfernungen zurücklegen.

Neben den verschiedenen Beuteltierarten existiert in Melanesien eine einzigartige Vogelwelt. Man findet beinahe doppelt so viel Vogelarten wie in Europa allein auf Neuguinea. Auch

deckung einer bislang unbekannten Baumkänguruart. Sie lebt im Hochland von West-Papua und wird von den Einheimischen Bondegezou genannt. Gleich mehrere sensationelle Entdeckungen gelangen einem Forscherteam aus mehreren Länder im Jahr 2006 in einem bislang unberührten Gebiet in den Fojabergen West-Papuas. Dabei erfassten sie 20 neue Froscharten, vier bislang unbekannte Schmetterlingsarten, fünf neue Palmenarten, einen zu den Honigfressern gehörenden Vogel und sie entdeckten auch ein lebendes Exemplar des Goodfellow-Baumkänguru (Dendrolagus goodfellowi pulcherrimus), das bereits als ausgestorben galt. Ende 2007 wurden zwei weitere Entdeckungen neuer Tierarten in West-Papua gemeldet: eine Riesenratte, die fünfmal so groß ist wie herkömmliche Ratten und eine neue Opossumart. Die Entdeckung von bislang unbekannten Säugetierarten ist im 21. Jahrhundert äußerst selten.

Weitere in Melanesien dagegen häufig vorkommende Beuteltiere sind unter anderem Wallabies, verschiedene Opossumarten und der Kuskus. Der Kuskus (Phalanger orientalus) ist katzengroß, hat ein vielfarbiges Fell von weiß über verschiedene Brauntöne bis hin zu grau und schwarz und an der Unterseite seines Schwanzes eine Greifschwiele, die beim Klettern wie eine Hand zum Greifen genutzt wird. Neben den Kletterbeutlern (Phalangeridae) gibt es zwölf Arten von Raubbeutlern (Dasyuridae), die sich – ähnlich wie Marder – ebenso sicher in den Baumkronen fortbewegen. Die in Melanesien vorkommenden Gleitbeutler (Petauridae) erinnern aufgrund ihrer Art sich zu bewegen an unsere Eichhörnchen. Sie haben

Jäger mit erlegtem Kuskus

Schwarzer Kakadu (Probosciger aterrimus) · Krontaube (Goura christata)

das größte auf der Insel lebende Tier ist kein Säugetier, sondern ein Laufvogel. Der mit dem australischen Emu verwandte Kasuar hat braune oder schwarze Federn, wird 1,50 bis 1,80 Meter groß und kann bis zu 60 Kilogramm schwer werden. Die drei in Melanesien lebenden Kasuararten gehören zu der eigenen Fa-

Weibchen vom Helmkasuar (Casuarius casuarius)

milie, der Casuariidae. Trotz Flugunfähigkeit der Kasuare kommen sie dank der kräftigen Beine schnell vorwärts und können erstaunlich flink das dichte Unterholz des Urwaldes durchqueren. In ihren Revieren sind oft Trampelpfade ausgetreten und wenn nötig, durchschwimmen sie kleine Bäche oder auch Flüsse. Neben wilden, beziehungsweise verwilderten Schweinen sind Kasuare die einzigen großen Jagdtiere. Nicht nur ihr wohlschmeckendes Fleisch, sondern auch ihre Federn, die Knochen und Krallen sind begehrte Jagdbeute. Sie dienen als Schmuck, Tauschobjekt oder Trophäe und die Zehen des Kasuars werden von einigen Stämmen als Speerspitze verwendet.

Auch der Schnabel des Nashornvogels (Aceros plicatus), der aufgrund seines Höckers auf dem Schnabel seinen Namen erhalten hat, wird von vielen Stämmen als dekorativer Schmuck genutzt. Zudem nehmen Nashornvögel bei vielen Stämmen in den mythischen Glaubensvorstellungen eine bestimmte Position ein und sind oft auch in künstlerischen Arbeiten wiederzufinden.

Besonders beeindruckend unter den ungefähr 700 Vogelarten Neuguineas ist die Familie der Paradiesvögel (Paradisaeidae). Die langen Federn der Vögel sind außergewöhnlich farbenprächtig und einzigartig in ihrer Beschaffenheit. Die Mehrzahl der bislang bekannten Paradiesvogelarten (insgesamt geht man von 43 Arten aus) ist in Neuguinea endemisch. Zu ihrem besonderen Federkleid gesellt sich ein eigentümliches und temperamentvolles Balzverhalten, das jedoch nur in den Baumkronen in ungefähr 30 Meter Höhe zu beobachten ist. Hier spielt sich auch ihr weiteres Leben ab: Sie suchen Nahrung in den Baumkronen (Sämereien, Früchte, Insekten) und nisten dort.

Bemerkenswert sind weiterhin die Krontauben (Goura cristata und Goura victoria), die mit einer Größe von bis zu 70

Frisch geschlüpfter Vogelschwingenfalter (Ornithoptera priamus) und seine Raupen

Zentimeter die größten Tauben der Welt sind. Die meisten Taubenarten Melanesiens haben ein leuchtend farbiges Federkleid und etliche sind Fruchtfresser. Nicht durch ihre Größe oder ihr Federkleid beeindrucken daneben die Laubenvögel (Ptilonorhynchidae) und Großfußhühner (Megapodiidae), sondern eher durch ihr vergleichsweise eigentümliches Verhalten. Laubenvögel erregen durch ihr besonderes Balzverhalten und ihre mit Beeren und Blüten verzierten Nester Aufmerksamkeit, während die Großfußhühner bis zu zwei Meter hohe Blätternester aus Laub bauen. Zu nennen sind neben den oben aufgeführten Vogelarten an dieser Stelle auch der weiße Gelbhauben Kakadu (Cacatua galerita) und der schwarze Kakadu (Probosciger aterrimus), die farbenprächtigen Honigfresser (Meliphagidae), die Eisvögel (Alcedinidae), die Vielzahl der Papageien (Psittacidae) und der Neuguinea-Adler (Harpyopsis novaeguineae), der eine Flügelspannweite von bis zu 1,50 Meter erreichen kann. Nicht durch Schönheit oder enorme Größe, sondern andere Besonderheiten fallen auf Neuguinea zwei weitere optisch weniger

hervorstechende Vogelarten auf – der Blaukappenflöter (Ifrita kowaldi) und der Pitohui (Pitohui dichrous). Die Federn dieser Vögel enthalten Stoffe (Batrachotoxin), die eine ähnliche Wirkung haben wie das Gift der Pfeilgiftfrösche Südamerikas. Ähnlich wie die Pfeilgiftfrösche nehmen auch die Vögel das Toxin über die Nahrung auf – sie fressen giftige Käfer der Gattung Choresine.

Zwar keine Vögel, aber auch eierlegend, sind die in Melanesien lebenden Kurzschnabeligel und die drei in Neuguinea endemischen Langschnabeligelarten (Tachyglossus aculeatus und Zaglossus bruijini). Die Schnabeligel sind eierlegende Säugetiere und gehören zu den Kloakentieren (Monotremata). Der Körperbau des Schnabeligels gleicht einer Art Übergangsform vom Kriechtier zum Säugetier. Damit stellen Schnabeligel stammesgeschichtlich unter den lebenden Säugetieren die ältesten Formen dar.

Mit der farbenprächtigen Vogelwelt konkurrieren die schillernd bunten handtellergroßen Vogelflügelfalter (Ornitho-

Zahlreiche Frösche auch unbekannter Art

Der Urwald beherbergt unzählige Spinnen- und Insektenarten.

ptera). In der östlichen Hemisphäre gibt es nirgendwo so viele und farbenprächtige Schmetterlinge wie in Melanesien. Einige endemische Arten finden sich nur in einem einzigen Gebirgstal Neuguineas, bei anderen erstreckt sich der Lebensraum über größere Regionen wie beispielsweise eine ganze Insel. Mit Flügelspannweiten von bis zu 28 Zentimetern gelten die Weibchen einiger Arten als die größten Tagfalter der Erde (Ornithoptera alexandrae). Aufgrund ihrer Größe werden sie Vogelflügler genannt. Im Gegensatz zu den vorwiegend einfarbigen bräunlichen Weibchen bestechen die kleineren Männchen nicht durch ihre Größe, sondern durch ihre metallisch schillernden Farben. Spektakulär ist neben den Schmetterlingen auch die übrige melanesische Insektenwelt. Es wird davon ausgegangen, dass erst ein Drittel aller dort existierenden Arten erfasst worden ist.

Auch das Artenspektrum der Froschlurche ist vielfältig. Allein auf Neuguinea leben fast hundert verschiedene Arten, darunter auch ein vergleichsweise großer Laubfrosch, der Neuguineariesenlaubfrosch (Litoria infrafrenata) mit einer Körperlänge von ungefähr 13 Zentimetern.

In nahezu allen Landschaftsformen Melanesiens sind Schlangen beheimatet. Es handelt sich vorwiegend um Landbewohner, jedoch gibt es auch Wasserschlangenarten und an den Küstengewässern Korallenschlangen. Viele der über 200 Arten sind giftig.

Die vermutlich bekannteste Schlange Melanesiens ist der grüne Baumpython (Chondropython viridis). Er kommt in verschiedenen Farbvarianten vor, vorwiegend jedoch dunkelgrün mit weißen Flecken. Eine gefürchtete in Neuguinea endemische Giftschlange ist der Papuataipan (Oxyuranus scutellatus canni), der bis zu drei Meter lang werden kann. Das durch die circa 13 Millimeter langen Giftzähne injizierte Gift führt zu Lähmungen und verhindert die Blutgerinnung.

Erwähnt sei hier auch der Papuawaran (Varanus salvadorii), der vor allem im Tiefland anzutreffen ist. Er zählt zu den längsten Waranen der Welt und kann eine Körperlänge von rund

Lanzenotter (vermutlich Tropidolaemus wagleri) · Pazifikboa von Vanuatu (Candoia bibroni)

Der Papuawaran (Varanus salvadorii)

2,40 Meter erreichen. Die Haut des Papuawarans wird von den Einheimischen zum Bespannen von Trommeln verwendet.

Krokodile nehmen bei den Eingeborenen einen hohen Stellenwert ein. So finden sich Krokodildarstellungen bei vielen Stämmen – beispielsweise an den Signaltrommeln im Asmat oder am Sepik. Es gibt zwei Krokodilarten: das Leistenkrokodil (Crocodylus porosus) und das kleinere bis zu drei Meter lange Neuguineakrokodil (Crocodylus novaeguineae). Die Leistenkrokodile können über sieben Meter lang werden und sowohl in Salz- als auch in Süßwasser leben. Das Neuguineakrokodil ist hingegen nur in Süßwasserflüssen und Seen beheimatet. Heute sind große Krokodile selten, da ihr Bestand durch intensive Jagd dezimiert wurde. Besonders begehrt ist die helle, kleinschuppige Haut des Leistenkrokodils.

Bei den Süßwasserfischen ist erwähnenswert, dass die überwiegende Mehrzahl der Fischarten aus dem Meer in die Flüsse und Seen eingewandert sind. Die Arten weisen deutliche Merkmale zu ihrer im Meer lebenden Verwandtschaft auf. So lebt beispielsweise in größeren Gewässern Neuguineas der Sägerochen (Pristis microdon), der sonst im Meer bis in einer Tiefe von 3.000 Meter zu finden ist. Auch die in Flüssen und Seen existierenden Süßwasserhaie mit einer maximalen Größe von 1,50 Meter tragen die typischen Kennzeichen der meeresbewohnenden Haiarten und haben sich im Laufe der Evolution an die Süßwasserqualitäten Neuguineas angepasst.

Nachts ist insbesondere in der Umgebung von fruchttragenden Pflanzen und Bananenplantagen das rauschende und klatschende Geräusch des Flügelschlags fliegender Hunde

Meeresschildkröte (Chelonia mydas) · Leistenkrokodil (Crocodylus porosus)

(Pteropodidae) zu hören. Wenn sie bei Anbruch der Nacht gemeinsam zur Nahrungssuche aufbrechen, verdunkelt sich aufgrund der Vielzahl der Tiere der Himmel. Zu Hunderten sammeln sie sich im Morgengrauen wieder auf ihren Schlafplätzen in den oft schon fast blattlosen Bäumen. Tagsüber in der heißen Sonne nutzen sie ihre bis zu 1,80 Meter mit Haut bedeckten Flügel zur Kühlung und als eine Art Sonnenschirm.

Ähnlich wie der Artenreichtum des Regenwalds ist auch die Meeresfauna Melanesiens außerordentlich vielfältig und farbenprächtig. Seit dem Jahr 2008 gehört das Neukaledonische Barriereriff zum Weltnaturerbe der UNESCO. Nach dem australischen Great Barrier Reef ist das Neukaledonische Barriereriff das zweitgrößte Korallenriff der Welt. In den verschiedensten Formen und Farben sind Fische, Korallen, Seegurken, Seesterne, Seeigel, Muscheln, Schnecken und Anemonen zu finden. In seichten 20 bis 36 Grad Celsius warmen ruhigen Küstengewässern Neuguineas und auch in Vanuatu kann man mit etwas Glück Seekühe (Dugong Dugon) beobachten. Sie zählen zu den letzten Vertretern der Familie der Gabelschwanzseekühe. Unter den Meeressäugetieren sind sie die einzigen Säugetiere, die ausschließlich Pflanzenfresser sind. Über ihre Lebensweise ist sonst wenig bekannt. In den Meeresgewässern Melanesiens sind auch einige gefährliche und giftige Tierarten beheimatet, wie beispielsweise die gestreiften Wasserschlangen, hochgiftige Kegelschnecken, Steinfische, giftige Korallen und wehrhafte Muränen. Zwischen den einzelnen Inseln sind

Fliegender Hund (Pteropus giganteus)

jedoch starke Variationen der Fauna festzustellen: Abhängig von Meeresströmungen und der Wassertemperatur entwickelt sich die Planktonproduktion unterschiedlich, was sich wiederum auf die Vielfalt und auch die Anzahl von Fischen und Schalentieren auswirkt. Hinzu kommt an einigen Standorten die Größe der Lagunen und der Einfluss des Menschen auf die Gewässerqualität. Im Wesentlichen dient der Fischfang der Deckung des eigenen Bedarfs, lediglich der Thunfisch hat beim Weiterverkauf eine wirtschaftlich größere Bedeutung.

Wichtig für ein gutes Leben in Melanesien waren und sind Haustiere. Allgemein gilt, dass die drei Haustiere Schwein (Sus scrofa), Hund (Canis lupus) und Huhn (Gallus gallus domesticus) schon lange in Melanesien beheimatet sind, jedoch nicht auf allen Inseln gleichermaßen vorkamen. Heute sind sie allgemein verbreitet. Insbesondere in der voreuropäischen Zeit nahm das Schwein als Fleisch- und Eiweißlieferant eine bedeutende Stellung bei den Grundnahrungsmitteln der Melanesier ein. Auch heute werden Schweinebraten zu besonderen Anlässen wie beispielsweise einer Hochzeit zubereitet. Vielerorts ist das Schwein immer noch Zahlungsmittel im Tausch gegen Salz, Werkzeug (früher Steinäxte) und Geld (früher Muschelgeld). Ein Mann der viele Schweine besitzt, gilt als reich. Als wertvolles Prestigeobjekt werden in manchen Gegenden (vor allem in Vanuatu) rundgewachsene Schweinehauer als Schmuck und zur Demonstration des Reichtums getragen. Diese Zahnverwachsungen kommen bei Schweinen natürlicherweise nur äußerst selten vor und werden künstlich erzeugt. Durch das Ausschlagen der oberen Eckzähne eines Schweins wachsen die unteren Zähne in Windungen kontinuierlich weiter. Die Schweine, die dafür vorgesehen sind, werden häufig besonders gut gepflegt und erhalten weiche Nahrung, damit die Zähne nicht abbrechen können.

Seekuh (Dugong dugon)

Die Ökosysteme Melanesiens in Gefahr

Die größten zusammenhängenden Regenwaldflächen im asiatisch-pazifischen Raum befinden sich in Melanesien. Die Ökosysteme der melanesischen Inseln sind sehr sensibel. Aus diesem Grund gelten in Melanesien vielerorts strikte Einfuhrbestimmungen. Sie erscheinen manchem Besucher übertrieben und lästig, doch die historischen Ereignisse zeigen, dass sie ihre Berechtigung haben. Schon früh verhalfen Seefahrer, aber auch Insulaner anderer Inseln durch ihre Seefahrten oft ungewollt vielen Insekten, Ratten, Mäusen und Vögeln dazu, neues Land zu erreichen. Durch die Europäer sind schließlich auf den melanesischen Inseln Nutztiere wie Ziegen, Schafe, Rinder und Pferde eingeführt worden. Parallel dazu kamen viele unerwünschte Arten mit auf die Inseln. Da einige eingeführte Tierarten keine natürlichen Feinde auf ihrem neu eroberten Land vorfanden, konnten sie sich massiv vermehren. Die Folge waren zum Teil irreparable Schäden in den vorhandenen funktionierenden Ökosystemen. Dies betrifft jedoch nicht nur die Fauna der Inseln, sondern auch die Flora wurde durch eingeführte Arten in einigen Regionen stark verändert.

Die ersten Siedler brachten Nutzpflanzen auf die Inseln und streuten Sämereien aus. Plantagen mit Nutzpflanzen lohnen sich heutzutage jedoch nur noch vereinzelt. Die gesunkenen Weltmarktpreise für viele Produkte und steigende Lohnforderungen machten viele Plantagen unrentabel. Nur in manchen Ländern sind noch Plantagen für Rohrzucker, Kopra, Kaffee oder Kakao zu finden.

Parallel zur Anlage der Plantagen entstand das Interesse an Zierpflanzen – botanische Gärten wurden eigens angelegt und die neu eingeführten Pflanzen gepflegt. Viele der farbenprächtigen Blütenpflanzen sind heute ein Symbol für die Südsee – in Prospekten werben mit Blumen geschmückte Insulanerinnen für das Südsee-Paradies. Blumen sind jedoch nicht nur zum Zweck der Tourismusförderung vorgesehen, sie sind inzwischen auf einigen Inseln Teil der Kultur und zu einem Bestandteil des täglichen Lebensstils geworden.

Doch nicht nur die Einführung fremder Pflanzenarten verändert die Flora Melanesiens, auch die Abholzung des Regenwaldes greift gravierend in die Lebensräume von Tier und Mensch ein. Bis heute sind allein in Papua-Neuguinea 60 Prozent der Regenwaldfläche zerstört worden. Die Schätzungen für den gesamten melanesischen Raum gehen weit auseinander. Die Vergabe der Holzeinschlagrechte erfolgt oft durch Korruption und rücksichtslose Geschäftsmethoden. Häufig wirken die Konzerne direkt auf die ortsansässige Bevölkerung ein und versprechen Straßen, Schulen, Kirchen etc., die anschließend nur selten realisiert werden. Auch Gewaltandrohungen oder illegale Abholzungen finden statt. Als illegal gilt die Abholzung dann, wenn Konzerne ohne Konzession Holz entnehmen oder auch, wenn die Konzessionen seitens der Regierung ohne Absprachen mit den privaten Landeigentümern vergeben wurden. Wenn bei der Abholzung gegen gültiges Recht (oder Umweltschutzauflagen) verstoßen wird, handelt es sich ebenfalls um illegale Abholzung.

Die Holzkonzerne beschränkten sich zunächst auf die Küstengebiete, doch in den letzten Jahren drangen sie auch in schwer zugängliche Gebiete vor. Hauptabnehmer des Holzes (auch von illegal geschlagenem Holz) sind China und Japan (zusammen 64 Prozent). Vor allem aus China wird das Holz nach Europa und in die USA verkauft.

Die Rodung der Wälder erfolgt nicht nur durch die Holzkonzerne. Auch die wachsende Zahl der Bevölkerung, die einerseits durch Akkulturation sowie durch bessere medizinische Versorgung, andererseits durch Einwanderung aus übervölkerten Nachbarinseln vorangetrieben wird, trägt zur Abholzung bei: Es wird zunehmend Feuerholz und Baumaterial benötigt und das gerodete Land dient dem Anbau von Nutzpflanzen. So sind sowohl Holzkonzerne als auch die steigende Bevölkerungszahl Ursache für die Dezimierung des Regenwalds. Die Mehrzahl der melanesischen Staaten hat strenge Umwelt- und Waldschutzgesetze. Problematisch ist die Kontrolle über die Einhaltung der gesetzlichen Vorgaben. Häufig fehlen Maßnahmen zur Durchsetzung der Gesetzesvorgaben. Zukünftig ist es demnach eine große Herausforderung, zum Schutz des Regenwalds das geltende Recht wirksam durchzusetzen und die illegal handelnden Konzerne sowie Korruption und Amtsmissbrauch zu bekämpfen.

Eine andere Bedrohung der Ökosysteme resultiert aus der weltweiten Rohstoffverknappung. Melanesien besitzt einen vergleichsweise

Umweltverschmutzung in Jayapura

großen Reichtum an Bodenschätzen, wie beispielsweise Gold, Kupfer und andere Erze in Neuguinea, Manganerz in Vanuatu, Eisen- und Nickelerze in Neukaledonien. Der Bergbau stellt in Melanesien heute einen bedeutenden Wirtschaftsfaktor dar. Durch die unzugängliche, zerklüftete und dicht bewachsene Gebirgslandschaft sind die natürlichen Rohstoffquellen lange Zeit vor dem Raubbau an den natürlichen Ressourcen verschont geblieben. Für ausländische Firmen bedeutete die Suche nach Bodenschätzen oder wertvollen Hölzern einen enormen Aufwand und hohe Investitionen. Doch bereits in den dreißiger Jahren des vorigen Jahrhunderts wurden erste Goldfunde in Wau gemeldet und mit der beginnenden Goldsuche wurden auch andere Rohstoffe wie Silber, Kupfer, Zink, Eisen und Mangan entdeckt. Die erste ausländische Investment Gesellschaft, die amerikanische Bergbaugesellschaft Freeport McMoRan, ließ sich 1973 in Timika (Provinz Fak-Fak, West-Papua) nieder. Hier im gebirgigen Zentralmassiv der Insel in über 4.000 Meter

Höhe fördert das Bergbauunternehmen erzhaltige Gesteine für die Gewinnung von Gold, Kupfer und Silber. Heute zählt die Mine als größte Gold- und drittgrößte Kupfermine der Welt und erwirtschaftet jährlich immense Gewinne. Im Jahr 2005 brachte allein das Geschäft mit Kupfer 2,7 Milliarden US-Dollar ein, zu denen weitere 1,2 Milliarden Dollar aus Golderlösen kamen. Die Steuern aus den Geschäften werden an die indonesische Regierung in Jakarta gezahlt. Damit stellt die Mine ein für beide Seiten äußerst lukratives Geschäft dar. Für die dort lebende Bevölkerung und für die Natur bedeutet die Mine eine Katastrophe. Die Minenverträge enthalten keinerlei Auflagen zum Schutz der Umwelt und die Bergbaugesellschaft hält sich weder an indonesische noch an amerikanische Umweltgesetze. Das Konzessionsgebiet grenzt an den Lorentz National Park. Der Abraum der Mine rutscht als Schlamm den ehemals heiligen Berg der dort ansässigen Bevölkerung hinunter bis in den Fluss Aikwa. Seine Mündung gleicht einer Mondlandschaft, hier wächst nichts mehr. Schwermetalle und Kupfer gelangen auf diesem Weg nicht nur ins Meer, sondern wurden auch im Grundwasser des Lorentz National Park nachgewiesen. Die UNESCO erklärte diesen Park im Jahr 1999 aufgrund seines Artenreichtums noch zum Welterbe der Menschheit. Um Angriffen und Stammeskämpfen vorzubeugen, wurden die dort lebenden Papuas rücksichtslos zwangsumgesiedelt. So stand der Vernichtung ihres Lebensraums nichts mehr im Wege. Die Bewohner selbst leiden unter den Folgen der verseuchten Industrieabwässer – sie werden krank oder sterben. Anstelle der Papua-Dörfer errichtete der Konzern Städte für indonesische Arbeiter (Tembagapura – »Kupferstadt« und Kuala Kencana – »Goldfluss«). Die indonesischen Minenarbeiter kommen vorwiegend von den überbevölkerten Nachbarinseln auf der

Suche nach Arbeit und Land. Im Jahr 1996 kam es nach mehreren vorangegangenen Protesten und Angriffen der betroffenen Papua-Stämme erneut zu Kämpfen. Die Mine wurde gestürmt und drei Tage lang stillgelegt. Die Konzernleitung von Freeport McMoRan lenkte daraufhin teilweise ein und sorgte dafür, dass Krankenhäuser, Schulen und Straßen gebaut wurden und auch Papuas in der Mine Arbeit annehmen konnten. Inzwischen leben in dem zuvor nur spärlich besiedelten Gebiet über 100.000 Menschen. Das Bild der Minenstädte ist geprägt von Alkoholismus, Prostitution und Korruption. Auch wenn die Papuas durch ihre Proteste für ihr Volk partiell ihre Lebensqualität erhöhen konnten, wirtschaftet Freeport McMoRan ohne Rücksicht auf die ökologischen Belange der Region weiter. Unter dem Schutz des indonesischen Militärs schreitet die Umweltzerstörung ungehindert fort.

Das Vorgehen der Freeport McMoRan-Gesellschaft ist kein Einzelfall auf Neuguinea. Seit dem Jahr 1984 befindet sich in Papua-Neuguinea die Ok Tedi Mine – ebenfalls eine der größten Goldminen der Welt. Das Konzessionsgebiet liegt auf denselben geologischen Verwerfungen wie die Mine bei Timika. Nahe der Grenze zu West-Papua, in den Star Mountains, betreibt die Gesellschaft Ok Tedi Mining Limited (OTML) unter ähnlichem Vorgehen wie ihr Pendant in Timika den Abbau der Erze. Die Schlämme und Abwässer belasten den Fly River und beeinträchtigen sowohl Mensch als auch Natur massiv. Insgesamt sind 120 Dörfer entlang des Ok Tedi und des unteren Fly Rivers betroffen. Der Abraum lässt weite Gebiete verlanden und infolgedessen werden die traditionellen Gärten der Dorfbewohner mit schlammreichem Wasser überflutet und unfruchtbar gemacht. Hinzu kommt eine starke Schädigung der für den südpazifischen Raum bedeutsamen Fischbrutstätte im

Reisfelder auf ehemaligen Regenwaldgebieten

Mündungsgebiet des Fly Rivers – selbst am Barrier Reef nördlich von Australien sind nicht regenerierbare Schäden festgestellt worden. Seit kurzem wird aufgrund der diversen Umweltschäden öffentlich über die Schließung der Mine diskutiert. Allerdings wäre diese ohne weitere Zukunfts-Planungen zur wirtschaftlichen Entwicklung der Region für die betroffene Bevölkerung ein soziales Desaster. Schließlich profitieren Minenarbeiter durch Lohnzahlungen, Landbesitzer durch die Verpachtung ihres Eigentums sowie Entschädigungszahlungen und die Regierung durch Steuereinnahmen vom Betrieb der Mine. Eine Schließung sollte deswegen mit konkreten Plänen für eine nachhaltige Entwicklung der Region einhergehen.

Ähnlich sieht es in der Umgebung der Stadt Porgera aus, wo sich eine Goldmine auf dem Land der Huli befindet. Die dort tätige Minengesellschaft zahlt den ansässigen Huli Entschädigungen für die Landnutzung und bietet den Huli-Männern Arbeit in der Mine an. Der Wandel der Stammeskultur und der Natur erfolgt nun vergleichsweise schnell: An Festtagen kann man sowohl viele Papuas in Jeans und T-Shirt sehen als auch bunt bemalte Huli-Männer, die lediglich ein Penisfutteral als Bekleidungsstück tragen. Die Infrastruktur des Umlands verändert sich rapide, die Subsistenzwirtschaft wird abgelöst von dem Leben in einer modernen Kleinstadt.

Die größte Kupfermine befand sich in Bougainville (Papua-Neuguinea). Hier wehrten sich die Anwohner des Gebiets massiv gegen den Bergbau. Infolgedessen musste die Mine im Jahr 1989 geschlossen werden – dieses bedeutete einen drastischen Rückgang des Exporteinkommens für den Staat.

Nicht nur auf der Insel Neuguinea sind Bodenschätze vorhanden. Auf der neukaledonischen Insel Nouméa sind große Nickelvorkommen, die nach aktuellen Schätzungen etwa ein Viertel des weltweiten Nickelvorkommens ausmachen. Diese werden in einer Nickelschmelzfabrik nahe der Hauptstadt abgebaut. Für die weitere Förderung plant man zwei neue Nickelfabriken auf der Insel. Die Auswirkungen auf die Ökosysteme der Insel sind auch hier erheblich.

Die Gefahr für die Artenvielfalt betrifft jedoch nicht nur die Landbewohner. Auch die Meeresfauna ist einerseits durch Gewässerverunreinigungen, andererseits durch Überfischung bedroht. Bis vor kurzem ist man noch davon ausgegangen, dass die Thunfischbestände in unbegrenzten Mengen vorhanden sind. Doch jetzt ist bekannt, dass bestimmte Thunfischarten (Gelbflossen- und Großaugenthunfisch) bereits seit dem Jahr 2006 stark überfischt sind. Beim Fang der Fische werden Hochseetreibnetze, Schlepp- und Langleinen sowie Ringwadennetze verwendet, die viel ungewollten Beifang enthalten. Trotz der schon 1992 von den UN verabschiedeten Resolution gegen Hochseetreibnetzfischerei ist der Thunfischbestand drastisch zurückgegangen. Hier ist das Problem ähnlich wie beim Schutz des Regenwalds: Es existieren in vielen Ländern Gesetze zum Schutz der Meeresfauna, aber diese werden nicht wirkungsvoll angewendet. Die Einhaltung der Fangquoten kann mit den zur Verfügung stehenden Mitteln nicht überprüft werden.

Das globale Problem des Klimawandels betrifft die Inseln Melanesiens in besonderem Maße. Steigt die Erwärmung des

Huli aus dem Tari-Gebiet

Erdklimas um mehr als zwei Grad, sind für einige Gebiete Melanesiens katastrophale Auswirkungen zu befürchten. Mit dem Anstieg der Meerestemperatur kommt es aufgrund der Ausdehnung der Meere zu einem Anstieg des Meeresspiegels. Prognostiziert wird auch eine Zunahme der Stürme und Sturmfluten. Beide Faktoren haben für Bewohner kleinerer tiefliegender Inseln dramatische Folgen. Der Meeresspiegelanstieg verursacht nicht nur den Landverlust und die Zerstörung von Lebensräumen, sondern auch den Verlust oder die Versalzung von Trinkwasserquellen.

Es wird vermutet, dass von diesen Auswirkungen des Klimawandels heute schon die Bewohner der Carteret-Inseln (Papua-Neuguinea vorgelagerte Atolle) direkt betroffen sind: Die aufgrund des steigenden Meeresspiegels einsetzende Wasserknappheit, die Nahrungsmittelknappheit, die reduzierte Landmasse, das Absterben von Pflanzen (u.a. Mangroven) und Tieren (Korallen) und damit einhergehende Verringerung der Fischarten haben dazu geführt, dass das Leben auf den Atollen nicht mehr möglich war. Rund 2.000 Menschen mussten ihre Heimat verlassen und sind auf die Insel Bougainville evakuiert worden.

Bedeutende Nahrungspflanzen Melanesiens

Da die Melanesier vor Eintreffen der Europäer nicht über eine eigene Schriftsprache verfügten, kann in vielen Fällen nur auf mündliche Überlieferungen zurückgegriffen werden. Es wird vermutet, dass viele der heutigen Nahrungspflanzen Melanesiens aus Südamerika stammen. So ist beispielsweise der Maniok durch die Portugiesen eingeführt worden und die Kartoffel durch die Europäer und auch die Ananas oder Avocado stammen aus Südamerika. Doch einige Nutzpflanzen sind schon weitaus länger in Melanesien beheimatet.

Süßkartoffel (Ipomoea batatas)

Nach mündlichen Überlieferungen soll die Süßkartoffel in Neuguinea schon vor etwa 400 Jahren angebaut worden sein. Somit existierte die Süßkartoffel schon vor Einführung anderer südamerikanischer Nutzpflanzen in Neuguinea. Neben der Sagopalme ist die Süßkartoffel in vielen Regionen das wichtigste Nahrungsmittel der Papuas und dient gleichzeitig als wesentlicher Kohlehydratlieferant. Die Süßkartoffeln werden auf ein bis zwei Meter breiten Erdhügeln angebaut. Ein Süß-

Wilder Taro

kartoffelacker besteht aus mehreren Erdhügeln. Bei einer Neu-Anpflanzung ist es oft üblich, die dortigen Pflanzen zu roden und aufzuschichten. Diese Anhäufung wird mit Erde überdeckt und in den Erdhügel mehrere Löcher für die Neuanpflanzung gegraben. Die Erdhügel bieten den Vorteil einer guten Drainage, denn das Wasser kann schnell abfließen. Ungefähr vier Monate nach der Pflanzung erfolgt die Ernte erster Kartoffeln, um den Eigenbedarf zu decken. Das Pflanzenwachstum wird dabei nicht gravierend gestört, so dass über einen Zeitraum von bis zu zwei Jahren kontinuierlich neue Kartoffeln geerntet wer-

den können. Eine größere Menge für den Handel wird erst bei ausreichender Stabilität der Pflanze, etwa nach einem knappen Jahr, geerntet. Die Blätter der Pflanze dienen einigen Stämmen Melanesiens als eine Art Blattspinat. So dünsten beispielsweise die Dani im Hochland von West-Papua die Blätter zusammen mit den Knollen und manchmal auch mit Fleisch in dem dort üblichen Erdofen.

Yamswurzel (Dioscorea-Arten)

In der Familie der Yamsgewächse bildet die »Dioscorea« mit über 600 Arten die bedeutendste Gattung. An der Stängelbasis im Wurzelbereich bilden die meisten Arten 15 bis 60 Zentimeter lange Knollen, die üblicherweise zwischen ein und acht Kilogramm schwer werden. Die sich windenden Stengel der Pflanze treiben herzförmige, gegenständig angeordnete Blätter aus. Die drei Millimeter großen Blüten hängen in Trauben herab. Yams wächst an warmen feuchten Standorten mit regelmäßigen Niederschlägen und benötigt humusreichen Boden. Geerntet werden nur die unteren Wurzelknollen, die den Stengel tragenden Knollen bleiben mehrere Jahre im Boden. Angebaut wird Yams durch Stecksetzlinge oder einzelne Knollenstücke. Vor dem Verzehr werden die Knollen geschält, gereinigt und anschließend gekocht. Da sie vergleichsweise lang haltbar sind, eignen sie sich auch für die Vorratshaltung.

Taro (Colocasia esculenta, Alocasia macrorrhiza)

Im Wesentlichen werden in Melanesien zwei Arten von Taro unterschieden: zum einen der Sumpftaro (Colocasia esculenta) und der Trockentaro (Colocasia macrorrhiza). Sie gehören zur Familie der Aronstabgewächse. Die ursprüngliche Heimat des Taro wird in Indien vermutet. Nach den bisherigen Forschungen kann jedoch davon ausgegangen werden, dass der Taro mindestens seit 5.000 Jahren auch in Melanesien kultiviert wird. Der Anbau erfolgt ähnlich wie bei der Süßkartoffel vorwiegend auf Erdhügeln. Unter der angehäuften Erde befinden sich gerodete Pflanzen und Kräuter, die gleichzeitig wie eine Art Dünger wirken. Die Taroknollen haben einen sehr hohen Stärkegehalt und werden über drei Kilogramm schwer. Die Blätter wachsen bis zu einem Meter hoch, entwickeln eine herzartige Form und sind von einer netzartigen Struktur durchzogen. Die Blüten bestehen aus einem bis zu 20 Zentimeter langen Kolben. Sowohl Blätter als auch Knollen haben einen hohen Kalziumoxalatgehalt und sind deswegen in rohem Zustand ungenießbar. Gekocht oder geröstet dient der Taro jedoch vielen Stämmen als wichtiges Nahrungsmittel. Die Knollen werden geschält, gewaschen, gekocht oder im Erdofen gegart. Sie kön-

Verschiedene Bananensorten auf Vanuatu

von den Blattscheiden gebildet wird) wächst innerhalb von neun Monaten der Spross hindurch. An seinem Ende trägt dieser den über einen Meter langen Blütenstand, an dem die Bananen wachsen. Geerntet werden können Bananen einer Pflanze bis zu 20 Jahre lang. Neben der Nutzung der Früchte als Nahrungsmittel wird die Frucht und auch Teile von zerquetschten Blättern und des Schösslings traditionell zur Behandlung von Krankheiten eingesetzt. Bekannt ist die heilende Wirkung bei Magen- und Darmbeschwerden. Im Sepik-Gebiet sollen früher Bananenblätter speziell zubereitet und zum Auslösen von Frühgeburten und Abtreibungen genutzt werden. Die Blätter der Sorte Musa textilis werden vielfach für die Abdeckung von Dächern verwendet.

Brotfruchtbaum (Artocarpus altilis und weitere Artocarpus-Arten)

nen so gegessen oder auch zerstampft mit anderen Zutaten zu anderen Speisen verarbeitet werden. Teilweise werden die jungen Blätter als Gemüse beigemengt.

Banane (Musa paradisiaca)

Die heute verbreitete Obstbanane (Musa paradisiaca) entstand aus der Kreuzung der Wildformen Musa balbisiana und Musa acuminata und gilt als beliebteste Bananenart. Auch die sogenannte Brotbanane ist ein Ergebnis dieser Kreuzung. Die Früchte der meisten anderen Sorten eignen sich nicht zum Rohverzehr. Sie müssen erst gekocht oder gebacken werden, um genießbar zu sein. Die Banane ist eine Staude, die bis zu fünf Meter hoch werden kann. Durch ihren Scheinstamm (der

Der Brotfruchtbaum soll ursprünglich aus Neuguinea stammen. Es handelt sich dabei um ein Maulbeergewächs (Moraceae) mit ungefähr 50 Arten, das nur in tropischen Breiten vorkommt. Der Baum wird 10 bis 20 Meter hoch, ungefähr 75 Jahre alt und hat große, tief eingeschnittene dunkelgrüne Blätter, die eine Länge von bis zu 70 Zentimeter erreichen. Nach ungefähr sechs Jahren bildet der Baum Früchte aus. Die aus einem ganzen Blütenstand hervorgehenden Früchte wiegen durchschnittlich anderthalb bis dreieinhalb Kilogramm und können auch deutlich schwerer werden. Es gibt sowohl Früchte mit Samen als auch samenlose Früchte. Aus der Frucht wird Brotmehl hergestellt und die Samen der Früchte werden häufig geröstet gegessen. In Scheiben geschnitten, kann das Fruchtfleisch im Rohzustand verzehrt oder getrocknet werden. Häufiger ist jedoch die gekochte, gebackene oder geröstete Zubereitung und die Verarbeitung zu Breispeisen.

Genutzt werden jedoch nicht nur die Früchte, auch der Rindenbast wird von einigen Stämmen zur Herstellung von Kleidung und Schmuck genutzt. Der dabei ausfließende Latex findet Anwendung als Leim beim Fangen von Vögeln oder zum Festkleben von Fellen auf Trommelgehäusen. Teile der Wurzeln werden als Heilmittel eingesetzt.

Der indische Brotfruchtbaum (Jackfruchtbaum) ist inzwischen auch in Melanesien beheimatet und unterscheidet sich von den anderen Bäumen durch die unmittelbar am Stamm wachsenden Früchte, das heißt der indische Brotfruchtbaum ist kauliflor.

Kokosnuss (Cocos nucifera)

Die vermutlich aus Polynesien stammende Kokospalme wird bereits seit ungefähr 3.000 Jahren vom Menschen genutzt. Die Palme kann sowohl auf den salzigen Böden in der Nähe der Küste gedeihen als auch in nichtsalzigen Gebieten. Jedoch ist sie vorwiegend an der Küste anzutreffen und trägt damit zum

Kokosnüsse als Hauptnahrungsmittel in den Küstenregionen

typischen Südsee-Image bei: weiße sonnige Sandstrände, an denen Kokospalmen wachsen. Kokospalmen werden ungefähr 80 Jahre alt, zwischen 20 bis 30 Meter hoch und bilden ab dem sechsten Lebensjahr Blüten und Früchte aus. Pro Jahr wachsen an jeder Palme 60 bis 80 Früchte – die Kokosnüsse. Es dauert fast ein Jahr, bis aus einer Blüte eine reife Nuss entsteht. Die Kokosnuss zählt zu den Steinfrüchten. Sie besteht aus mehreren Schichten: einer dünnen glatten Außenhaut (Exokarp), die das dicke darunter liegende Faserpolster (Mesokarp) umgibt. Darunter befindet sich der Steinkern (Endokarp), der wiederum das ölhaltige Fruchtfleisch (festes Endosperm) umschließt, in dem sich das Kokoswasser (flüssiges Endosperm) befindet. Wirtschaftlich interessant ist davon Kopra, der zerkleinerte und anschließend getrocknete Inhalt der Kokosnuss. Die Kokosnüsse werden dafür von Hand geerntet, geschält und aufgebrochen. Der Inhalt wird zum Trocknen ausgebreitet und anschließend weiterverarbeitet. Verschiedene Fette sind Ergebnis dieses Prozesses. Doch auch bei dieser Pflanze werden nicht nur die Früchte genutzt. Auch die Blattknospen und die jungen Keimpflanzen eignen sich zum Verzehr. Wenn eine Palme vom Wind umgeworfen wird, trennt man die Blattknospen ab. Gekocht heißen sie Palmkohl und werden als eine Art Gemüse zubereitet. Der Saft der fleischigen Blütenachse ergibt fermentiert den bekannten Palmwein, der als destillierter Branntwein auch Arrak heißt. Die Fiederblätter der Palme finden als Dachabdeckung, Besen und Flechtwerk Verwendung. Der Stamm wird zu Möbelholz verarbeitet, die Steinschale zu Holzkohle und die Faserpolster (Kokosfaser) der Fruchthülle eignen sich zum Anfertigen von Matten und Seilen. Dazu werden die Fasern mehrere Wochen in Wasser eingelegt, so dass sie sich anschließend leicht entwirren lassen. Die Produkte verfügen über eine hohe Stabilität und Haltbarkeit. Die Kokosmilch wird aus dem weißen Fruchtfleisch der Nuss gewonnen, indem man das Fruchtfleisch raspelt und ausquetscht.

Pandanus (Pandanus tectorius und weitere Pandanus-Arten)

Ein von den Papuas ebenfalls sehr geschätztes Nahrungsmittel ist die Frucht der vorwiegend in mittleren Höhenlagen wachsenden Schraubenpalme beziehungsweise des Öl-Pandanus-Baums. Diese Frucht setzt sich aus 250 bis 800 Einzelfrüchten zusammen. Die Frucht kann roh verzehrt werden, meistens jedoch wird sie gegart. Die äußere Schicht der Früchte presst man aus und der rote ölige Saft wird mit Gemüse, Sago, Süßkartoffelblättern oder Taro zusammen gegessen.

Sagopalme (Metroxylon-Arten)

Eine wesentliche Nahrungsquelle für die Bewohner von Sumpfgebieten sowie des Tieflandregenwalds sind die Sagopalmen. Die Palme wird ungefähr 15 bis 18 Jahre alt und blüht während

dieser Zeit nur einmal. Die Früchte sind von braunen Schuppen umgeben, die als Schmuck verwendet werden. Es ist jedoch üblich, die Palmen kurz vor der Blüte zu fällen, da sie zu diesem Zeitpunkt den höchsten Stärkegehalt aufweisen. Der Stamm wird anschließend halbiert. Mit Steinäxten oder heutzutage auch Metallbeilen wird das Mark weich geklopft und über ein spezielles System ausgewaschen, gefiltert und letztendlich getrocknet. Der Stamm einer Palme enthält bis zu 400 Kilogramm Sago, das zusammen mit Gemüse, Fisch oder Fleisch, manchmal auch mit Sagolarven in Bananenblätter gehüllt und gebacken wird. Eine andere Form der Zubereitung ist es, Sago mit verschiedenen Kräutern als eine Art Suppe zu kochen.

Zuckerrohr (Saccharum officinarum)

Es wird davon ausgegangen, dass Zuckerrohr (zumindest Wildformen) seit mehr als 2.000 Jahren in Melanesien beheimatet ist. Es zählt zur Grasfamilie (Poaceae), sieht schilfähnlich aus und kann ungefähr 20 Jahre alt werden. Die Blätter kön-

Zuckerrohrbündel

nen eine Höhe von bis zu drei Metern erreichen, während der Spross je nach Züchtung auch länger ist. Die Wildformen des Zuckerrohrs sind wiederum kleiner. Der Spross ist bis zu sieben Zentimeter dick und nicht wie der Spross anderer Gräser hohl, sondern ausgefüllt mit einem zuckerhaltigen weichen Mark. Je nach Zuchtform und Umweltbedingungen variiert die Farbe des Sprosses von grün über gelb oder auch rötlich bis schwarz. Während des Wachstums stößt die Pflanze die unteren Blätter nacheinander ab, so dass ältere Pflanzen nur im oberen Bereich einen büschelartigen Blattbewuchs ausbilden. Zur Vermehrung wird der Spross in Stücke geschnitten und waagerecht liegend im Boden vergraben. Es bildet sich ein Wurzelstock und ein neuer Spross. Den größten Zuckergehalt enthält der untere Teil des Sprosses, der im Regelfall sofort nach dem Abschneiden durch Zerkauen verzehrt wird. Bereits nach 24 Stunden beginnt der Gärungsprozess, so dass die Zuckerrohrteile nicht lange gelagert werden können. Im Hochland Neuguineas wird häufig ein Stück Zuckerrohr mit zur Feldarbeit genommen. Zerkaut spendet die Pflanze so schnell neue Energie (der Zuckergehalt liegt bei rund 15%). Weitere Verwendungsformen des Zuckerrohrs sind in Melanesien nicht üblich.

Die menschliche Besiedlungsgeschichte Ozeaniens – genetische Befunde

Manfred Kayser

Der historisch geprägte Begriff »Melanesien« wird von einigen Fachwissenschaftlern heutzutage vermieden. Dafür wird zwischen Nahem Ozeanien (Near Oceania), von Neuguinea bis zu den Salomonen-Inseln (inklusive Australien), und Fernem Ozeanien (Remote Oceania), von den Inseln südöstlich der Salomonischen Hauptinseln bis nach Polynesien (inklusive Mikronesien) unterschieden. Diese Begriffe wurden Anfang der 1990er Jahre eingeführt (Green 1991), um die natürlichen Grenzen der Region besser widerzuspiegeln. Allerdings waren sogenannte biogeographische Grenzen nur bedingt Verbreitungsgrenzen für den Menschen. Die »Wallace Line«, benannt nach seinem Entdecker Alfred Russel Wallace, trennte den Asiatischen Kontinent Sunda vom Ozeanischen Kontinent Sahul. Allerdings wurde sie bereits vor circa 50.000 Jahren durch den modernen Menschen auf seiner ersten Ausbreitung nach Neuguinea und Australien überwunden. Im Gegensatz dazu markierte die biogeographische Grenze südöstlich der Salomonischen Hauptinseln bis vor wenigen tausend Jahren die östlichste Verbreitungsgrenze des modernen Menschen. Sie konnte nach heutigem archäologischem Wissensstand von den ersten Ureinwohnern Neuguineas nicht überwunden werden und die Inseln östlich dieser Grenze blieben bis vor wenigen tausend Jahren vom Menschen unbewohnt. Diese Grenze verläuft mitten durch das historisch geprägte Melanesien, was zur Änderung der Terminologie führte.

Die moderne Sicht auf die Bevölkerungsgeschichte des Nahen Ozeaniens beinhaltet mindestens zwei Hauptbesiedlungswellen. Eine Hypothese geht davon aus, dass die erste Besiedlung ausgehend von Afrika über die Küstenregionen des Sunda-Kontinents erfolgte und den Sahul-Kontinent vor circa 50.000 Jahren erreichte. Dafür sprechen archäologische Funde aus Australien und Neuguinea, die 50.000 (Roberts, Jones, and Smith 1990) beziehungsweise 40.000 (Groube et al. 1986) Jahre alt sind. Die papua-sprechende Bevölkerung Ozeaniens und die Aborigines Australiens gehen wahrscheinlich auf diese sehr frühe Besiedlung zurück. Dabei weisen bisherige genetische Daten eher auf einen getrennten, als auf einen gemeinsamen Ursprung der ersten Ureinwohner Neuguineas und Australiens hin (Redd and Stoneking 1999; Kayser et al. 2001). Auch sprachlich sind die Papuas aus Neuguinea von den Aborigines aus Australien stark verschieden, jedoch können genetische und sprachliche Divergenzen auch eine Folge der Jahrtausende langen getrennten Entwicklung sein. Papua-sprechende Bevölkerungen leben hauptsächlich auf Neuguinea, insbesondere in den küstenfernen Regionen, sowie auf wenigen anderen Inseln des Nahen Ozeaniens (z.B. Neubritannien, Salomonen), nicht jedoch im Fernen Ozeanien. Allerdings gelang es Linguisten bisher nicht, alle Papua-Sprachen auf eine einzige Proto-

sprache zurückzuführen und deren geographischen Ursprung zu ermitteln, möglicherweise aufgrund des hohen Alters und der seither stattgefundenen starken Veränderungen der vielen hundert Papua-Sprachen. Deshalb vermeiden einige Linguisten auch den vereinheitlichenden Begriff Papua und reden stattdessen von nichtaustronesischen Sprachen Ozeaniens. Für einen Teil der nichtaustronesischen Sprachen Neuguineas und einiger benachbarter Ostindonesischer Inseln, den so genannten Transneuguinea Sprachen, wird ein gemeinsamer Ursprung im östlichen Hochland Neuguineas (heute Papua-Neuguinea) angenommen (Pawley 2005). Ihre Verbreitung wird von manchen Wissenschaftlern mit der Ausbreitung von Gartenbau, welcher erstmals in Neuguinea vor circa 10.000 Jahren entstand (Denham et al. 2003), in Zusammenhang gestellt. Zum anderen ist das Nahe Ozeanien von einer zweiten sehr viel späteren Besiedlungswelle aus Asien geprägt worden, von austronesisch-sprechenden Seefahrern und Fischern mit seetüchtigen Auslegerkanus.

Die austronesische Expansion begann vor ca. 6.000 Jahren in Ostasien, wahrscheinlich in Taiwan, und erstreckte sich über die Inselwelt Südostasiens (auch nach Madagaskar), des Nahen und schließlich auch des Fernen Ozeaniens. Dafür gibt es linguistische, aber auch archäologische Hinweise. Die Sprachen der taiwanesischen Ureinwohner wurden als Ursprung aller austronesischen Sprachen ermittelt (Blust 1999). Es wird heutzutage davon ausgegangen, dass die proto-austronesische Ursprache, von der sich alle austronesischen Sprachen entwickelten, auf Taiwan praktiziert wurde und sich die austronesischen Sprachen von dort aus ausbreiteten (Bellwood, Fox, and Tryon 1995; Bellwood 2004). Des weiteren haben archäologische Studien gezeigt, dass die ältesten Funde einer neolithischen Kultur von vor circa 5.500 Jahren aus Taiwan stammen (Spriggs 2003; Bellwood and Dizon 2005). Diese Kultur breitete sich zwischen 5.500 und 4.000 Jahren über die Phillipinen, Borneo, Sulawesi und die Mollukken (Maluku) aus und führte höchstwahrscheinlich auf den Bismarckinseln nordöstlich Neuguineas zur Entwicklung der Lapita-Kultur vor circa 3.500 Jahren (Bellwood 2004). Die Lapita-Kultur mit ihrer typischen ornamentreichen Keramik breitete sich innerhalb weniger hundert Jahre bis ins westliche Polynesien (Tonga, Samoa) aus und ihre Träger überwanden erstmalig in der Menschheitsgeschichte die Grenze zwischen Nahem und Fernem Ozeanien. Es wird heutzutage meist davon ausgegangen, dass die Lapita-Kultur von Menschen ausging, die ozeanische Sprachen, eine Gruppe der austronesischen Sprachfamilie, praktizierten (Bellwood 2004).

Diese beiden Bevölkerungsgruppen, die papua-sprechenden Erstankömmlinge und die austronesisch-spre-

Segelboot von der Walman-Küste bei Berlinhafen

chenden Späteinwanderer, unterscheiden sich bis heute neben ihren Sprachen und anderen kulturellen Aspekten auch in einigen wenigen äußerlich sichtbaren Merkmalen (zum Beispiel der Haarstruktur). Der große zeitliche Abstand dieser beiden Besiedlungswellen, wie aus archäologischen Befunden bekannt, und die starken kulturellen, inklusive sprachlichen Unterschiede, legen den Verdacht nahe, dass Austronesier und Papuas von unterschiedlichen Ursprungsbevölkerungen abstammen. Um den biologischen Ursprung von Menschen und Bevölkerungen zu erforschen, bieten molekulargenetische Methoden heutzutage ideale Werkzeuge.

In der molekularen Anthropologie untersucht man hauptsächlich solche Anteile des menschlichen Genoms, deren Variabilität allein über sich neu ereignende Veränderungen (Neumutationen) bestimmt wird, und nicht – wie im weit überwiegenden Anteil des Genoms – zusätzlich auch von genetischen Austauschprozessen (Rekombinationen). Derartige Anteile des Humangenoms sind zum einen das Y-Chromosom, welches nur in Männern vorhanden ist und vom Vater auf den Sohn vererbt wird (und für die männliche Geschlechtsdeterminierung verantwortlich ist). Zum anderen ist es das Genom der Mitochondrien (kleiner Zellorganellen, die für den Energiehaushalt wichtig sind), welches von der Mutter auf (alle) ihre Kinder vererbt wird und das allein die Töchter an die nächstfolgende Generation weitergeben. Allerdings benutzt man zur genetischen Rekonstruktion von Bevölkerungsgeschichte nur

solche Anteile des Y-Chromosoms und des Mitochondrioms, welche keine funktionellen Auswirkungen haben und sich somit evolutionär neutral verhalten. Y-chromosomale und mitochondriale Marker erlauben es, die Geschichte von Männern und Frauen (getrennt) zurückzuverfolgen, und zwar über einen Zeitraum von vielen Generationen. Dies ist möglich, da genetische Veränderungen, sobald einmal auf dem Y-Chromosom/Mitochondriom aufgetreten, in allen Nachfolgegenerationen, genauer gesagt deren männlichen (Y-Chromosom) oder weiblichen (Mitochondrien-Genom oder Mitochondriom) Vertretern, erhalten bleiben, und zwar so lange es Nachkommen gibt. Insofern ist man in der Lage, geographische Ursprünge von Menschen und Bevölkerungen und deren Wanderungsgeschichte durch vergleichende molekulargenetische Analysen von Y-Chromosomen und Mitochondrien zu erforschen. Allerdings muss betont werden, dass die genetischen Anteile, welche sich zwischen weltweit verteilten Menschen unterscheiden, zahlenmäßig sehr gering sind. Im weitaus überwiegenden Teil sind alle Menschen genetisch sehr ähnlich, egal auf welchen Erdteilen sie leben oder ursprünglich lebten. Dies wird mit unserer relativ jungen evolutionären Geschichte, genauer gesagt mit dem singulären Ursprung des modernen Menschen vor circa 150.000 Jahren in Afrika und seiner Auswanderungsgeschichte in alle Kontinente zu unterschiedlichen Zeiten begründet. Dabei stellt die erstmalige Besiedlung des Nahen Ozeaniens die wahrscheinlich früheste Epoche der afrikanischen

Auswanderung dar, alle anderen Regionen der Welt außerhalb Afrikas wurden durch den modernen Menschen erst zu späteren Zeiten besiedelt.

Genetische Untersuchungen haben gezeigt, dass es in Ozeanien (ausgenommen Australien) Y-Chromosomen und Mitochondrien gibt, die typisch für Papua-Bevölkerungen und andere, welche typisch für austronesische Bevölkerungen sind (Capelli et al. 2001; Kayser et al. 2001; Kayser et al. 2006). In Regionen, z.B. dem Hochland Neuguineas, die fernab der küstennahen austronesischen Siedlungsgebiete liegen, finden sich ausschließlich Y-Chromosomen und Mitochondrien der Papua-Typen (Tommaseo-Ponzetta et al. 2002; Kayser et al. 2003). Diese existieren außerhalb Ozeaniens nicht und auch nicht in Australien, was auf einen sehr alten Ursprung hindeutet und mit den archäologischen Funden aus Neuguinea datiert auf 35–40.000 Jahre (Groube et al. 1986; Pavlides and Gosden 1994) im Einklang steht. Dass die Erstbesiedlung Neuguineas von Asien aus erfolgte, ist mittels genetischer Daten von heutigen Bevölkerungen bisher nicht nachzuweisen, womöglich weil der Zeitraum zu groß ist und auch weil die Herkunftsgebiete (Südasiatische Küstenregionen) heutzutage ausschließlich von erst später eingewanderten anderen Bevölkerungen bewohnt sind. In austronesischen Bevölkerungen des Nahen und Fernen Ozeaniens finden sich meistens sowohl Y-Chromosomen und Mitochondrien der Austronesier-Typen, als auch solche der Papua-Typen (Capelli et al. 2001; Kayser et al. 2001; Kayser et al. 2006). Die austronesisch-typischen Y-Chromosomen und Mitochondrien sind außerhalb Ozeaniens weitaus häufiger in den Inselbevölkerungen Südostasiens und in bestimmten ostasiatischen Bevölkerungen zu finden. Es konnte gezeigt werden, dass der Ursprung der Austronesisch-typischen Y-Chromosomen und Mitochondrien Ozeaniens in Ostasien liegt, was mit archäologischen und linguistischen Befunden zum geographischen Ursprung der Austronesischen Expansion in Ostasien vor circa 6.000 Jahren im Einklang steht. Das Vorhandensein von Y-Chromosomen und Mitochondrien sowohl von Austronesischen als auch von Papua-Typen im Nahen und Fernen Ozeanien zeigt eine Vermischung zwischen den ursprünglichen Papua-Bevölkerungen und den später eingewanderten Austronesischen Bevölkerungen an. Die weite Verbreitung von Papua-typischen Y-Chromosomen und Mitochondrien in Ozeanischen Austronesiern, bis hin zu den entferntesten Inseln Polynesiens, deutet darauf hin, dass diese genetische Vermischung relativ zeitig nach der Ankunft der Austronesier in Neuguinea vor circa 3.500 Jahren (Kirch 2000), begonnen haben muss.

Dabei wurden in den Austronesiern des Nahen und Fernen Ozeaniens starke Unterschiede im Verhältnis von Y-Chromosomen und Mitochondrien der Papua- und Austronesier-Typen festgestellt. Der Anteil der Mitochondrien der Austronesier-Typen ist meistens wesentlich höher als der der Papua-Typen, wogegen der Anteil der Y-Chromosomen der Papua-Typen oft höher ist als der der Austronesier-Typen (Kayser et al. 2006; Kayser et al. 2008a). Dies deutet auf ein geschlechtliches Ungleichgewicht in der Vermischung zwischen Austronesiern und Papuas hin. Aufgrund der genetischen Befunde kann angenommen werden, dass mehr Austronesier-Frauen und mehr Papua-Männer an der Vermischung beider Bevölkerungsgruppen beteiligt waren (Kayser et al. 2006). Dieses Phänomen könnte ein Ergebnis der matrilokalen und matrilinealen Kultur der Proto-Austronesier sein (Hage and Marck 2003). Eine matrilokale und matrilineare Gesellschaft, in der die Töchter nach der Heirat in den Familienorten wohnen bleiben, jedoch die Söhne die Familienorte verlassen müssen, um zu heiraten, hat zur Folge, dass fremde Männer (aber keine/weniger fremde Frauen) integriert werden. Auf sprachlicher Ebene hat sich die genetische Vermischung zwischen Papuas und Austronesiern weitaus weniger stark ausgewirkt. Zwar gehen einige Linguisten davon aus, dass die ozeanische Protosprache, von der alle austronesischen Sprachen Ozeaniens abstammen, sich wahrscheinlich auf den Bismarckinseln als Folge der Interaktionen zwischen Papuas und Austronesiern herausgebildet hat (Ross 1996). Allerdings lässt sich das heutzutage über linguistische Untersuchungen kaum nachweisen. Auch die Aufrechterhaltung der austronesischen Sprachen bei genetischer Vermischung mit Papuas könnte eine Folge der matrilinealen und matrilokalen Kultur der Austronesier sein. Schließlich waren es die Papua-Männer, welche in die Austronesierdörfer integriert wurden (zumindest mit austronesischen Frauen Kinder zeugten), und somit wuchsen die Kinder auch in austronesischen Sprachgemeinschaften auf.

Selbst auf den Inseln des Nahen Ozeaniens, die heutzutage ausschließlich von austronesisch-sprechender Bevölkerung bewohnt werden, wie zum Beispiel die Admiralitätsinseln nordöstlich von Neuguinea, finden sich Y-Chromosomen und Mitochondrien der Papua-Typen neben solchen der Austronesier-Typen (Kayser et al. 2008a). Archäologische Befunde zeigen, dass die Admiralitätsinseln bereits vor mehr als 20.000 Jahren besiedelt wurden (Specht 2005). Auch hier muss es also nach der Ankunft der Austronesier vor circa 3.500 Jahren zu einem Sprachwechsel hin zum Austronesischen bei genetischer Vermischung zwischen Papuas und Austronesiern gekommen sein. Allerdings gibt es starke Unterschiede in den Häufigkeiten austronesisch-typischer Y-Chromosomen und Mitochondrien in den austronesischen Bevölkerungen des Nahen Ozeaniens. Zum Beispiel leben in Nordwest-Neuguinea, der sogenannten Vogelkopfregion, zwar fast alle austronesisch-sprechenden Bevölkerungen West-Neuguineas, der hier beobachtete Anteil austronesisch-typischer Y-Chromosomen ist jedoch extrem gering (2,5%) wogegen der der papua-typischen Y-Chromosomen sehr hoch ist (97,5%) (Mona et al. 2007). In dieser Region gab es somit zwar einen großen sprachlichen Einfluss der Austronesier, ihr genetischer Beitrag, zumindest was das Y-Chromosom angeht, war jedoch gering. Dies steht im Gegensatz zu austronesisch-sprechenden Bevölkerungen nordöstlich und östlich von Neuguinea, wo der Anteil austronesisch-typischer Y-Chromosomen weitaus höher ist z.B. 18% auf den Admiralitätsinseln oder 38% auf den Trobriand-Inseln (Kayser et al. 2001; Kayser et al. 2008a). Die Ursachen dieser Unterschiede sind bisher nicht bekannt. Letztendlich war es die Kultur der Austronesier, inklusive ihrer Bootstechnologie der

Hochlandpapua mit einer Ankeraxt

Auslegerkanus, ihre exzellenten Navigationskenntnisse und andere Aspekte ihrer Lebensweise, die vor ungefähr 3.300 Jahren eine Weiterverbreitung des Menschen über die Grenzen des Nahen Ozeaniens hinaus und bis zu den entferntesten Polynesischen Inseln im Fernen Ozeanien ermöglichte, allerdings erst nach einer mehr oder weniger starken Vermischung mit den Papuas in Neuguinea, wie genetische Daten zeigen.

Das Ungleichgewicht zwischen Y-Chromosomen und Mitochondrien der Austronesier-Typen und der Papua-Typen ist extrem im Fernen Ozeanien, insbesondere in Polynesien. Hier sind circa 94% der Mitchondrien, jedoch nur circa 28% der Y-Chromosomen austronesischen Ursprungs, und demgegenüber circa 66% der Y-Chromosomen, aber nur circa 6% der Mitochondrien Papua-Ursprungs (die verbleibenden 6% der Y-Chromosomen in dieser Studie waren europäischen Ursprungs) (Kayser et al. 2006). Da die Untersuchung von Mitochondrien in der Erforschung der Ozeanischen Bevölkerungsgeschichte eher begann als die der Y-Chromosomen, ging man in den 1990er Jahren davon aus, dass der genetische Ursprung der Polynesier in Asien liegt (Melton et al. 1995; Sykes et al. 1995), was auch im Einklang mit der asiatischen Herkunft der polynesischen Sprachen steht. Spätestens seit der Verwendung Y-chromosomaler Marker in der Erforschung ozeanischer Bevölkerungsgeschichte, beginnend in den frühen 2000er Jahren, weiß man jedoch, dass Polynesier genetisch betrachtet sowohl

asiatischen als auch melanesischen Ursprungs sind (Kayser et al. 2000; Kayser et al. 2006). Dafür gibt es auch Hinweise von Abschnitten des Genoms, die nicht auf dem Y-Chromosom und den Mitochondrien liegen. Jüngste genom-weite Untersuchungen haben gezeigt, dass circa 80% des genetischen Materials der Polynesier von asiatischen Vorfahren stammt und circa 20% von melanesischen Vorfahren (Kayser et al. 2008b). Auch wiesen bereits in den 1980er Jahren Untersuchungen in Genen, welche für Blutbildung verantwortlich sind, darauf hin, dass Neuguinea bei der Besiedlung Polynesiens eine gewisse Rolle gespielt haben muss (Trent et al. 1988). Veränderungen in diesen Genen, welche begrenzten Malariaschutz verleihen und ihren Ursprung in Neuguinea haben, wurden in Polynesien beobachtet, ohne dass es dort Malaria gibt. Genetische Hinweise für eine Besiedlung Polynesiens ausgehend von Südamerika, wie sie von Thor Heyerdahl aufgrund seiner erfolgreichen Schiffsexpeditionen und wegen architektonischen Ähnlichkeiten angenommen wurde (Heyerdahl 1950), sind bisher nicht gefunden worden und eine zukünftige Entdeckung ist aufgrund des bisherigen Kenntnisstandes unwahrscheinlich.

Ist es möglich, die geographische Herkunft asiatisch-stämmiger Y-Chromosomen und Mitochondrien, wie sie in den Austronesiern im Nahen und Fernen Ozeanien beobachtet werden, genauer zu charakterisieren? Ein derartiger Typ von Mitochondrien, das sogenannte Polynesische Motiv, existiert in sehr großer Häufigkeit in Polynesen (circa 78%) und findet sich auch im Nahen Ozeanien, insbesondere in der austronesisch-sprechenden Bevölkerung (Melton et al. 1995; Kayser et al. 2006). Der direkte geographische Ursprung dieses mitochondrialen Typs wurde in Ostindonesien gefunden, allerdings reicht sein weiterer Ursprung zurück nach Ostasien, wahrscheinlich nach Taiwan (Redd et al. 1995; Trejaut et al. 2005). Auch die austronesischen Sprachen lassen sich auf einen gemeinsamen Ursprung in Taiwan zurückverfolgen (Blust 1999). Insofern passt der geographische Ursprung des häufigsten mitochondrialen Typs in ozeanischen Austronesiern gut zu der linguistischen Hypothese zum geographischen Ursprung der austronesischen Sprachen überein. Darüber hinaus zeigte eine Studie, dass einer der beiden häufigsten asiatisch-stämmigen Y-chromosomalen Typen im Nahen Ozeanien, welcher mit der austronesischen Expansion assoziiert wird, O-M110, womöglich ebenfalls taiwanesischen Ursprungs ist (Kayser et al. 2008a). Allerdings fehlen Y-Chromosomen dieses Typs fast völlig im Fernen Ozeanien respektive Polynesien, der östlichsten Endstation der austronesischen Expansion. Demgegenüber wurde für den zweiten häufigen Y-chromosomalen Typ in Ozeanien, welcher mit der austronesischen Expansion assoziiert wird, O-M122, und der weitaus häufiger im Fernen als im Nahen Ozeanien ist, zwar ein Ursprung in Ostasien nachgewiesen, nicht jedoch explizit in Taiwan (Kayser et al. 2001). Diese Beispiele zeigen, dass zwar einige bevölkerungsgeschichtliche Fragen mittels genetischer Daten beantwortet werden können, genetische Studien jedoch auch zusätzliche Fragen aufwerfen.

Inzwischen sind Molekularanthropologen dabei, die Geschichte einzelner Regionen im Nahen und Fernen Ozeanien

Insulanerin mit polynesischen und melanesischen Vorfahren

genetisch zu erforschen. Zum Beispiel haben intensive Arbeiten auf den Bismarckinseln Y-Chromosomen und Mitochondrien ans Licht gebracht, welche eine ganz spezifische Verbreitung haben, die sich hauptsächlich auf die Bismarckinseln selbst (insbesondere Neubritannien und Neuirland) beschränkt und welche auf dem Festland Neuguineas sehr selten sind (Scheinfeldt et al. 2006; Friedlaender et al. 2007). Die Bismarckinseln waren von jeher vom neuguineanischen Festland getrennt und zeigen deshalb auch Eigenheiten in Flora und Fauna. Zwar ist es den Ureinwohnern früh gelungen, diese Inseln zu erreichen, wie archäologische Funde von vor etwa 40.000 Jahren zeigen (Pavlides and Gosden 1994), es muss jedoch auch eine relative Isolation geherrscht haben, welche die genetischen Befunde erklärt. Eines dieser Bismarck-typischen Y-Chromosomen mit klar prä-austronesischem Ursprung, K-P79, findet sich sogar bis Polynesien (Kayser et al. 2008a). Dies ist insbesondere deshalb interessant, weil die Bismarckinseln von Linguisten als Ursprung der Ozeanischen Sprachgruppe angesehen werden, zu der alle Austronesischen Sprachen Ozeaniens gehören und welche von dort aus bis nach Polynesien verbreitet wurden (Lynch, Ross, and Crowley 2002). Darüber hinaus hat sich die Lapita-Kultur, die mit der Ausbreitung der Ozeanischen Sprachen assoziiert wird (Bellwood 2004), auf den Bismarckinseln herausgebildet, und ist von dort aus bis ins westliche Polynesien verbreitet worden (Kirch 2000). Der Y-chromosomale Typ K-P79 stellt möglicherweise einen genetischen Marker für die Lapita-Kultur und die Ausbreitung der Austronesier vom Nahen ins Ferne Ozeanien dar. Jedoch handelt es sich hier eindeutig um einen Papua-Typ, also ein Indiz für die Vermischung zwischen Papuas und Austronesiern und dafür, dass diese zumindest auch auf den Bismarckinseln erfolgte. Es kann sogar spekuliert werden, dass alle Y-Chromosomen und Mitochondrien der Papua-Typen, welche im Fernen Ozeanien anzutreffen sind, von den Bismarckinseln stammen könnten (Kayser et al. 2008a), denn sie sind dort zu finden, wenn auch meistens ohne bisherige Hinweise auf einen spezifischen regionalen Ursprung. Danach wären die Bismarckinseln die Region der hauptsächlichen initialen genetischen Vermischung zwischen Papuas und Austronesiern. Diese Theorie steht im Einklang mit der Hypothese zu Ursprung und Verbreitung der ozeanischen Sprachen und auch mit den archäologischen Befunden der Lapita-Kultur.

Die Untersuchungen von genetischer Variabilität der Y-Chromosomen und Mitochondrien in Neuguinea hat noch ein weiteres interessantes Phänomen aufgeworfen. Genetische Studien in West-Neuguinea, dem zu Indonesien gehörenden und bis heute noch ursprünglicheren Teil der Insel, deckten auf, dass die Variabilität der Y-Chromosomen in verschiedenen Papua-Bevölkerungen lokal stark verringert ist, jedoch die Variabilität der Mitochondrien keine Reduktion zeigt (Kayser et al. 2003). Ein derartiger geschlechtsspezifischer Unterschied in der genetischen Variabilität lässt sich nur durch geschlechtsspezifische Unterschiede in der Lebensweise der Bevölkerungen und ihrer Vorfahren erklären. Papuas sind streng patrilokal (im Gegensatz zu den matrilokalen Austronesiern), das heißt, die Söhne bleiben in den Familienorten wohnen und die Töchter müssen diese zwecks Heirat verlassen. Eine derartige Tradition, über Jahrtausende praktiziert, führt zwangsläufig dazu, dass die lokale Y-chromosomale Variabilität sinkt, da keine fremden Männer (und Y-Chromosomen) integriert werden. Demgegenüber führt der stetige Austausch von Frauen (und Mitochondrien) zu einer normalen Aufrechterhaltung lokaler mitochondrialer Variabilität. Dazu kommt, dass Papuas ursprünglich und wahrscheinlich über Jahrtausende Vielweiberei (Polygynie) betrieben, also nur bestimmte Männer, nämlich solche mit guten ökonomischen Möglichkeiten, Kinder mit mehreren Frauen zeugten und andere Männer nicht heiraten durften. Auch dies führt über lange Zeit betrieben zu einer verminderten Y-chromosomalen, jedoch nicht zu einer verminderten mitochondrialen Variabilität. Ein weiterer Aspekt, der diese genetische Beobachtung begründet, sind kriegerische Handlungen, wie sie unter Papuas über Jahrtausende häufig und weit verbreitet waren, und deren Opfer überwiegend Männer waren. Diese Beispiele zeigen, wie sich die Wanderungsgeschichte von Menschen und Bevölkerungen sowie bestimmte kulturelle Eigenschaften, im menschlichen Genom widerspiegeln, und wie genetische Forschung dazu benutzt werden kann, menschliche Besiedlungsgeschichte zu rekonstruieren.

Professor Dr. Manfred Kayser ist Inhaber des Lehrstuhls für forensische Molekularbiologie am Medizinischen Zentrum der Erasmus-Universität Rotterdam.

Literatur

1   Bellwood, P. 2004. The origins and dispersals of agricultural communities in Southeast Asia. Pp. 21-40 in I. Glover, and P. Bellwood, eds. Southeast Asia: From prehistory to history. RoutledgeCurzon, London.

2   Bellwood, P., and E. Dizon. 2005. The Batanes Archaeological Project and the »Out of Taiwan« hypothesis for Austronesian dispersal. J Austronesian Studies 1:1-31.

3   Bellwood, P., J. Fox, and D. Tryon. 1995. The Austronesians: historical and comparative perspectives. Dept. of Anthropology (Australian National University), Canberra.

4   Blust, R. 1999. Subgrouping, circularity and extinction: some issues in Austronesian comparative linguistics. Symp Ser Inst Linguist Acad Sinica 1:31-94.

5   Capelli, C., J. F. Wilson, M. Richards, M. P. Stumpf, F. Gratrix, S. Oppenheimer, P. Underhill, V. L. Pascali, T. M. Ko, and D. B. Goldstein. 2001. A predominantly indigenous paternal heritage for the Austronesian-speaking peoples of insular Southeast Asia and Oceania. Am J Hum Genet 68:432-443.

6   Denham, T. P., S. G. Haberle, C. Lentfer, R. Fullagar, J. Field, M. Therin, N. Porch, and B. Winsborough. 2003. Origins of agriculture at Kuk Swamp in the highlands of New Guinea. Science 301:189-193.

7   Friedlaender, J. S., F. R. Friedlaender, J. A. Hodgson, M. Stoltz, G. Koki, G. Horvat, S. Zhadanov, T. G. Schurr, and D. A. Merriwether. 2007. Melanesian mtDNA Complexity. PLoS ONE 2:e248.

8   Green, R. C. 1991. Near and remote Oceania: disestablishing 'Melanesia' in culture history. Pp. 491-502 in A. Pawley, ed. Man and a Half: Essays in Pacific Anthropology and Ethnobiology in Honour of Ralph Bulmer. The Polynesian Society, Auckland.

9   Groube, L., J. Chappell, J. Muke, and D. Price. 1986. A 40,000 year-old human occupation site at Huon Peninsula, Papua New Guinea. Nature 324:453-455.

10 Hage, P., and J. Marck. 2003. Matrilineality and the Melanesian origin of Polynesian Y chromosomes. Current Anthropology 44:121-127.

11 Heyerdahl, T. 1950. Kontiki: Across the Pacific by Raft. Rand McNally, Chicago.

12 Kayser, M., S. Brauer, R. Cordaux, A. Casto, O. Lao, L. A. Zhivotovsky, C. Moyse-Faurie, R. B. Rutledge, W. Schiefenhoevel, D. Gil, A. A. Lin, P. A. Underhill, P. J. Oefner, R. J. Trent, and M. Stoneking. 2006. Melanesian and Asian origins of Polynesians: mtDNA and Y chromosome gradients across the Pacific. Mol Biol Evol 23:2234-2244.

13 Kayser, M., S. Brauer, G. Weiss, W. Schiefenhovel, P. Underhill, P. Shen, P. Oefner, M. Tommaseo-Ponzetta, and M. Stoneking. 2003. Reduced Y-chromosome, but not mitochondrial DNA, diversity in human populations from West New Guinea. Am J Hum Genet 72:281-302.

14 Kayser, M., S. Brauer, G. Weiss, W. Schiefenhovel, P. A. Underhill, and M. Stoneking. 2001. Independent histories of human Y chromosomes from Melanesia and Australia. Am J Hum Genet 68:173-190.

15 Kayser, M., S. Brauer, G. Weiss, P. A. Underhill, L. Roewer, W. Schiefenhovel, and M. Stoneking. 2000. Melanesian origin of Polynesian Y chromosomes. Curr Biol 10:1237-1246.

16 Kayser, M., Y. Choi, M. van Oven, S. Mona, S. Brauer, R. J. Trent, D. Suarkia, W. Schiefenhovel, and M. Stoneking. 2008a. The impact of the Austronesian expansion: evidence from mtDNA and Y-chromosome diversity in the Admiralty Islands of Melanesia. Mol Biol Evol 25:1362–1374.

17 Kayser, M., O. Lao, K. Saar, S. Brauer, X. Wang, P. Nurnberg, R. J. Trent, and M. Stoneking. 2008b. Genome-wide analysis indicates more Asian than Melanesian ancestry of Polynesians. Am J Hum Genet 82:194-198.

18 Kirch, P. V. 2000. On the road of the winds: an archaeological history of the Pacific Islands before European contact. University of California Press, London.

19 Lynch, J., M. Ross, and T. Crowley. 2002. The Oceanic languages. Curzon Press, London.

20 Melton, T., R. Peterson, A. J. Redd, N. Saha, A. S. Sofro, J. Martinson, and M. Stoneking. 1995. Polynesian genetic affinities with Southeast Asian populations as identified by mtDNA analysis. Am J Hum Genet 57:403-414.

21 Mona, S., M. Tommaseo-Ponzetta, S. Brauer, H. Sudoyo, S. Marzuki, and M. Kayser. 2007. Patterns of Y-chromosome diversity intersect with the Trans-New Guinea hypothesis. Mol Biol Evol 24:2546-2555.

22 Pavlides, C., and C. Gosden. 1994. 35,000-year-old sites in the rainforests of West New Britain, Papua New Guinea. Antiquity 68:604–610.

23 Pawley, A. 2005. The chequered career of the Trans New Guina hypothesis: recent research and its implications. Pp. 67-107 in A. Pawley, R. Attenborough, J. Golson, and R. Hide, eds. Papuan pasts: cultural, linguistic and biological histories of Papuan-speaking peoples. Pacific Linguistics, Canberra.

24 Redd, A. J., and M. Stoneking. 1999. Peopling of Sahul: mtDNA variation in aboriginal Australian and Papua New Guinean populations. Am J Hum Genet 65:808-828.

25 Redd, A. J., N. Takezaki, S. T. Sherry, S. T. McGarvey, A. S. Sofro, and M. Stoneking. 1995. Evolutionary history of the COII/tRNA-Lys intergenic 9 base pair deletion in human mitochondrial DNAs from the Pacific. Mol Biol Evol 12:604-615.

26 Roberts, R. G., R. Jones, and M. A. Smith. 1990. Thermoluminescence dating of a 50,000-year-old human occupation site in northern Australia. Nature 345:153–156.

27 Ross, M. 1996. Austronesian languages of the North New Guinea Cluster in northwestern New Britain. Pacific Linguistics, Canberra.

28 Scheinfeldt, L., F. Friedlaender, J. Friedlaender, K. Latham, G. Koki, T. Karafet, M. Hammer, and J. Lorenz. 2006. Unexpected NRY chromosome variation in Northern Island Melanesia. Mol Biol Evol 23:1628-1641.

29 Specht, J. 2005. Revisiting the Bismarcks: some alternative views. Pp. 235-288 in A. Pawley, R. Attenborough, J. Golson, and R. Hide, eds. Papuan pasts: cultural, linguistic and biological histories of Papuan-speaking peoples. Pacific Linguistics, Canberra.

30 Spriggs, M. 2003. Chronology of the Neolithic transition in Southeast Asia and the Western Pacific: a view from 2003. Rev Archaeol 24:57-80.

31 Sykes, B., A. Leiboff, J. Low-Beer, S. Tetzner, and M. Richards. 1995. The origins of the Polynesians: an interpretation from mitochondrial lineage analysis. Am J Hum Genet 57:1463-1475.

32 Tommaseo-Ponzetta, M., M. Attimonelli, M. De Robertis, F. Tanzariello, and C. Saccone. 2002. Mitochondrial DNA variability of West New Guinea populations. Am J Phys Anthropol 117:49-67.

33 Trejaut, J. A., T. Kivisild, J. H. Loo, C. L. Lee, C. L. He, C. J. Hsu, Z. Y. Li, and M. Lin. 2005. Traces of archaic mitochondrial lineages persist in Austronesian-speaking Formosan populations. PLoS Biol 3:e247.

34 Trent, R. J., J. G. Buchanan, A. Webb, R. P. Goundar, L. M. Seruvatu, and K. N. Mickleson. 1988. Globin genes are useful markers to identify genetic similarities between Fijians and Pacific Islanders from Polynesia and Melanesia. Am J Hum Genet 42:601-607.

Apotheke Regenwald – Kleines ABC der Heilpflanzen in Melanesien

(Nach Reina Wolff-Eggert 1977; Joachim Sterly 1970, Wulf Schiefenhöfel 1970 u. Walter Kremnitz 1988)

ABROMA FASTUOSA (STERCULIACEAE)
Verwendung der Wurzelrinde bei Menstruationsbeschwerden, Amenorrhoea, bei Stämmen in Neuirland und Neubritannien.

ABRUS PRECATORIUS (PAPILIONACEAE, PATERNOSTER-ERBSE)
Ungekocht hoch giftig, Anwendung bei Husten als Tee auf Waigeo und Biak, bei Darmkrämpfen Trinken des Blättersuds, auch zur Blutreinigung, bei Rheuma und Halsentzündungen (Neubritannien, Neukaledonien).

ACACIA SPIRORBIS (MIMOSACEAE, LEGUMINOSAE)
Abtreibungsmittel durch Kauen der Wurzel.

ACALYPHA WILKESIANA (EUPHORBIACEAE)
Blätter und Rindensud bei Fieber und Rippenfellentzündung, besonders bei den Baining verwendet.

ACHRAS SAPOTA (SAPOTACEAE, BREIAPFELBAUM)
Verwendung der ölhaltigen Kerne als Diureticum bei Blasen und Nierenentzündungen.

ACROSTICHUM AUREUM (POLYPODIACEAE, GOLDFARN)
Kauen der Blätter bei Magenbeschwerden, Auflage des Wurzelbreis bei Geschwüren und Hautinfektionen (Admiralitätsinseln und Neubritannien).

Jack-Frucht (Artocarpus heterophylla)

AFZELLA BIJUDA (LEGUMINOSACEAE, EISENHOLZBAUM)
Verzehren von Rinde und Früchten bei Durchfall und Magenbeschwerden (Baining).

AGERATUM CONYZOIDES (COMPOSITAE)
Bei Bronchitis und putriden Entzündungen werden frische Blätter im Wasser zerstoßen und getrunken, fiebersenkend.

ALBIZZIA PROCERA (LEGUMINOSACEAE)
Zerkaute Blätter bei Brandverletzungen auf die Wunde legen.

ALEURITES MOLUCCANA WILLD.
Genuss der Blätter bei Darmverstopfung und Wassersucht (Neubritannien).

ALLOPHYLLUS TIMORENSIS (SAPINDACEAE)
Gekochte Blätter bei Geschwulsten (Vanuatu).

ALPINIA (ZINGINERACEAE)
Ausgepresste Blätter zur Blutstillung auf Schnittwunden.

AMARANTHUS VIRIDIS (AMARANTHACEAE)
Auftragen von zerquetschten Stengeln und Wurzelteilen auf Insektenstiche oder Bisse von Tausendfüsslern (Neubritannien).

AMORPHOPHALLUS CAMPANULATUS (ARACEAE)
Zur Behandlung von Durchfall. Die Blattstiele durch Pressen entsaften und den Saft im Bambusrohr gären lassen. Nach dem Gären den Saft trinken (Mount Hagen).

AMYEMA SP. (LORANTHACEAE)
Fruchtbarkeitsmittel. Die von Vögeln verzehrten Samenkörner werden in Form von Exkrementen bei Kindeswunsch von bislang unfruchtbaren Frauen verzehrt.

ANACARDIACEAE (MANGOBAUM)
Verwendung von Blättern, Kernen und Rinde bei Durchfall, Hämorrhoiden, Rheuma und Würmern.

ARAUCARIA COKII (CONIFERAE)
Verwendung des bitteren Harzes bei Magenbeschwerden und als Tonikum.

ARECA CATECHU (PALMAE)
Behandlung von Dysenterie, Magenbeschwerden, Menstruationsproblemen, Sterilität. Junge Betelnüsse und Kokosnüsse werden zerkleinert und vermischt. Anschließend werden diese Stückchen zerkaut und geschluckt. (West-Papua, Numfor).

ARISTOLOCHIA TAGALA (ARISTOLOCHIACEAE)
Die äußere Wurzelrinde wird verzehrt, um eine Frühgeburt auszulösen (Abtreibungsmittel in Ost-Neuguinea).

Artocarpus altilis (Moraceae)

Behandlung von Durchfall. Die Blattsprossen allein wirken magenberuhigend. Die milchige Flüssigkeit ausfließen lassen und mit etwas Wasser verrühren. Junge Blattsprossen zerreiben, mit dem zuvor angerührten Saft mischen und essen.

Aspidium latifolium (Aspidiaceae)

Auftragen des Blättersaftes auf Beulen.

Averrhoa bilimbi (Oxalidaceae, Gurkenbaum)

Verwendung der Früchte, Blüten und inneren Rinde bei Wurmbefall, Windpocken, Ringwurm und Frambösie.

Barringtonia racemosa (Myrtaceae)

Behandlung von Durchfall. Die frischen Blattsprossen zerreiben und die Masse vor der Einnahme etwa eine Stunde in Wasser ziehen lassen, Behandlung von Windpocken.

Carica papaya

Begonia (Begoniaceae)

Saft der Blätter als Mittel gegen Krätze, als Wundverband beim Neugeborenennabel und zur Verhinderung von Kindbettfieber (Morobe-Gebiet).

Bischofia javanica (Euphorbiaceae)

In Salzwasser gekochte Rinde wird auf Schnittwunden gelegt, Wirkung wie lokales Antibiotikum. (Vanuatu).

Bleekeria elliptica (Apocynaceae)

Rindenaufguss dieses Strandgewächses bei Fieber und Tobsuchtanfällen, Skolopender.

Blumea arfakiana (Compositae)

Wurzeln und Blätter bei Insektenstichen und Magenschmerzen.

Broussonetia papyrifera (Urticaceae)

Blättersud als Beruhigungsmittel (Viti Levu).

Buchnera ciliata

Geburtserleichterung, Beschleunigung der Plazentaablösung (Mount Hagen).

Caesalpinia (Leguminosaceae)

Antiwurmmittel, als Kosmetikum bei unreiner Haut, innerlich als Purgativum und Abortivum.

Calamus australis, caryotoides (Palmae)

Behandlung von Durchfall. Die frischen Blattaustriebe werden lange zerkaut, bevor sie geschluckt werden.

Calamus sp. (Rotang Palmae)

Inhalation des Rauches verbrannter Blätter bei Neuralgien.

Callicarpa sp. (Verbenaceae)

Zerriebene Blätter gegen Ohrentzündung, Absud bei Stomatitis ulcerosa und Durchfall.

Calophyllum inophyllum (Clusiaceae)

Behandlung von Wunden. Blätter erwärmen und auf die Wunde legen oder die Blätter in Wasser einlegen, kochen und anschließend mit dem Sud die Wunde ausspülen.

Calophyllum inophyllum (Guttiferae, Schönblatt)

Als Balsam gegen Rheuma und Durchfall, als Früchtebrei auf Hautgeschwüre und Augenentzündungen legen.

Cananga odorata (Anonaceae)

Blätter, Blüten und Rinde als Brei bei Augenlidentzündungen, Frambösie und Lues, Inhalation der verbrannten Blätter bei Asthma.

Cardiospermum halicabacum

Blätteraufguß als Antiwurmmittel und bei Darmverstopfung.

Carica papaya (Caricaceae)

Die Papaya stammt ursprünglich aus Lateinamerika. Sie dient zur Behandlung von Wurmbefall und andere Darmbeschwerden. Der latexartige Saft wird mit Wasser verdünnt getrunken. Zum anderen sind auch mit der breiigen Mischung aus überreifem Fruchtfleisch und Bananen gute Erfolge zu erzielen.

Caryota sp. (Palmaceae)

Geschabte Rinde mit Kokosnussbrei gekocht, Anwendung bei Frambösie.

Cassia alata (Caesalpiniaceae)

Zerriebene Samen, Blüten und Blätter als probates Mittel gegen Ringwurm (Tinea circinata) und Darmwurmbefall. (Neubritannien).

Cassytha filiformis (Lauraceae)

Zerhackte Stengel als Auflage bei Lepra.

CASUARINA EQUISETIFOLIA (CASURINACEAE)
Zerkaute Rinde gegen Zahnschmerzen, Pickel und Durchfall.

CERBERA ODOLLAM (APOCYNACAE)
Verwendung der giftigen Frucht als Mittel gegen Läuse und als Fischgift.

CHENOPODIUM QUINOA (CHENOPODIACEAE)
Behandlung von Wunden. Zum Stoppen starker Blutungen wird der Brei von zerriebenen Blättern auf die Wunde gelegt.

CINNAMON ZEYLANICUM (LAURACEAE)
Behandlung von Fieber und Malaria. Die Rinde in Wasser einlegen, kochen und den Sud trinken. Zugleich bedeckt man den Kranken mit Rinde, die mit Bananenblättern festgesteckt und umwickelt wird.

CINNAMOMUM SINTOC (LAURACEAE)
Verzehr der Rinde bei Magenschmerzen und Fieber.

CITRUS HYSTRIX (WILDE ZITRONE, RUTACEAE)
Trinken des gekochten Saftes bei Fieber.

CLERODENDRON (VERBENEACEAE)
Saft dient zum Schwangerschaftsabbruch. (Nord-Neuirland).

COCOS NUCIFERA (PALMAE)
Behandlung von Hämaturie und Durchfall. Wurzel werden geschält, gut durchgekaut und geschluckt. Kokoswasser dient als Antiseptikum bei Verletzungen.

CODIAEUM VARIEGATUM (EUPHORBICACEAE)
Behandlung von Durchfall, zur Magenberuhigung und zum Schwangerschaftsabbruch. Wurzeln in Stücke zerteilen und die äußere Schicht abschälen. Einnahme zusammen mit einem kleinen Stück Betelnuss. Beides zusammen zerkauen und schlucken.

CORDIA SUBCORDATA (CORDIACEAE)
Auflage der jodhaltigen Blätter auf Hautgeschwüre.

CORDYLINE FRUTICOSA (LILIACEAE)
Behandlung von Wunden, Nutzung der Blätter als Verband.

CORDYLINE SP. (LILIACEAE)
Behandlung von Durchfall, Zahnschmerzen, Nierenleiden, Syphilis. Junge Blätter und auch deren Stiele zerreiben und gemeinsam in Wasser legen. Die Mischung anschließend trinken. Blättersaft wirkt außerdem blutstillend bei Wunden.

CROTON INSULARE (EUPHORBIACEAE)
Der Fruchtsaft wirkt abortiv, wird auch als Fischgift genutzt.

CURCUMA LONGA (ZINGIBERACEAE, GELBER INGWER)
Blätter, Wurzeln und Knospen, Anwendung bei Gallen- und Nierenleiden, Augenentzündungen, Dysenterie, auch als Abortivum durch Verzehren von Wurzeln.

CYCLOSERUS TRUNATUS (THELYPTERIDACEAE)
Behandlung von Fieber und Malaria. Der Saft der Pflanze wird pur eingenommen. Eine andere Form der Einnahme ist das Einlegen der Blätter und Stängel in Wasser, das anschließend getrunken wird.

CYMBOPOGON SP. (ZITRONENGRÄSER)
Der Aufguss findet Verwendung bei Blut im Urin.

Cordyline sp.

DAVALLIA SOLIDA (DAVALLIACEAE)
Getrunkener Wurzelsud bei Uterusblutungen. (Neukaledonien).

DESMODIUM ADHAERENS (LEGUMINOSAE)
Blättersud gegen Blasen- und Nierensteine.

DODONAEA VISCOSA (SAPINDACEAE)
Behandlung von Durchfall. Die Rinde zu Pulver zerreiben oder sehr klein schneiden. Das Pulver mit Wasser verrühren, quellen lassen und anschließend trinken.

DUCHESNEA INDICA (ROSACEAE)
Behandlung von Wunden. Aus den Früchten einen Brei herstellen und auf die Wunde auftragen.

ELMERRILLIA PAPUANA (MAGNOLIACEAE)
Trinken von Rindensaft bei Husten und Wunden.

ERANTHEMUM SP. (ACANTHACEAE)
Zerriebene junge Blätter zur Behandlung von Frambösie.

ERYTHRINA INDICA (LEGUMINOSAE)
Behandlung von Wunden, dient der schnelleren Abheilung.
Anwendung: Den Rindenbast um die Wunde wickeln.

EUCALYPTUS NUDINIANA (MYRTACEAE)
Geschabte Rinde als Heilpflaster bei Geschwüren.

EUPHORBIA SP. (WOLFSMILCHGEWÄCHSE)
Anwendung bei Sterilität von Frauen, Durchfall, Augenleiden
und zur Anregung der Laktation von jungen Müttern.

EXCOECARIA AGALLOCHA (EUPHORBIACEAE)
Frischer Rindensaft als Abführ- und Brechmittel und als Abortivum bei ungewollten Schwangerschaften. (Ost-Neuguinea).

FICUS DAMMEROPIS (MORACEAE)
Behandlung von Wunden. Den Milchsaft zur Blutstillung direkt
in die Wunde träufeln.

FICUS (MORACEAE)
Behandlung von Durchfall bei Säuglingen, Asthma und Bron-
chialkatarrh. Die milchige Flüssigkeit wird mit Wasser verdünnt und der Saft von zerriebenen jungen Bananenfruchttrie-
ben hinzugegeben. die Mischung wird getrunken.

FICUS SEPTICA (MORACEAE)
Behandlung von Fieber und Malaria. Blätter und Blattstiele zer-
quetschen und den Saft mit Wasser vermengen. Blätter abgie-
ßen und das Wasser-Saft-Gemisch trinken.

GENIOSTOMA RUPESTRE (LONGANIACEAE)
Mittel gegen Lungentuberkulose und innere Abzesse.

GUETTARDA SP. (JASMINBAUM, RUBIACEAE)
Rindenextrakt bei chronischer Dysenterie und Abszessen. (Molukken und Loyalty Inseln).

GYNURA CREPIDIOIDES (COMPOSITAE)
Erhitzte Blätter werden bei Harnröhrenentzündung auf den Penis gepresst. (Südliches Hochland Neuguineas).

Prunkwindengewächs (Ipomoea pes-caprae)

HERNANDIA SP. (HERNANDIACEAE)
Ölhaltige Früchte werden bei Verstopfung, Menstruationsbeschwerden gegeben.

HIBISCUS (MALVACEAE)
Behandlung von Durchfall, zur Abtreibung und Schwangerschaftsverhütung. Wird vermengt mit Bananen. Masse lange
kauen, bevor sie geschluckt wird. Der Blättersud einiger Hibis-
cusarten soll zur Sterilisierung von Frauen führen.

Hibiskus

HIBISCUS TLIACEUS, PANDURIFORMIS (MALVACEAE)
Behandlung von Wunden. Die Wolle der Samen kann als Verband beziehungsweise zur Wundreinigung verwendet werden.

HYPERICUM JAPONICUM (HYPERICAEAE)
Mit Zingiberwurzeln vermischtes Kraut zur Malariabehandlung.

IMPATIENS (BALSAMINACEAE)
Behandlung von Wunden. Desinfektion, schnelle Abheilung
und Kühlung. Blätter zerreiben und Saft auspressen. Den Saft
in die Wunde tropfen.

IMPERATA ARUNDINACEA (GRAMINEAE)
Gras-Tee wirkt harntreibend bei Nierenleiden.

IMPERATA CYLINDRICA (POACEAE)
Behandlung von Durchfall. Junge Pflanzenaustriebe zerkauen
und schlucken. Behandlung von Wunden. Den Stengel zerquet-
schen und das Mark auf die Wunde auftragen.

IPOMEA BATATAS (CONVOLVULACEAE)
Verwendung von aufgelegten Blättern und Knollenfrüchten bei
Schwellungen und offenen Wunden.

IPOMOEA PES-CAPRAE (CONVOLVULACEAE)
Behandlung von Nieren- und Blasenleiden, Durchfall und
Krämpfen. Die frischen Blattaustriebe werden gut zerkaut und
gegessen.

LAPORTEA CRENULATA (NESSELBAUM, URTICACEAE)
Verwendung der Blätter als Brechmittel und gegen Krätze.

LAPORTEA SP. (BRENNESSEL)
Blutungsstillung, Einreiben der Kopfhaut mit Blättern bei Kopfschmerzen und der Muskeln nach Überanstrengung. (Korowai, West-Papua).

LUFFA CYLINDRICA (CURCURBITACEAE)
Verzehren junger Früchte gegen Darmverstopfung.

MARRATIA NOVAGUINENSIS (MARRATIACEAE)
Einreiben der Haut mit Blattstilsaft bei Lepra.

MASSOIA AROMATICA (LAURACEAE)
Zerkaute Rinde bei Schwangerschaftskrämpfen und Lungenentzündungen. (Morobe-Gebiet, Geelvink-Bucht, Sentani).

MIMOSA PUDICA (MIMOSACEAE)
Blätter und Wurzeln bei Hodenschwellung und Schlangenbiss.

MORINDA CITRIFOLIA (RUBIACEAE, Maulbeerbaum)
Behandlung von Wunden, wirkt gegen Dysenterie, Kindbettfieber und Ringwurm. Wurzelrinde wird abgetrennt, zerkleinert, in Wasser eingelegt oder eingespeichelt und als Breiverband aufgetragen oder verzehrt.

Kawapflanze (Piper methysticum)

MUCUNA PRURIENS (PAPILIONACEAE)
Absorbtion von Skorpiongift durch Auflage der Bohnenfrucht.

MUSA SP. (BANANENSTAUDE, MUSACEAE)
Blattbreiauflage bei Wunden, Schlangenbiss, Phthisis.

NEPHRODIUM SP. (ASPIDIACEAE)
Zerkauen junger Triebe gegen Zahnschmerzen.

NICOTIANA TABACUM (TABAK, SOLANACEAE)
Behandlung von Ulzera durch Auflegen von Blättern, Blätterkauen bei Zahnschmerzen, Blätteraufguss bei Durchfall.

OCIMUM BASILICUM (LAMIACEAE)
Behandlung von Fieber und Malaria. Einzelne Pflanzenteile in Wasser einlegen und kochen. Der Kranke inhaliert den Dampf des Suds.

OCIMUM CANUM (LABIATAE)
Saft gequollener Samen und Blätter wird bei Darm- und Nierenleiden in die Nasenlöcher geträufelt, wirkt angeblich auch abortiv.

OXALIS MAGELLANICA (OXALIDACEAE)
Verzehren der Pflanze, um Unfruchtbarkeit bei Frauen auszulösen.

PAVETTA CRASSIPES (RUBIACEAE)
Der Verzehr von Blättern und Rinde verursacht vorzeitige Vergreisung und irreversible Unfruchtbarkeit bei Frauen. (Dani, West-Papua).

Pfefferpflanze

PEMPHIS ACIDULA (LYTHRACEAE)
Schwangerschaftsabbruch durch Trinken des Blättersaftes. (Vanuatu).

PHYSALIS ANGULATA (SOLANACEAE)
Genuss der Samen führen zur Unfruchtbarkeit bei Frauen. (Salomonen).

PIPER BETLE (PIPERACEAE, BETELPFEFFER)
Zerkauen der Blätter gemeinsam mit der Areca-Nuss und Kalk, Auftragen des Breis auf Hautgeschwüre und Verletzungen. (West-Papua).

PIPER METHYSTICUM (KAWA O. RAUSCHPFEFFER)
Geschabte Stengelrinde zur Linderung von Zahnschmerzen, Wurzelsaft dient als Rauschdroge in Vanuatu und Ost-Neuguinea.

PSIDIUM GUAJAVA (GUAVE, MYRTACEAE)
Blättersud gegen Spulwürmer. (Neubritannien).

PUNICA GRANATUM (PUNICACEAE, GRANATAPFELBAUM)
Fruchtschale und Rinde gegen Durchfall.

RASPALUM CONJUGATUM (POACEAE)
Behandlung von Wunden. Blütenknospen zerreiben und einen Brei herstellen. Der Brei wird anschließend direkt auf die Wunde verteilt.

RAUWOLFIA AMSONIAEFOLIA (APOCYNACEAE)
Fiebersenkung durch Trinken von Blättersud.

RUBUS ROSIFOLIUS (ROSACEAE)
Behandlung von Wunden. Reife Früchte zerreiben und einen Brei herstellen. Diesen auf die Wunde auftragen.

SACCHARUM OFFICINARUM (GRAMINEAE, ZUCKERROHR)
Wurzelsaft führt zu verstärktem Harnlassen.

SECURINEGA VIROSA (EUPHORBIACEAE)
Behandlung von Fieber und Malaria. Blätter in Wasser einlegen und kochen. Den Sud trinken.

SIDA ACUTA (MALVACEAE)
Behandlung von Durchfall. Junge Blattaustriebe in Wasser einlegen und kochen. Den Sud anschließend trinken.

SIDA CORRUGATA UND RHOMBIFOLIA (MALVACEAE)
Behandlung von Wunden. Desinfektion und Blutstillung. Saft aus Blättern und Stängel auspressen und in die Wunde träufeln.

SOPHORA TOMENTOSA (LEGUMINOSAE)
Die Blätter dienen als Abführ- und Brechmittel.

STERCULIA SP. (STERCULIACEAE)
Wurzelsud führt zum Schwangerschaftsabbruch. (Vanuatu).

SYZYGIUM MALACCENSE (MYRTACEAE)
Behandlung von Durchfall; magenberuhigend. Blätter zerkleinern, mit etwas Wasser kochen und essen.

TARO (WILDER, ALOCASIA INDICA, ARACEAE)
Blätter und Blüten als Aphrodisiacum und Mittel gegen Kopfschmerzen, zerriebene Blätter werden auf Brandwunden gelegt.

TERMINALIA CATAPPA (COMBRETACEAE)
Blätterbrei auf Hauterosionen, beim Erststadium von Syphilis und Frambösie.

THESPESIA POPULNEA (MALVACEAE, HIBISCUS)
Zerquetschte Blätter auf tropische Geschwüre.

TIMONIUS TIMON, AVENSIS (RUBIACEAE)
Behandlung von Fieber und Malaria. Frische Blätter langsam kauen und essen sowie dazu einen Sud der Blätter mit kochendem Wasser herstellen und trinken.

TOURNEFOLIA SARMENTOSA (BORAGINACEAE)
Behandlung von Durchfall. Die Blätter gut zerkauen und essen.

Strelitzie

URENA LOBATA (MALVACEAE)
Blütensaft dient als Abtreibungsmittel (Neuirland). Blätter und Wurzeln finden gegen Tripper und Fieber Anwendung

VIOLA SP. (VIOLACEAE)
Verwendung von Blätterbrei als Heilverband, Trinken des Saftes, um Geburt zu beschleunigen.

VITEX SP. (VERBENACEAE)
Wurzelsaft zur Schwangerschaftsverhütung, zur Schrumpfung von Abszessen.

WEDELIA BIFLORA (ASTERACEAE, COMPOSITAE)
Behandlung von Wunden. Blutstillung, Bindehautentzündung. Blätter zerreiben und Saft herauspressen. Den Saft in die Wunde tropfen.

WORMIA MEMBRANIFOLIA (DILLENIACEAE)
Rindenbreiumschlag zur Abschwellung von Abszessen.

ZINGIBER OFFICINALE (ZINGIBERACEAE, INGWER)
Kauen der Wurzel bei Verdauungsproblemen, Gallebeschwerden und Fieber. Behandlung von Wunden und zur Blutstillung.

Zur europäischen Entdeckung und Kolonialgeschichte von Melanesien

1526   Ein portugiesisches Schiff, das von Malakka aus zu den Molukken unterwegs war, wurde vom Wind abgetrieben und landete an der Nordküste von Neuguinea. Kapitän Jorge de Meneses bezeichnete die Insel vermutlich aufgrund der angetroffenen kraushaarigen Einwohner »Papua«, abgeleitet von dem malayischen Wort »papuwah«.

1528   Der portugiesische Seefahrer Alvaro de Saavedra betrat Neuguinea und nannte die Insel wegen dort vermuteter Goldschätze »Isla de Oro«. Außerdem landete ein von Mexiko kommendes spanisches Schiff an der Nordküste und verblieb einen Monat.

1537   Ein unter spanischer Flagge segelndes Schiff, unter Führung eines gewissen Grijalva, erlitt im Norden Schiffbruch und wurde noch im selben Jahr von Antonio Galvano gerettet.

1543   Juan Galtan und Bernhard de la Torre entdeckten, während sie die Nordküste entlang segelten, eine große Meeresbucht, die später den Namen Humboldt-Bai erhielt.

1546   Der Spanier Ynigo Ortiz de Retez, der auf der Fahrt von Mexiko zu den Molukken die Nordküste streifte und dort ankerte, gab aufgrund der dunkelhäutigen Bevölkerung, die ihn an die Einwohner der afrikanischen Guineaküste erinnerten, den bis heute noch verwendeten Namen »Nueva Guinea«, Neuguinea.

1567   Der spanische Vize-König von Peru schickte zwei Schiffe unter Führung seines Neffen Alvaro de Mendaña auf der Suche nach sagenumwobenen Goldinseln westwärts. Dieser entdeckte schließlich die südlichen Salomonen-Inseln.

1569   Obwohl der Inselcharakter zu dieser Zeit noch nicht ganz bewiesen war, wurde das Land »Nova Guinea« auf der Weltkarte des Mercator bereits als Insel dargestellt.

1580   Neuguinea besuchten weitere Schiffe, unter ihnen das des Spaniers Ronquillo.

1595   Alvaro de Menda wollte ein spanische Kolonie auf den Salomonen gründen, verfehlte auf der Überfahrt jedoch sein Ziel und landete auf den Santa-Cruz-Inseln (Ndeni). Das Projekt scheiterte.

1605   Der erste holländische Seefahrer, Willem Jansz, entdeckte an der Südküste die Frederik-Hendrik-Insel.

1606   Luis Váez de Torres durchsegelte an der Südküste Neuguineas die später nach ihm benannte Wasserstraße zwischen Neuguinea und Australien und erklärte das nördliche Gebiet zur spanischen Kolonie. Der Inselcharakter von Neuguinea war bewiesen. Die Spanier hielten bis Mitte des 18. Jahrhunderts die Entdeckung der Torres-Straße geheim. Die Holländer Willem Jansz und Jan Lodewijksz van Rosengeyn betraten vermutlich als erste Europäer die Kei- und Aru-Inseln und segelten mit ihren Schiffen die West- und die Südküste entlang.

1606   Der gebürtige Portugiese Pedro Fernandez de Quiros betrat im Glauben, einen mutmaßlichen Südkontinent entdeckt zu haben, eine Insel, die er »Austrialia del Espiritu Santo« nennt. Es handelte sich um die Hauptinsel Santo der Neuen Hebriden, dem heutigen Vanuatu.

1616   Der später nach Bismarck benannte Archipel wurde von den holländischen Seefahrern Willem Schouten und Jacob le Maire entdeckt. Außerdem stießen sie bei der Überfahrt nach Neuguinea auf das Eiland Yapen und die später nach Schouten benannten Inseln, sichteten die Admiralitätsinseln und sogar Vulkane im Innern von Neuguinea. Es gab erste kriegerische Zusammenstöße mit Eingeborenen. Der Holländer Cornelius Dedel landete an der Südwestküste.

1622   Jan Vos, ebenfalls Holländer, betrat die Südwestküste

1623   Jan Carstensz, ein für die holländisch-ostindische Kompagnie arbeitender Kapitän landete an der Südküste von Neuguinea. Dort entdeckte er in der Ferne schneebedeckte Berge. Seine Mannschaft wurde von Eingeborenen überfallen.

1636   Ein Holländer namens Gerhard Pool wurde an der Südwestküste von Eingeborenen umgebracht.

1642   Abel Janszoon Tasman segelte die Nordküste entlang.

1643   Mit seinen Schiffen »Heenskerk« und »Zeehan« erforschte Abel Janszoon Tasman weite Küstengebiete Neuguineas, landete an der Nordostküste Neuirlands und sichtet den Bismarck-Archipel.

1654   Die Holländer Frederik Gommersdorp, Josua Braconier und Adrian Dortsmann besuchten die Süd- und die Südwestküste.

1655   Jacob Borne durchstreifte die Südwestküste.

1662   Der holländische Händler Willem Buyts landete an der Südwestküste.

1663   Nicolaus Vinck erforschte als erster die Mac-Cluer-Bay.

1678   Von dem Kaufmann Johannesen Keytsinige wurden einige Meeresbuchten im später auf Seekarten verzeichneten Neuholland im Südwesten Neuguineas entdeckt und kartiert.

1700   Am 4. Februar entdeckte der englische Seefahrer William Dampier mit seinem berühmten 290-Tonnen-Schiff »Roebuck« das spätere Kap König Wilhelm und die Dampier-Straße zwischen Neuguinea und »Nova Britannia«. Er gilt als der Entdecker Neubritanniens und der eigentliche Erfinder der »Südsee«.

1705   Expedition des holländischen Schiffes »Geelvink« an der Nordwestküste, wobei die dabei erforschte Meeresbucht den Namen Geelvink-Bay erhielt.

Marschroute von Thurnwald in Kaiser-Wilhelms-Land

1767	Philip Carteret entdeckte den St.-Georgskanal zwischen Neubritannien und einer Insel, die er »Nova Hiberia« (Neuirland) nannte. Er gilt als Entdecker und Namensgeber von Neuhannover, den Admiralitätsinseln, der Gower-Insel und der Carteret-Inseln.
1768	Der Franzose Louis Antoine de Bougainville stieß auf seiner Erkundungsfahrt entlang der Süd- und Ostküste auf die nördlichen Salomonen-Inseln, die in der Folge dann Buka und Bougainville genannt werden.
1770	James Cook passierte die Küste Neuguineas, allerdings ohne zu landen, um Überfälle seitens der Eingeborenen zu vermeiden. Cook gilt als der Wiederentdecker der Torres-Straße.
1774	James Cook identifizierte die Insel Santo als den angeblichen Südkontinent von Quiros. Er gilt als der wahre Entdecker der Neuen Hebriden und zeichnete als erster verlässliche Seekarten aller Inseln dieses Archipels. Dabei begleiteten ihn die deutschen Naturforscher Reinhold und Georg Forster.
1774	Der englischen Seefahrer Thomas Forrest landete im Auftrag der Britisch-Ostindischen Kompagnie in der Bucht von Doreh und auf Waigeo.
1781	Der französische Seefahrer Maurelle landete auf den Admiralitätsinseln.
1788	Ein englischer Marineleutnant namens Shortland begann mit der Erforschung der Salomonen.

1791 Die Engländer John Mac Cluer, Edward Edwards und John Hunter besuchten Neuguinea.

1792 Nach der Meuterei auf der »Bounty« wurde Kapitän William Bligh ausgesetzt und durchquerte mit seinem Boot die Torresstraße von Ost nach West.

1793 Der Entdecker d'Éntrecasteaux versah auf seinen Karten den Huon-Golf mit seinem noch heute gebräuchlichen Namen.

1795 D'Éntrecasteaux entdeckte die später nach ihm benannten d'Éntrecasteaux-Inseln.

1819 Der französische Seefahrer Louis de Freycinet besuchte Waigeo.

1824 Kolonialvertrag zwischen England und den Niederlanden über die Aufteilung Neuguineas, wonach der 141. Grad östlicher Länge zur Ostgrenze der holländischen Kolonie erklärt wurde.

Der französische Kapitän Louis Isidore Duperrey und der Schiffsarzt René Lesson besuchten Neuguinea.

1826 Der holländische Schiffer Dirk Hendrik Kolff entdeckte und durchquerte die Prinzessin-Mariannen-Straße, die er Durga-Fluss nannte. Nach Kolff wird später ein Fluss in West-Papua benannt.

1827 Der französische Konteradmiral Jules Dumont d'Urville durchkreuzte mit seiner Korvette »Astrolabe« die Küstengewässer von Nordost-Neuguinea. Er gab der Humboldbay ihren noch heute gültigen Namen.

1828 Der Holländer J.J. Steenboom gründete in der Triton Bay an der Südküste Fort Dubus, das wegen des ungesunden Klimas bald wieder verlassen wurde.

1835 Ein holländisches Schiff entdeckte die Durchfahrt zwischen Neuguinea und den Frederik-Hendrik-Inseln.

1836 Auch die holländische Siedlung »Merkus« wurde wegen des ungesunden Klimas aufgegeben.

1838 Dumont d'Urville landete auf den Salomonen.

1845 Ein englisches Kriegsschiff namens »Fly« fand die Mündung eines großen Flusses. Dieser wurde daraufhin Fly River genannt.

1846–50 Der Engländer Owen Stanley vermaß die Küste und stellte Berechnungen über die Höhe von Gebirgen im Inland an. Er entdeckte 1849 das nach ihm benannte Gebirge.

1852 Auf der Rook-Insel ließen sich die ersten katholischen Missionare nieder.

1853 Neukaledonien geriet unter französische Kolonialverwaltung und diente als Strafkolonie.

1855 Deutsche Priester von der Utrechter Mission gründeten bei Doreh auf dem Vogelkopf die erste deutsche Mission.

1858 Der englische Naturforscher A.R. Wallace besuchte Halmahera, Waigeo und Neuguinea. Für ihn war Neuguina fortan das »Land des Paradiesvogels«.

1864 In Australien wurde eine englische Neuguinea-Compagnie gegründet.

1866 Erste Hinweise auf Goldvorkommen an der Südostküste von Neuguinea.

1871 Gründung erster englischer Missionen in der Nähe des späteren Port Moresby.

1871-72 Der russische Naturforscher Nikolai Mikloucho Maclay erforschte Sitten und Gebräuche der Eingeborenen in der Umgebung der Astrolabe-Bucht.

1872 Die Italiener Odoardo Beccarri und Luigi d'Albertis hielten sich an der West- und Nordwestküste auf.

1873 Eine australische Goldsucher-Expedition kehrte nicht zurück. Alle Teilnehmer kamen ums Leben.

1873 Der Engländer John Moresby entdeckte mit seinem Kriegsschiff die später nach seinem Vater benannte Hafeneinfahrt (Port Moresby) und zwei Inseln.

1874 Die Wesleyaner Gemeinde gründete bei Port Hunter auf Neulauenburg ihre erste Mission. Das Hamburger Handelshaus Godeffroy schickte ihren ersten Händler ins Bismarck-Archipel, der dort allerdings erfolglos aufgab.
Gründung der »New Guinea Colonization Association« in London. Der deutsche Kapitän Georg von Schleinitz erkundete mit dem Kriegsschiff »Gazelle« den Bismarck-Archipel. Die Italiener Beccari und d'Albertis erforschten sowohl die Geelvink-Bai, das Arfak-Gebirge, die Inseln Kai und Aru als auch den Fly River. Erste Händler der Firma Godeffroy auf Neupommern (Neubritannien).

1876 Mikloucho Maclay besuchte erneut die Astrolabe-Bucht und verblieb dort über ein Jahr. Luigi d'Alberti gelangte mit einem Dampfschiff etwa 500 Meilen den Fly River flussaufwärts.

1877 Auf der Gazellen-Halbinsel führten englische Missionare und deutsche Händler eine »Strafexpedition« als Vergeltung für die Ermordung einiger Missionare durch und vernichteten dabei ein Dorf.

1882 Der deutsche Zoologe Otto Finsch erkundete das Gebiet um Port Moresby im englisch verwalteten Kolonialgebiet.

1884 Ein holländisches Regierungsschiff befuhr in Niederländisch-Neuguinea erstmalig den Mamberano. In Berlin wurde die deutsche Überseehandelsgesellschaft »Neuguinea-Compagnie« gegründet. Offizielle Proklamation Englands über die Kolonisation der Südküste Ost-Neuguineas als sogenanntes englisches Protektorat. Deutschland erklärte den nordöstlichen Teil Neuguineas zum »Deutschen Schutzgebiet«.

1885 Entdeckung des Kaiserin-Augusta-Flusses (Sepik), Gründung deutscher Ansiedlungen wie Finschhafen und Hatzfeldthafen.

1886 Erste Erkundungen des Kaiserin-Augusta-Flusses und des Mündungsgebietes im Huon-Golf. Das deutsche Kolonialgebiet wurde auf die Salomonen ausgedehnt.

1887 Wissenschaftliche Expedition auf dem Kaiserin-Augusta-Fluss (Sepik). Admiral von Schleinitz befuhr das Küstengebiet von Neupommern und entdeckte mehrere große Flüsse.

1888 England erklärte Britisch-Neuguinea zur Kronkolonie. Der deutsche Journalist Hugo Zöller unternahm im Auftrag der Kölnischen Zeitung eine Expedition zum Finisterre-Gebirge.

1889 Der Brite William MacGregor gelangte auf dem Fly River erstmalig bis fast an die deutschen Kolonialgrenzen.

1890 Auf den Dampier-Inseln ließ sich die Rheinische Mission nieder. Offizielle Umbenennung Neubritanniens in Neupommern durch ein päpstliches Dekret. »Die Zahl der im deutschen Schutzgebiet lebenden weißen Männer beträgt 115, darunter 70 Deutsche, 1 Oesterreicher, 11 Engländer, 7 Franzosen, 7 Amerikaner, 6 Holländer, 2 Dänen, 1 Belgier, 1 Norweger, 1 Schwede, 1 Samoaner und 7 Europäer ohne Staatszugehörigkeit...« (aus H. Zöller, »Deutschneuguinea«, Stuttgart 1891. Kpl. Geschichtliche Daten).

1896 Carl Lauterbach, ein deutscher Botaniker gelangte bis zum Markham-Fluss und erreichte das Oberlaufgebiet des Ramu.

1899 Die nördlichen Salomonen Buka und Bougainville wurden zum deutschen Kolonialgebiet erklärt.

1905–06 Nach der Unabhängigkeit von Australien fiel Britisch-Neuguinea unter die Verwaltung des australischen Bundesstaates Queensland und erhielt den Namen Papua.

1906–09 Der deutsche Ethnologe Richard Thurnwald sammelte Ethnographica bei verschiedenen Völkern auf Neumecklenburg, den Salomonen und anderen melanesischen Inseln für das Berliner Völkerkundemuseum.

1908 Völkerkundliche Expedition ins Innere von Neumecklenburg (Neuirland) und Neuhannover unter Leitung von Georg Frederici und Karl Sapper.

1908–10 Südsee-Expedition der Hamburgischen Wissenschaftlichen Stiftung unter Leitung und Teilnahme des Tropenarztes Friedrich Fülleborn, des Zoologen Georg Duncker, des Kaufmanns und Sammlers Franz Emil Hellwig, des Anthropologen Otto Reche, des Linguisten und Ethnographen Wilhelm Müller-Wismar und des Malers Hans Vogel.

1910 Deutsche Mamberano-Expedition in Niederländisch-Neuguinea unter Leitung von Max Moszkowski.

1910 Deutsch-holländische Expedition auf dem Augusta-Fluss bis 960 Kilometer stromaufwärts.

1912 Erste umfangreiche Expedition des Oberlaufes und Stromgebietes des Augusta-Flusses (Sepik) unter Leitung und Teilnahme des Geologen Dr. Artur Stollé, des Geographen Walter Behrmann, des Arztes und Zoologen Dr. J. Bürgers, des Botanikers Carl Ludwig Ledermann und des Ethnologen Adolf Roesicke.

1913–15 Teilnahme von Richard Thurnwald an der »Kaiserin-Augusta-Fluß-Expedition«.

1913 Arthur Darling, ein australischer Goldsucher entdeckte in Deutsch-Neuguinea Gold.

1914 Ausbruch des Ersten Weltkrieges. Australische Truppen besetzten Deutsch-Neuguinea.

1920 Mandatsübertragung der Verwaltung der ehemaligen deutschen Kolonie an Australien durch den Völkerbund. Das ehemalige »Kaiser-Wilhelms-Land« hieß nun »Mandated Territory of New Guinea«.

1920–26 Abenteurer entdeckten im ehemaligen deutschen Teil reiche Goldvorkommen.

1921–42 Papua und Neuguinea wurden von Australien als zwei getrennte Verwaltungsgebiete geführt.

1927/28 Ivan Champion und Charles Karius vom Papua Patrol Service durchquerten erstmalig Neuguinea von der Mündung des Fly Rivers bis zur Mündung des Sepik.

1931 Der Goldsucher Michael L. Leahy wurde nach dem Erstkontakt mit den kriegerischen Kukukuku schwer verwundet und fünf seiner einheimischen Träger wurden getötet.

1933 Erstmaliger Vorstoß ins Hagen-Gebirge durch Michael L. Leahy und Entdeckung unbekannter Hochlandvölker.

1935 Den Australiern Louis James O'Malley und Jack Hides gelang die Überquerung des großen Hochplateaus von Papua bis hin zum südlichen Hochland.

1936 Erste Errichtung von Urwaldposten in den Southern Highlands. Ivan und Claude Champion sowie Jack Hides flogen über den Kutubu-See. Die Engländer Jack und Tom Fox entdeckten die Hauptquellflüsse des Sepik.

1938 Entdeckung des Baliem-Tales und der Dani im Hochland von Niederländisch-Neuguinea durch den amerikanischen Botaniker Richard Archbold, der dort mit seinem Flugzeug auf einem ausgetrockneten Flussbett landete.

1938/39 Die beiden Patrouillenoffiziere John Black und Tim Taylor ließen sich per Fallschirm im Hochland absetzen.

1942 Nach dem Ausbruch des Zweiten Weltkrieges fielen große Landesteile Melanesiens in die Hände der Japaner.

1943–45 Amerikanische und australische Truppen befreiten Neuguinea und die umliegenden Inseln von den japanischen Invasoren.

1945 Einsetzung einer zivilen Übergangsregierung für Papua und Neuguinea.

1946 Australien erhält durch UNO-Beschluss das Verwaltungsrecht für beide Landesteile.

1949 Gesetzesbeschluss über die offizielle Zusammenlegung der beiden ehemaligen Kolonien mit dem Namen »Territory of Papua and New Guinea«.

1951 Beschluss über eine gesetzgebende Versammlung für Papua-Neuguinea.

1961 Erweiterung dieser gesetzgebenden Versammlung.

1962 Der Österreicher Heinrich Harrer unternahm einige Erstbesteigungen im Carstensz-Gebirge. Ihm gelang die erste Nord-Süd-Durchquerung im Westen von Neuguinea.

1962 Invasionsversuch Indonesiens im Westen Neuguineas.

1963 Niederländisch-Neuguinea fällt als UN-Treuhandgebiet durch den sogenannten Bunkerplan Kennedys und manipulierte Wahlen (1969) an Indonesien und wird in Irian Barat (Westirian) umbenannt. Beim Begriff »IRIAN« handelt es sich angeblich um die Anfangsbuchstaben von »Ikut Republik Indonesia Anti Nederland« (»Folge der Republik Indonesien gegen die Niederlande«). Die Holländer müssen Neuguinea verlassen.

1964 Gründung eines House of Assembly in Papua-Neuguinea mit 64 Mitgliedern, von denen 54 frei vom Volk gewählt wurden.

1968 Vergrößerung des House of Assembly und schrittweise Vorbereitung der Unabhängigkeit durch die australische Regierung.

1969 Im »Act of Free Choice«, einer Wahlfarce, stimmten 1025 ausgesuchte »Volksvertreter« West-Papuas für die weitere Zugehörigkeit zu Indonesien.

1970 Massaker an Einwohnern von Biak durch indonesisches Militär, Gründung der von Papuas geführten Befreiungsbewegung OPM (Organisi Papua Merdeka), die mit steinzeitlichen Waffen einen verzwei-

Neuguinea

felten Guerillakampf gegen Indonesien aufnahm und im Untergrund den unabhängigen Staat West-Papua ausrief.

1971 Einführung eines Nationalfeiertages, einer eigenen Flagge und eines Staatswappens im Ostteil Neuguineas.

1971–73 Mit der Operation »Koteka« wollte Indonesien die Dani und Lani zum Aufgeben des Tragens ihrer Penisköcher und steinzeitähnlichen Lebensweise zwingen.

1972 Ernennung einheimischer Minister und Einführung eines nationalen Kabinettes im House of Assembly.

1973 Zulassung einer einheimischen Selbstverwaltung und Umwandlung des Gouverneurtitels in High Commisioner.

1975 Unabhängigkeitserklärung des souveränen Staates Papua-Neuguinea und Aufnahme in das Britische Commonwealth of Nations, Umwandlung des House of Assembly zum Nationalen Parlament und Ernennung eines Premierministers.

1977 Erste offizielle, freie Wahlen in Papua-Neuguinea und Wahl des Premierministers.
Bei einem Vergeltungsmassaker nach einem OPM-Angriff auf eine ausländische Bergwerksfirma in West-Papua töten die Indonesier etwa 3.000 Papuas.

1978 Gründung eines eigenständigen, zum britischen Commonwealth zählenden Staates auf den Salomonen mit Regierungssitz in der neuen Hauptstadt Honiara.

1980 Ermordung von Studenten, die in Jayapura den Morning Star, das von Indonesien verbotene Flaggensymbol West-Papuas hissten.
Unabhängigkeitserklärung der Neuen Hebriden und Umbenennung in Vanuatu.

Der Gründer der Nagriamel-Bewegung Jimmy Stevens rief auf der Insel Santo den Phantasiestaat »Vemerana« aus, wurde daraufhin von Militärtruppen aus Papua-Neuguinea verhaftet und am 21. November zu vierzehneinhalb Jahren Gefängnis verurteilt.

1981 Aufnahme von Vanuatu in die Vereinten Nationen.
Heftige militärischen Auseinandersetzungen in Irian Jaya zwischen Indonesiern und Papuas bei Enarotali, Beginn einer Massenflucht verschiedener Stämme nach Papua-Neuguinea.

1990 Eine Volkszählung in Papua-Neuguinea ergab 3,9 Millionen Einwohner und belegte neben einem starken Geburtenzuwachs auch eine zunehmende Abwanderung der Landbevölkerung in die Städte.

1996 Die OPM entführte eine Gruppe von zwölf ausländischen Wissenschaftlern und fordert den Truppenabzug der indonesischen Armee aus ihrem Gebiet. Trotz Freilassung fast aller Geiseln nahm diese Aktion ein blutiges Ende.

2000 Mehrere Aufstände und Unabhängigkeitsbestrebungen der Dani und OPM in Wamena in West-Papua wurden vom indonesischen Militär blutig niedergeschlagen, die Anführer verhaftet oder getötet. Als Zugeständnis wurde die indonesische Kolonie Irian Jaya offiziell in Papua umbenannt.

2007 Dreitägige blutige Auseinandersetzung zwischen Angehörigen mehrerer Stammesvölker und Regierungsvertretern an der Grasberg-Mine, einer der größten Gold- und Kupferminen der Erde, die in West-Papua von der US-Firma Freeport McMoRan Copper & Gold Inc. ausgebeutet wird und ein ökologisches Desaster angerichtet hat. Es gab acht Tote und zahlreiche Verletzte.

Verwendete Literatur und Filme

Baaren, Theodorus R. van: Korwars and Korwar Style. Paris, Den Haag 1974

Bahrensteiner, Ruth; Leitzinger, Michael: Neuguinea. München: Bruckmann 1996

Baumann, Karl; Klein, Dieter; Apitzsch, Wolfgang: Biographisches Handbuch Deutsch-Neuguinea 1882–1922. Fassberg 2002

Behrmann, Walter: Im Stromgebiet des Sepik. Berlin 1922

Bernatzig, Hugo: Südsee. Leipzig 1934

Bökemeier Rolf, Joseph, Karl: Die Papua. Augenzeugen der Steinzeit, Lausanne: Mondo 1985

Bergemann, P.: Verbreitung der Anthropophagie. Bunzlau 1913.

Bevan, Stuart: Vanuatu. Victoria: Carton 1992

Blum, Joachim Paul: Untersuchungen zur Tierwelt im Leben der Eipo im zentralen Bergland von Irian Jaya. Berlin 1979

Bogner, Piet: In der Steinzeit geboren – Eine Papuafrau erzählt. Freiburg im Breisgau 1982

Brillat, Michael; Weissbach, Marianne: Südsee. München 2008

Broek, A. J. P. van den: Über Bergpygmäen in Niederländisch-Süd-Neuguinea. Berlin 1913

Büchi, Ernst C.: Physische Anthropologie der Eipo im Zentralen Bergland von Irian Jaya (West-Neuguinea), Indonesien. Berlin 1981

Clercq, E S. A. de: Ethnographische Beschrijving van de West en Noordkust van Nederlandsch Nieuw-Guinea. Leiden 1913

Damm, Hans: Steinzeitvölker der Gegenwart. Die Inselbewohner Melanesiens. Berlin/Leipzig, Bd 2 und 4, 1949

Detzner, Hermann: Vier Jahre unter Kannibalen. Berlin: Scherl 1921

Eibl-Eibesfeld, Irenäus: Menschenforschung auf neuen Wegen. Wien, München 1984

Enk van, Gerrit J.; de Vries, Lourens: The Korowai of Irian Jaya. Oxford Studies. Their Language in Its Cultural Context. New York-Oxford 1997

Ehrhart, Sabine: Die Südsee- Inselwelten im Südpazifik. Köln 1993

Gajdusek, D.Carleton: Unkonventional Viruses and the Origin and Disappearance of Kuru. Science, Vol 197, p.943-960, Bethesda 1977

Garve, Roland: Irian Jaya – Die verlorene Steinzeit. Leipzig: Kiepenheuer 1990

Garve, Roland: Die Korowai und Kombai von West Papua. Rudolst. nat hist. Suppl., 2001

Garve, Roland: Unter Amazonasindianern. München: Herbig 2002

Garve, Roland; Nordhausen, Frank: Kirahé – Der weiße Fremde. Berlin 2007

Garve, Roland; Noah-Film: Zurück in die Steinzeit. DFF-Film 20 min. Berlin 1990

Garve, Roland; Otto Sperlich: Data incomplete. DFF-Film 35 min. Berlin 1990

Garve Roland; Steffi Moritz: Die Baumhausmenschen – eine Expedition in das Innere von Neuguinea. 45 min Film für den NDR. Hamburg 1999

Garve, Roland; Steffi Moritz: Die Turmspringer von Pentecost. NDR-Film 45min. Hamburg 1998

Garve, Roland etc.: weitere Filme

Gebrands, A.: The Asmat of New Guinea. New York 1967

Gerdner, Roberg; Heider, Karl: Dugum Dani – Leben und Tod der Steinzeitmenschen Neuguineas. Wiesbaden 1969. Gardens of war. London 1969

Graichen, Gisela; Gründer, Horst: Deutsche Kolonien, Traum und Trauma. Berlin 2007

Grau, Jürke; Reichholf, Josef, H.: Naturenzyklopädie der Welt. Bd.16, Australien u. Ozeanien. München 1997

Grüntzig, Johannes W.; Mehlhorn, Heinz: Expeditionen ins Reich der Seuchen. München 2005

Gusinde, Martin: Die Ayom-Pygmäen auf Neu-Guinea. Anthropos, Bd.53, S.497–863, St. Augustin 1958

Hagen, B.: Unter den Papuas. Wiesbaden 1899

Harrer, Heinrich: Ich komme aus der Steinzeit. Frankfurt/M., Innsbruck 1976

Heermann, Ingrid: Melanesien, Mensch und Natur – Mythos und Kunst. Stuttgart 1977

Heermann, Ingrid: Linden-Museum, Abteilungsführer Südsee. Stuttgart 1989

Heeschen, Volker; Eibl-Eibesfeld, Irenäus; Schiefenhövel, Wulf.: Kommunikation bei den Eipo – eine ethnologische Bestandsaufnahme. Berlin 1989

Heeschen, Volker; Schiefenhövel, Wulf: Wörterbuch der Eipo-Sprache. Berlin 1983

Hiepko, Paul; Schultze-Motel, Wolfram: Floristische und ethnobotanische Untersuchungen im Eipomek-Tal, Irian Jaya (West-Neuguinea), Indonesien. Berlin 1983

Hiery, Hermann Joseph: Bilder aus der deutschen Südsee. Schöningh, Paderborn, 2005

Jenny, Matthias: Wo der Pfeffer wächst. Palmengarten der Stadt Frankfurt am Main, 2000

Jüptner, Horst: Die Trobriand-Inseln, Ethno-medizinische Beobachtungen von einer Inselgruppe Melanesiens, Berlin 2002

Kayser, Manfred; Brauer, Silke; Weiss, Gunter et al.: Melanesian origin of Polynesian Y chromosomes. Research paper 1237–1246, Leipzig 2000

Kenntner, Georg; Kremnitz, Walter A.: Neuguinea – Expedition in die Steinzeit. Frieding-Andechs 1984

Kock, A. C. de: Eenige ethnologische en anthropologische gegevens omtrent een dwergstam in het bergland van Zuid Nieuw-Guinea. Den Haag 1912

Koch, Gerd: Kultur der Abelam. Die Berliner »Maprik«-Sammlung. Berlin 1968

Koch, Gerd: Südsee. Führer durch die Ausstellung der Abteilung Südsee. Museum für Völkerkunde. Berlin 1969

Koch, Gerd: Materielle Kultur der Santa Cruz-Inseln. Berlin 1972

Konrad, Gunter: Asmat – Leben mit den Ahnen. Glashütten 1981

Konrad, Gunter; Seiler, Dieter; Fiehn, Walter: Allgemeinmedizinische Untersuchung bei den Bime im zentralen Bergland von Irian Jaya (West Neuguinea). Indonesien. Berlin 1981

Köpke, Wulf; Schmelz, Bernd: Hamburg: Südsee-Expedition ins Paradies. Mitteilungen aus dem Museum für Völkerkunde Hamburg, 2003

Kotze, v. Stefan: Südseeerinnerungen. Aus Papuas Kulturmorgen. Berlin: F. Fontane & Co 1905

Krämer-Bannow, Elisabeth: Bei den kunstsinnigen Kannibalen in der Südsee. Reimer, Berlin 1916

Kremnitz, Walter A.: Neuguinea. Aus dem Pflanzenreich – Floristische und ethnobotanische Betrachtungen. Frieding-Andechs 1988

Kuegler, Sabine: Dschungelkind. Droemer München 2005

Laschimke, Ralf: Pfeil und Bogen. Kriegsführung und Kannibalismus bei den Kimyal im Hochland von Irian Jaya. Rudolstädter nat.hist. Schr. Suppl.3, 49-67, 1999

Layard.J.: Der Mythos der Totenfahrt auf Malekula.In: Eranos-Jahrbuch 1937. Zürich 1938

Lehner, St.: Geister- und Seelenglaube der Bukaua und anderer Eingeborenenstämme im Huon-Golf Nord-Neuguineas. Hamburg: Friedrichsen, de Gruyter & Co 1930

Malinowski, Bronislaw: Das Geschlechtsleben der Wilden in Nordwest-Melanesien. Leipzig u. Zürich 1929

Malinowski, Bronislaw: Argonauten des westlichen Pazifik. Frankfurt/Main 1979

McGregor, Alasdair; Hurley, Frank: A Photographers Life. Viking 2004

Melk-Koch, Marion: Auf der Suche nach der menschlichen Gesellschaft: Richard Thurnwald. Berlin: Reimer 1989

Mikloucho-Maclay, Nikolaj Nikolajewitsch: Bei den Papuas. Berlin: Neues Leben 1986

Miklucho-Maklaj, N.N.: Tamo Russ. Berlin/Leipzig 1956

Mitton, Robert: The lost world of Irian Jaya. Oxford, Melbourne 198

Moszkowski, Max: Ins unerforschte Neuguinea. Erlebnisse mit Kopfjägern und Kannibalen. Berlin: Ullstein 1928

Muller, Kal: Indonesian New Guinea, Irian Jaya. Berkeley 1990

Neuhauß, Richard: Deutsch Neu-Guinea. Bd.1-3, Berlin: Reimer 1911

Neuhauß, Richard: Unsere Kolonie Deutsch-Neu-Guinea. Weimar 1914

Nevermann, Hans: Masken und Geheimbünde in Melanesien. Berlin 1933

Nevermann, Hans: St.-Matthias-Gruppe. Ergebnisse der Südsee-Expedition 1908–1910. Hamburg 1934

Nevermann, Hans: Admiralitätsinseln. Ergebnisse der Südsee-Expedition 1908–1910. Hamburg 1934

Nevermann, Hans: Bei Sumpfmenschen und Kopfjägern. Stuttgart 1935

Osbome, R. Travis: Indonesien secret war, the guerilla struggle in Irian Jaya. Sidney 1985

Paravicini, E.: Reisen in den britischen Salomonen. Leipzig 1931

Parkinson, Richard: Dreißig Jahre in der Südsee. Stuttgart 1907

Peltier, Philippe: Adjirab – Ein Beispiel für die Kopfjagd in Papua-Neuguinea. Hamburg 2003

Ribbe, C.: Zwei Jahre unter den Kannibalen der Salomon-Inseln. Dresden: Elbgau 1903

Richter Andreas K.; Roland Garve: Kimyal – im Reich der Zwergmenschen. Exped.-Film für den NDR, 45min. Hamburg 2007

Rockefeller, Nelson A.: The Asmat. Museum of Primitive Art. New York 1967

Röder, J.: Felsbildforschung auf West-Neuguinea. In: Paideuma. Mttlg. zur Kulturkunde, Band I. Leipzig 1938/40

Schade, Anette: Die deutsche Marine-Expedition nach Neu-Irland (1907–1909). In: Expeditionen in die Südsee. Berlin: Reimer 2007

Schiefenhövel, Wulf: Geburtsverhalten und reproduktive Strategien der Eipo. Berlin 1987

Schiefenhövel, Wulf; Hiepko, Paul: Mensch und Pflanze – Ergebnisse ethnotaxonomischer und ethnobotanischer Untersuchungen bei den Eipo, zentrales Bergland von Irian Jaya (West Neuguinea). Berlin 1987

Schindlbeck, Markus (Hrsg.): Expeditionen in die Südsee. Berlin: Reimer 2007

Schlaginhaufen, Otto: Das Haupthaar der Eingeborenen des Torricelligebirges. Anthropos 57, S. 678–682. St.Augustin 1962

Schlaginhaufen, Otto: Streifzüge in Neu-Mecklenburg und Fahrten nach benachbarten Inselgruppen. In Zschr.f.Ethn.1908, S.952–957, Die Rand-Butan des östlichen Süd-Neu-Mecklenburg, S.803–809

Schlaginhaufen, Otto: Reisen in Kaiser-Wilhelmsland (Neuguinea). Abhandlungen und Berichte des königl. Zoolog. und Anthrop. Ethnogr. Museums Dresden, Bd.XIII, Nr.1, 1910/11

Schlechter, R.: Die Guttapercha- und Kautschuk-Expedition des Kolonial-Wirtschaftlichen Komitees nach Kaiser-Wilhelmsland 1907–1909. Berlin 1911

Schmeltz, Johannes Dietrich Eduard: Beiträge zur Ethnographie Neu-Guinea. Leiden 1905

Schmitz, Carl: Kopfjäger und Kannibalen. Basel 1962

Schreiber Hermann, Schreiber Georg: Geheimbünde von der Antike bis heute. Augsburg: Weltbild 1993

Seidler W. Franz: Verbrechen an der Wehrmacht, Kriegsgreuel der Roten Armee 1941/2. Selent 1997

Sillitone, Paul: Melanesia. Culture and Tradition. Cambridge 1998

Simpson, Brian: Cannibalism and the Common Law. 2003

Speiser, Felix: Südsee, Urwald, Kannibalen. Stuttgart 1924

Stahn, Eberhard: Südsee, Polynesien – Melanesien – Mikronesien. Frankfurt 1993

Stingl, Miloslav: Kunst der Südsee. Leipzig 1985

Stingl, Miroslav: Muschelgeld und Straßenkreuzer. Leipzig 1972

Stöcklin, Werner H.: Toktok – Am Rande der Steinzeit auf Neuguinea. Basel 1985

Stöhr, Waldemar: Melanesien – Schwarze Inseln der Südsee. Köln 1971

Tanaka, Yuki: Hidden Horrors: Japanese War Crimes in WW II. Boulder Westview 1997

Theye, Thomas: Der geraubte Schatten. München: Bucher 1989

Thurnwald, Richard: Menschen der Südsee. Stuttgart 1937

Treide, Barbara: Wildpflanzen in der Ernährung der Grundbevölkerung Melanesiens. Leipzig 1967

Trupp, Fritz: Museum der Begegnung. Vöcklabruck 1988

Van der Sanden, Wijnand: Mumien aus dem Moor. Amsterdam 1996

Wallace, A.R.: Der Malayische Archipel. Societätsverlag 1983

Wilpert, Clara B.: Südsee, Inseln, Völker und Kulturen. Hamburg 1987

Wirz, Paul: Anthropologische und ethnologische Ergebnisse der Central New Guinea Expedition 1921–1922. Leiden 1924

Wirz, Paul: Die materielle Kultur der Marind-anim. Hamburg 1922

Wirz, Paul: Die Marind-anim von Holländisch-Süd-Neu-Guinea. Hamburg 1922–25

Wirz, Paul: Zur Anthropologie der Biaker, Nuforesen und der Bewohner des Hinterlandes der Doreh-Bai. Arch. F. Anthrop. N.F.Bd. XX, S. 185-215, 1925

Wolff-Eggert, Reina: Über Heilpflanzen von Neuguinea. Diss. Uni Erlangen-Nürnberg 1977

Wollaston, Alexander Frederick Richmond: Pygmies and Papuas – The Stone Age today in Dutch New Guinea. Leiden 1912

Zöller Hugo: Deutsch-Neuguinea und meine Ersteigung des Finisterre-Gebirges. Stuttgart 1891

Zöllner, Siegfried: Lebensbaum und Schweinekult, die Religion der Jali im Bergland von Irian Jaya (West-Neu-Guinea). Wuppertal 1977

Zöllner, Siegfried: Das Sabalhe-Kultbild. Baessler Archiv, Bd. XXV, 1977

Verwendete Bilder

Archiv VKM Dresden I. Godenschweg/E. Winkler S. 10 o. u., 15, 18 l., 19 u., 21 u., 22 o. m., 25 u., 80, 81, 82 o. – nach W. Stöhr »Schwarze Inseln der Südsee Melanesien« Köln 1972, 83, 108 m, 110 o., 111 o.m., 112 u., 114 o.r., 125, 130, 131, 132, 132, 133 o., 134, 136, 137, 138, 139, 140, 142 u., 145, 146 o. u. r., 148 u., 149, 150 o.r. u, 151, 152, 154, 155, 159, 189, 190, 195 o.r., 196 l, 219, 221

A. Beer S. 20 o.r.

Bon Fanafo S. 176

K. Cabanis S. 184 u.

M. Garve S. 28 u., 35, 36 u., 37 o. r., 44 r., 45, 46, 47, 48, 49 l., u.l., 51 r.o., u., 52 u., 64 o., 66 u. l., 70 o. 85, 86 o. 90 u., 92 o. u.r., 107, 167 o., 170 o.l., 171, 177, 186, 188, 191, 194, 195 r. u., 198 r. 200 u., 201, 203, 206, 207 o.m., 209 u., 212 o, u.r., 213 o, 217, 224, 226, 230, 232, 235

R. Garve S. 6, 11 u., 13, 18 r.o., 19 r.o., 28 m., 29, 30 u. m., 31 , 32, 33, 34 l., 36 o., 37 l., 38, 39, 40, 41, 42, 43, 44 l., 49, 50, 51 l.o., 52, 53, 54 u., 55, 56 l., m., u., 57 o.l., 58 o.l., 59 o.l., 60 m. u., 62 o., 64 u., 65, 66 o., u.r., 67, 68, 69, 70 l.u. , 71, 72, 73, 76 o.l., 78 o.r., 79, 86 u. 87, 88, 89, 90 o. m., 91, 92 u.l., 93, 94, 95, 96 li, o.r., 97, 98, 99, 100, 101, 102, 103, 104, 105, 106, 147, 158 m., 160, 161, 162, 163, 164, 165, 166, 167 u. 168, 169, 170, 172, 173, 174, 175, 178, 179, 180, 184, 193, 197 o.r., 198 u., 199, 200 o., 202, 204, 205, 207, 208, 209 o., 210, 211, 214, 215, 225, 227, 229, 231, 233, 234

D. Heger S. 34 o.r.

H. Hutticher S. 8, 9, 27 o., 59 o.r., 61, 197 o.r. u., 212 l.u.

A. Hughan (nicht nachgewiesen) S. 156

S. Jagdmann Umschlagseite vorn, S. 7., 11 o., 18 u., 54 o., 57 o.r., u., 58 m.o. u., 59 m.u., 60 o. l., 62 u. 63, 74 m.u.r., 76, 77 u. r., 78 o.l., u., 108 o. u., 109, 110 u., 111 u., 112 o., 113, 114 u.l., 115, 117, 118, 119, 120, 121, 122, 123, 129, 216, 222

M. Kayser S. 124, 126

A. Kelm S. 27 u., m., 133 u., 135, 141

Th. Koppe S. 182 l., Schädelpräparat - Institut für Anatomie, Universität Greifswald

W. Moritz S. 74 o.l., 75, 77 o.l., 96 o.r. u.r., , 104 m.

M. Melk-Koch S. 28 r.o.

M.-L. Nguyen (wikimedia) S. 158 o.r. u. u.r.

E. Schmidt Dibke S. 17 r. o.

F. Schertzer (wikimedia, Creative Commons Attribution-Share Alike 3.0) S. 157

F. Schmöllerl S. 181, 183, 185, 186 o., 187, 213 u.

D. Wright (wikimedia, Creative Commons Attribution-Share Alike 3.0) S. 148 o.

Bildzitate aus Veröffentlichungen

S. 20 u. F. Fülleborn aus W. Stöhr »Schwarze Inseln der Südsee Melanesien«, Köln 1972, S. 189

S. 56 r.o. O. Dempwolff aus M. Mayer »Exotische Krankheiten«, Berlin 1924, Abb.130 u. 129

S. 16 l. o. , 143, 144 u. l., 153 u. aus R. Parkinson und A. B. Meyer »Papua-Album«, Dresden 1894

S. 146 l H. Zöller aus » Deutsch Neuguinea«, Stuttgart 1891, S. 192

S. 16 r.o., 17 l.o., 20, o.l., 22 u.r., 23 m., 153 o.m., S. 196 o.r. aus R. Neuhauss »Deutsch Neuguinea«, Bd. 1-3, Berlin 1911

S. 16 u., 17 u., 19 l., 26, 192 aus J. Grüntzig/H. Mehlhorn »Expeditionen ins Reich der Seuchen«, München 2005 S. 305, 273, 233, 172, 130

S. 21 o. aus A. Kelm »Expedition ins Paradies«, Hamburg 2003, S. 118-121

S.23 u. 82 u. R. Pöch aus »Der geraubte Schatten«, München 1989, Seite 377 u. 521 o.r.

S. 23 u. r., 24 o., m. u., 116, 150 o.l., 237, aus M. Melk – Koch »Auf der Suche nach der menschlichen Gesellschaft: Richard Thurnwald«, Berlin 1989, S. 169, 171, 167, 176, 185, 190, 182

S. 30 o. aus M. Krieger »Neu Guinea«, Berlin 1899, Tafel 26

S. 84 J.D.E. Schmeltz aus »Beiträge zur Ethnographie von Neuguinea« Leiden 1905, S.203

S. 144 o.r. O. Schlaginhaufen aus Zeitschrift für Ethnologie , Heft V, Berlin 1908, S. 806

S. 142 l., 153 o.r. B. Hagen aus »Unter der Papuas« Wiesbaden 1899, S.262, 170

S.156 o.r. Zeichnung um 1890 aus »The Melanesians, Studies in their Anthropology and Folklore«, R.H. Codrington, Oxford 1891

S. 156 u.r. F. Sarasin in W. Stöhr »Melanesien« Köln 1972, S. 189

S. 182 u. r. alte Postkarten, Neue Hebriden um 1900 S. 196 o.m. W. Behrmann aus » Im Stromgebiet der Sepik«, Berlin 1922, S. 191

Kartennachweis:

S.12 Karte nach W. Stöhr aus »Melanesien«, Köln 1972, S. 86

S.14 Karte aus M. Melk-Koch »Auf der Suche nach der menschlichen Gesellschaft: Richard Thurnwald«, Buchdeckelinnenseite

S.128 Aus B. Malinowski 1922 »Argonauten des westlichen Pazifik«, S.114

S.237 Aus M. Melk-Koch »Auf der Suche nach der menschlichen Gesellschaft: Richard Thurnwald«, Berlin 1989, S. 176

Inhalt